Andrej Gromyko
Erinnerungen
Internationale Ausgabe

Andrej Gromyko

Erinnerungen

Internationale Ausgabe

Aus dem Englischen von Hermann Kusterer

ECON Verlag
Düsseldorf · Wien · New York

Titel der englischen Originalausgabe:
»Memories«
Originalverlag: Hutchinson, London
Übersetzt von Hermann Kusterer

CIP-Titelaufnahme der Deutschen Bibliothek

Gromyko, Andrej A.:
Erinnerungen / Andrej Gromyko. Aus d. Engl. von Hermann Kusterer.
Internat. Ausg. - Düsseldorf; Wien; New York:
ECON Verl., 1989
ISBN 3-430-13525-7

Gesetzt aus der Times, Berthold
Satz: Dörlemann-Satz, Lemförde
Papier: Papierfabrik Schleipen, Bad Dürkheim
Druck und Bindearbeiten: Ebner Ulm
Printed in Germany
ISBN 3-430-13525-7

Inhalt

Vorbemerkung des Übersetzers

Die von Andrej Gromyko autorisierte, internationale Ausgabe seiner *Erinnerungen* gibt es nur auf englisch. Sie ist ein eigenständiges Werk, das in enger Zusammenarbeit zwischen dem englischen Verlag und dem Autor entstand. Von der russischsprachigen Ausgabe (*Pamjatnoje*, 2 Bände, Moskau 1988) unterscheidet sie sich weit mehr als in der bloßen Länge. Die internationale Ausgabe ist von Ansatz, Aufbau und Inhalt her völlig anders. Sie enthält beträchtliche Zusätze - beispielsweise die Passagen über Wyschinski und Berija - sowie Stellungnahmen zu Themen, die in der russischen Version nur kurz oder überhaupt nicht angesprochen werden (z.B. Ungarn 1956, Berliner Mauer).

Maßgebend für diese deutsche Übersetzung ist deshalb der englische Text der internationalen Ausgabe, lediglich in Zweifelsfällen wurde das russische Original zu Rate gezogen.

Für die wertvolle Unterstützung, die mir Andreas Weiß dabei angedeihen ließ, sei ihm an dieser Stelle besonders herzlich gedankt.

Wachtberg, im März 1989 Hermann Kusterer

Im Sommer 1988, vor meiner Datscha.

Vorwort des Verfassers

Ich habe lange überlegt, ob ich dieses Buch schreiben soll. Viele haben mir dazu geraten: Kollegen, Verwandte, mir völlig fremde Sowjetbürger, Ausländer sogar. Auch ich selber dachte hin und wieder ans Schreiben, schob es aber immer wieder hinaus. Erst nach meinem siebzigsten Geburtstag hielt ich den Augenblick schließlich doch für gekommen.

Zum einen hatte ich die Sache verzögert, weil ich mich ungern an Berufsschriftstellern messen lassen wollte. Zum andern müssen Memoiren interessant sein, und ich befürchtete, was ich zu sagen hätte, interessiere doch niemand. Dann aber dachte ich, immerhin hätte ich Dinge erlebt, von denen sonst kaum jemand etwas weiß, und mit Menschen gesprochen, zu denen Berufsschriftsteller selten Zugang haben. Ich beschloß also, mein Bestes zu versuchen, aber auf meine Weise, ohne vorgegebenes Schema, einfach von meinen Erlebnissen zu berichten.

Die Gesamtanalyse ist Sache der Historiker und Politikwissenschaftler. Ich sehe meine Aufgabe lediglich als Erzähler, der Ereignisse und Personen, die seinen Weg kreuzten, möglichst umfassend beschreibt.

Nun ist natürlich vieles, was in den letzten 50 Jahren geschehen ist, von geradezu epischer Dimension. Ganz besonders gilt das für den Zweiten Weltkrieg und den großen Sieg über den faschistischen Aggressor, ein Sieg, der unserem Land und Volk immerwährenden Ruhm einbrachte. Während dieser Zeit hatte ich mit Hunderten Menschen aus verschiedensten Ländern zu tun, mit Politikern und Staatsmännern, Soldaten und Wissenschaftlern, Künstlern und Geschäftsleuten und mit vielen anderen, die in keine dieser Kategorien passen. Gewiß lag es mir fern, von jeder Gestalt dieser eindrucksvollen Galerie ein abgerundetes Porträt zu malen, das ihre Seelenzustände und Lebensphilosophien mit umfaßt, aber ich habe sie anhand meiner persönlichen Erfahrung geschildert und dabei natürlich vor allem jene ausgewählt, die am Ruder ihres jeweiligen Staatsschiffes gestanden haben oder noch stehen und Außenpolitik betrieben, die ja den Schwerpunkt meines Arbeitslebens ausgemacht hat.

Nichtdiplomaten meinen oft, Diplomatie bedeute, daß man den Verhandlungspartner zu übertölpeln versucht, besonders schlagfertig ist, vor Geist und Witz sprüht oder sich mit weit hergeholten Zitaten schmückt. Die Wirklichkeit sieht völlig anders aus. Deshalb will ich aufzeigen, daß die Arbeit als Vertreter des eigenen Landes im Ausland sicherlich die verschiedensten Fertigkeiten verlangt, vor allem anderen aber die Fähigkeit, Probleme schnell zu analysieren und sie in allen wesentlichen Facetten anderen klar und verständlich darzulegen.

Gelegentlich ist das, was ich geschrieben habe, nur fragmentarisch und auf seine Weise unvollständig. Denn niemals kann Erinnerung die Gesamtheit der Geschehnisse widerspiegeln. Das liegt im Wesen des menschlichen Erinnerungsvermögens.

August/September 1988 war in meinem Leben eine einmalige Wasserscheide. Mehr und mehr wurde mir klar, daß ich, wie jeder andere auch, nicht nur der Gesellschaft und dem Staat gegenüber Verpflichtungen hatte, sondern auch gegenüber meiner Familie und letztlich gegenüber mir selbst.

Im Sommer und Frühherbst bietet die Krim ein atemberaubendes Schauspiel. In diesem Jahr war die Hitze des ewigen Sonnenscheins kaum zu ertragen, selbst das Baden im Schwarzen Meer half nichts. Abends machte ich meine gewohnten Spaziergänge am Ufer und atmete die kühle Meeresbrise. Das geheimnisvolle Dunkel und die unergründliche Weite des Meeres stimmen nachdenklich, und ganz von selbst steigen Erinnerungen auf, gute und böse, traurige und glückliche, wie in einem Kaleidoskop. Und mit der gleichen Selbstverständlichkeit, wie die Brandung rauscht und die Sonne auf- und untergeht, drängt sich die Frage auf: »Was wird die Zukunft bringen?« Die Frage, die mir in den Sinn kam, war präziser: »Wie lange noch werde ich am komplizierten Regierungsgeschäft mitwirken können?« Solche Gedanken führen unweigerlich zu dem Schluß, daß die Zeit zur Ruhe gekommen ist.

Wer die Siebzig überschritten hat und behauptet, diese Frage habe sich ihm nie gestellt, der ist nicht aufrichtig. Mehr als einmal habe ich in den letzten Jahren darüber nachgedacht. Um diese Frage zu stellen, braucht man kein Philosoph zu sein, weiß doch jeder gewöhnliche Mensch, daß im Leben alles einen Anfang und ein Ende hat. Ist auch der menschliche Geist die Krönung der Natur, so unterliegt er dennoch ihren unwandelbaren Gesetzen.

Ich hatte, ehrlich gestanden, erwartet, meine Familie oder Kollegen oder Freunde würden sich, und sei es beiläufig, nach meinen Zukunftsplänen erkundigen, aber niemand machte auch nur die geringsten Anstalten. Vielleicht, weil es die Natur gut mit mir gemeint und mir eine kräftige Gesundheit beschert hatte. Viele meiner Kollegen waren weniger gut weggekommen, die Last der Verantwortung hatte ihre Kraft verzehrt. Alle meine Zeitgenossen, auch die, mit denen ich eng zusammengearbeitet hatte, waren entweder in den Ruhestand gegangen oder überhaupt aus dem Leben geschieden. Ich versuchte, sie mir ins Gedächtnis zu rufen und ihnen ins Gesicht zu schauen, aber sie schwiegen. Keiner läßt sich aus der Vergangenheit zurückrufen, und es ist sinnlos, seinen Rat zu suchen. Inzwischen ging das Leben mit all seinen Schwierigkeiten und Konflikten unablässig weiter. Diese Last vermag nur ein starker Geist und Körper zu ertragen.

So gelangte ich denn zu dem Entschluß, selbst die Initiative zu ergreifen. Für mich war gewissermaßen die Zeit gekommen, vor Anker zu gehen. Natürlich mußte ich die Nahestehenden befragen, vor allem meine Familie, aber ich wollte den Urlaub nicht stören und beschloß, deshalb zu warten, bis wir wieder in Moskau wären.

Der September kam. Das Wetter in Moskau war warm und trocken, und nach der Krimhitze war die Abendbrise außerhalb Moskaus erfrischend. Eines Morgens saß ich, bevor ich zur Arbeit fuhr, beim Frühstückstee, den mir Lydia, meine Frau seit siebenundfünfzig Jahren, zubereitet hatte. »Lida«, sagte ich, »meinst du nicht, daß es für mich Zeit ist, in Pension zu gehen? Ich meine schon.«

Meine Frage kam für sie überraschend. »Trink deinen Tee, Andrej, es wird schon alles recht werden.«

Dann sagte sie etwas, was einer lebenslangen Gefährtin würdig war: »Natürlich dauert nichts für immer. Das Wertvollste, was wir haben, ist unser Beieinandersein. Meinst du nicht auch?«

Natürlich meinte ich das auch. Meine Frau war seit jeher meine wertvollste Stütze.

Die letzten Tage meines Staats- und Parteidienstes nahten. Bevor ich offiziell meine Rücktrittsabsicht bekanntgab, besprach ich mich ganz persönlich mit Michail Gorbatschow im Zentralkomitee am Alten Platz. Er sagte mir, er wolle sich das sorgfältig überlegen. Später äußerten sich der Generalsekretär und ich dazu freimütig und in aller Öffentlichkeit, wie in meinen *Erinnerungen* nachzulesen ist.

Am 1. Oktober 1988 fuhr ich in meiner schwarzen Regierungslimousine durchs Borowizki-Tor in den Kreml ein, wo um die Mittagsstunde die Sitzung des Obersten Sowjets in der Großen Halle begann. Ich nahm wie üblich neben den Genossen Gorbatschow, Ryshkow und Ligatschow meinen Platz auf dem Podium ein, und ebenda fiel die Entscheidung. Derlei Augenblicke im Leben sind nicht weniger denkwürdig als die Berufungen in hohe Positionen. Vor allem anderen wußte ich, daß ich meine Pflicht gegenüber Volk, Partei und Staat erfüllt hatte. Dieser kurze Augenblick ist mir sehr wertvoll.

Am nächsten Tag verließ ich die Stadt und fuhr nach Saretschje, wo ich mich ins Verfassen neuer Teile für die internationale Ausgabe meiner *Erinnerungen* stürzte. Natürlich kam es mir wie jedem, der jahrzehntelang ein so volles Arbeitsleben geführt hat, eigenartig vor, daß ich nicht mehr irgendwohin eilen oder in zahllosen schwierigen Fragen Entscheidungen treffen mußte.

Meine Familie und ich waren so sehr ans wilde Treiben des politischen und besonders des internationalen Lebens gewohnt gewesen, daß es nicht leichtfiel, sich plötzlich mit den Spaziergängen durch den Garten unseres Vorstadthauses oder auch dem Marsch durch die Straßen einer Stadt zu begnügen. Aber ich mußte mich wohl oder übel ans Leichternehmen gewöhnen, und genau das tue ich. Allerlei Leute, nicht nur die Familie, geben mir - manchmal recht einfallsreiche - Ratschläge, was ich mit meiner Freizeit anfangen soll. Ihnen allen bin ich dankbar dafür, aber ich behalte mir die Entscheidung darüber vor, welchen Rat ich mir zu eigen mache.

So habe ich beispielsweise früher mal die Jagd genossen, aber jetzt habe ich keine Lust mehr dazu. Immer mehr bin ich zu der Überzeugung gelangt, daß auch der Raubvogel dort oben ein Recht auf Leben hat und die Augenblicksbefriedigung des Urbedürfnisses des Menschen, zu wissen, daß er jedes wilde Tier erlegen und jeden Vogel vom Himmel holen kann, diesem Lebensrecht nicht vorgeht. Ich weiß, viele eingefleischte Jäger werden mir nicht zustimmen und mit Argumenten aller Art nachzuweisen suchen, daß sie im Recht sind. Aber ich spreche von dem Gefühl, das einen Menschen im Herbst seines Lebens überkommt, wenn er sich immer mehr eins weiß mit der Natur. Es ist dies eine Zeit in unserem Leben, in der wir uns verändern und anders als nach der gängigen Mode zu denken beginnen.

Meine ganz persönliche, wohlerprobte Art zu entspannen besteht darin, geistig aktiv zu bleiben, und ich könnte gar nicht anders, selbst wenn ich möchte. Wieder und wieder wäge und erwäge ich die Vergangenheit und meine eigene Rolle darin, und viele meiner Gedanken vertraue ich dem Papier an. Und das werde ich weiterhin tun. Natürlich versuche ich, mit den Ereignissen auf der internationalen Bühne und bei uns in der Sowjetunion Schritt zu halten, und das ist mir Arbeit und Erholung zugleich.

Neuerdings gehe ich unheimlich gern spazieren, und ich tue es bei Wind und Wetter. Zwei Stunden täglich sind diesem wohltuenden körperlichen Ritual geweiht. Meine Ärzte loben mich dafür. Mögen sie meinen, ich tue es auf ihren Rat hin - in Wirklichkeit gehorche ich nur einem inneren Bedürfnis. Auf meinen Gängen unterhalte ich mich oft mit meinem Sohn Anatoli. Beide blicken wir gerne in die Vergangenheit zurück und in die Zukunft voraus, ohne darüber die Gegenwart zu vergessen. Meist dreht sich unser Gespräch um Ideen und ihre Verwirklichung im Menschlichen. Manchmal kommt auch meine Tochter Emilia mit und natürlich Lydia. Sind meine Enkel Igor, Andrej und Alexej dabei, kann es recht laut werden, so daß ich mit Einverständnis aller wie ein Vorsitzender für Ordnung sorgen muß. Uns Erwachsene umschwirren bei solchen Anlässen wie ein Schwarm Spatzen meine Enkelinnen Lida und Anna und mein Urenkel Oleg. In solchen Augenblicken bin ich von Herzen glücklich.

1. Kapitel
Eintritt ins Leben

Manchmal werde ich gefragt, woher mein Name komme. Im alten Rußland hatten auf dem Lande die Leute in einem Dorf fast alle denselben Familiennamen, und so hieß von den rund neunzig Familien in Alt-Gromyki fast jede Gromyko. Die über 250 Familien im benachbarten Neu-Gromyki hießen ebenfalls fast alle Gromyko. Etwa sieben Kilometer weiter gab es ein weiteres Dorf mit über zweihundert Haushalten, und jeder führte den Familiennamen Gromyko. Um die Familien überhaupt auseinanderhalten zu können, behalfen sich die Bauern in den Dörfern und Gehöften mit Beinamen. Für meine Familie war im Taufbuch und auf dem Standesamt zwar der Name »Gromyko« eingetragen, aber im Alltag benutzten wir wie alle Welt unseren Beinamen. Dieser Beiname war »Burmakow«. Schon mein Vater, Großvater und Urgroßvater waren im Dorf unter diesem Namen bekannt, und so rief man auch mich Andrej Burmakow.

Heute sind die Gromykos über die ganze Sowjetunion verstreut, aber alle stammen auf die eine oder andere Weise von den Radimitschen ab und kommen aus der Gegend zwischen den Oberläufen von Dnjepr und Desna im Sosch-Becken und am Bessedfluß.

Gomel, die wichtigste Stadt meiner Kindheit, wird in den Chroniken erstmals Mitte des 12. Jahrhunderts erwähnt. Im 14. Jahrhundert wurde es vom Großfürstentum Litauen und im

16. Jahrhundert von dem mit Litauen vereinten Polen annektiert und kehrte erst 1772 mit der ersten Teilung Polens ins Russische Reich zurück. 1924 wurde das Gebiet Gomel zum Teil der Weißrussischen SSR erklärt. Die im Krieg von den Faschisten fast völlig zerstörte Stadt wurde wiederaufgebaut und ist heute ein wichtiges Industrie- und Kulturzentrum. Ich erinnere mich an Gomel als einen großen Eisenbahnknotenpunkt mit vielen Fabriken, zu deren bekanntesten die Zündholzfabrik »Vesuv« gehörte, in der ich unbedingt arbeiten wollte.

Die Stadt lag in der jüdischen Niederlassungszone, dem Teil des Zarenreiches, wo Juden siedeln durften. Fast in jedem Dorf unseres Bezirks gab es zwei oder drei jüdische Familien; einer meiner jüdischen Freunde, David Gurewitsch, wohnte im Nachbardorf Chlussy. Wir blieben auch als Studenten Freunde. Nach dem Krieg erfuhr ich, daß ihn die Nazis gefaßt und erschossen hatten, nur weil er Jude war. In Gomel selbst war der jüdische Bevölkerungsanteil größer als in anderen Teilen des Landes, aber an irgendwelche Diskriminierungen kann ich mich nicht erinnern. Als jedoch nach dem Sturz des Zaren im Februar 1917 die Niederlassungszone abgeschafft wurde, fiel auch die Isolierung der Juden weg, und sie wurden vollwertige Staatsbürger.

Ich wurde 1909 nicht weit von Gomel im Dorf Alt-Gromyki als Kind eines Bauern und Lohnarbeiters geboren. So bezeichnete man vor der Revolution einen Mann, der nicht genug eigenes Land besaß, um sich und seine Familie zu ernähren, und deshalb zeitweise einem anderen Broterwerb nachging. Schon als Dreizehnjähriger half ich meinem Vater, wenn er etwas Geld hinzuverdiente, indem er Bäume fällte und die Stämme zu den Fabriken in Gomel flößte.

Ich selbst wuchs gleich neben der kleinen Bezirksstadt Wetka auf, die hauptsächlich von Angehörigen einer christlichen Sekte bewohnt wurde, den »Altgläubigen«. Es waren gute, gastfreundliche Menschen, die wir gern hatten. Als ich größer wurde, erfuhr ich, daß ihre Vorfahren vor der Verfolgung durch

Meine Eltern *(oben links),* mit meiner Schwester Jewdokija und mir *(oben rechts).*
Mein Geburtshaus in Alt-Gromyki *(unten).*

den Patriarchen Nikon und die Monarchen des 17. Jahrhunderts geflohen waren und 1684 die Gemeinde Wetka errichtet hatten. Sie glänzte durch ihre Handwerker: Baumeister, Tischler, Holzschnitzer, Goldschmiede, Ikonenmaler, Kupferstecher. Man beauftragte sie mit dem Bau von Kirchen und der Gestaltung großer Häuser in Kiew, Petersburg und Moskau. Insbesondere waren sie auch an der herrlichen Rüstkammer im Kreml sowie am Neujungfrauen- und Ibererkloster beteiligt.

Heute ist Wetka für seine einmalige Sammlung von Manuskripten und Holzbüchern berühmt. Ich gestehe, daß ich mein Leben lang alte Bücher und Bilder geliebt habe. Vor kurzem kam das teuerste Buch aller Zeiten in Paris zur Auktion: *Apostol,* 1574 vom frührussischen Drucker Iwan Fjodorow veröffentlicht. Sicher sind die Bewohner von Wetka stolz darauf, daß ein Exemplar in ihrem Museum steht!

Bei der Niederschrift meiner frühesten Erinnerungen erhebt sich natürlich die Frage: Wann haben sich meine Lebensauffassung und mein Weltbild herauszuschälen begonnen? Ich kann mich bis etwa in mein viertes Lebensjahr zurückerinnern. Meine ersten starken Eindrücke empfing ich von der Familie und unserem kleinen Haus. Es stand am Ende des Dorfes und schien mir mindestens 100 Jahre alt. Es hatte zwei Zimmer mit je einem Bett und zwei oder drei Bänken, und da wohnten wir zusammen mit dem Vater und der Mutter meines Vaters. Unsere wirtschaftlichen Verhältnisse entsprachen der Einfachheit des Hauses; wir hatten eine Kuh für die Milch und ein Pferd für die Feldarbeit.

Mein Vater Andrej Matwejewitsch war nicht ungebildet. Zwar hatte er nur vier Jahre lang die Gemeindeschule am Ort besucht, aber er konnte lesen und schreiben. Ich weiß noch, wie ich ihn um seine schöne Handschrift beneidete; mit der meinigen war es nicht weit her. Zwar gab ich mir alle Mühe, die Buchstaben nachzumalen, wie man es mir gezeigt hatte, aber immer wurden sie krumm und schief. Immerhin, mit liniertem Papier ging's einigermaßen.

Immer wieder erzählte mein Vater von den Schlachten, die er mitgemacht hatte, im Russisch-Japanischen Krieg von 1904–1905 in der Mandschurei und im Ersten Weltkrieg am Südwestabschnitt der deutsch-russischen Front. Er würzte seine Erzählungen mit harten Worten über die russischen Generäle: »Was das Oberkommando angeht – wir zogen immer ohne genügend Waffen in die Schlacht, vor allem ohne Artillerie. Dauernd fehlte es an Munition. Die deutsche Feuerkraft war viel größer als die unsere, deshalb gab es in der russischen Armee so hohe Verluste.«

Nach Aussage meines Vaters kreideten die Soldaten ihre Niederlagen in der Mandschurei ihren Kommandeuren an und nicht dem Zaren: »Sie hatten Angst davor, den Zaren direkt zu tadeln. Bei uns pflegte man zu sagen: Von der Mandschurei nach Sibirien ist es nicht weit.«

Ich habe meinen Vater kaum einmal müßig gesehen. Selbst wenn er seine Geschichten erzählte, war er mit irgend etwas beschäftigt, pflanzte etwas, reparierte sein Handwerkszeug und räumte es auf. War er nicht gerade zur Saisonarbeit weg, was in der Regel mehrere Monate dauerte, fand er immer etwas zu tun, spaltete Holz für den Winter, sammelte Reisig im Wald, grub Baumstrünke aus und brachte alles mit dem Pferd nach Hause.

Meist war mein Vater wortkarg. Wenn er auf dem Feld oder im Hof arbeitete, Heu machte oder im Wald Holz sammelte, sagte er oft stundenlang kein Wort. Nur manchmal wurde er gesprächig, entweder am Familientisch oder aber an späten Sommerabenden, wenn sich ein paar Männer – die Frauen kamen nicht mit – neben einer Hütte hinter der *sawalinka*, einem niedrigen Erdaufwurf, der als Windfang diente, zusammenhockten.

Einmal stritten sich mein Vater und die andern, welches Land das reichste sei. Die Meinungen waren geteilt. Die einen hielten Deutschland für das reichste, denn die Deutschen seien Diebe; sie hätten sogar Teile Rußlands gestohlen. Andere schworen auf Amerika. Keinem kam es in den Sinn, Rußland zu nennen.

Einer sagte: »Die Amerikaner hatten einen klugen Präsidenten namens Theodore Roosevelt. Es heißt, er habe das Land gut regiert.« Mein Vater sagte: »Wahrscheinlich ist Amerika das reichste Land - auch die Amerikaner wissen, wie man anderer Leute Reichtum wegschnappt.«

Sein Nachbar war gleicher Meinung: »Ja, Theodore Roosevelt war ein schlauer und kluger Präsident.«

Solche Diskussionen gab es oft im Dorf; die Männer konnten ihre Ideen loswerden, und ich durfte schon früh an den Gesprächen teilnehmen.

Was ich über den Fleiß meines Vaters gesagt habe, gilt gleichermaßen für meine Mutter, Olga Jewgenjewna. Sie war das Kind einer armen Bauernfamilie im Nachbardorf Shelesniki und konnte nur zwei oder drei Jahre zur Schule gehen, weil ihr Vater früh starb und sie im Haus und auf dem Feld mithelfen mußte. Dennoch brachte sie sich selbst das Lesen und Schreiben bei, und sie las eine ganze Menge. Sie hatte ein Herz aus Gold, nie redete sie schlecht von anderen.

Auf dem schmalen Landstreifen, den sie bearbeitete, pflanzte sie Kartoffeln, Kohl und Gurken an, und im übrigen kümmerte sie sich um die Flachssaat und -verpflanzung (der Flachs spielte im Familienbudget eine große Rolle; ohne ihn gab es weder Hemden noch Bettücher). Sie mußte die Kuh füttern und sich um das Getreide kümmern, hauptsächlich Roggen.

Alle diese Arbeiten ruhten damals auf den Schultern der Frauen, die außerdem für die Familie kochen und die Nahrungsmittel nach Kräften strecken mußten, und bei uns gab es nur meine Mutter, meine Großmutter und meine jüngere Schwester Jewdokija, die aber erst mitzuhelfen begann, als ich schon zum Studium weg war.

Von meiner Mutter habe ich die Liebe zu Büchern. Im Dorf hieß sie bei Erwachsenen und Kindern nur »Tante Olja, der Professor«. Ich weiß noch gut, wie sie zu mir sagte: »Du liest gern, und die Lehrer schätzen dich. Lerne fleißig, vielleicht gehst du noch in die große Welt.«

1933 - ich studierte damals in Minsk - ging mein Vater in den

Wald, um Reisig zu sammeln, und kehrte nicht mehr zurück. Viele Stunden später fand man ihn, er war unerklärlich krank und kaum noch am Leben. Es gab keine ärztliche Hilfe, und so starb er kurz darauf. Er war erst Mitte Fünfzig. Meine Mutter starb 15 Jahre später in Moskau. Nachdem sie ihr ganzes Leben auf dem Land verbracht hatte, kam sie wenige Monate vor ihrem Tod in die Hauptstadt, um sich ärztlich behandeln zu lassen, aber es war schon zu spät. Zwei Wochen vor ihrem Tod kam ich aus Amerika zurück und konnte sie wenigstens noch im Krankenhaus besuchen.

Meine Eltern hatten gleich nach dem Russisch-Japanischen Krieg geheiratet; mein Vater war 27, meine Mutter 19. Ihr erstes Kind Tatjana wurde 18 Monate vor mir geboren, starb aber im Alter von zwei Jahren. Der Vater meines Vaters, Matwej Grigorjewitsch, hatte noch die Befreiung von der Leibeigenschaft im Jahre 1861 erlebt. Auch er konnte lesen. Oft hörte ich zu, wenn er vor dem Abendessen aus der Bibel vorlas, mit fester, etwas langgezogener Stimme. Er ist 1927 mit 75 Jahren gestorben.

An meine Großmutter Marfa erinnere ich mich als eine stets liebe und sanfte Frau. Als ich noch ganz klein war, benutzte sie mir gegenüber einmal ein Wort, das ich nie zuvor gehört hatte. Was ich angestellt hatte, weiß ich nicht mehr, sondern nur noch, daß sie zu mir mit erhobenem Zeigefinger sagte: »Paß bloß auf, du kleiner Demokrat!« Das war vor der Revolution, als »Demokraten« ins Gefängnis geworfen und verbannt wurden – sie wollte mir ja auch angst machen. Später hörte ich oft, wie das Wort als Schimpfwort benutzt wurde. Da ich aber wußte, daß sie nie wirklich zornig wurde, klang »Demokrat« seit meiner Kindheit für mich immer wie eine Liebkosung und nicht wie ein Schimpfwort.

Mein Vater hatte zwei Brüder, Nikolai und Iwan, und zwei Schwestern, Sofia und Maria. Schon mein Großvater hatte zuwenig Ackerland besessen, als daß es für die Nahrung bis zur nächsten Ernte gereicht hätte. Als bei seinem Tod das Land in noch kleinere Stücke geteilt werden sollte, kam es daher zu ziemlichen Auseinandersetzungen. Trotzdem blieb unsere Familie eng verbunden, vielleicht weil es in unserer armen Region keiner Familie besser erging. Und im Dorf verstanden wir uns gut. Kam jemand zu Besuch oder unterhielt man sich, so war das immer ein Vergnügen, obwohl wir uns nach meiner Erinnerung wenig aus Alkohol machten. In der Familie trank niemand, aber zwei- oder dreimal im Jahr betranken sich ein paar Jungens im Dorf, wahrscheinlich, um sich für Annäherungsversuche bei den Dorfschönen Mut zu machen.

Ich liebte Alt-Gromyki - die Felder und Wälder, die Wiesen und Bäche. Es schien mir der beste Platz auf Erden, auch wenn die Kartoffeln kaum durch den Winter reichten. Der Bessed war eine Wonne. Im Frühling fuhren auf ihm kleine Dampfboote (im Sommer führte der Bessed zuwenig Wasser), und das Ufer zog uns Dorfkinder magnetisch an. Stundenlang hielten wir unsere Angelruten ins Wasser und warteten, daß ein Fisch anbiß, und wenn einer mal fünf oder sechs kleine Fische herausholte, war das ein Mordsfang; stolz wie ein König trug der kleine Fischer seine Beute heim.

Sobald sie konnten, halfen die Kinder im Dorf den Frauen auf dem Feld, pflückten Flachs und Hanf, holten Kartoffeln aus dem Ackerboden und halfen bei der Kornernte. Die Arbeit war schwer, denn es gab keine Zugtiere. Überhaupt waren Tiere selten, denn es gab nicht genügend Futter.

Drei Kilometer vom Dorf entfernt lag der große »Grafenwald«. In der Pilzzeit gingen die Leute beherzt hinein. Aber für uns Kinder gab es dort wilde Tiere, Banditen und sogar Hexen, und wenn unsere Phantasie mit uns durchging, behaupteten wir sogar, in den Bäumen wohnten Dämonen. Im Winter hörten wir dort die Wölfe heulen. Dann mochte man nicht allein Holz sammeln gehen. Oft, wenn ich mit meinem Vater Holz holen ging, stellte ich mir vor, wie ich ihn mit meiner Axt gegen die Wölfe verteidigen würde. Zum Glück kamen jedoch keine Wölfe.

Die Stadtbewohner von heute werden wohl kaum die Zauberwelt aus Vorstellung und Legende begreifen, wie sie die

Menschen auf dem Land, und besonders die Landkinder, vor siebzig Jahren erlebten. Die Legenden waren ein Gemisch aus Aberglauben und Märchen, wurden von Generation zu Generation weitererzählt und sollten lehren, wie wichtig es ist, daß man sein Wort hält, den Nächsten liebt, ehrlich und anständig bleibt. Die älteren Kinder jedoch hatten ihre eigenen Zaubermittel, die einen Blick in die Zukunft erlaubten. Wollte man zum Beispiel seine Heiratsaussichten erkunden, so mußte man allein in dunkler und möglichst stürmischer Nacht mit einer brennenden Fackel und einem Spiegel bewaffnet in eine verlassene Wald- oder Badehütte gehen. Dort stellte man den Spiegel so auf, daß man in ihm die offene Tür sehen konnte. Schlag Mitternacht würde das Bild der künftigen Lebensgefährtin im Türrahmen erscheinen. Freilich hielten nur die Tapfersten die einsame Nachtwache durch.

Den meisten Sieben- oder Achtjährigen war es völlig gleichgültig, ob die Methode funktionierte, aber ich und mein um ein Jahr älterer Vetter Artjomka beschlossen, der Sache auf den Grund zu gehen. Zufällig besaß mein Großvater eine rohgezimmerte Badehütte im Wald, folglich mußte ich in die Rolle des Helden schlüpfen. Da die Möglichkeit nicht von der Hand zu weisen war, daß anstatt der mir Zugedachten ein böser Geist erschien, wollte Artjomka ganz in der Nähe warten, damit er mir sofort zu Hilfe eilen konnte, wenn etwas schiefging.

Während ich meine Position in der Badehütte bezog, versteckte er sich, mit einer Eisenstange bewaffnet, im Gebüsch. Ich zündete die Fackel an und wartete lange. Kein Geräusch war zu vernehmen, sogar die Hunde im Dorf schienen tief zu schlafen. Ich hatte das Gefühl, als starrten durch die Ritzen tausend Dämonenaugen. Nur der Gedanke an Artjomkas Verachtung, wenn ich desertieren würde, hielt mich auf meinem Posten.

Nach einer Weile ging meine Fackel aus. Plötzlich beschloß Artjomka, daß es jetzt genug sei. Er rief weinerlich: »Andrej, lebst du noch?«

Ich sagte keinen Ton, packte nur den Spiegel, und wir beide

rannten, was das Zeug hielt, glücklich, mit dem Leben davongekommen zu sein.

Die meisten Leute im Dorf glaubten ans Übernatürliche. Sie mußten in mühseliger Arbeit dem Boden einen dürftigen Lebensunterhalt entreißen, und so war es nicht überraschend, daß sie hin und wieder im Geheimnisvollen Trost suchten.

Ich selber lag in den kurzen Pausen zwischen der Arbeit in Feld und Wald, wenn ich nicht gerade Hausaufgaben machen mußte, gewöhnlich im Gras und las oder träumte in den Tag hinein. Dabei stellte ich mir Fragen wie: Was sind die Sterne? Wieso blinken sie in der Nacht? Warum glauben die Menschen, daß Gott im Himmel wohnt? Wer hat ihn gesehen? Und pflegte zu antworten: Ich kenne niemanden, der ihn je gesehen hat.

Ich stellte meiner Großmutter Marfa die schwierige Frage: »Wer hat Gott gesehen?«

»Niemand kann Gott sehen.«

»Wieso können wir von ihm reden, wenn ihn noch nie jemand gesehen hat?«

Sie sagte ziemlich barsch: »Warte, bis du älter bist. Dann wirst du das alles wissen.«

Damit endete unser Gespräch über Gott.

Die anderen Erwachsenen äußerten sich ähnlich. Manche behaupteten, Gott habe es so eingerichtet, daß der Mensch nicht alles über ihn wissen könne. Es gab aber auch einen Nachbarn namens Michail Scheljutow, der war Freidenker. Er erklärte, die Frage der Existenz Gottes sei offen, und es gebe viele Wissenschaftler, die nicht an seine Existenz glaubten.

Mit etwa neun Jahren, nach der Revolution, fing ich an, die atheistischen Broschüren zu lesen, die jetzt erschienen. Waren sie auch leichter in den Bezirksbüchereien aufzutreiben als bei uns im Dorf, brachten es doch meine Freunde und ich fertig, uns die Grundsätze des Atheismus einzuverleiben, wenn auch in vereinfachter, volkstümlicher Form. Und meine Familie, die bis dahin wie viele andere religiös gewesen war, spaltete sich in dieser Frage entlang der Generationsgrenzen. Meine Großeltern blieben religiös. Ihre Kinder hingegen hörten fast alle auf zu beten, und machten sie, wenn sie sich zu Tisch setzten, auch gelegentlich noch das Kreuz, so gaben sie auch das bald auf und den Glauben obendrein.

Meine eigene Generation bekreuzigte sich praktisch nie, außer an Ostern, wenn wir den Gottesdienst besuchten und dem schönen Gesang des Chores zuhörten. In die Kirche gingen wir eigentlich nur, weil wir bei der Kommunion einen Tropfen wirklich schmackhaften süßen Weines bekamen. Den Popen, Wassili Woltowski, hielten wir für einen Geizhals, denn er gab einem nur einen Teelöffel, nicht mal immer einen vollen.

Ich habe schon immer gern gelesen. Als Kind setzte das, was ich las, meinen Verstand in Gang, und so habe ich denken gelernt.

Ich las wahllos alles, was mir in die Hände fiel. Erfuhr ich von einem Buch mit einem interessanten Titel, versuchte ich, es mir zu beschaffen. Einmal bekam ich von Freunden ein Buch mit dem Titel *Astronomie in Bildern* von Camille Flammarion. Der französische Astronom hätte wohl nicht schlecht gestaunt, wenn er gewußt hätte, daß in einem kleinen russischen Dorf ein Schuljunge sein Buch verschlang, als hänge sein Leben davon ab.

Neben Büchern über Atheismus und Natur las ich über russische Geschichte und die Heldentaten russischer Revolutionäre. Als sich die Welt für mich weiter auftat, interessierten mich Bücher über Reisen und geographische Entdeckungen, und ich weiß noch heute, wie mich die Reiseberichte des Kapitäns Cook faszinierten.

Eine Zeitlang war ich von Geometrie und Trigonometrie besessen und ging in den Sommerferien in den Wald, wo ich die Abstände zwischen den Bäumen ausmaß, um ihre Höhe berechnen zu können. Das erfüllte mich mit tiefer Befriedigung, doch erlahmte mein Interesse für Mathematik bald und machte der Liebe für Geisteswissenschaften Platz.

Beim Lesen der russischen Klassiker, dann Homers und

Goethes *Faust* ertappte ich mich, wie ich mich fragte, ob ich nicht selber etwas schreiben sollte, vielleicht Gedichte. Also setzte ich mich hin, machte heimlich ein Heft auf und hatte im Nu ein Dutzend Gedichte verfaßt. Bald jedoch siegte meine Selbstkritik, und so verbrannte ich alles Geschriebene in gleicher Heimlichkeit, in der ich es vorher geschrieben hatte.

Oft fragte ich mich, ob ich eigentlich normal sei. »Warum will ich immer allein sein und meist über irgendein Buch nachdenken?«

Nach und nach gesellte sich zu meiner Einsamkeitsträumerei tatkräftigeres, nach außen gewandtes Tun. Studien und Gemeindearbeit mit gleichaltrigen und gleichgesinnten Kameraden boten mir ein Betätigungsfeld, und ich fing an, mir über mich selber klarer zu werden. Kein Tag verging, ohne daß meine Freunde und ich »zum Volk gingen«, wie wir unsere gesellschaftspolitische Arbeit nannten. Manchmal waren wir erstaunt, daß uns die Erwachsenen überhaupt zuhörten und sogar Achtung vor uns zu haben schienen, aber das spornte uns nur noch mehr an.

Allgemein hatte ich mir zur Welt und zu den menschlichen Werten kein System zurechtgelegt, bis ich nach 1917/1918 revolutionäre Literatur zu lesen begann. Dennoch schälten sich allmählich ein paar Grundgedanken heraus. Sah ich beispielsweise den Popen Woltowski auf seinem Wagen durchs Dorf fahren und die Bauern aus ihren Katen kommen und ihm das bißchen Korn oder Hafer geben, das sie erübrigen konnten, dann fragte ich mich: Wenn der Pfarrer das Wort Gottes verkündet, warum ernährt ihn dann nicht der liebe Gott? Mir schien, als könne die Antwort nur lauten, daß es keinen Gott gibt.

Der dialektische Materialismus hatte bei uns Jungen schon Wurzeln geschlagen. Als 13jähriger Jungkommunist hielt ich zusammen mit meinen Komsomol-Freunden religionsfeindliche Reden im Dorf. Ich weiß noch gut, wie ältere Bauernfrauen das Kreuz schlugen, wenn sie an der Hütte vorbeikamen, wo – wie man ihnen gesagt hatte – Komsomols erklärten, es gebe keinen Gott. Meine Eltern und nahen Verwandten jedoch zankten mich nie deswegen aus, auch wenn sie meine antireligiösen Auffassungen nicht teilten.

In unserem jugendlichen Alter wollten wir auch in der Welt der Künste unsere Spur hinterlassen. In den Broschüren, die uns jetzt leicht zugänglich waren, gab es massenhaft kleine Propaganda-Theaterstücke, und so beschlossen wir, eines davon aufzuführen, das den Zusammenprall der revolutionären und gegenrevolutionären Ideen in den stürmischen Jahren des Bürgerkriegs zum Gegenstand hatte. Die beiden Hauptgestalten waren der »rote Kommandeur« namens Kescha und der »weiße Offizier« Wowa, zwischen denen es zum heftigen Wortgefecht kam.

Die Rolle des weißen Offiziers ließen wir einen wilden, jähzornigen Jungen namens Iwan spielen, und als es um die Besetzung der Rolle des roten Kommandeurs ging, riefen alle wie aus einem Mund: »Den muß Andrej spielen. Er kann am besten reden, er soll's dem Weißen geben!«

Ihr Vertrauen schmeichelte mir, und ich nahm die Rolle an. Wir probten in einem Schulsaal. Da wir weder Kostüme noch Kulissen besaßen, spielte jeder in seinen Alltagskleidern. Für den weißen Offizier machten wir aus Pappe eine Art Schulterstücke, und er mußte dauernd auf sie schielen, um zu sehen, ob sie noch da waren. Der beste Teil seines Kostüms aber waren die nagelneuen Stiefel, die wir auf Hochglanz polierten, während meine eigenen Stiefel ziemlich abgetragen waren, aber sie waren kräftig und hatten Eisenplättchen, eben was wir als »echt proletarische« Stiefel ansahen. Wir trugen auch richtige Pistolenhalfter, allerdings ohne Pistole.

Im politischen Streitgespräch zwischen dem roten Kommandeur und dem weißen Offizier verteidigte der Weiße natürlich die Reichen. Über die Armen sagte er: »Schließlich muß jemand die Arbeit machen! So ist es nun mal. Es muß Leute geben, die in der Fabrik und auf den Feldern arbeiten, Straßen bauen und Flöße den Fluß hinunterbringen, und dann muß es welche geben, die das Ganze leiten.«

Der rote Kommandeur verwahrte sich gegen den Gedanken, daß die Reichen, die Ausbeuter, alles leiten. »Alle müssen gleich sein,« sagte er. »Jedermann muß arbeiten. Deswegen haben die Arbeiter und Bauern unter Führung Lenins die Revolution gemacht.«

Die übrigen Mitspieler, in der Mehrzahl natürlich Rote, hatten Schwierigkeiten mit dem Auswendiglernen. Folglich steckten wir einen Souffleur in eine Ecke mit dem strengen Auftrag aufzupassen. Aber die Ecke war ungünstig gelegen, weshalb wir ihn oft nicht hören konnten und also improvisierten. Auch der Souffleur tat sein Bestes, und manchmal überschrie er die Schauspieler, wenn sie vom Text abwichen. Die Aufführung war von recht eigener Art. Dennoch ging alles ganz gut, die Hauptdarsteller droschen auch nicht aufeinander ein, obwohl nicht viel daran fehlte. Als ich nach der Vorstellung heimkam, sagte meine Mutter: »Ich dachte schon, er reißt dir das neue Hemd vom Leib.«

Jedenfalls war alle Welt zufrieden, Darsteller, Veranstalter und Publikum. Es hatte geduldig zugesehen, vielleicht auch, weil es so etwas im Dorf noch nie gegeben hatte.

Damit war meine Bühnenlaufbahn auch schon wieder zu Ende.

2. Kapitel
Nach der Revolution

Die Nachricht von Deutschlands Kriegserklärung an Rußland kam für uns völlig überraschend. Die Erwachsenen reagierten heftig. Mein Vater sagte: »Die Deutschen haben Rußland überfallen. Sie sind stark und gefährlich und bringen nichts als Not und Elend.«

Zum ersten Mal empfand ich die Liebe für mein Land, seine Menschen und Felder und Wälder.

Die Leute im Dorf hatten eine große Wut auf den Aggressor und waren gleichzeitig felsenfest von der eigenen Stärke überzeugt. Es kam die Mobilmachung, und wieder wurde mein Vater eingezogen. Drei Jahre lang kämpfte er an der Südwestfront unter General A.A. Brussilow. Kaum war er wieder zu Hause, ging im Oktober 1917 die Nachricht von der bolschewikischen Revolution wie ein Lauffeuer durchs Dorf.

»Die Arbeiter haben die Macht übernommen«, sagte ein Bauer zu meinem Vater. »Wir müssen uns ihnen anschließen. Die Großgrundbesitzer sind kaputt.«

Es gab viele Worte, die ich nicht verstand. Was war das, »Macht«? Was hieß, »wir müssen uns den Arbeitern anschließen«? Wollte sich mein Großvater Matwej mit dem Freidenker Michail Scheljutow (der für mich der Inbegriff des arbeitenden Menschen war) etwa irgendwohin auf den Weg machen? Was »kaputt« bedeutete, wußte ich allerdings; die Deutschen waren ja nicht weit weg, wir benutzten immer wieder deutsche Worte.

Aus Petersburg hörten wir, die Revolution werde angeführt von »Lenin und seinen Mitstreitern«. Zum ersten Mal hörte ich den Namen Lenin. Die Art, wie die Leute von ihm sprachen, erinnerte mich an die tapferen Ritter in den Sagen, die mit dem bösen Feind rangen und ihn immer bezwangen.

Als erste Veränderung im Dorf fiel mir auf, daß die Glocke, die warnend das Nahen des seit jeher gefürchteten Polizeichefs verkündete, nicht mehr zu hören war. Der Ortspolizist verschwand ebenfalls. Auch vor ihm hatte man Angst, obwohl sich die Leute mit ihm zu unterhalten pflegten und manchmal sogar Widerworte wagten. Die größte und beständigste Angst flößte den Bauern jedoch der Zar ein, so sehr, daß man noch lange nach der Revolution, als das Leben völlig neu geordnet war und das Land große Veränderungen durchgemacht hatte, einen Bauern plötzlich sagen hören konnte: »Und was passiert, wenn der Zar zurückkommt?«

Unser Dorf machte eine schwere Zeit durch. Anfang 1918 besetzten deutsche Truppen die Westgebiete, darunter auch das Gebiet Gomel. Trotz der Revolution zog ein endlos scheinender Truppenstrom nach Osten. Die Angst, die das Land bei Kriegsbeginn befallen hatte, war voll und ganz gerechtfertigt.

Die Deutschen brachen wie eine Naturgewalt ein. Die gedrillten Truppen des Kaisers marschierten parademäßig in Rußland ein. Dabei plünderten sie Städte und Dörfer, stahlen Vieh, das sie waggonweise nach Deutschland abtransportierten, und beschlagnahmten die Pferde für ihre Truppentransporte. Jeden, der ihnen im Wege stand, schlugen sie nieder oder brachten ihn um.

In Alt-Gromyki gingen sie von Haus zu Haus und trieben das Vieh zusammen. Ich sehe noch ganz deutlich, wie drei Soldaten unsere Kuh aus dem Hof holen wollten. Mein Vater und seine beiden Brüder waren im Wald, nur mein Großvater war zu Hause. Er rannte hinaus und wollte die Kuh zurückholen, hängte sich verzweifelt an sie. Ein Soldat richtete sein Gewehr auf ihn, aber in dem Augenblick verfing sich die Kuh mit ihren Beinen im Seil und fiel hin. Das gab den Frauen und Kindern, mir Neunjährigem und meiner siebenjährigen Schwester, die Chance, uns an unseren Großvater zu hängen und ihn zurückzuhalten.

Der Verlust seiner Kuh traf ihn schwer, ohne sie schien er völlig verloren. Er schimpfte: »Was hat sich der verdammte Deutsche eigentlich gedacht? Mußte er unsere letzte Kuh wegnehmen und die Kinder ohne Milch zurücklassen?«

Eine Zeitlang warteten die Frauen, unter ihnen auch meine Mutter, am Dorfrand in der Hoffnung, die Deutschen würden es sich anders überlegen und die Kühe zurückbringen. Aber weit gefehlt. Der Stall, in dem meine kleine Schwester und ich jeden Morgen warme Milch getrunken hatten, blieb leer. Trotzdem bin ich in gewisser Weise dankbar für die materielle Not, an der kein Mangel war, denn ihre Überwindung festigte meinen Charakter.

Noch bevor unsere Region überrannt wurde, hatten wir wochenlang große Menschenmengen mit Karren, auf denen ihr Hab und Gut war, vor den Deutschen nach Osten fliehen sehen. Meist waren es Polen und Weißrussen, die nur gebrochen Russisch sprachen, aber die Bevölkerung verstand sie trotzdem und behandelte sie freundlich.

Der Vormarsch der Deutschen kam erst zum Stillstand, als Lenin im März 1918 den Vertrag von Brest-Litowsk unterzeichnete. Bedeutete er für die Sowjetrepublik auch schwere materielle und menschliche Lasten, so blieben doch die fundamentalen Gewinne der Oktoberrevolution erhalten, und die waren für das Land als Ganzes viel wichtiger.

Damit erhielt die Sowjetrepublik eine Atempause und konnte einige innere Probleme regeln und mit der Aufstellung der Roten Armee beginnen. Kaum acht Monate später wurde Wilhelm II. in Deutschland von der Revolution gestürzt, und am 13. November 1918 erklärte die Sowjetregierung den Vertrag von Brest-Litowsk für null und nichtig. Das war ein großer Sieg für Lenins Weitsicht, und im Januar 1919 hatten die Deutschen das Gebiet Gomel verlassen, und die Flüchtlinge konnten wieder heimkehren.

In mir schlug der Gedanke Wurzeln, Krieg zwischen Staaten sei eine schlimme Sache, und die einfallenden Deutschen seien unsere Feinde. Wozu wollten sie unser Land, warum mußten sie Russen töten? Als Kinder spielten wir oft Krieg, und immer siegten die Russen.

Nach und nach zeitigte Lenins Neue Ökonomische Politik ihre ersten Erfolge, die Sowjetwirtschaft wurde vollständig verwirklicht. Doch erst als die Ablieferungspflicht durch eine Naturalsteuer abgelöst wurde, ließen sich die Bauern dazu bewegen, die Landwirtschaft in Schwung zu bringen und die Erzeugung zu steigern.

In diesem Zusammenhang fällt mir ein Vorfall ein. Ein Vortragsredner war ins Dorf gekommen, der die Politik des neuen Regimes erklären und den Leuten eine grobe Vorstellung von der Theorie des Marxismus-Leninismus vermitteln sollte.

»Marx hat seine Lehre auf den neuesten Theorien aufgebaut«, sagte er, »und dazu gekonnt selektiv die Gedanken anderer Philosophen benutzt, insbesondere die Vorstellungen Hegels. Alles, was gut war, hat er von Hegel übernommen, sonst aber nichts. Mit anderen Worten: Er übernahm das vernünftige Saatgut aus Hegels Weisheit.« Dann sollten Fragen gestellt werden.

Kaum hatte er das gesagt, war schon ein gewitzter Bauer aufgestanden und brachte die Überschuß-Requirierung aufs Tapet, die den Bauern oft nicht genug Korn übriglasse, um sich selbst zu ernähren, von Saatgut ganz zu schweigen: »Du sagst, Marx habe von Hegel nur das vernünftige Saatgut genommen. Der Hegel hatte es gut. Vor ein paar Tagen sind die Marxisten gekommen und nahmen unser *ganzes* Saatgut.«

Das war noch vor der Einführung der Naturalsteuer durch Lenins Neue Ökonomische Politik (NEP). Sobald die Bauern wußten, wieviel sie an den Staat abgeben mußten und wieviel sie für ihren Eigenbedarf behalten konnten, merkten sie auch, daß das neue Regime ihre Probleme verstand, und das konnte sich gar nicht anders als positiv auf die landwirtschaftliche Produktivität auswirken. Der Staat andererseits konnte die

Stadtbevölkerung und die städtische Arbeiterklasse besser ernähren.

Die psychologische Verfassung und das Weltbild eines Menschen entstehen unmerklich mit den ersten Atemzügen am Heimatort, dem Klang der Wiegenlieder und später den Bildern, wie sie Märchen, Legenden und Volkslieder heraufbeschwören. Auch die Geschichte übt ihren Einfluß aus, das Leben der Helden, die sich für ihr Land geopfert haben. Natürlich frage ich mich, warum mich die Erfahrungen der Kindheit so stark geprägt haben. Es war wohl, weil sie in mir Neugierde und Wissensdurst weckten sowie den Drang, andere und mein Land zu retten. So stark war dieser Drang, daß ich mir oft vorstellte, wie ich in der Armee kämpfte und das Land gegen seine Feinde verteidigte - gegen Tataren, Schweden, Japaner und Deutsche.

Die Vaterlandsliebe sog man damals mit der Muttermilch ein. Dazu gehörte, daß man sich hingezogen fühlte zu dem Haus, in dem man zur Welt gekommen war und die ersten Worte geplappert hatte, die Zuneigung zu Eltern und Verwandten und später das Andenken an Heimatstadt oder -dorf, an die Hügel und Bäche der Kindheit. Alles das macht die Liebe zur Heimat aus.

Heute stellen wir dem geheiligten Wort »Patriotismus« meist die Vorsilbe »Sowjet« voran. Darin schlägt sich eine zusätzliche Hingabe an die Werte unserer sozialistischen Gesellschaft und die Verachtung für die Ausbeutung des Menschen durch den Menschen nieder.

Anfang 1923 wurde ich zum Sekretär des Dorf-Komsomol gewählt. Die Ortszelle erhielt zu fast allen Aspekten des Dorflebens ihre Weisungen vom örtlichen Komsomol-Komitee. Die Komsomol-Mitglieder sollten den Bauern und der Dorf-Intelligenzija ein Beispiel geben, und wir nahmen das sehr ernst.

Wenn ich eifrig meine Weisungen las, war mir fast, als spräche Karl Marx selbst zu mir. Anfänglich ließ mich meine Familie eben so gewähren, nicht mehr. Als sie aber sah, wie sich andere Dörfer alle Mühe gaben, eigene Kandidaten für die Wahlen zu präsentieren, beteiligte sie sich aktiver.

Im Januar 1924 starb Lenin. Es war ein sehr harter Winter. Ich weiß noch, wie ich durch dichtes Schneetreiben zur Schule stapfte, wo eine Trauerfeier stattfand. Unsere Lehrer erinnerten in ihren Reden daran, wieviel Lenin für uns und für alle Arbeiter und Bauern in Rußland getan hatte.

Die Dorfbewohner redeten von nichts anderem mehr als von Lenins Tod. Sie fragten: »Was wird jetzt geschehen? Was wird aus uns ohne Lenin?«

Sie dachten, als Komsomol-Sekretär könne ich es ihnen sagen. Doch was konnte ich sagen, wo ich doch darauf wartete, daß es jemand *mir* sagte? Dann fiel mir wieder ein, was ich gehört hatte: »Die Revolution wurde ausgeführt von Lenin und seinen Mitstreitern.« Also antwortete ich: »Lenin ist tot, aber seine Mitstreiter, die Partei, leben noch. Und mit ihr werden wir leben.«

Nach sieben Jahren Grund- und weiteren zwei Jahren Berufsschule in Gomel ging ich an die Fachoberschule in Borissow, nicht weit von Minsk. Ich wohnte dort in einem eingeschossigen Holzhaus, das dafür berühmt war, daß Napoleon beim Rückzug mit seiner geschlagenen Armee darin übernachtet hatte. Man nannte es immer noch – mit einem Seitenhieb auf den bankrott gegangenen Kaiser – das »Napoleonhaus«.

In Borissow trat ich 1931 der kommunistischen Partei bei. Das war mein Traum, seitdem ich erstmalig den Unterschied zwischen einem armen Bauern und einem Großgrundbesitzer, einem Arbeiter und einem Kapitalisten begriffen hatte. Meine Mitgliedskarte erhielt ich unmittelbar vor einer Sitzung, in der neue Funktionäre gewählt werden sollten, und in der Sitzung wurde ich sofort zum Sekretär meiner Parteizelle ernannt.

Meine Parteiarbeit war mein ein und alles. Wie schon als Komsomol arbeitete ich eng mit anderen zusammen, schlug

Als Zwanzigjähriger mit Lydia, die damals sechzehn war, 1930 *(oben links).*
1931 als Student in Minsk *(oben rechts).*
Meine Mutter mit meiner Schwester und meinen Brüdern Fjodor und Dimitri *(unten).*

mich mit den Tagesproblemen herum, war immer im dichtesten Getümmel. Die Parteimitglieder standen damals wie überhaupt immer in der ganzen Geschichte unseres Staates in vorderster Front, übernahmen die wichtigsten und schwierigsten Aufgaben. Nicht nur mußten wir unsere Parteilinie erklären und für sie agitieren (Hauptthema war damals die Kollektivierung der Landwirtschaft), sondern auch als erste bereit sein, an Samstagen und Sonntagen freiwillige Arbeit zu leisten, überall hinzugehen, wohin man uns schickte, beim Brennholzsammeln und Wagenabladen zu helfen, wann immer ein paar zusätzliche Arme nötig waren. Partei und Komsomol verstanden unsere Schwierigkeiten und hielten treu die Glut der kommunistischen Überzeugung in unseren jungen Herzen wach.

Wir erhielten nur einen kleinen Unterhaltszuschuß. So hart diese Zeit auch war, denke ich doch mit Wärme an sie zurück, vielleicht auch, weil damals mein Zusammenleben mit Lydia Dmitrijewna Grinewitsch begann, einer Studentin und Tochter weißrussischer Bauern. Sie stammte aus dem Dorf Kamenki westlich von Minsk.

Eines Tages war mir in einer Gruppe von Studentinnen ein hübsches Mädchen aufgefallen. Sie ging mir nicht mehr aus dem Sinn. Schließlich sagte ich mir: »Nun bin ich schon über 20, irgend etwas muß ich mit ihr anstellen.«

In dem Alter trifft man seine Entscheidungen blitzschnell, vor allem in solchen Dingen. Bald kannten wir uns näher. Ich war hingerissen von ihrer Schönheit, ihrer Bescheidenheit und anderen zauberhaften Eigenschaften, die sich schwerer in Worte fassen lassen. Diesem weiblichen Rüstzeug ist kein Mann gewachsen. Das ist auch gut so. Tausend Darwins und Psychologen werden nie die besonderen Kräfte einer Frau erklären können; sie sind ein Geheimnis der Natur.

Die Frühsommernächte waren kurz, und Abend für Abend wanderten Lydia und ich die ganze Nacht hindurch. Es war, als führen wir in einem Zauberwagen. Nur die »sanften Dämmerstunden« kennen unser Geheimnis. Der Film *Die sanften Dämmerstunden* entstand erst Jahrzehnte später und handelte von völlig anderen Dingen, aber der Titel erinnert mich so sehr an die Natur und meinen damaligen Seelenzustand, daß er mir jetzt ganz von selber in die Feder fließt.

An einem heißen Sommertag ging ich in der Beresina schwimmen. Die Sonne ließ die Felder leuchten, und ein würzig-süßer Blumenduft hing über den Wiesen an meinem Weg. Mir ging das Mädchen, das ich kennengelernt hatte, einfach nicht aus dem Sinn. Ich las damals gerade wieder einmal *Eugen Onegin,* und wie ich so meines Weges ging, tanzten meine Gedanken unablässig zwischen Tatjana und meiner neuen Freundin hin und her, obwohl natürlich die Umstände in nichts vergleichbar waren und Puschkins glutvolle Worte in unseren Gesprächen kaum oder gar nicht vorkamen. Wir fühlten uns einfach wohl beieinander. Wie dem auch sei, in Puschkins Meisterwerk stellen sich die wirkungsmächtigsten Augenblikke immer dann ein, wenn Held und Heldin einander erklären, warum ihnen ein gemeinsames Schicksal versagt bleibt. Das war Warnung und Inspiration zugleich, in meinem Leben die Gelegenheit nicht zu verpassen, wenn sie sich ergab.

Das Leben schien mir eine Komposition aus süßesten Tönen, und das wollten die Menschen einfach nicht verstehen. Ich war so gedankenverloren, daß ich fast die steile Uferböschung hinab ins weiche, glitzernde Wasser gefallen wäre.

Ich kletterte vorsichtig hinunter und sah zwei Kommilitonen. Schnell zog ich mich um, schloß mich ihnen an, und wir schwammen zum anderen Ufer und wieder zurück. Der Fluß war tief, aber nicht breit, und so hatte ich keine Mühe.

Das Schwimmen weckte mich auf, das kühle Wasser holte mich aus meinen Tagträumen in die Wirklichkeit zurück. Nie mehr in meinem Leben sollte ich diese geistige Erhebung, innere Befreiung und die Reinheit der Gedanken erfahren, die mich an diesem Tag bei meinem Gang durch die sonnenbeschienenen Wiesen beflügelten.

Als ich in meine Unterkunft zurückkam, versuchte ich, mir klarzuwerden, was ich da empfunden hatte. Worum ging es? Wie konnte ich so gedankenversunken gewesen sein, daß ich fast in den Fluß gefallen wäre? Sicher, ich kann schwimmen, und es wäre nicht viel passiert, aber ...

In meiner Selbstanalyse kam ich zu einem unerwarteten und präzisen Schluß: Ich muß ihr alles sagen. Wir müssen entscheiden, was wir beide tun wollen.

So wirkten die frühlingshafte Landschaft und die seelische Kraft von Puschkins unsterblichem Werk vereint auf meine Gefühle.

Lydia und ich heirateten noch während des Studiums. Das Leben war eine Zeitlang hart, aber nach einer Weile kriegten wir es in den Griff und bekamen sogar eine Wohnung.

Seitdem sind 55 Jahre vergangen. Lydia Dmitrijewna und ich haben zwei Kinder, Anatoli und Emilia. Anatoli hat in Geschichte promoviert und ist korrespondierendes Mitglied der Akademie der Wissenschaften, wo er als Professor das Afrika-Institut leitet. Unsere Tochter Emilia hat ebenfalls Geschichte studiert und arbeitet in einem Verlag. Wir haben drei Enkel, Igor, Andrej und Alexej, und zwei Enkelinnen, Lydia und Anna. Urgroßeltern sind wir für Oleg, den Sohn eines unserer Enkel. Meine Schwester Jewdokija erfreut sich noch guter Gesundheit und wohnt mit ihrer Tochter Sofia in Gomel.

Auch an unserer Familie ging der Große Vaterländische Krieg nicht spurlos vorbei. Meine beiden jüngeren Brüder Alexej und Fjodor fielen als Offiziere der sowjetischen Armee, der eine schon in den ersten Kriegstagen im Baltikum, der zweite als Kommandeur einer Geschützbatterie beim Übergang über die Beresina bei Bobruisk, als die Sowjettruppen die fliehenden Hitlerstreitkräfte verfolgten. Mein dritter Bruder Dmitri hat Schweres durchgemacht. Während des Krieges gehörte er dem Widerstand an und diente später in der Armee. Als er von der Front zurückkehrte, war seine Gesundheit völlig ruiniert; er starb 1978. Zwei Onkel mütterlicherseits, Fjodor und Matwej Bekarewitsch, sind im Krieg gefallen, und der vielgeliebte Bruder meiner Frau, Arkadi, starb bei der Verteidigung Moskaus.

Nach Abschluß der Grundschule kamen weitere zwölf Jahre Studium: zuerst Berufsschule in Gomel, dann Fachoberschule in Borissow, das Institut in Minsk und schließlich das Postgraduiertenstudium in Minsk und Moskau.

Ich wollte Sozialwissenschaften studieren und wurde darin bestärkt, als ich mich mit 16 Jahren dazu entschloß, Engels' *Anti-Dühring* zu lesen, und wenn es mir noch so schwerfiele. Weiter verstärkte sich meine Absicht dadurch, daß ich schon politische Studienzirkel leitete und zum Komsomol-Sekretär gewählt worden war. Das klingt so, als hätte es mich Mühe gekostet. Aber kaum hatte ich zu lesen begonnen, konnte ich nicht mehr aufhören, so klar war die Darlegung des Marxschen Gedankenguts durch Engels. Zum ersten Mal hatte ich von Marx' *Das Kapital* gehört, als ich dem Komsomol beitrat. Mir war klar, daß es sich dabei um sein Hauptwerk handelte, und nach mehrmonatiger Suche konnte ich mir endlich ein Exemplar beschaffen. Schnell merkte ich, wie schwierig das Buch war, weshalb ich mir bestimmte Stellen anstrich, die ich eingehender studieren wollte, »wenn ich erst weiter« sei.

Da ich schon Kommunist und an der Fachoberschule Parteisekretär gewesen war, wurde ich von der Partei häufig auf Mission geschickt, oft zweimal im Monat. Von Borissow und später von Minsk aus mußte ich bei der Kollektivierung, der Festigung der Bauernkollektive und bei der Stärkung der Parteiarbeit in den Dörfern mithelfen. Hin und wieder hatte ich auch mit landwirtschaftlicher Beschaffung zu tun.

Nach zweijährigem Studium in Borissow wurde ich nicht weit von Minsk zum Leiter einer höheren Schule im Bezirk Dserschinsk ernannt, wo meine Frau in einer Sowchose als Spezialistin für Tierzucht tätig war. Danach war ich zugleich als Lehrer und Leiter der Schule und mit der Fortsetzung meiner Studien als Externer am Institut beschäftigt.

Eines Tages suchte mich ein Vertreter des ZK der Weißrussischen KP mit einem ungewöhnlichen Angebot auf.

»Du sollst sofort mit dem Postgraduiertenstudium anfangen – wenn du willst, natürlich.«

»Aber ich habe ja noch gar nicht alle Prüfungen am Institut gemacht«, wandte ich ein.

»Mach' dir da keine Sorgen. Bereite dich auf die Prüfungen vor, danach kannst du dann gleich mit dem Weiterstudium beginnen.«

Ich bat, mir das noch mal überlegen zu dürfen.

Sorgen bereitete mir der finanzielle Aspekt. Inzwischen war unser erstes Kind, Anatoli, geboren. Als Schulleiter hatte ich ein gutes Gehalt und fürchtete nun, mit einem Graduierten-Stipendium würde sich der Lebensstandard meiner Familie verschlechtern.

Man schickte mich nach Minsk, ich solle mit den Leuten dort reden. Professor I.M. Borissewitsch, der dortige Leiter der Universitätskommission, sagte schließlich, nachdem wir uns unterhalten hatten: »Wegen deiner erzieherischen, arbeitsmäßigen und gesellschaftspolitischen Leistungen schlägt die Kommission deine Teilnahme am eben in Minsk errichteten höheren Spezialistenkurs vor.«

Natürlich fragte ich: »Und welche Art von Spezialisten sollen hier ausgebildet werden?«

Er sagte: »Wir denken an Wirtschaftler mit breitem praktischem und theoretischem Hintergrund. Das Institut der Roten Professoren in Moskau bildet Sozialkundelehrer für unsere höheren Schulen aus. Ähnliches wollen wir jetzt auch hier machen.«

Ich gestand der Kommission freimütig, daß ich eigentlich lange genug mit einem Stipendium habe auskommen müssen. Borissewitsch versicherte mir, nach kurzer Einarbeitung erhielten die Stipendiaten eine Ausbildungsbeihilfe in Höhe des Parteimaximums - kurzum, ein anständiges Gehalt. »Sobald du die Institutsprüfungen abgelegt hast, wirst du dich nicht beklagen können. Man kennt dich hier und wird für dich sorgen. Der Spezialistenkurs fängt frühestens in einem halben Jahr an, so daß du Zeit genug hast.« Und fügte hinzu: »Egal, ob du das Angebot annimmst oder nicht - ich weiß zufällig, daß man beabsichtigt, dich zur Arbeit nach Minsk zu versetzen.«

Da ich Dserschinsk ohnehin verlassen sollte, erklärte ich mich mit dem Spezialistenkurs einverstanden und zog 1933 mit der Familie nach Minsk. Als erstes nahmen wir eine Privatwohnung. Die Vorhersage des Professors wegen des Parteimaximums bewahrheitete sich, und wir kamen gut hin.

Dann begann die ernste Arbeit im Spezialistenkurs, den Professor Borissewitsch und sein Assistent, Professor Klimko, leiteten. Der arme Klimko hatte im Bürgerkrieg einen Arm verloren. In den ersten sechs Monaten wurde Wirtschaft, Philosophie und Englisch gelehrt; die Lehrer waren erstklassig.

Wir wurden in die Weißrussische Akademie der Wissenschaften eingeschrieben, und als diese bald nach unserer Ankunft einen Empfang gab, wurden wir Studenten zusammen mit führenden Wissenschaftlern und Akademikern eingeladen. Zu unserer großen Überraschung wurden wir als Gleichgestellte behandelt, saßen mit den Wissenschaftlern an einem Tisch und genossen, was uns wie ein rauschendes Fest vorkam. Wir merkten, daß der Sowjetstaat nicht umsonst seine Wissenschaftler gut behandelte; ganz offensichtlich galten die Wissenschaft und die in ihr Tätigen im Staat viel.

Ich gestehe ehrlich, daß ich nach dieser Zusammenkunft mit den Akademikern, als ich sah, wie gut der Staat für seine Gelehrten sorgte, beschloß, möglichst die wissenschaftliche Laufbahn einzuschlagen.

Doch 1934 geschah etwas, das meinen Lebensweg entscheidend beeinflussen sollte. Ohne Vorwarnung wurde uns eines Tages gesagt, unsere ganze Gruppe solle in ein ähnliches Institut in Moskau verlegt werden. Wir dachten darüber nach und kamen nach kurzer Zeit zu dem Schluß, nicht zu protestieren. Nach dem Sprichwort: »Wer A sagt, muß auch B sagen.« Also machte sich im März 1934 meine kleine Familie mit drei Koffern, die unseren ganzen irdischen Besitz enthielten, auf den Weg nach Moskau. Ich weiß noch gut, welche Gefühle mich auf der Reise bewegten. Eine innere Stimme sagte mir, bald würde ich auf den berühmten Quadern des Kreml wandern und seine

Mauern nicht mehr nur auf Ansichtskarten, sondern mit meinen eigenen Augen bestaunen.

Wir wurden in Alexejewskoje untergebracht, einer Studentensiedlung am Nordostrand der Stadt. Der zweite Romanow-Zar, Alexej Michailowitsch, hatte dort einen Palast gehabt, aber mittlerweile ist nur noch der Name übrig. Alexejewskoje war eine richtige Studentenstadt, überall nur junge Leute, und wir wohnten dort relativ angenehm, bis wir von der Akademie der Wissenschaften in einem neuen Wohnblock in der Tschkalow-Straße eine wirklich gute Wohnung bekamen, in die wir uns mit einem jungen Virologen namens Michail Petrowitsch Tschumakow teilten. Inzwischen ist aus ihm eine weltweit bekannte Autorität für Kinderlähmung geworden.

Das Institut in Moskau leitete der hervorragende Wirtschaftstheoretiker M.A. Lurje. Meine Arbeit am Institut unterschied sich kaum von der in Minsk, und auch meine Parteiaufträge waren ähnlich: Entkulakisierung, Stärkung der Kolchosen und Erläuterung der Parteilinie und der internationalen Lage vor Arbeitern in Stadt und Land. Desgleichen hatte ich die örtlichen Fortschritte des Alphabetisierungsprogramms der Partei zu überwachen und Theorievorlesungen zu halten, beispielsweise über Lenins *Entwicklung des Kapitalismus in Rußland*.

Auf einer solchen Reise gab mir, als es um die Unterbringung für die Nacht ging, der Vorsitzende des Ortssowjets folgendes zur Auswahl: »Du kannst entweder in einem Bauernhaus schlafen, wo viele Kinder sind, was viel Lärm bedeuten kann, oder aber wie andere Funktionäre vor dir im Heuschober.« Da ich als Junge, wenn ich die Pferde zur Nachtweide gebracht hatte, immer gut im Heu geschlafen hatte, entschloß ich mich zu letzterem.

Der Vorsitzende führte mich zum Heuschober. Als wir im Hof standen, sagte er ganz nebenbei: »Vor kurzem wurde in einer Scheune gleich in der Nähe ein Funktionär, der hierhergeschickt worden war, von Feinden des Sowjetregimes getötet.«

Die Nacht verlief aber ohne Zwischenfälle. So tief wie sonst schlief ich freilich nicht.

Während meiner Zeit am Moskauer Institut hatte ich das Glück, an Zusammenkünften mit einigen berühmten Revolutionären in der Allunions-Gesellschaft der Altbolschewiki teilzunehmen. Die Gesellschaft war noch zu Lenins Lebzeiten gegründet und Anfang der dreißiger Jahre formell als Versammlungsort eingerichtet worden, wo altgediente Bolschewiki über alte Zeiten reden und auch über die jetzige Lage diskutieren konnten.

Nur Parteimitglieder mit mindestens achtzehn Mitgliedsjahren konnten beitreten, und im Januar 1934 zählte die Gesellschaft über 2000 Mitglieder. Nach ihrer Satzung von 1931 sollte sie die Erfahrung der Altbolschewiki für die Erziehung der Jugend durch die Partei nutzbar machen und geschichtliches Material sammeln. Die Mitglieder versammelten sich ziemlich oft; Zusammenkünfte, für die wir Jungkommunisten Eintrittskarten erhielten, waren jedoch selten, und wir waren sehr darauf erpicht, an einem solchen Ereignis teilnehmen zu dürfen.

Einmal war Béla Kun der Redner des Abends. Er war Mitbegründer der ungarischen KP, in der Ungarischen Sowjetrepublik von 1919 Kommissar für Außenpolitik und Krieg gewesen, und 1920, als die ungarische Revolution niedergeschlagen wurde, nach Sowjetrußland geflohen. Jetzt war er eine führende Gestalt in der Kommunistischen Internationale (Komintern). Er war sehr redegewandt; als er auf die Ungarische Sowjetrepublik zu sprechen kam, bezeichnete er die Bourgeoisie und die Großgrundbesitzer als die verschworenen Feinde der Arbeiter und sagte, man könne sie nur besiegen, wenn die Arbeiter gut organisiert seien und von ihrer Partei geführt würden. Er erwähnte Stalin, aber taktvoll und nur nebenbei. Kun war eindeutig ein militanter Revolutionär, der die Lage in seiner Heimat sehr gut kannte. Fakten hatte er stets bei der Hand, und er redete ohne Notizen.

Bei derselben Zusammenkunft hörten wir eine Rede von V.G. Knorin, einem lettischen Revolutionär, der an den Aufständen von 1905 in Rußland teilgenommen hatte und jetzt im Exekutiv-Ausschuß der Komintern saß. Knorin sprach über die internationale Lage und betonte die schwere Aufgabe der kommunistischen Parteien. Er unterstrich, daß die Machtergreifung durch den Faschismus in Deutschland die Position des Kommunismus schwieriger gemacht habe, vermied aber jede Voraussage. Besonders fiel uns auf, wie sorgfältig er auf alle windigen Theorien über die Zukunft Europas und der Welt verzichtete. Das war klug von ihm. Hitlers Expansionsgerede hatte zwar in Büchern und Broschüren seinen Niederschlag gefunden, war aber noch nicht Staatspolitik von Nazi-Deutschland geworden, und die faschistischen Aggressionspläne waren noch alles andere als klar.

In diesen Zusammenkünften betonte praktisch jeder Redner, wie wichtig die Zerschlagung der trotzkistischen Opposition für die Partei sei. Diese Aussage galt allgemein als opportun. Trotzdem wurde die Gesellschaft 1935 als Folge des Stalinschen Persönlichkeitskultes geschlossen, und die Namen einiger freimütigerer Mitglieder standen fortan nicht mehr in der Presse.

Nach weiteren drei Jahren Studium, in denen ich auch an weiteren Englischkursen teilnahm, meine Doktorarbeit schrieb und mein Rigorosum ablegte, wurde ich Forschungsassistent am Wirtschaftsinstitut der Akademie der Wissenschaften, damals unter Leitung des Akademikers M.A. Saweljew, eines Altbolschewiki und Kampfgefährten Lenins.

Ich hielt meine Position als Forscher für stabil und dauerhaft. Nebenbei war ich noch als Lehrer für politische Ökonomie am Moskauer Ingenieursinstitut tätig; zu meinen Schülern gehörten mehrere spätere Berühmtheiten. Damals waren die Lehrer oft nicht älter als ihre Schüler, so auch in meinem Fall, weshalb ich mich oft gehemmt fühlte. Gerne hätte ich älter ausgesehen, als ich wirklich war.

Gleichzeitig war ich von der Partei mit der Leitung eines Arbeitskreises für politische und wirtschaftliche Erziehung der wissenschaftlichen Mitarbeiter einer großen Moskauer Fabrik beauftragt. Der Kreis bestand aus etwa 30 Leuten, zu den Themen gehörten innen- und außenpolitische Fragen. Später erfuhr ich, daß die ZK-Kommission, die die Kandidaten für den diplomatischen Dienst auswählte, bei der Planung meiner Laufbahn diese Lehrtätigkeit berücksichtigt hatte.

Irgendwann gegen Ende 1938, nachdem ich inzwischen Wissenschaftssekretär am Wirtschaftsinstitut geworden war, rief mich der damalige Präsident der Akademie der Wissenschaften, der Botaniker Wladimir Leontjewitsch Komarow, zu sich. Diese Aufforderung durch einen so herausragenden Gelehrten war mir rätselhaft.

Er sagte: »Wir möchten dich zum Sekretär der Zweigstelle der Akademie in Wladiwostok machen.«

Besonders attraktiv fand ich das nicht, deshalb sagte ich: »Ich bin nur ein ganz junger Forschungsassistent. Die Aufgabe verlangt mindestens einen Doktor der Naturwissenschaften.« Für mich dachte ich allerdings, »wäre der Präsident der Akademie Psychologe anstatt Botaniker, dann würde er mich sicher durchschauen, und ich wäre schon auf dem Weg nach Wladiwostok«.

Zum Glück war er einverstanden, die Dinge zunächst im jetzigen Zustand zu belassen, drängte mich aber, mir die Sache gut zu überlegen.

Wie sich zeigte, war mir die Fortsetzung meiner Tätigkeit als Forschungsassistent nicht bestimmt. Anfang 1939 wurde ich bei einer ZK-Kommission vorgeladen, die neues Personal für den diplomatischen Dienst suchte. Als ich hereingerufen wurde, erkannte ich sofort W.M. Molotow und G.M. Malenkow.

Man sagte zu mir: »Eventuell kommst du für außenpolitische Aufgaben in Frage, wahrscheinlich diplomatische Arbeit.«

Bis heute weiß ich nicht, warum die Kommission auf mich verfiel. Vermutlich spielten die zahlreichen Reisen eine Rolle, bei denen ich die innen- und außenpolitische Parteilinie erläutert hatte, und auch die Tatsache, daß ich in unserer Englischklasse an der Spitze stand, mag dazu beigetragen haben. Als man mich fragte, was ich auf englisch gelesen hatte, erwähnte ich ein paar Bücher und nannte schließlich noch eines, das mich besonders interessiert hatte: *Rich Land, Poor Land* des

Amerikaners Stewart Chase. Obwohl niemand mehr etwas sagte, hatte ich den Eindruck, daß ich den Beifall der Kommission gefunden hatte.

Ein paar Tage später wurde ich wieder ins ZK gerufen, wo man mir sagte: »Du wirst von der Akademie der Wissenschaften in den diplomatischen Dienst versetzt, wenn du einverstanden bist.«

Nach einem kurzen Gespräch erklärte ich mein Einverständnis. Später, als Botschafter in Washington und dann in London, schrieb ich mein Buch zu Ende, das 1957 unter dem Pseudonym G. Andrejew und mit dem Titel *The Export of American Capital* erschien und wofür ich von der Moskauer Staatsuniversität den Titel eines Doktors der Wirtschaftswissenschaften erhielt. 1961 veröffentlichte ich unter demselben Pseudonym eine Monographie, *The External Expansion of Capital: Past and Present.* Meine Forschungsarbeit auf diesem wichtigen Gebiet der Wirtschaft hat mir in meiner eigentlichen Arbeit sehr geholfen.

3. Kapitel
Vor dem Zweiten Weltkrieg

In den dreißiger Jahren erstarkte die Sowjetunion, und das Volk baute den Sozialismus auf, aber die internationale Lage verschlechterte sich zusehends. Man spürte geradezu, wie die bleiernen Wolken des Krieges näher rückten.

Ein Land nach dem andern fiel der Aggression durch Deutschland, Italien und Japan zum Opfer, die eindeutig auf den Zweiten Weltkrieg zusteuerten. England, Frankreich und die USA jedoch optierten für die Beschwichtigungspolitik und suchten verzweifelt, die Speerspitze des Hitlerischen Angriffs von sich selbst auf die UdSSR abzulenken. Heute weiß das alle Welt. Man kann die unerfreulichen Seiten nicht aus den Geschichtsbüchern reißen.

Ihren Höhepunkt erreichte diese Politik im September 1938 mit dem Münchner Abkommen zwischen Nazi-Deutschland und den herrschenden Kreisen Englands und Frankreichs. Aber es half nichts: Binnen Jahresfrist hatte sich der Kriegsbrand ausgebreitet, und in den Augen der ganzen Welt hatte sich die Hoffnung, die faschistische Aggression werde den Westen aussparen, als trügerisch erwiesen.

Die Sowjetunion hatte sich ihrerseits während der ganzen dreißiger Jahre konsequent um die Schaffung eines kollektiven Sicherheitssystems in Europa bemüht und alles, was sie an Gewicht und Einfluß besaß, dazu benutzt, die Aggressoren zu zügeln und die Katastrophe abzuwenden. Das stellte hohe Ansprüche an die sowjetische Diplomatie. Ihre einsamen Anstrengungen reichten indessen nicht aus; England und Frankreich verwarfen die sowjetischen Vorschläge und waren nicht bereit, sich unseren Bemühungen anzuschließen und der Aggression Einhalt zu gebieten. Immer deutlicher wurde erkennbar, daß die europäischen Völker auf eine weltweite Tragödie zutrieben. In dieser Lage ließ die UdSSR nichts unversucht, den Kriegsausbruch wenigstens hinauszuzögern und Zeit zu gewinnen, um sich auf den Überfall vorzubereiten.

Aufgrund meines Alters und meiner Veranlagung tat ich wie alle Angehörigen meiner Generation das, was mir aufgetragen war, und jedesmal, wenn ich Bilanz zog, hatte ich den Eindruck, alles richtig zu machen. Ich wollte »Woroschilow-Schütze« werden; also trug ich mich in den Schießwettbewerb ein und errang die Auszeichnung. Desgleichen verdiente ich mir die Medaille »Bereit für Arbeit und Verteidigung«.

Schon als Jüngling hatte ich mich zur Lektüre der Werke Lenins hingezogen gefühlt; stets beeindruckte mich der Tiefgang seiner Anschauungen. Es gab aber Worte und Gedanken, die ich nicht immer ganz verstand. Also gelobte ich: Wenn ich etwas nicht verstanden habe, dann lese ich es wieder und wieder und denke darüber nach und frage Leute, die es wissen, und so mache ich einfach weiter, *bis* ich verstanden habe. Dieses Gelübde habe ich im Verhältnis zu Lenin mein Leben lang gehalten.

Ich will nicht so unbescheiden sein zu behaupten, daß die aus meiner Lektüre gewonnenen theoretischen Erkenntnisse ausreichten und mir alles absolut klar gewesen sei. Immer wußte ich, daß ich mich noch verbessern mußte. Fest steht lediglich, daß die Lektüre in der Jugend eine stabile Grundlage für das abgab, was später der Gesellschaft nutzen sollte.

Im Frühjahr 1939 nahm ich meine Arbeit im Kommissariat für Außenpolitik in Moskau auf. Meinen neuen Posten als

Leiter des Amerikareferats trat ich allerdings nicht ohne Zagen an.

Es kam zu ersten Zusammenkünften in der amerikanischen Botschaft; vom ersten Tage an studierte ich ihre Diplomaten aufmerksam. Amerikanischer Botschafter war damals Lawrence Steinhardt. Er tat so wenig zur Förderung der amerikanisch-sowjetischen Beziehungen, daß ich mich fragte, warum Präsident Roosevelt, der so aufgeschlossen in die Welt zu blicken schien, ausgerechnet auf ihn verfallen war. Zur beiderseitigen Befriedigung blieb Steinhardt aber nicht lange in Moskau.

Vor ihm waren seit Aufnahme der Beziehungen im Jahre 1933 zwei amerikanische Botschafter in Moskau gewesen. Der erste war William Bullitt, von 1933 bis 1936. Es war derselbe Bullitt, der 1919, als sich die Rote Armee in vollem Vormarsch befand, nach Moskau gekommen war, um im Auftrag von Präsident Wilson die Beendigung der militärischen Operationen in Rußland auszuhandeln. Lenin verhandelte damals mit ihm, sah sich aber gezwungen, alle seine Vorschläge abzulehnen, denn sie liefen ausnahmslos auf eine Wiederherstellung des Kapitalismus hinaus. Zweifellos hatte sich Roosevelt für Bullitt als ersten Botschafter entschieden, weil er schon Erfahrung mit der sowjetischen Regierung gesammelt hatte. Als Botschafter hielt Bullitt unverwandt an einer unfreundlichen Haltung gegenüber der UdSSR fest und gab sich alle Mühe, in Washington den Eindruck zu vermitteln, die Sowjetunion sei schwach; seine gesamte Berichterstattung über Moskau war tendenziös. Diese Haltung bewahrte er sich auch nach seiner Versetzung von Moskau nach Paris, und noch viel später, 1944, im Zweiten Weltkrieg, als Roosevelt den Amerikanern schon eine positive Sicht ihres sowjetischen Verbündeten nahezubringen versuchte, schrieb Bullit in *Life* den Artikel »Peace, the view from Rome«, der derart antisowjetisch war, daß er den Zorn der fortschrittlichen Kräfte in den USA hervorrief.

Sein Nachfolger Joseph Davies, von Januar 1937 bis Juni 1938 Botschafter in Moskau, war eine lebhafte und erfreuliche Gestalt. Ganz im Gegensatz zu Bullitt drängte er auf ein gutes

Verhältnis mit der UdSSR, insbesondere auf gute Handelsbeziehungen. Er war ein angesehenes Mitglied der Demokratischen Partei. Seine Frau war unter dem Namen Marjorie Post berühmt, und über die beiden kursierten in Moskau ein paar nette Witze. Man muß sich vor Augen halten, daß in Amerika sowjetfeindliche Propaganda an der Tagesordnung war. Presse und Politiker griffen nicht nur das sowjetische System an, sondern verbreiteten auch massenhaft Lügen, so zum Beispiel, die sowjetische Bevölkerung leide Hunger und der Staat stehe am Rande des Zusammenbruchs.

Jedenfalls kam der neue Botschafter zu dem Schluß, er müsse Keller und Schränke der Residenz ordentlich füllen. Er ließ sich alle erdenklichen Nahrungsmittel nach Moskau schicken: War kein Zucker da, nahm man besser gleich eine halbe Tonne; fehlte es an Porridge oder Butter, wurde von beidem eine Tonne bestellt. Die Bolschewiki sollten unbedingt wissen, daß der amerikanische Botschafter seinen amerikanischen Tee mit amerikanischem Zucker süßte und sein amerikanisches Porridge mit amerikanischen Haferflocken zubereiten und mit amerikanischer Butter abschmecken ließ. Das war natürlich eindeutig übertrieben, aber diese Geschichten machten in beiden Hauptstädten die Runde und hellten die oft trübe Atmosphäre etwas auf.

Davies sah die Dinge völlig anders als Bullitt und hielt es für falsch, wenn England und Frankreich Hitler zu beschwichtigen und die UdSSR zu isolieren versuchten, und nicht wenige in der amerikanischen Regierung gingen mit ihm einig.

Davies fand sofort ein normales, sachliches Verhältnis zu Stalin, über den er auch später noch mit Herzlichkeit und Respekt sprechen sollte, sowie zu sowjetischen Beamten, zu denen auch ich gehörte. Ganz allgemein hegte er eine konstruktive Auffassung: »Wenn wir praktische Fragen unserer beiderseitigen Beziehungen behandeln, müssen wir zunächst einmal die ideologischen und gesellschaftspolitischen Unterschiede unserer beiden Systeme beiseite legen.« Roosevelt war von dieser Einstellung beeindruckt, die in den einflußreichen

Kreisen Amerikas in dem Maße an Boden gewann, als die Nazi-Aggression größer wurde.

Näher lernte ich Davies erst Jahre später kennen, als ich in den USA arbeitete. Wir trafen uns häufig, luden uns gegenseitig nach Hause ein und pflegten eine gute Arbeitsbeziehung. Er bewohnte das typische Haus eines reichen Amerikaners am Rande von Washington. Die Architektur sollte einen »demokratischen« Eindruck vermitteln. Da waren weder Löwen noch Drachen noch Madonnenstatuen und auch keine Springbrunnen. Aber der äußere Anschein täuschte. Kaum betrat man das Haus, wurde man vom Luxus überwältigt. Sofort erkannte man das Geschick der amerikanischen Architekten – das Innere war überaus komfortabel und luxuriös, nach außen war nichts davon zu erkennen.

Überall hingen europäische Gemälde und standen europäische Möbel, und die Davies hatten einmalige Schätze russischer Zarinnen gekauft, Gegenstände von unschätzbarem Wert. Einmal griff meine Frau bei einem Abendessen nach einem Salzfäßchen, konnte es aber nicht bewegen. Ich merkte, daß etwas nicht stimmte, und fragte sie, was los sei.

»Ich kann das Salzfaß nicht herholen«, flüsterte sie. »Es muß am Tisch befestigt sein.«

Es handelte sich um ein schweres Stück, offenbar aus massivem Gold, und wir stellten fest, daß es einst Katharina der Großen gehört hatte. Als sie wußte, daß das Geheimnis im schieren Gewicht lag, wurde meine Frau der Sache bald Herr.

Oft nahmen meine Frau und ich an großen Empfängen der Davies teil. Der gute Name und der Reichtum des früheren Botschafters in Moskau waren zugkräftig für die amerikanische »High Society«, die meist der Regierung und Wirtschaft entstammte. Bei diesen Gelegenheiten führte ich viele Gespräche mit Senator Thomas Connelly und dem Kongreßabgeordneten Saul Bloom, die in Senat und Repräsentantenhaus den Vorsitz im jeweiligen Auswärtigen Ausschuß führten. Beide waren Anhänger der Rooseveltschen Rußlandpolitik.

Senator Connelly war in vielerlei Hinsicht ein interessanter

Mann. Bei einer Davies-Einladung setzte er sich mutig für die Eröffnung einer zweiten Front in Westeuropa ein, zu einer Zeit, als man derlei in Washington nur zu flüstern wagte. Davies war zurückhaltender, aber Connelly ließ nicht locker. »Es ist völlig falsch von den USA, der Roten Armee nicht zu einem Sieg zu verhelfen«, sagte er. »In unserem eigenen nationalen Interesse sollten sich die USA als Kriegsmacht bekunden. Am besten können wir das tun, indem wir uns unmittelbar am Kampf beteiligen, nicht bloß mit Lend-Lease. Schon jetzt ist abzusehen, daß die Rote Armee gewinnen wird und Hitler schon fast am Ende ist.«

Reiche Leute in Amerika pflegen sich entsprechend darzustellen. Die Davies beispielsweise besaßen eine Luxusjacht, auf die meine Frau und ich einmal eingeladen wurden. Zu allen Annehmlichkeiten kam noch hinzu, daß es sogar besondere Tabletten gegen Seekrankheit gab. Zwar fuhren wir nicht weit aus dem New Yorker Hafen hinaus, aber ich erinnere mich noch gut an den herrlichen Anblick der Großstadt. Allerdings auch an den Dreck und die Abfallhaufen am Ufer, die Öllachen und Karton- und Glasscherbenberge auf den Kais.

Davies war immer aufgeschlossen und freundlich. Das übertriebene Getue mancher reicher Geschäftsleute und mittlerer Beamter, die die Füße auf den Tisch legen und einem ihre Schuhsohlen zur Schau stellen, war nicht seine Sache.

Davies hatte dafür eine andere Gewohnheit, die ihm allerdings kein Glück brachte. Nach Art der exaltierten Angelsachsen des 20. Jahrhunderts ritt er gern. Nun sah man kaum je jemand durch eine amerikanische Großstadt reiten, aber das Anwesen der Davies lag außerhalb, und so konnte er sich im Sattel gütlich tun. Unglücklicherweise stürzte er Ende der fünfziger Jahre bei einem solchen Ausritt schwer. Eine Zeitlang hielt er sich noch am Leben, erholte sich aber nicht mehr. Seine Frau Marjorie überlebte ihn um ein paar Jahre.

Es gibt in Amerika kaum ein Buch über die Außenpolitik während des Krieges und danach, in dem der Name Joseph Davies nicht vorkommt. 1941 stand er dem Präsidialausschuß für die Koordinierung aller mit der Hilfe für die Alliierten befaßten Organisationen vor.

Zwei Tage nach dem deutschen Einfall in Rußland erklärte Davies: »Umfang und Entschlossenheit des russischen Widerstandes werden die Welt in Staunen setzen.« Er äußerte sich unverblümt in der Presse, im Rundfunk und bei zahllosen Veranstaltungen und rief die Amerikaner dazu auf, ihre Vorurteile gegenüber der UdSSR und ihrem Volk abzulegen. Beständig forderte er eine zweite Front. Sein 1942 erschienenes Buch *Mission to Moscow* und der gleichnamige Film haben nicht wenig dazu beigetragen, die Amerikaner für die UdSSR zu erwärmen. Desgleichen hat er die Nationale Gesellschaft für Amerikanisch-Sowjetische Freundschaft organisiert, zu deren Ehrenpräsidenten er ernannt wurde.

Im Mai 1946 sagte er: »Nur durch die einhellige Zustimmung zum Erbe Roosevelts - der Einigkeit von England, Amerika und der UdSSR - kann der Friede gewahrt werden.«

Für seine erfolgreiche Tätigkeit bei der Festigung freundschaftlicher sowjetisch-amerikanischer Beziehungen und die Förderung des Verständnisses und Vertrauens zwischen den beiden Ländern erhielt Davies im Mai 1945 die höchste sowjetische Auszeichnung, den Leninorden. Er hat sich dauerhafte Achtung in den USA und der UdSSR verdient.

Doch kehren wir ins Jahr 1939 zurück. Kaum hatte ich ein halbes Jahr lang das Amerikareferat im Auswärtigen Kommissariat inne, wurde ich eines Tages zu einem meiner Vorgesetzten gerufen, der mir sagte: »Man verlangt dich im Kreml, du sollst zu Stalin kommen.«

Darauf war ich nicht gefaßt. Bislang hatte ich Stalin nur aus der Entfernung gesehen, wenn er auf dem Roten Platz eine Parade abnahm, und einmal bei einer Großveranstaltung im Großen Kremlpalast.

Zur festgesetzten Stunde erschien ich im Kreml und fand in Stalins Vorzimmer einen untersetzten, aufrechten Mann vor. Ich stellte mich vor, worauf er erwiderte: »Poskrjobyschew.«

Er war Stalins Assistent und Sekretär. Er meldete meine Ankunft. Nun stand ich in Stalins Büro. Es war einfach möbliert, ganz funktionell. Ein kleiner Schreibtisch stand da, an dem er saß, wenn er allein arbeitete, und ein größerer Besprechungstisch, an dem ich noch oft sitzen sollte. Hier fanden gewöhnlich alle Sitzungen statt, auch die des Politbüros.

Bei dieser ersten Gelegenheit befand sich Stalin am größeren Tisch. Neben ihm stand Molotow, der Außenpolitische Kommissar, dem ich schon begegnet war.

Sie begrüßten mich, zuerst Stalin, dann Molotow. Stalin eröffnete das Gespräch.

»Genosse Gromyko, wir haben die Absicht, Sie als zweiten Mann an die sowjetische Botschaft in den Vereinigten Staaten zu schicken.«

Nicht anders als Soldaten müssen auch Diplomaten für plötzliche Veränderungen bereit sein. Trotzdem kam dieser Vorschlag für mich ziemlich überraschend. Ich sagte jedoch nichts, und daraufhin zählte Stalin in gewohnter Knappheit die Bereiche in den amerikanisch-sowjetischen Beziehungen auf, um die ich mich besonders kümmern sollte.

»Die Sowjetunion muß mit einem so mächtigen Land wie den Vereinigten Staaten vernünftige Beziehungen unterhalten, vor allem angesichts der wachsenden faschistischen Bedrohung«, sagte er.

Er gab mir dann noch ein paar konkrete Ratschläge zu verschiedenen Fragen, die Molotow mit eigenen Bemerkungen unterstützte.

»Wir schicken Sie nicht nur für einen Monat, vielleicht auch nicht nur für ein Jahr nach Amerika«, sagte Stalin und beobachtete mich dabei aufmerksam. Plötzlich fragte er: »Und wie steht's mit Ihrem Englisch?«

Ich erwiderte: »Ich glaube, daß ich den Kampf damit nach und nach gewinne, auch wenn es ohne Gesprächspraxis nicht gerade leicht ist.«

Daraufhin gab mir Stalin einen Rat, der mir recht ungewöhnlich schien: »Von Zeit zu Zeit, Genosse Gromyko, sollten Sie in eine amerikanische Kirche gehen und die Predigt anhören. Die Geistlichen sprechen klares und gutes Englisch und haben außerdem eine gute Aussprache. Russische Revolutionäre, die sich im Ausland befanden, haben das nämlich immer so gemacht und damit ihre Fremdsprachenkenntnisse verbessert.«

Das schlug dem Faß den Boden aus. Da riet Stalin, ein Atheist, mir, ebenfalls Atheist, zum Kirchgang! Wollte er mich etwa auf Standfestigkeit prüfen? Jedenfalls konnte man sich die Wirkung auf sensationslüsterne amerikanische Reporter denken, wenn sie den sowjetischen Gesandten in der Kirche aufspürten: »Ist der Berufsatheist etwa gar kein Atheist?«

Das war mein erster Besuch bei Stalin.

Beim Verlassen des Kreml überdachte ich wie immer das Geschehene. Ich wußte, daß K.A. Umanski vor kurzem als Botschafter aus Washington zurückberufen worden war, offenkundig, weil er der Zentrale nicht gefiel. Das bedeutete, daß man mir vertraute und mich mit einer wichtigen Mission versah. Später erfuhr ich, daß Stalin und Molotow einiges gegen Umanski hatten, und obwohl er als Botschafter nach Amerika zurückkehrte, war klar, daß seine Tage gezählt waren. Nach Hitlers Überfall auf die Sowjetunion kam der Gedanke auf, vielleicht würde es bei Roosevelt Eindruck machen, wenn der sowjetische Botschafter ein Diplomat von großem internationalem Ruf wäre, den er sich beim Völkerbund erworben hatte. Deswegen wurde M.M. Litwinow zum Botschafter ernannt, allerdings nur für kurze Zeit. Aus späteren Ereignissen wurde erkennbar, daß dies für Stalin nur eine vorübergehende Maßnahme zur Verbesserung der sowjetisch-amerikanischen Beziehungen gewesen war.

Sofort nach dem Treffen mit Stalin bereiteten meine Familie und ich die Abreise nach Amerika vor. Ich war noch nie im Ausland gewesen, und die Reise über Rumänien, Bulgarien und Jugoslawien nach Genua, wo ich das Schiff besteigen sollte, war hoch interessant.

In Italien hatte ich erstmals Gelegenheit, das Leben in einem kapitalistischen Land näher zu beobachten. Bei jedem Schritt fiel mir der scharfe soziale Kontrast auf, insbesondere in der Kleidung. Desgleichen bemerkte ich, daß nur zwei Italiener zusammenkommen mußten, und schon schien der eine dem anderen einen Vortrag zu halten, worauf der zweite unverzüglich mit einer eigenen Rede aufwartete. Und um sie herum schienen weitere, gleich wortreiche Versammlungen in Gang. In Genua erinnere ich mich an die schmalen, typisch italienischen Gassen, über denen von Fenster zu Fenster gespannte Leinen voller Wäsche hingen. Ich fragte mich, wie die Leute ihre jeweilige Wäsche auseinanderhalten konnten, aber offenbar konnten sie's. Russen, dachte ich, würden die Stücke mit Sicherheit verwechseln. Man brauchte Erfahrung.

Nunmehr bestiegen wir mit K.A. Umanski, der mit uns in die USA zurückkehrte, das italienische Passagierschiff *Rex* (das die Briten später bei Bari versenkten) in Richtung Neapel. Ich hatte immer gemeint, in Neapel singe jedermann, aber während unseres Aufenthalts sang, wohl nur, um mich zu ärgern, keine Menschenseele. Umanski, mein Sohn Anatoli und ich fuhren zum Vesuv und besichtigten die Ruinen von Pompeji. Ein überwältigendes Erlebnis. Der Fremdenführer schilderte uns Leben und Sitten von Pompeji in verführerischsten Farben und so mit Geschichten gewürzt, daß mich Zweifel ankamen, ob die Pompejer überhaupt wußten, wie es bei ihnen zugegangen war. An einer Stelle senkte der Fremdenführer seine Stimme zu einem einstudierten Murmeln und sagte: »Jetzt werden sie etwas sehr Rührendes sehen.« Langsam führte er uns an eine bestimmte Stelle, wobei er sich offenkundig das Sondertrinkgeld für seine Dienstfertigkeit ausrechnete, zeigte auf zwei verschlungene Skelette und sagte: »Sie können sich selber ausmalen, bei welchem Vorgang sie der Ausbruch überrascht hat.« Dann fügte er hinzu: »Die ganzen Jahrhunderte hindurch haben sie unter Asche und Lava begraben auf ihre Weise den Beweis geliefert, daß die Liebe stärker ist als der Tod.« Es klang noch nicht mal banal, als er das sagte.

In Genua und Neapel und auch auf den italienischen Straßen wimmelte es von Soldaten. Uniformen, wohin man blickte. Ich hatte den Eindruck, als grüßten sie sich unablässig mit erhobenem Arm und versuchten sogar (obwohl man den Italienern einen gewissen Mangel an Disziplin nachsagt), beim Gang über die Straße im Gleichschritt zu gehen. Ich sagte zu Umanski: »Man könnte meinen, die Italiener möchten wie Deutsche aussehen.« Er nickte. Dennoch dachten wir, wenn einer von uns irgendeine Soldatengruppe um ein *Ave Maria* bäte, würden Soldaten wie Offiziere sofort zu singen anfangen und völlig die Uniform vergessen, in die sie das Mussolini-Regime gesteckt hatte.

Dann ging es wieder aufs Meer. Von der Überfahrt ist mir ein bemerkenswerter Vorfall in Erinnerung. Der Kapitän der *Rex* lud Umanski und mich am 7. November, dem 22. Jahrestag der Oktoberrevolution, in seine Kabine ein. Mit feinem italienischem Wein brachte er leise den Trinkspruch aus: »Auf die große Oktoberrevolution. Auf Lenin!«

Natürlich fühlten wir uns herzlich angesprochen und tranken mit. Später sagten wir jedoch, wenn der Duce das gewußt hätte, wäre es unseren Kapitän wohl übel angekommen.

Einige Tage später, nachdem wir unseren ersten Atlantiksturm überstanden hatten, kam ich mit meiner Frau und den Kindern, dem siebenjährigen Anatoli und der zweijährigen Emilia, in den Vereinigten Staaten an. Wir gingen in New York an Land, wo ein Auto auf uns wartete. Sofort nahm uns die riesige Stadt in ihre Arme – obwohl das vielleicht nicht ganz das richtige Wort ist, denn die Straßen schienen zu eng, und wir fühlten uns von den Wolkenkratzern eingeklemmt. So überrascht es nicht, daß Anatoli mich fragte, ob die Amerikaner immer oder nur tagsüber in der Stadt wohnten.

Ich erklärte ihm: »Sie wohnen immer hier. Aber es sind nicht nur Amerikaner, die hier leben. In der 61. Straße gibt es das sowjetische Konsulat, das uns diesen Wagen geschickt hat, und so leben hier auch sowjetische Menschen.«

Meine ersten Eindrücke von diesem modernen Babel unterschieden sich kaum von dem, was ich bei Theodore Dreiser,

Meine Kinder Anatoli und Emilia während unseres Aufenthaltes in Washington *(oben links)*.

Mit Lydia 1942 in Washington *(oben rechts)*.

Washington 1944, mit den sowjetischen Diplomaten Sobolew und Golunsky *(unten)*.

Jack London oder Ernest Hemingway gelesen hatte. Aber ist man erst einmal gewissermaßen im Bauch dieses Ungeheuers, dann stellt man viel deutlicher fest, daß die Menschheit mit Hilfe von Reichtum und Technik sehr wohl etwas ihrer Natur völlig Fremdes schaffen kann.

Die trüben, grauen Bilder, die Marx und Engels vom Leben in englischen Städten gemalt haben, verblassen völlig neben dem, was den Ankömmling in Amerika erwartet. In den Arbeitervierteln von New York sah ich, wie die Menschenwürde erbarmungslos mit Füßen getreten wurde, und daran sind der Kapitalismus und seine unersättliche Gier schuld. New York ist nicht etwa die Ausnahme. In den folgenden Monaten und Jahren machte ich wie alle sowjetischen Beamten in den USA die Erfahrung, daß andere amerikanische Großstädte keinen Deut besser waren.

Wir blieben nur wenige Stunden im Konsulat, wo uns der Generalkonsul V.A. Fedjuschin empfing, und bestiegen dann den Pullman-Zug nach Washington.

Die amerikanische Hauptstadt war und ist viel ruhiger als New York. Als Industrie gibt es dort fast nur kleine Handwerksbetriebe. Selbst damals bestand die Bevölkerung zur Hälfte aus Schwarzen.

Washington stellt den führenden Schichten den gewaltigen Regierungsapparat zur Verfügung, den sie für die Verwaltung des Riesenstaates benötigen. Ein wichtiger Teil dieses Apparates ist der auswärtige und diplomatische Dienst; dort auch hat die sowjetische Botschaft am meisten zu tun. Sofort organisierte ich die wichtigsten Besuche, vor allem im State Department.

Fiel mir auch auf, daß diese Besuche für den zweiten Mann der Botschaft leicht organisierbar waren, so merkte ich gleichzeitig, daß sich die Regierung hinsichtlich meines Chefs Umanski ziemlich bedeckt hielt. Mir schoß durch den Kopf, jemand im State Department wolle ihm übel und suche ihn zu verletzen. Es konnte kein bloßer Zufall sein, daß die Presse andauernd persönliche Gerüchte über ihn verbreitete. Als Neuling im Gewoge des politischen Lebens mußte ich das in Rechnung stellen. Außerdem passierte das gerade zu einer Zeit, als die Drohung einer nazistischen Aggression gegen die UdSSR immer deutlicher wurde.

Präsident Franklin Roosevelt begegnete ich bei der Eröffnung der Nationalgalerie. Seine Rede hielt er trotz seiner Behinderung stehend, wurde aber unsichtbar gestützt. Ich blickte ihn an und dachte an seine Tapferkeit und Willenskraft. Obwohl er ständig mit seiner Krankheit rang, war er ruhig und selbstsicher.

Das eingehende Kennenlernen des Gastlandes gehört zum Rüstzeug jedes Diplomaten. Mitte der vierziger Jahre nutzte ich meine Aufgabe, die Bedingungen zu inspizieren, unter denen sowjetische Spezialisten in amerikanischen Fabriken arbeiteten, zu dem Zweck, einige Industriestädte des Landes näher kennenzulernen.

In Begleitung meines Kollegen W.I. Basykin besuchte ich Fabriken in Chicago, Detroit, Cleveland, Buffalo, Cincinnati, Milwaukee, Worcester und Camden und sprach mit den dort tätigen sowjetischen Spezialisten. Da sie von der Heimat abgeschnitten waren, freuten sie sich sehr über unseren Besuch und wollten genau wissen, was in der UdSSR geschah und wie es um die damals gespannten amerikanisch-sowjetischen Beziehungen stehe. Die herrschenden Kreise in Amerika interpretierten den eben zu Ende gegangenen sowjetisch-finnischen Krieg auf die übliche antisowjetische Weise und verurteilten die Vereinigung der Baltischen Republiken mit der UdSSR.

Die Reisen brachten mir solides Tatsachenmaterial über das amerikanische Hinterland, mehr, als ich je in der Presse hätte finden können. Wir besuchten die Ford-Fabrik in Detroit, wo wir eingehende Erläuterungen zur Technik erhielten, und wir sahen zu, wie nach vielerlei Vorgängen fertige Motoren vom Fließband rollten.

In Chicago nahmen wir am Kongreß der Demokraten teil, auf dem die Entscheidung über eine dritte Amtszeit für Präsident Roosevelt anstand. Mehrere tausend Menschen waren da.

Man konnte zwar vermuten, daß das ganze Geschrei der Unterstützung der Demokraten galt, aber Genaues war in dem Gebrüll nicht zu verstehen, das einem Erdbeben ähnelte. Der Vorsitzende, Senator Alban Berkeley, schlug fortwährend mit dem Hammer auf den Tisch, vermochte aber keine Ruhe zu schaffen.

Der Senator für Alabama betrat die Tribüne. Er war kahl und mittleren Alters, fuchtelte mit den Armen durch die Luft, stand da eine Minute oder auch zwei und fing dann an zu reden. Natürlich war kein Wort zu verstehen. Also brach er ab, warf wieder die Arme hoch und starrte nach oben, wartete, daß sich die Zuhörer seiner erbarmten. Er wartete umsonst. Keiner hörte zu.

Über dem Belfern und dem Chaos konnte man jedoch problemlos die ekstatischen Schreie hören, wann immer der Name Roosevelt erwähnt wurde. Die Veranstaltung sollte zeigen, daß seine dritte Amtszeit gesichert sei. Roosevelts Wahlerfolg war garantiert. Die Mehrheit der Amerikaner wollte es so, und das sowjetische Volk empfand nicht anders.

Schließlich kehrten wir nach Washington zurück. Inzwischen war ich 30. In Harvard studierte der 22jährige John Kennedy Jura und die Institutionen des bürgerlichen Staates. Am andern Ende Amerikas, in Hollywood, war Ronald Reagan ein angehender Star und hatte gerade *Hell's Kitchen* abgedreht.

4. Kapitel

Botschafter in dunklen Kriegstagen

Nie - weder vor noch während noch nach dem Zweiten Weltkrieg - hat ein in den USA außenpolitisch Verantwortlicher eine präzise Antwort auf die Frage versucht: Was haben die Vereinigten Staaten unternommen, um den Kriegsausbruch zu verhindern?

Historiker und Politiker, die die Ereignisse jener Zeit analysiert haben, geben unterschiedliche Antworten. Sie sind zu dem Schluß gelangt, mit der Verurteilung der expansionistischen Ziele Hitlers hätten die USA vor dem Krieg ihre Schuldigkeit getan. Keiner indessen hat die Frage gestellt, was geschehen wäre, wenn sich die USA auf die Seite der um Frieden bemühten Länder, vor allem der UdSSR, gestellt und ihre Entschlossenheit erklärt hätten, der Aggression mit vereinter Kraft entgegenzutreten.

Diese Frage wird nicht gestellt, weil die USA in Wirklichkeit weder vorhatten noch etwas unternahmen, um die Aggressoren abzuschrecken. Die bloße, bestenfalls gelegentliche und ein paar müden Reden von Regierungsmitgliedern überlassene verbale Verurteilung deutete kaum auf eine sehr feste Absicht hin, gegen Hitler aufzutreten.

Erst als die USA die Hitze des Krieges selbst zu spüren bekamen, veränderte sich die Haltung Washingtons. Und wenn es auch kaum zu glauben ist: Nicht einmal der heimtückische Angriff des mit Deutschland verbündeten Japan auf die amerikanische Flotte in Pearl Harbor im Dezember 1941 öffnete allen Amerikanern die Augen dafür, welche Gefahr für Frieden und Freiheit von Deutschland und seinem Verbündeten im Osten ausging. Immer noch gab es amerikanische Politiker, die die Sowjetunion und Deutschland sich gegenseitig weißbluten lassen wollten in der Hoffnung, Amerika werde bei der Friedensregelung am Ende das letzte Wort haben.

Das darf nicht in Vergessenheit geraten. Gewiß würdigt das sowjetische Volk voll und ganz den Beitrag Amerikas zum Sieg über Deutschland und Japan, und das hat unsere Führung oft genug zum Ausdruck gebracht. Nichtsdestoweniger haben die USA nicht das getan, was sie hätten tun können und sollen, um den Krieg überhaupt abzuwenden.

Aus meiner Zeit als Diplomat muß ich sagen, daß dies die Lage nicht gerade erleichterte. Zudem wirkte die Grundhaltung oft genug auf die eigentliche Kriegführung zurück.

Im Sommer 1941 - ein halbes Jahr vor Pearl Harbor - bewegte sich Washington im gewohnten, ruhigen Trott. Der Kongreß machte Ferien, die Regierung döste vor sich hin, und die Beamten gingen mit ihren Familien fröhlich ins Wochenende. In der sowjetischen Botschaft hingegen stieg anhand der aus Moskau und von der amerikanischen Regierung kommenden Nachrichten die Spannung fast stündlich.

Am 22. Juni um 4 Uhr Moskauer Zeit begann Hitlers Bombenregen auf Minsk, Kiew, Kaunas und andere sowjetische Städte, und Granaten explodierten in der Brester Festung, aber in Washington war es erst der Abend des 21. Juni. Am späten Abend sagte der Sprecher im amerikanischen Rundfunk unter Verweis auf europäische Quellen: »Deutsche Truppen haben die Grenze zur Sowjetunion überschritten.« Früh am nächsten Morgen hörten wir im Moskauer Rundfunk, Deutschland habe den Nichtangriffspakt vom August 1939 gebrochen und die Sowjetunion angegriffen. Der Krieg hatte begonnen.

Bildlich gesprochen lautet das Urteil der Geschichte für Hitler und seine Henker wegen der auf ihren Befehl verübten

Scheußlichkeiten auf Tod am Kreuz. Nicht an einem gewöhnlichen Kreuz (denn sie schändeten alle Religionen), sondern am blutrünstigen Hakenkreuz über dem Bunker, in dem der Hauptkriegsverbrecher sein Leben aushauchte. Um so seltsamer nehmen sich die Bemühungen derer aus, die gerne im Kehrichteimer der Vergangenheit wühlen und der Öffentlichkeit mit zweifelhaften Angeboten aufwarten.

Von Zeit zu Zeit erzählt man uns gar, der deutsch-sowjetische Pakt von 1939 habe den Nazis dazu gedient, den Krieg anzufangen. Die Sowjetunion hat ihrerseits den unwiderleglichen Nachweis geführt, daß der Pakt die Folge der Politik mehrerer Westmächte war, die sich geweigert hatten, gemeinsam mit der UdSSR Hitlers Aggressionsgelüsten und Kriegstreiberei entgegenzutreten. Mit seinem Angriff auf die Sowjetunion hat Deutschland nicht nur das verbrecherische Wesen der Nazi-Clique erkennbar gemacht, sondern auch die Schuld jener Politiker im Westen hervorgehoben, die es ablehnten, die Anstrengungen der Staaten zu vereinen, welche den Frieden zu wahren suchten.

Daß Hitlerdeutschland ein lügnerisches und verbrecherisches Regime war, liegt für jedermann auf der Hand, aber warum sollten wir mit Ausflüchten die westliche Vorkriegspolitik zu weißeln und die Sowjetunion anzuschwärzen suchen? Eine objekive Analyse der Ursachen und Folgen der Ereignisse jener Zeit widerlegt alle diese Vorstellungen.

Im Zusammenhang mit dem Nichtangriffspakt reden westliche Quellen gewöhnlich von einem angeblichen Geheimprotokoll, das Molotow und Ribbentrop unterschrieben haben sollen. Darin hätten sich, so wird behauptet, die beiden Seiten auf die Notwendigkeit gewisser territorialer Veränderungen in den zwischen Deutschland und der UdSSR gelegenen Ländern verständigt.

Diese Geschichte ist ganz und gar nicht neu. Sie wurde schon vor der Abrechnung mit den Nazi-Kriegsverbrechern gehandelt. Der sowjetische Chefankläger in Nürnberg hat sie als Fälschung gebrandmarkt, und zwar zu Recht, denn niemals ist ein derartiges »Protokoll« aufgefunden worden, weder in der UdSSR noch in irgendeinem anderen Land - es konnte gar nicht gefunden werden. Die Erklärung des sowjetischen Anklägers war eine Herausforderung an alle, die die Fälschung gerne geglaubt hätten. Schließlich gab er sie vor Hitlers eigenem Außenminister Ribbentrop ab, der auf der Anklagebank saß.

Lügen breiten sich bekanntlich mit Windeseile aus, gleichgültig, ob sie vor Jahrzehnten oder eben erst gesponnen wurden.

Von nun an setzte die sowjetische Außenpolitik alles daran, in internationaler Zusammenarbeit die Voraussetzungen für die völlige Zerschlagung des faschistischen Aggressors und die Befreiung der europäischen Völker zu schaffen. Die UdSSR und ihre Diplomaten versuchten mit allen Mitteln, die Anti-Hitler-Koalition zu stärken und die Eröffnung einer zweiten Front zu erreichen, aber es war ein langer und mühseliger Weg.

Die Washingtoner Botschaft in der 16. Straße wurde zur Schaltstelle für systematische Kontakte und Mitteilungen zwischen der sowjetischen Führungsspitze und der amerikanischen Regierung. Das war neu. Die inzwischen veröffentlichten Papiere zeigen, welche entscheidenden Fragen in dieser Korrespondenz angesprochen und geregelt wurden.

Wenn in der Botschaft ein Brief Stalins an Roosevelt einging, wurde in der Regel General Edwin Watson, der Militärattaché des Präsidenten, in die Botschaft gebeten; so war es mit Roosevelt vereinbart. Alles geschah in größter Eile. Sobald ich Watson den Brief Stalins ausgehändigt hatte (die Aufgabe oblag mittlerweile mir), übergab ihn der General sofort - kaum eine Viertelstunde später - dem Präsidenten.

Einmal sagte der Präsident zu mir scherzend: »Watson läßt Ihnen mit seinen Besuchen wohl kaum noch eine freie Minute, wie?«

Ich entgegnete: »Herr Präsident, seine Besuche sind sehr willkommen. Ohnehin folgen sie genau dem Verfahren, das in Moskau für Ihre Mitteilungen an Stalin gilt.«

In den Gesprächen mit Roosevelt ging es immer um wesentliche aktuelle Fragen, und meine Zusammenkünfte mit ihm haben sich mir tief eingeprägt. Ich halte ihn immer noch für den hervorragendsten amerikanischen Staatsmann. Er war ein kluger Politiker mit großer Weitsicht und besonderen menschlichen Qualitäten.

Als ich 1943 M.M. Litwinow als Botschafter ablöste, sagte ich anläßlich der Übergabe meines Beglaubigungsschreibens: »Als Botschafter in den Vereinigten Staaten von Amerika werde ich mich für die Zusammenarbeit unserer Länder und die Stärkung unserer Beziehungen als Verbündete einsetzen.«

Roosevelt erwiderte: »Ich halte die Entwicklung freundschaftlicher amerikanisch-sowjetischer Beziehungen im Interesse beider Länder für eine absolute Notwendigkeit.«

Diese Äußerungen waren nicht Teil der üblichen, förmlichen Reden anläßlich der Übergabe eines Beglaubigungsschreibens. Vielmehr hatte der Präsident im normalen Gespräch auf seine typisch direkte Art angeregt: »Sie geben mir Ihre Rede und ich Ihnen die meinige, dann können sie morgen in der Zeitung abgedruckt werden. Wir sollten uns jetzt lieber darüber unterhalten, wie wir eine Zusammenkunft der amerikanischen, sowjetischen und britischen Führungsspitzen zustande bringen können.«

Er meinte die bevorstehende Konferenz von Teheran, und seine Art, sofort zur Sache zu kommen, beeindruckte mich sehr. Im Grunde sagte er, wir sollten alles Protokollarische beiseite lassen, schließlich sei ein Krieg im Gange. Es war, als habe er meine Gedanken erraten, und ich empfand deutlich, daß es dem Mann im Weißen Haus nicht nur darum ging, wie ein Aristokrat allein mit brillanten Formulierungen Eindruck zu schinden, sondern daß er ein Mann der Tat war.

Bei Roosevelt stand man nie unter Druck, sofort auf seine Vorstellungen reagieren zu müssen. Er liebte ungewöhnliche Formulierungen, die er vorzüglich beherrschte, und verdeutlichte seine Vorstellungen, die er immer wieder mit anderen Worten und in neuer Perspektive vortrug. Er machte auch gerne hin und wieder einen Witz und mochte das auch bei seinen Gesprächspartnern. Bei genauerem Hinsehen - und dazu hatte ich in den fünf Jahren, die ich mit ihm zu tun hatte, reichlich Gelegenheit - konnte man aber auch einen Schimmer Traurigkeit in seinen Augen erkennen. Manchmal lächelte er, um die Bedrückung durch seine Krankheit zu überspielen.

Bei einem Urlaub mit seiner Familie auf Campobello Island in Maine hatte er 1921 die damals in den USA grassierende Kinderlähmung bekommen, gegen die die Ärzte machtlos waren; seine beiden Beine wurden bewegungsunfähig. Aber obwohl er wußte, daß er niemals wieder seine Beine gebrauchen konnte, gab er nicht klein bei, sondern schaffte es mit reiner Willenskraft, kühn, entschlossen und sogar gesund zu wirken, besonders bei öffentlichen Auftritten.

Häufig mußte er vor den verschiedensten Zuhörerschaften sprechen. Seine halbstündigen »Gespräche am Kamin«, die vom Rundfunk aus dem *Oval Office* gesendet wurden, waren bald Tradition, und schon 1938 erschien er im Fernsehen, das dann ab 1941 in den USA zum verbreiteten Sendemedium wurde.

Immer sprach Roosevelt langsam - im privaten Gespräch ebenso wie in Radio und Fernsehen. Er hatte eine klare Aussprache und wußte seine Ideen einfach vorzutragen. Er verzichtete auf Gesten; sein entschlossener und begeisterter Gesichtsausdruck genügte. Seine Reden machten den Amerikanern Mut und feuerten sie an. Noch zu Lebzeiten wurde er vom Nationalverband der Rhetoriklehrer als »größter moderner Redner Amerikas« ausgezeichnet. Von allen amerikanischen Präsidenten, denen ich begegnete, konnte ihm in dieser Beziehung keiner das Wasser reichen.

Zu Roosevelts ungewöhnlichen Eigenschaften gehörte auch, daß er im Gespräch nie harte Worte gebrauchte, selbst seinen politischen Gegenspielern gegenüber nicht, ausgenommen natürlich Amerikas Kriegsgegner. Schien ein hartes Wort angebracht, entschied sich Roosevelt dennoch für den Humor, obgleich seine witzigen Sprüche ganz schön weh tun konnten.

Aus persönlicher Erfahrung, beispielsweise in Jalta, kann ich sagen, daß er sich immer in der Gewalt hatte und sogar in Augenblicken großer Spannung bemüht war, Kompromißbereitschaft in die Gesprächsatmosphäre zu tragen.

Insoweit unterschied er sich sehr von Churchill. Überhaupt waren sie von Charakter und Aussehen her völlig verschieden. Bekanntlich war Churchill in Gesprächen oft aufbrausend, obwohl er sich sowohl in Teheran als auch in Jalta Mühe gab, sein Temperament zu zügeln.

In den Unterhaltungen vor der Konferenz von Jalta merkte ich, daß Roosevelt ironisch lächelte, wenn er mir gegenüber Churchills Namen erwähnte. Vermutlich, weil er aus der lebhaften Korrespondenz zwischen den drei Staatsmännern über die Polenfrage und die deutschen Reparationen wußte, wie sehr sich Stalins Auffassung von der Churchills unterschied. Überhaupt war Roosevelts Stil dem Stalins viel verwandter, der sich nie von seinen Worten forttragen ließ. Churchill andererseits konnte durchaus emotional reagieren und seine Gefühle zum Vorschein kommen lassen, woraufhin Roosevelt jedesmal die Lage zu entschärfen versuchte. Damit soll keineswegs gesagt werden, Roosevelt sei etwa gefügig gewesen. Entschlossen trat er für die Belange Amerikas ein und versuchte, jeden Vorteil wahrzunehmen, aber er tat es geschickter und taktvoller als Churchill.

Hervorzuheben ist auch, daß Roosevelt als Vertreter der bürgerlichen Klasse natürlich deren Interessen vertrat, er aber doch zu denen unter den herrschenden Kreisen in Amerika gehörte, die die internationale Lage und die Notwendigkeit, die sowjetisch-amerikanischen Beziehungen weiterzuentwickeln, realistisch einschätzten. Schließlich hatten die Vereinigten Staaten erst nach seiner Amtsübernahme im Jahre 1933 diplomatische Beziehungen mit der UdSSR aufgenommen.

Die Zusammenkünfte Roosevelts mit sowjetischen Verantwortlichen waren von besonderer Art. Trotz der Einschränkungen aufgrund der unterschiedlichen Gesellschaftssysteme gab es immer viel Raum für gegenseitige Verständigung. Die heute in Washington Tätigen täten gut daran, sich das zu Herzen zu nehmen.

Verständlicherweise handeln die zahlreichen Bücher und Artikel über Roosevelt hauptsächlich von seinen Leistungen als Präsident. Da zudem nur wenige übrig sind, die diesen bedeutenden Amerikaner noch selbst gekannt haben, ist ein Großteil der Literatur über ihn zwangsläufig eine Fortschreibung dessen, was vor Jahren oder Jahrzehnten geschrieben worden ist, wobei sich die Unrichtigkeiten ständig vermehren. Es gibt praktisch kein objektives Werk über Roosevelt als Menschen, und da Fotos oder Wochenschauaufnahmen wenig aussagen, dachte ich, ich sollte seinem Porträt noch ein paar Pinselstriche hinzufügen.

Franklin D. Roosevelt war liebenswert und hatte für den Vertreter eines fremden Landes und dessen Volk immer ein freundliches Wort. Fand das Gespräch in seinem Büro statt, so verhielt er sich ungezwungen. So blieb er zum Beispiel wegen seines Leidens während des ganzen Gesprächs sitzen, aber doch so, daß man von seiner Behinderung nichts merkte.

Er hatte ein offenes Gesicht. Ich kenne Leute, die schwören, man habe an Roosevelts Gesicht ablesen können, was er über ein bestimmtes Thema dachte, und ich stimme ihnen voll und ganz zu.

Von Stalin sprach er immer mit Hochachtung. Den Namen betonte er falsch auf der Silbe *-in*, aber ich korrigierte ihn nie, denn ich hatte gemerkt, daß er die Korrekturversuche anderer einfach ignorierte.

Vermutlich litt Roosevelt während der Zusammenkünfte trotz der Medikamente körperliche Schmerzen, aber er ließ sich nie etwas anmerken, konnte jedoch seine Erschöpfung nicht immer verbergen, zumal gegen Ende seines Lebens.

Oft heißt es, Präsident Roosevelt habe praktisch alle Fragen einsam entschieden und es kaum für notwendig gehalten, die Politik mit anderen zu besprechen. Das stimmt nicht. Vielmehr hatte er einen Beraterkreis, den er zu innen- wie außenpolitischen Fragen regelmäßig konsultierte. Zwar trifft es zu, daß er, sobald er zu einem Entschluß gekommen war, diesen auch durchführte, aber zuvor hörte er sich immer die Auffassungen von Freunden oder anderen an, deren Sachkenntnis er vertraute. Überhaupt mochte er Leute, die Bescheid wußten.

Einmal sagte er zu mir: »Es gibt so viele Probleme, daß mir der Kopf raucht. Ich brauche kluge Leute, die mir zur richtigen Lösung verhelfen.« Als Botschafter riet er mir, »in dieser kniffligen Frage mit Harry Hopkins zu sprechen. Kennt er auch nicht die Antwort auf jede Frage, so wird er doch sein Bestes tun und mir nachher zutreffend berichten.«

Hopkins galt als Könner, wenn er auch nicht gerade einfach war. Abgesehen von der kurzen Zeit als Handelsminister (1938–1940) hatte er keine hohen Positionen inne, aber immer stand er Roosevelt zur Verfügung, mit dessen Auffassungen über Krieg und Frieden er konform ging. Inoffiziell als »rechte Hand des Präsidenten«, »Stabschef im Weißen Haus« oder »Chefberater für Nationale Sicherheit« bekannt, vereinigte Hopkins tatsächlich alle drei Funktionen in sich. Darin lag das Geheimnis seines Erfolges in Washington. Hopkins war nicht nur Roosevelts Auge und Ohr, sondern er ersetzte dem Präsidenten auch die Beine. In den kritischsten Stunden der amerikanischen Geschichte war es Hopkins, den der Präsident mit wichtigen Aufträgen ins Ausland schickte. Im Januar 1941 war es Hopkins, der nach London zu Churchill flog. Im Juli 1941, nur einen Monat nach dem deutschen Überfall auf Rußland, war Hopkins in Moskau bei Stalin. Roosevelt vertraute Hopkins so sehr, daß er ihm nie schriftliche Weisungen mitgab.

Ich selbst führte mehrere vertrauliche Gespräche mit Harry Hopkins, ein paarmal in unserer Botschaft, wohin er gelegentlich auch seine Frau mitbrachte, sehr zur Freude von meiner Frau und mir. Besonders erinnere ich mich an ein Gespräch, in dem Hopkins die Rede auf die Zukunft brachte.

»Wie wird es nach dem Krieg um die Beziehungen zwischen den USA und der UdSSR bestellt sein?« fragte er. »Schon heute steht fest, daß Deutschland in die Knie gehen wird. Der Präsident zweifelt nicht im geringsten daran.«

Das war lange vor der Konferenz von Jalta, aber doch schon zu einer Zeit, als die Rote Armee nach Westen vorstieß.

Hopkins fuhr fort: »Roosevelt stellt diese Frage oft, immer wenn er nach vorne zu blicken versucht. Viele Leute haben ihn gefragt, was er sich für die amerikanisch-sowjetischen Beziehungen erhoffe. Aber er ist noch zu keinem endgültigen Urteil gelangt. Es hängt von vielen Faktoren ab - am meisten von der Haltung, die die UdSSR als Großmacht einnehmen wird. Aus dem wenigen, was der Präsident gesagt hat, läßt sich aber schließen, daß seiner Meinung nach die USA alles tun sollten, um die Grundlagen für gute künftige Beziehungen mit der UdSSR zu legen.«

Ich erwiderte: »Alle Botschaften von Stalin, die ich dem Präsidenten überbracht habe, auch durch Sie, Mr. Hopkins, waren voller Achtung vor dem Präsidenten und seinem Land. Wenn beide Persönlichkeiten dieselben Auffassungen hegen, besagt das doch sehr viel. Obwohl ich auch sagen muß, daß Stalin nicht immer zufriedenstellende Antworten bekam, auch auf seine dringendsten Bitten nicht.«

Ich nannte einen bestimmten Fall als Beispiel: »Wenige Tage nach Hitlers Angriff auf die UdSSR erhielt die sowjetische Botschaft in Washington ein von Stalin unterzeichnetes Telegramm mit der Bitte an die US-Regierung, der UdSSR Panzerstahlplatten für die sowjetischen Panzer zu liefern, an denen akuter Mangel herrschte. Wir erhielten aber keine hilfreiche Antwort, und die USA haben uns auch nichts geliefert. Das hinterließ bittere Gefühle sowohl in Moskau als auch in der sowjetischen Botschaft.«

»Ich weiß«, sagte Hopkins. »Es war nicht zu vermeiden, daß nicht alles, was die Regierung Roosevelt tat, Moskau auch gefiel. Aber inzwischen haben wir die Dinge doch geregelt, oder? Wir haben Ihnen Kampfflugzeuge und Lastwagen und Schiffe geliefert, und auch eine Menge Nahrungsmittel.«

Es wäre taktlos gewesen, sich mit ihm zu streiten. In Wahrheit jedoch haben uns die USA während des ersten Jahres nach Hitlers Angriff, als die Sowjetunion ihre schwerste Zeit durchmachte, praktisch nichts geschickt. Erst später, als schon klar war, daß sich die Sowjetunion allein halten konnte, kamen die Lieferungen allmählich in Gang.

»Früher widmete der Präsident den größten Teil seiner Zeit der inneren Situation des Landes«, fuhr Hopkins fort. »Aber seit dem japanischen Angriff auf Pearl Harbor und Amerikas Eintritt in den Krieg gegen Deutschland hat er viel mehr Zeit darauf verwendet, über die Zukunft und die Beziehungen zwischen Ihnen und uns nachzudenken.«

Hopkins war natürlich der kapitalistischen Gesellschaftsordnung und der amerikanischen Demokratie verpflichtet, und in ideologischen Fragen blieb er ein Vertreter seiner Klasse. Dennoch hat er sich als Roosevelts Vertrauter, als Patriot und als Kämpfer für den Sieg über den Faschismus um die Sache der amerikanisch-sowjetischen Beziehungen sehr verdient gemacht.

Hopkins Auffassungen wurden weitgehend von Finanzminister Henry Morgenthau jr. geteilt, zu dem ich ein ausgezeichnetes Verhältnis entwickelte. In der Frage der Nachkriegsordnung war Morgenthau fest entschlossen: »Deutschland darf auf keinen Fall wieder eine aggressive Politik verfolgen können; es hat unter Hitler genug Verbrechen begangen. Weder Sie noch wir dürfen das noch einmal zulassen.«

Es kam ihm nicht in den Sinn, einflußreiche Kreise in Amerika könnten anderer Meinung sein.

»Die Militärs sind fest entschlossen«, sagte er. »Und die amerikanische Wirtschaft noch mehr. Schließlich will sie sich auf den Weltmärkten keinem mächtigen Konkurrenten gegenübersehen.«

Es war schon seltsam, daß Morgenthau so kategorische Aussprüche tat. Man sollte meinen, aufgrund seiner Tätigkeit hätte er wissen müssen, daß amerikanische Monopole während des ganzen Krieges ihr Kapital dazu benutzten, der deutschen Industrie zur Herstellung von Waffen für Hitlers Armee zu verhelfen. Die Beweise dafür fanden sich nach Beendigung der Feindseligkeiten in der gesamten amerikanischen Presse, und es fällt schwer, zu glauben, Morgenthau habe davon während des Krieges nichts gewußt. Andererseits waren die Verwicklungen der amerikanischen Politik von Zeit zu Zeit so undurchdringlich, daß möglicherweise sogar gewichtige Mitarbeiter der Regierung keine Ahnung hatten, wie groß die amerikanisch-deutsche Kollaboration während des Krieges war. Es überrascht jedoch nicht, daß die vom Kongreß bei Kriegsende eingeleitete Untersuchung dieser Kollaboration ganz schnell über die Bühne gebracht wurde.

Die Morgenthau-Vorschläge zur Zukunft Deutschlands waren vielleicht die radikalsten. »Die beste Art, der Aggression in Europa ein für allemal den Garaus zu machen«, sagte er einmal zu mir, »besteht darin, Deutschland zu zerstückeln und sogar einen Teil seiner Bevölkerung in andere Teile der Welt umzusiedeln, Nordafrika zum Beispiel.« Er schränkte das allerdings dann ein: »Der Präsident hat sich diesen Plan noch nicht angesehen, weiß aber, daß es solche Vorstellungen gibt.«

Unter den vielen hohen Mitgliedern der Regierung Roosevelt, mit denen ich Kontakt hatte, verdient Vizepräsident Wallace besondere Erwähnung. Seine schottischen und irischen Vorfahren waren in der ersten Hälfte des 19. Jahrhunderts nach Amerika ausgewandert, und wie sein ganzer Clan hegte auch Wallace die Anschauungen der Kleinbürger, die die Allmacht des Großmonopols fürchteten und einen »mittleren« Weg der sozialen Entwicklung befürworteten. Wallace war sehr gebildet, wußte sehr gut Bescheid in Wirtschaft, Statistik, Biologie und Genetik und war an Geschichte und Philosophie interessiert. In Fragen der Agrarkunde, zu der er mehrere wichtige Studien veröffentlicht hatte, galt er als Autorität. Bevor er in Roosevelts dritter Amtszeit Vizepräsident wurde, hatte Wallace schon sieben Jahre das Amt des Landwirtschaftsministers innegehabt und war der Agrar-Theoretiker in Roosevelts *New Deal*.

In der politischen Arena Amerikas wird Außenpolitik fast durchweg nach dem Sofortergebnis beurteilt, aber für Wallace galt das nicht. Im Epizentrum des politischen Kampfes wirkte er auf eine aktive Zusammenarbeit mit der UdSSR gegen den Faschismus und für einen stabilen Frieden nach dem Krieg hin. Er war überzeugt, während des Krieges und danach könne keine größere weltpolitische Frage ohne die UdSSR gelöst werden, und er hatte sogar den Mut, offen zu sagen, für den Sieg sei der sowjetische Beitrag entscheidend. Er sagte: »Die Russen werden dem Feind Verluste zufügen, ... die mindestens zwanzigmal wirksamer sind als alles, was die übrigen Verbündeten zusammen schaffen.«

Als Verfechter der sowjetisch-amerikanischen Zusammenarbeit schrieb Wallace schon im Januar 1943 in sein Tagebuch, die Aufrechterhaltung guter Beziehungen zur UdSSR werde das vorrangigste Problem nach dem Kriege sein. 1942 wollte er die Sowjetunion besuchen und lernte ganz passabel Russisch. Ein Rußlandbesuch im Mai 1944 festigte seine Kenntnisse weiter, und nach der Rückkehr hat er mir mehr als einmal gesagt, wie stark ihn seine Reise durch die Sowjetunion beeindruckt habe.

Er nahm zwar zur Kenntnis, daß die USA und die UdSSR verschiedene Gesellschaftssysteme hatten, kam aber immer wieder darauf zurück, die beiden Länder müßten fruchtbar zusammenarbeiten. »Ich glaube«, sagte er, »die amerikanisch-sowjetische Zusammenarbeit muß vor allem dem Ziel dienen, eine militärische Konfrontation zwischen uns abzuwenden.«

Ebenfalls ein gutes Verhältnis unterhielt ich zu Innenminister Harold Ickes, der Roosevelt sehr nahestand. Hopkins, Morgenthau, Ickes und Wallace wie auch Roosevelt waren der Auffassung, der Unterschied zwischen unseren Gesellschaftssystemen dürfe unserer Zusammenarbeit nicht im Wege stehen, weder bei der Besiegung unseres gemeinsamen Feindes noch beim Aufbau des Friedens nach dem Sieg. Das lag eindeutig im Interesse des amerikanischen Volkes. Dennoch setzte sich tragischerweise in den frühen Jahren des »kalten Krieges« eine völlig andere politische Strategie durch, bei der die amerikanische Regierung nackte Gewalt predigte und das Wettrüsten in Gang setzte.

Wallace erkannte, welchen Kurs die amerikanische Außenpolitik eingeschlagen hatte. Die Verantwortlichen setzten sich immer mehr von der Zusammenarbeit mit der UdSSR während des Krieges ab. Soviel stand schon in den ersten Jahren der Regierung Truman fest.

Roosevelt ernannte Wallace 1945 noch zum Landwirtschaftsminister, aber ein Jahr darauf, als Truman Präsident war, wurde er abgelöst und hatte danach kein öffentliches Amt mehr inne.

Als Präsidentschaftskandidat der von ihm gegründeten *Progressive Party* unterlag Wallace 1948 bei der Wahl. Damals wetteiferten die meisten Politiker um größtmögliche, offen zur Schau getragene Feindseligkeit gegen die UdSSR und die anderen sozialistischen Staaten. Mehr und mehr stellte sich die Politik Washingtons in den Dienst imperialen Stolzes, und dies äußerte sich offen im Zusammenschustern aggressiver Militärblöcke, in der Ausbreitung eines dichten Netzes amerikanischer Stützpunkte auf fremdem Gebiet und in der Ausweitung des amerikanischen Wirtschaftseinflusses in der Welt. Für Leute mit der Haltung Wallaces sah es trübe aus.

Bei Wallace fühlte man sich stets gut aufgehoben. Mein erster Eindruck von ihm war, daß er wie ein Russe aussah: mittelgroß, braunes Haar, offenes und angenehmes Gesicht und ein zurückhaltendes Lächeln, zugleich in den Bewegungen etwas linkisch und gehemmt. Nichtsdestoweniger sprach er freimütig, mischte sich unter die Leute, war vor allem als Gastgeber zuvorkommend und hatte eine bemerkenswerte Art, mit den Leuten ins Gespräch zu kommen.

Seine Beziehungen zu den sowjetischen Vertretern waren ausnahmslos gut. Mit besonderer Herzlichkeit denke ich an einen Morgen zurück, als um sieben Uhr in der Früh das Telefon klingelte - in der Wohnung eines Botschafters nicht gerade eine alltägliche Zeit. »Hallo?« sagte ich.

»Andrej Andrejewitsch, hier spricht der diensthabende Beamte in der Botschaft. Hier war eben ein Besucher. Er entschuldigte sich für die frühe Stunde und sagte, er sei Vizepräsident Wallace.«

»Der Vizepräsident? Und was wollte er?«

»Er bat mich, Ihrer Frau ein paar Tabletten weiterzugeben, und ging dann wieder. Ich habe die Tabletten hier liegen.«

Wie ich feststellte, hatte Mrs. Wallace am Tage zuvor meiner Frau von ein paar fabelhaften Abmagerungstabletten erzählt, an die schwer zu kommen sei. Wallace hatte welche besorgt und sie persönlich zur Botschaft gebracht. Eine triviale, aber vielsagende Begebenheit.

Gewöhnlich trafen wir uns in Washington, aber eines Tages sagte er: »Sollen wir nicht mit unseren Frauen aufs Land fahren und irgendwo den Lunch nehmen? Dann können wir in aller Ruhe miteinander reden.«

Ich hatte nichts dagegen. Dann fügte er hinzu: »Macht es Ihnen etwas aus, wenn der Schweizer Botschafter und seine Frau mitkommen?«

Auch das war mir recht.

»Unsere beiden Frauen sind zufällig nahe Verwandte«, sagte Wallace.

Zur verabredeten Stunde, es war Sonntag, fuhren Lydia Dmitriewna und ich zum Ort des Treffens, etwa 70 Kilometer vor der Stadt. Der Treffpunkt erwies sich als bescheiden anzusehender, aber im Inneren bequemer Holzbungalow.

Während des gutvorbereiteten Lunchs gab mir der Schweizer Botschafter die wichtige Information, seine Regierung denke an eine Wiederaufnahme der diplomatischen Beziehungen zur UdSSR. Natürlich zeigte ich angemessenes Interesse. Die diplomatischen Beziehungen zur Schweiz waren 1923 abgebrochen worden, als der sowjetische Bevollmächtigte Wazlaw Worowski in Lausanne ermordet wurde.

»Ich werde sofort nach Moskau berichten«, versprach ich. »Persönlich würde ich es gerne sehen, wenn dieser Gedanke weiterverfolgt würde.«

Und so geschah es auch. Die diplomatischen Beziehungen wurden bald danach wiederhergestellt.

Gegen Ende des Essens im Bungalow deutete Wallace an, er wolle gerne mit mir allein sprechen. Wir erhoben uns, überließen die Damen der Obhut des Schweizer Botschafters und setzten uns in einer entfernten Ecke des großen Raumes an einen kleinen Tisch.

Der Vizepräsident sagte: »Es scheint jetzt ziemlich sicher, daß die Alliierten den Krieg gewinnen, und deshalb müssen wir die Gelegenheit ergreifen und die amerikanisch-sowjetischen Beziehungen um einen großen Schritt voranbringen. Die jetzigen Bande als Verbündete dürfen nicht geschwächt werden. Ich mache mir deshalb große Sorgen, denn ein paar Leute hier, vor allem im Big Business, untergraben die freundschaftlichen Gefühle, die die Großtaten der Roten Armee im amerikanischen Volk ausgelöst haben.«

Ich sagte ihm, er habe völlig recht. »Schließlich sind wir Verbündete geworden, weil die fundamentalen Langzeitinteressen unserer beiden Länder es verlangen. Was die Haltung der amerikanischen Wirtschaft anbelangt, meine ich, die Regierung könnte ihren Einfluß stärker geltend machen. Die Wirtschaft ist schließlich kein monolithischer Block. Unserer Auffassung nach könnten die Wirtschaftskreise aus der Entwicklung von Kontakten mit der UdSSR weltweit großen Gewinn ziehen. Schließlich werden sich nach dem Krieg kolossale Chancen bieten - insbesondere wenn man bedenkt, wie viele Fabriken und wieviel Ausrüstung die Sowjetunion für den Wiederaufbau der von Hitlers Barbaren zerstörten Industrie benötigen wird.«

Später habe ich Wallace noch zweimal getroffen, als er schon nicht mehr Vizepräsident war. 1946 besuchte er mich in New York und war nur an einem interessiert: »Wie schätzen Sie meine Chancen bei der Präsidentenwahl 1948 ein?«

Natürlich gab ich ihm eine ermutigende Antwort, obwohl die Frage selbst mich etwas überraschte, zeigte sie doch, daß er die Stimmung der Wähler nicht sehr genau kannte. Die herrschende Klasse in Amerika wollte jetzt in Weltangelegenheiten »den dicken Prügel« anwenden, eine Politik, für die Präsident Theodore Roosevelt Anfang des Jahrhunderts gekämpft hatte und zu deren Gunsten eine mächtige Propagandawelle über die amerikanische Öffentlichkeit niederging. Nach diesem Gespräch hatte ich das Gefühl, daß Wallace nicht nur die Hand nicht mehr am Puls der Zeit habe, sondern ihm auch erfahrene Berater fehlten.

Etwa zur selben Zeit lud Wallace meine Frau und mich in sein Landhaus etwa 150 Kilometer außerhalb New Yorks ein. Bei unserer Ankunft stellte sich das Landhaus als eine ausgewachsene und gut geführte Farm heraus, auf der Jungvieh und Hühner gezüchtet wurden.

Wallace erläuterte mir: »Die Hühner sind mein Hauptgeschäft, das übrige taugt nicht viel. Schauen wir uns mal die Hühnerställe an.«

Wir sahen Tausende und Abertausende Hühner. Sofort konnte man sehen, daß alle damit zusammenhängenden Arbeiten einschließlich der Reinigung der Hühnerställe ordentlich gemacht wurden. Und es schien, als sei sich der einstige Vizepräsident nicht zu schade, selbst mit Hand anzulegen, wenn es nötig war.

Zu den Säulen der Regierung Roosevelt vor dem Krieg und während des Krieges gehörte zweifellos Cordell Hull, von 1933 bis 1944 Außenminister. Unter seiner Amtsführung wurden die diplomatischen Beziehungen zwischen den USA und der UdSSR aufgenommen. Er genoß die Achtung und das Vertrauen des Präsidenten, und in der sowjetischen Botschaft galt er als maßgebliche politische Erscheinung. Dennoch stellten wir schnell fest, daß er zwar Roosevelts Linie in den sowjetisch-amerikanischen Beziehungen folgte, aber nicht mit ganzem Herzen dabei war. Während des Krieges jedoch verlangte die militärische Lage, daß Hull seine persönlichen Gefühle zurückstellte.

Hull war groß und grauhaarig und besaß viel Charme und Takt; ich kann mich nicht erinnern, daß das Gespräch mit ihm je eine scharfe Wendung genommen hätte. Ergaben sich in einer Frage Schwierigkeiten, dann zog er es vor, sie zunächst ungelöst liegenzulassen oder aber zur weiteren Behandlung seinen Untergebenen anzuvertrauen. War er selbst einmal gezwungen, Gegenposition zu beziehen, so tat er das mit großer Geschmeidigkeit und in samtenen Tönen. Das änderte natürlich im Grunde nichts an der Sache, nahm aber dem Problem die Schärfe.

Hull gehörte nicht zu den mittlerweile üblich gewordenen Politikern, die sich unentwegt als Diener des Volkes bezeichnen. Nur selten war er bei politischen Großveranstaltungen anzutreffen. Er besaß keine rednerische Begabung, sondern sprach leise und langsam, so daß man manchmal dachte, er fühle sich nicht wohl. Vor großem Publikum mochte er nicht sprechen, schon gar nicht bei Volksversammlungen, sondern zog das intime Gespräch zu zweit oder dritt vor. Unser Kontakt dauerte volle fünf Jahre bis zu dem Tage, als er im November 1944 aus Gesundheitsgründen im Alter von 73 Jahren das Amt als Außenminister aufgab.

Erster Staatssekretär im Außenamt war Sumner Welles; obwohl er nicht an erster Stelle stand und auch nicht dem Kabinett angehörte, spielte er in der amerikanischen Kriegsdiplomatie eine wichtige Rolle. Er war nach Veranlagung und Erziehung ganz britisch und spielte das auch gerne aus. Kam ein ausländischer Diplomat, so erhob er sich ungeachtet des Ranges seines Besuchers sofort vom Stuhl, ging ihm ruhig genau die Zahl von Schritten entgegen, die er für angebracht hielt, und murmelte: »Bitte nehmen Sie Platz.« Sein ganzes Verhalten war genau überlegt. Er war immer korrekt, nahm es aber genau mit der Frage, worüber gesprochen werden sollte, und eröffnete das Gespräch mit einem der beiden folgenden Lieblingssätze: »Ich höre«, oder, wenn er selbst den Besucher zu sich gebeten hatte: »Hören Sie bitte an, was wir zu sagen haben.«

Welles war oft im Weißen Haus, und Präsident Roosevelt persönlich hörte auf ihn. In einem Buch, das erschien, als sich das Kriegsglück bereits gewendet hatte (*The Time for Decision*, 1944), äußerte er interessante Auffassungen über das westliche Großkapital: »[sie] waren fest überzeugt, ein Krieg zwischen der Sowjetunion und Hitlerdeutschland sei in ihrem Interesse. Rußland würde endgültig besiegt, und das wäre das Ende des Kommunismus.«

Dennoch erhielt Sumner Welles in den sowjetisch-amerikanischen Beziehungen im allgemeinen die unangenehmen Aufträge, mußte beispielsweise Vorstellungen erheben oder Erklärungen geben. Die Mitglieder der Botschaft wußten das; wenn jemand ins State Department mußte, versuchte er, möglichst einen anderen Mitarbeiter zu sprechen. Einen gewissen Trost fanden wir immerhin, als wir aus Gesprächen mit anderen Botschaften erfuhren, daß seine Kontakte mit ihnen denselben Geist atmeten.

Der wenig umgängliche Welles starb während eines Spaziergangs auf dem Lande.

Weitere Regierungsmitglieder unter Roosevelt, mit denen unsere Botschaft häufig zu tun hatte, waren Marineminister James Forrestal und Kriegsminister Henry Stimson.

An Forrestal erinnere ich mich als einen relativ jungen, geselligen, lebhaften und energischen Mann. In allen unseren Gesprächen pflegte er zu sagen, wir müßten den Krieg bis zum totalen Sieg führen, und er scheute sich nicht, den »Führer« in schärfsten Tönen zu verfluchen. Forrestal zog vertrauliche Zusammenkünfte vor, kam zu uns in die Botschaft und lud uns zu sich nach Hause ein, wo immer eine freundliche Atmosphäre herrschte. Einmal erzählte er uns, wie seiner Frau während eines Empfangs die Juwelen gestohlen worden waren. Die Geschichte, die übrigens auch in der Presse erschien, war mysteriös und so kompliziert wie ein Kriminalroman von Agatha Christie. Forrestals witzige Erzählung war aber etwas übertrieben. Der lebhafte, energiegeladene Forrestal konnte nicht lange still sitzen, sondern rannte lieber heftig gestikulierend durch den Raum und fluchte über Hitler und seine Helfershelfer. War eine Landkarte zur Hand, zog sie ihn magnetisch an; er gab einen Überblick über die militärische Lage und zeichnete mit einem Bleistift ein paar »strategische« Bewegungen an, meist seitens der Marine. Er verstand sein Metier.

Sein Tod im Jahre 1949 kam völlig unerwartet und war sehr tragisch: Als er sich zur Behandlung im Krankenhaus befand, rief er wie wahnsinnig »russische Panzer!« und sprang gleich darauf aus dem Fenster. Wie traurig, daß sich in ihm derart abwegige Ängste festgesetzt haben konnten, wo er doch während des Krieges die Sowjetunion so sehr bewundert hatte.

Kriegsminister Henry Stimson war als Persönlichkeit kaum weniger vielschichtig als Forrestal. Da er schon unter dem Republikaner Calvin Coolidge (1923–1929) als Außenminister tätig gewesen war, war seine Mitgliedschaft in der Regierung der Demokraten ungewöhnlich, aber ein berechneter Schachzug Roosevelts. Nun sind ja auch die Unterschiede zwischen den beiden Parteien nur unwesentlich, da sie beide die Interessen derselben Klasse, der Bourgeoisie, vertreten.

Stimson war alt, in Aussehen und Auftreten ein typischer Angelsachse. Seiner Stimme und Sprechweise fehlte jegliche Ausdruckskraft. Was er sagte, war jedoch stets knapp und überlegt, und sagte er es auch nur selten, so war er doch für die amerikanisch-sowjetische Zusammenarbeit und ihre Fortsetzung nach dem Krieg.

Fügt man der Liste der Verantwortlichen, die häufig auf gute amerikanisch-sowjetische Beziehungen drangen, noch den Heeresstabschef George Marshall hinzu, so wird deutlich, daß die höchsten amerikanischen Militärs während des Krieges die Sowjetunion in recht positivem Licht sahen. Der spätere Sinneswandel in Washington ergab sich aus Entscheidungen auf hoher politischer Ebene, und dahinter standen das allmächtige Kapital, die Monopole und die Rüstungsindustrie.

George Marshall war während des Krieges eine mächtige Gestalt. Er war 1939 zum Stabschef ernannt worden und von 1939 bis 1945 für die amerikanischen Landstreitkräfte verantwortlich. Ich traf ihn in Washington, wenn er mal für kurze Zeit aus Europa herüberkam. Wie wichtig Marshall war, ist an der Tatsache abzulesen, daß er an den Konferenzen von Teheran, Jalta und Potsdam beteiligt war, und auch nach dem Krieg zählte die Regierung auf ihn. Als Außenminister von 1947 bis

1949 gab er jedoch einem Plan seinen Namen, der in Westdeutschland und anderen westeuropäischen Ländern die Trumandoktrin verwirklichen helfen sollte, deren Ziel es war, den Kapitalismus zu festigen und fortschrittliche gesellschaftliche Veränderungen zu verhindern. Später wurde Marshall ein Verfechter der Gründung der NATO und beendete seine politische Karriere als Verteidigungsminister. George Marshall standen der Cutaway des Diplomaten und die Uniform des Soldaten gleich gut zu Gesicht.

Nach Pearl Harbor bedrückte die Amerikaner die Vorstellung, die UdSSR könnte nicht durchhalten und die Anti-Hitler-Koalition nicht stark genug sein, um die Faschisten zu bezwingen. Infolgedessen gehörte es zu den Aufgaben der sowjetischen Botschaft – und wir maßen ihr große Bedeutung bei –, die amerikanische Öffentlichkeit über den Fortgang des sowjetischen Kampfes gegen den Nazi-Aggressor zu unterrichten und den Glauben Amerikas an die Unaufhaltsamkeit des Sieges zu stärken.

Es ist wert, hier festgehalten zu werden, daß Woodrow Wilsons Witwe, die im allgemeinen nicht an Botschaftsempfängen teilnahm, regelmäßig zu unseren Empfängen kam. Auf die Frage, warum, antwortete sie: »Ich gehe dorthin, um dem sowjetischen Volk für seine Widerstandskraft und Tapferkeit im Kampf gegen den gemeinsamen Feind zu danken.«

Die Vertreter des Großkapitals, die Millionäre und Milliardäre waren gleichfalls besorgt, vielleicht jedoch nicht voll gleicher Bewunderung. Zu ihnen zählte Nelson Rockefeller, mit dem ich recht oft zusammenkommen sollte. Roosevelt wollte sich des Namens Rockefeller als Symbol des reichen Amerika bedienen, um die Kritiker seiner wirtschaftlichen Experimente zu entwaffnen, und deshalb vertraute er diesem prominenten Familienmitglied die Koordinierung der lateinamerikanischen Angelegenheiten an. Meine Zusammenkünfte mit Rockefeller hatten natürlich nichts mit Lateinamerika zu tun, sondern betrafen die amerikanisch-sowjetischen Beziehungen und die internationale Politik, die er recht gut kannte.

Oft sagte er zu mir: »Ich gehöre zu denen, die normale, sogar gute Beziehungen zwischen unseren beiden Staaten wünschen.« Nun hatte ich zwar den Eindruck, daß er selbst nicht genau wußte, wie sich diese Beziehungen nach dem Krieg entwickeln sollten, aber das hinderte ihn nicht, kühne Gedanken auszusprechen.

Einmal verkündete er mutig: »Mir ist egal, was die Berufspolitiker in der Regierung von meinen Ideen halten. Ich möchte offen aussprechen, was - wie ich zu behaupten wage - noch niemand zu einem Sowjetvertreter gesagt hat. Natürlich sind die USA und die UdSSR verschieden. In Ihrer Terminologie ist Ihr Land sozialistisch und unseres kapitalistisch. Ich würde es so nennen: Amerika ist ein Land der privaten Initiative, die Sowjetunion ist ein Land der sozialen Initiative. Na und? Ihr bleibt, wie ihr seid, und wir bleiben, wie wir sind. Was wir machen, ist für uns Amerikaner genau das richtige.«

Nach kurzer Pause setzte er hinzu: »Der Präsident hat mir gegenüber kürzlich selber den gleichen Gedanken geäußert, keine Seite dürfe der anderen ihr System aufzuzwingen versuchen. Das würde nur Probleme heraufbeschwören. Genau diese Philosophie ist es, die ein Bündnis zwischen den USA und der Sowjetunion ermöglicht.«

Er fuhr fort: »Als ich mir klarwerden mußte, ob ich in Roosevelts Regierung eintreten soll, und mir seine Anschauungen überlegte, kam ich zu dem Schluß, aus der Zusammenarbeit zwischen den beiden starken Verbündeten könnten die USA nur Gewinn ziehen. Ein großer Teil der amerikanischen Wirtschaft wird nicht nur nicht darunter leiden, sondern in der Sowjetunion einen riesigen Markt für ihre Erzeugnisse hinzugewinnen. Natürlich wird ein gewisser Teil der amerikanischen Wirtschaftskreise Ihnen immer mit Mißtrauen begegnen. Aber sobald wir sicher sind, daß Sie hier keine Revolution anzetteln wollen, fühlen wir uns bei dem Gedanken, mit Ihnen Geschäfte zu machen, wohler, und dann wird die ganze Rockefeller-Dynastie für gute Beziehungen mit der UdSSR sein.«

Dann fragte er fast beiläufig: »Wie wird es nach dem Krieg in

Deutschland aussehen?« Und beantwortete die Frage selber: »Zweifellos wird es ruiniert sein. Und dann? Die Alliierten werden sich dieser Frage stellen müssen.« Er bemerkte noch, was er jetzt sage, sei lediglich seine persönliche Meinung: »Wenn Deutschland sein wirtschaftliches Potential wiederbelebt, werden die USA einen ernsthaften Konkurrenten haben. In der Vergangenheit hat es gezeigt, daß es seine Industrie schnell wiederaufbauen kann. Aber die Alliierten können ihm die Flügel stutzen, vor allem, wenn sie in gegenseitigem Einvernehmen handeln.«

Ehre, wem Ehre gebührt: Auch als Vizepräsident zwischen 1944 und 1947 nahm Rockefeller gegenüber der Sowjetunion immer eine korrekte Haltung ein. Stand er auch am entgegengesetzten politischen Pol, so legte er doch nie offene Feindseligkeit an den Tag, sondern ging immer davon aus, die beiden Länder müßten friedlich koexistieren.

Am Schluß einer Unterredung sagte er zu mir offen: »Ich sehe einen Rechtsruck in der amerikanischen Öffentlichkeit gegenüber der Sowjetunion. Neue Winde wehen, und niemand kann sagen, wohin sie unsere Beziehungen treiben werden.«

Ich erwiderte: »Die sowjetische Amerikapolitik wird unverändert fortgesetzt werden. Sie wissen doch, Mr. Rockefeller, daß die UdSSR und ihre europäischen Freunde dafür gestimmt haben, daß das Hauptquartier der Vereinten Nationen in den USA sein soll und deshalb New York ausgesucht worden ist? Wissen Sie auch, warum?«

»Nicht genau«, erwiderte er.

»Moskau«, fuhr ich fort, »wollte sicherstellen, daß die Amerikaner nicht ihr Interesse an den internationalen Angelegenheiten verlieren. Wir fürchteten, die USA könnten in den Isolationismus zurückfallen, und dann wäre nicht abzusehen, in welche Richtung einige europäische Staaten gehen würden.«

Später gab sich Rockefeller zwar nicht offen feindselig gegen die UdSSR, verhielt sich aber doch einigermaßen zweideutig. Einerseits betonte er die Notwendigkeit friedlicher Beziehungen, andererseits forderte er ein starkes Amerika, ein bewaffnetes Amerika, ein Amerika, in dem das Großkapital das Land anführte und seine Innen- und Außenpolitik bestimmte.

Ich habe Rockefeller offiziell wie inoffiziell oft getroffen und erinnere mich besonders gut an eine Gelegenheit. Meine Frau und ich waren von ihm und seiner Frau zu einem Abendessen zu unseren Ehren eingeladen worden. Als wir in dem Luxus-Restaurant ankamen, fanden wir eine große Gesellschaft aus wichtigen Geschäftsleuten, die mit ihren Frauen auf uns warteten. Der Tisch war à la Rockefeller gedeckt, d.h. in verhaltenem Luxus, dessen Hauptmerkmal an diesem Abend ein Blumenmeer war. Unsere Gastgeberin erklärte uns, ohne Blumen auf dem Tisch könne sie nicht essen, und sie müßten nach ihrem Geschmack sein.

Ich fragte sie: »Sind Blumen Ihr Hobby?«

Sie antwortete: »Nein, ich habe ein anderes Hobby.« Nach einer Pause erklärte sie mir: »Ich weihe Sie in ein Geheimnis ein. Mein Hobby ist es, immer wieder umzuziehen. Umziehen, Möbel kaufen und Wohnungen einrichten. Ich liebe es, Wohnungen einzurichten.«

Mir kamen die Amerikaner in Brooklyn in den Sinn, die die Nacht in ungeheizten Häusern mit zerbrochenen Scheiben verbrachten, weil die Hausbesitzer es nicht für nötig hielten, sie instand zu halten. Aber so etwas konnte man bei einer solchen Gelegenheit ja nicht zur Gastgeberin sagen.

Wie üblich wurde über die unterschiedlichsten Themen gesprochen: ein bißchen Politik, ein bißchen Geschäft, ein bißchen Literatur und Theater, über die Kinder, die Verwandten, darüber, wer wo wohnt und was man in der Freizeit macht. Was die Kinder angeht: In diesem Kreis erregte es eindeutig Erstaunen, wenn jemand seine Kinder bei sich in der Stadt hatte; Kinder gehörten irgendwo anders hin, weg von der Familie, möglichst aus der Stadt heraus.

Bei den Treffen mit den Spitzen der Geschäftswelt fiel mir jedesmal auf, daß alle gelassen und ruhig sprachen. Es war, als wollte jeder Teilnehmer klarmachen, daß er es nicht nötig hatte, seine Stimme zu erheben, damit andere zuhörten. So war es auch bei den Rockefellers, selbst wenn man über völlig anderes als übers Geschäft redete.

Insoweit unterscheiden sich die Amerikaner sehr von den Engländern. Sowohl unter Geschäftsleuten als auch im britischen politischen Leben wird viel mehr gestritten, geht es lärmender und aufgeregter zu, so daß oberflächlich betrachtet alles viel demokratischer zu sein scheint. Frage-und-Antwort-Spiel und scheinbar witzige Bemerkungen über den Gegner sind an der Tagesordnung. Vielleicht kommt das zum Teil von den Gewohnheiten im alten britischen Parlament. In Westminster gehört es sich nicht, daß man eine Rede abliest. Die Debatte muß spontan sein, und jeder muß sie anhören können, da dies demokratischer erscheint, und diese Vorstellung strahlt vom Parlament irgendwie in die Gesellschaft und auch in die Geschäftswelt hinein.

Ständiger Vertreter Amerikas bei den Vereinten Nationen von Anfang der fünfziger bis Anfang der sechziger Jahre war Henry Cabot Lodge. Er gehörte zu den höheren Schichten der amerikanischen Politik und war berühmt, weil sein Vater 1918 als Senator in der Frage des Versailler Vertrages gegen Präsident Wilson aufgetreten war. Die von Lodge senior angeführte Opposition in Washington verhinderte die Ratifizierung des Vertrages durch die USA, was sehr zur Niederlage Wilsons bei den Wahlen beitrug und auch sein Leben verkürzt haben soll. Der Sohn des Senators verfocht kaum weniger hartnäckig die reaktionärsten Tendenzen der amerikanischen Politik. Bis zum Ende seiner Amtszeit bei den Vereinten Nationen blieb Lodge junior ein treuer Anhänger von John Foster Dulles, dem schon das Wort »friedliche Koexistenz« ein Greuel war.

Einmal fragte mich Lodge: »Was genau verstehen Sie unter friedlicher Koexistenz? Hier in Amerika und vielleicht auch in anderen Ländern haben die Leute keine sehr klare Vorstellung, was Sie eigentlich meinen.«

Ich gab ihm wieder einmal meine Erklärung und betonte das Wichtigste: »Welche Differenzen auch zwischen Staaten herrschen mögen, müssen sie doch immer mit friedlichen Mitteln, d.h. durch Verhandlungen, beigelegt werden. Friedliche Zusammenarbeit und friedlicher Wettbewerb - das verstehe ich unter Koexistenz.«

Lodge hatte mir sehr aufmerksam zugehört. »Interessante Idee,« sagte er. »Aber davon zu träumen oder darauf eine praktische Politik aufzubauen, das sind zwei Paar Stiefel.« Das klang nicht gerade beruhigend.

Lodges Nachfolger als UNO-Botschafter war Senator Warren Austin. Im Gegensatz zu anderen amerikanischen Politikern war Austin immerhin zu einem ernsthaften Gespräch über Außenpolitik mit seinen sowjetischen Partnern fähig. Allerdings führten unsere häufigen Unterhaltungen gewöhnlich zwar zu einer Klarstellung der jeweiligen Standpunkte, aber nur selten kamen wir uns näher.

Einmal fragte mich Austin: »Wie lassen sich die Interessen der sozialistischen Staaten mit denen der westlichen Demokratien aussöhnen?«

Auf diese Formulierung der Frage hätte selbst Dulles neidisch sein können.

Bei meiner Antwort verwies ich zunächst auf die geschichtlichen Tatsachen: »Deutschland, Amerika und England standen trotz ihrer ähnlichen Gesellschaftsstruktur im Krieg auf verschiedenen Seiten. Dann wurden die USA und England Verbündete der UdSSR, trotz ihrer verschiedenen Gesellschaftssysteme. Die Erfahrung des Krieges zeigt, daß gesellschaftliche Unterschiede der Zusammenarbeit und Koexistenz nicht im Wege zu stehen brauchen.«

Austin dachte einen Augenblick nach und sagte dann: »Ich muß zugeben, daß der Hinweis auf den Krieg etwas für sich hat, aber ich halte es nicht für wahrscheinlich, daß die USA das von Ihnen vertretene Prinzip akzeptieren. Die jetzt anstehenden Fragen der praktischen Politik, z.B. Abrüstung und Rüstungskontrolle, sind ganz anderer Art.«

Während meiner Zeit in Amerika hatte ich mit Leuten zu tun, die dem Land, in dem sie geboren und erzogen worden waren, so völlig fremd gegenüberstanden, daß ich sie als politische Dinosaurier bezeichnen möchte. Dazu gehörte Eduard Beneš, Präsident der bürgerlichen Tschechoslowakei. Im Mai 1943 kam er aus London, wo er Präsident der tschechoslowakischen Exilregierung war, und wollte bei Roosevelt wegen der Zukunft Europas und insbesondere seines Landes sondieren. Das tschechische Volk hungerte damals geradezu nach Nachrichten über den Vormarsch der Roten Armee nach Westen. Den Völkern Europas dämmerte allmählich, daß ihre Befreiung vom faschistischen Joch aus dem Osten kommen sollte. Während Beneš und seine Regierung weit weg waren, kämpfte das tschechoslowakische Volk gegen den Faschismus und weitete den Partisanenkampf gegen das Protektorat Böhmen und Mähren und die profaschistische Regierung in der Slowakei aus.

Eines Tages rief das State Department an und sagte, Präsident Beneš möchte mich gerne sehen. Ich war einverstanden.

Ich fuhr ins Blair House, ein dreistöckiges Gebäude im frühamerikanischen Stil, gleich gegenüber vom Weißen Haus; es diente als offizielle Residenz für hochrangige fremde Besucher. Dort traf ich Beneš im großen Salon im Erdgeschoß.

Beneš eröffnete das Gespräch ehrerbietig: »Die Augen der Welt ruhen auf der Sowjetunion. Alle Welt erwartet, daß die großartigen sowjetischen Streitkräfte das Volk vom faschistischen Joch befreien.«

Auf seine Bitte gab ich ihm die neuesten Nachrichten von der Front.

Dann sagte er: »Im Namen der Tschechoslowakischen Regierung und im eigenen Namen möchte ich unsere freundschaftlichen Gefühle für die UdSSR aussprechen, und ich bin sicher, daß das tschechoslowakische Volk ebenso fühlt. Es kommt jetzt die Zeit, da die aus der natürlichen Sympathie unserer beiden Völker erwachsende engste Freundschaft die Tschechoslowakei und die UdSSR verbinden wird.«

Sodann kam er auf die britische und amerikanische Kriegs-

und Nachkriegspolitik zu sprechen. Während ich ihm so zuhörte, dachte ich an das Vorkriegsgezänk im Völkerbund, wo Beneš - ein agiler und gerissener Politiker - zusammen mit den britischen, französischen und anderen westlichen Delegierten dem Volk Sand in die Augen gestreut und die Aggressionsgefahr bagatellisiert hatte. Das Urteil über Beneš als Präsident der Tschechoslowakei hat die Geschichte schon gesprochen, denn er hat mit dem Faschismus geliebäugelt und die im September 1938 in München von den Briten, Franzosen, Deutschen und Italienern vereinbarten Bedingungen einer Teilung der Tschechoslowakei hingenommen und damit sein Land auf den Weg der Kapitulation vor der faschistischen Aggression gebracht. Nun saß er vor mir und versicherte mir seine Freundschaft für die Sowjetunion. Ich erwähnte seine Vergangenheit jedoch nicht. Es war kaum der Ort dafür, ihm eine Standpauke zu halten. Auf Komplimente hatte er aber auch nicht Anspruch. Wir hielten uns deshalb an die Themen, bei denen sich persönliche Bemerkungen am besten vermeiden ließen.

Er sah gesund und munter aus, zeigte keine Anzeichen irgendwelcher physischer oder psychischer Belastung, und mir fiel auf, daß er häufig imaginäre Linien und Pfeile auf den Tisch malte, die die Bewegung von Truppen oder auch staatlicher Politik darstellen sollten. In dem großen Raum war kaum Platz für seine ausladenden Gesten. In seinem Aussehen und Benehmen und mit seiner gemessenen und sorgfältig modulierten Tonart ähnelte Beneš einem Professor, für Jura vielleicht. Alles schien auf größten rhetorischen Effekt angelegt, dabei war ich sein einziger Zuhörer.

Bis zum Lebensende blieb Beneš ein bourgeoiser Politiker, dem die wirklichen Gedanken und Hoffnungen der arbeitenden Menschen völlig fremd waren. Mit Unterstützung der reaktionären tschechoslowakischen Kräfte in den unmittelbaren Nachkriegsjahren trat er den in seinem Lande in Gang gekommenen revolutionären Veränderungen nach Kräften entgegen. Im Februar 1948 führte der Strom der Ereignisse Beneš weit weg von seinem Volk, und er beteiligte sich an einer vom

Imperialismus gestützten reaktionären Verschwörung, die das Volksregime stürzen, den Kapitalismus wiederherstellen und die Tschechoslowakei in die NATO führen sollte. Als das Komplott scheiterte, ging er in Pension. Seine politische Karriere war vorüber.

Ein weiterer tschechoslowakischer Politiker, dem ich oft begegnete und der ein außergewöhnliches Schicksal hatte, war Jan Masaryk. Der Sohn von Thomas Masaryk, Präsident der Tschechoslowakei von 1918 bis 1935, war in einer bourgeoisen Republik aufgewachsen und im Grunde westlich orientiert. Die Kriegsjahre verbrachte er in England, wo er 1940 als Außenminister der tschechischen Exilregierung und ab 1941 als Stellvertretender Ministerpräsident fungierte. Als die Tschechen durch sowjetische Truppen befreit worden und die letzten Besatzer davongejagt waren, sah sich Masaryk vor die Wahl gestellt, entweder dem Volk zu dienen oder aber sich auf der anderen Seite der Barrikaden wiederzufinden. Zunächst entschied er sich für ersteres und wurde 1945 Außenminister.

Während der ersten drei Jahre nach dem Krieg traf ich ihn häufig. Zum ersten Mal begegneten wir uns 1945 auf der Gründungskonferenz der Vereinten Nationen in San Francisco. Die tschechische Delegation kam uns herzlich entgegen, und wir erwiderten ihre Herzlichkeit.

Masaryk war großgewachsen und kräftig gebaut. Er bewegte sich langsam und hatte es nie eilig, selbst wenn er in den Sitzungen das Wort ergriff. Er sprach gemessen und mit langen Pausen, während denen er vermutlich seinen Gedanken nachhing. Von dieser Langsamkeit auf seine geistige Kapazität zu schließen wäre jedoch völlig falsch gewesen. In San Francisco warf er sich begeistert in das geschäftige und auch spannungsgeladene Treiben. Die Lage verlangte, daß sich jeder eindeutig zu den Hauptfragen auf der Tagesordnung äußerte.

Die Tschechoslowakei wurde damals durch einen Nationalrat in London vertreten, den die Mächte der Anti-Nazi-Koalition, einschließlich der Sowjetunion, als Regierung des Landes anerkannt hatten. Verhielt sich Beneš als Chef dieser Regierung gegenüber der UdSSR vorsichtig, so versuchte Masaryk als Außenminister (Prag war eben von sowjetischen Truppen befreit worden), engen Kontakt mit der sowjetischen Delegation zu halten. Wir trafen uns fast täglich, nicht nur in den Sitzungen oder Komitees, sondern auch inoffiziell, und obwohl die tschechischen Delegierten, zweifellos auf Weisung aus Prag, jede Kritik an den USA, England oder anderen Westmächten sorgfältig vermieden, fand die tschechische Position insgesamt den Beifall der sowjetischen Delegation, denn auch in den Fragen, in denen wir mit den Westalliierten Differenzen hatten, stimmte unsere Position gewöhnlich mit der der Tschechoslowakei wie auch der anderen osteuropäischen Länder überein. Tatsächlich arbeiteten die tschechische und sowjetische Delegation während der Konferenz stets eng zusammen. Darin schlugen sich natürlich die Ereignisse in der Tschechoslowakei nieder, der wachsende Einfluß der tschechischen kommunistischen Partei und der Bankrott der Politiker des bourgeoisen Lagers.

Als tschechischer Außenminister führte Masaryk später auch bei den Tagungen der UNO-Generalversammlung die Delegation seines Landes an und pflegte das Landhaus unserer Delegation in Glencoe zu besuchen, während wir umgekehrt auch oft bei ihm zu Gast waren. Er war ein interessanter Mann, dem es schwerfiel, einmal ein hartes Wort zu sagen. Beobachtete man ihn genauer, so hatte man stets den Eindruck, als überdenke er nicht etwa das, was er gesagt, sondern was er zu sagen unterlassen hatte - besonders wenn es um ein schwieriges Problem wie etwa die Haltung der Westmächte gegenüber der Sowjetunion oder den Volksdemokratien ging.

Bedauerlicherweise beendete Masaryk seine Laufbahn nicht auf seiten seines Volkes. Offenbar unfähig, die Last der Vergangenheit abzuwerfen, sah er sich außerstande, seine hervorragenden Fähigkeiten in den Dienst der sozialistischen Tschechoslowakei zu stellen, und seiner politischen Abdankung folgte bald sein physischer Tod: Er beging 1948 Selbstmord.

Während der Ära Roosevelt konnte man die Sympathie- und Freundschaftstelegramme und -briefe, die bei uns Russen in der Botschaft und bei den Konsulaten von einzelnen Amerikanern ebenso wie von allerlei Organisationen eingingen, schon nicht mehr zählen. Das war in erster Linie der Politik zu verdanken, die die Regierung Roosevelt gegenüber der UdSSR als Opfer der Aggression einnahm. Ebendiese Empfindungen des Durchschnittsamerikaners versuchte Truman zu ersticken, indem er die Geschichte verzerrte und sich den Teufel um die gegenseitige Sympathie der beiden Völker scherte. Sicher, am 5. März 1946 hielt Churchill in Fulton, Missouri, eine Rede, die das Signal für die Bildung eines breiten sowjetfeindlichen Blocks einschließlich der USA abgab, aber eine Rede allein hätte die amerikanische öffentliche Meinung nicht gegen Sowjetrußland aufbringen können. Erst mußten die reaktionären Kreise noch eine Massenpropagandawelle in Gang setzen, um dieses Ziel zu erreichen.

Interessanterweise kam Eleanor Roosevelt im Herbst 1945, gerade aus London zurück, zu einem Empfang in unserer Botschaft.

»Ich komme gerade aus England«, sagte sie mit einem breiten Lächeln. »Ich wurde von John Foster Dulles begleitet. Wissen Sie, ich bin überzeugt, daß er den Russen nicht über den Weg traut.«

»Warum? Warum sollte er uns nicht trauen?« fragte ich.

Die Präsidentenwitwe erwiderte: »Ich glaube, Churchill hat großen Einfluß auf ihn.«

Offenbar wußte sie in der Dulles-Familie nicht gut Bescheid. Während des Krieges hatte Johns Bruder Allen sogar in der Schweiz mit den Nazis Geheimgespräche über ein Separatabkommen geführt, und schon damals war ein Bruder reaktionärer als der andere. Überdies sollte John bald die sowjetfeindliche amerikanische Politik der »Position der Stärke« initiieren. Bei der Reise mit Eleanor Roosevelt könnte sehr wohl Dulles derjenige gewesen sein, der Churchill in sowjetfeindliche Stimmung versetzt hatte. Zu dieser Zeit konnte man erste Mißtrauensregungen spüren, die im kalten Krieg dann zu voller Wirkung kamen.

Jetzt möchte ich etwas sagen, was viele Leser im Westen für weit hergeholt ansehen werden. Dennoch möchte ich es ernst genommen wissen.

Es ist an der Zeit, daß sich die Völker ihre Nachbarn mit neuen Augen ansehen. Wenn die Welt vor einer Katastrophe gerettet werden soll, dann müssen wir zusammenstehen und unseren bisherigen Konfrontationskurs aufgeben. Befürwortet man jedoch den Pluralismus in der Politik, so muß man begreifen, daß nicht nur Amerikaner und Engländer, Schweden und Australier, Schweizer und Italiener das Recht haben, ihren eigenen gesellschaftlichen Entwicklungsweg zu wählen, sondern auch das Sowjetvolk und die Kubaner, die Nicaraguaner und Äthiopier, Angolaner und Namibier, Chinesen und Vietnamesen.

Im Grunde ihres Herzens wissen die Amerikaner, daß ihre Feindschaft gegen den Sozialismus hauptsächlich daher rührt, daß die sozialistischen Länder das Privateigentum ablehnen, das ist aber etwas anderes als das persönliche Eigentum, das man im Schweiße seines Angesichts verdient.

Nachdem der sowjetische Sozialismus eine komplexe Entwicklungszeit hinter sich gebracht hat, breitet er jetzt die Schwingen zum Fluge, entwickelt Demokratie und Offenheit und ordnet sein Haus neu auf den Fundamenten des Leninismus. Das ist kein Anlaß zur Furcht, sondern Grund zur Zusammenarbeit.

In einer Welt, in der die Nationen das Recht auf freie Wahl der gesellschaftlichen Entwicklung anerkennen, gibt es keinen Grund mehr für gefährliche Konfrontationen, und Abrüstung könnte riesige Quellen für friedlichen Aufbau und die Lösung vieler globaler Fragen freisetzen.

Das sowjetische Volk giert nicht nach etwas, was ihm nicht gehört, aber es gibt auch sein Erbe nicht auf. Das Wertvollste sind für uns unsere sozialistischen Ideale, die im Verein mit dem technischen Sachverstand anderer Länder den Lebensstandard unserer Volkes heben werden. Darum geht es bei der Perestrojka, und seit dem XXVII. Parteitag haben wir die Ärmel hochgekrempelt und uns an die Arbeit gemacht.

Der Hauptfeind der Menschheit sind heute nicht diese oder jene Ideologien - Ideologien führen keine Kriege -, sondern es sind die Massenvernichtungswaffen. Der Krieg macht die Schande und das Unglück der Menschheit aus, und darum müssen die Kriegswaffen auf dem Schrottplatz landen. Das ist der einzig vernünftige Weg, mit den Realitäten der Welt von heute fertig zu werden, wo für jeden Platz sein muß. Sonst wird die Menschheit nicht überleben.

Vernünftige Menschen dürfen sich nicht von Militaristen und ihrem Denken niedertrampeln lassen; das wäre eine Tragödie, es wäre die Zerstörung des Lebens und ein unverdientes Ende der Menschheit nach Art des biblischen Armageddon.

Dagegen müssen die Menschen heute leidenschaftlich ihre Stimme erheben, solange noch Zeit ist, auf Erden einen stabilen Frieden zu errichten.

5. Kapitel
Amerikanische Kultur

Während des Krieges wuchs das Interesse amerikanischer Literaten und Künstler für die Sowjetunion geradezu explosionsartig an. Normalerweise kümmerten sie sich wenig um Politik, aber da die Welt in hellen Flammen stand und in Europa und anderswo soviel Blut vergossen wurde, nahmen viele führende Gestalten von Bühne, Film, Literatur und Musik mit der sowjetischen Botschaft Fühlung auf und kamen zu unseren Einladungen.

Die berühmte Theaterdichterin Lillian Hellman hatte sich allerdings schon vorher ihre fortschrittliche Auffassung im republikanischen Spanien gebildet, und fast alle ihre Werke haben den Antifaschismus zum Thema. Während des Krieges schickte Präsident Roosevelt sie inoffiziell für mehrere Monate in die Sowjetunion, um die kulturellen Bande zwischen den beiden Ländern zu festigen. Dabei wurde sie auch von Stalin empfangen.

Nach ihrer Rückkehr sagte sie bei einem Essen in einem kleinen Restaurant zu mir: »Diese Reise und meine Begegnungen mit dem Sowjetvolk werde ich nie vergessen. Ich war auch an der Front, wo ich General Tscherno traf. Er rechnete damit, in etwa neun bis zehn Tagen nach meiner Ankunft Warschau befreien zu können, und lud mich ein, seine Truppen in die Stadt zu begleiten. Er bat mich sogar, mit ihm bis Berlin mitzukommen. Ich schrieb ihm später einen Brief, erfuhr dann aber, daß er zwei Tage nach der Befreiung Warschaus gefallen war.« Sie klang traurig.

Äußerlich war die mittelgroße Frau mit den großen Augen unscheinbar, doch sie besaß ein klares Urteil, viel Herz und auch großartige Zivilcourage. Kompromißlos bewahrte sie ihren Vorstellungen von Humanismus, Pflicht und Wahrheit die Treue. In der McCarthy-Zeit wurde sie jahrelang geschmäht und verdächtigt und mußte beleidigende Verhöre und Untersuchungen von Kongreßausschüssen über sich ergehen lassen. Aber auch wenn sie später gestand, mehrmals dem Zusammenbruch nahe gewesen zu sein, konnte doch keine Drohung sie zum Schweigen bringen, sie behielt stets ihre Würde und hatte für ihre Verfolger nichts als Verachtung übrig. »Ich kann und will mein Gewissen nicht verfälschen, bloß um der diesjährigen Mode willen«, schrieb sie an Joseph McCarthy, den Vorsitzenden des Ausschusses für unamerikanische Umtriebe. Ihre moralische Stärke in jenen dunklen Tagen, als FBI und der McCarthy-Ausschuß das Gewissen Amerikas beleidigten, brachte ihr die Bewunderung der anständigen Menschen in Amerika und im Ausland ein.

Nach dem Krieg reiste Frau Hellman wiederum in die UdSSR, wo sie jederzeit herzlich willkommen war. Sie schrieb später einen anschaulichen Bericht über ihren Rußlandbesuch. Ihre drei großartigen sozialpsychologischen Stücke, *Zerbrochenes Spielzeug*, *The Day will come* und *The Little Foxes* sind auf den besten sowjetischen Bühnen aufgeführt worden, und an den Proben und der Aufführung von *The Little Foxes* in Moskau nahm die Autorin selber teil.

Der ausgezeichnete schwarze Sänger und Schauspieler Paul Robeson war in den dreißiger, vierziger und fünfziger Jahren generell bei den Amerikanern, vor allem aber unter der farbigen Bevölkerung sehr beliebt. Seine mächtige Stimme zog die Leute magnetisch an, und er trat immer vor ausverkauften Häusern auf. Sein Ruhm reichte weit über die Grenzen, und er machte Tourneen in vielen europäischen Ländern.

Robeson ließ keine Gelegenheit verstreichen, bei der er mit Sowjetmenschen zusammenkommen konnte. Bei uns fühlte er sich wohl, unter Freunden. Ich erinnere mich insbesondere an sein Zusammentreffen mit der sowjetischen Delegation bei der Gründungskonferenz der Vereinten Nationen 1945 in San Francisco. Viele Male kam er in die UdSSR und wurde stets herzlich begrüßt. Sein Sohn Paul (wir nannten ihn Pawlik) lernte Russisch und war mit seinem Vater und seiner Mutter ein häufiger Besucher in der Botschaft.

Wir führten leidenschaftliche Gespräche. Paul war ein Anhänger der Rußlandpolitik Roosevelts und wich keinem politischen Thema aus. Besonders beeindruckte ihn, daß es in der Sowjetgesellschaft keinerlei nationale oder rassische Vorurteile gab. »In Amerika hingegen«, sagte er, »kommen zuerst die Faschistenanhänger und dann der Ku-Klux-Klan.«

Wurden Freunde oder Bekannte ihrer Rasse wegen gedemütigt, so empfand Robeson das als Angriff auf sich selbst und machte den Behörden schwere Vorwürfe, weil sie nichts gegen die Rassisten unternahmen.

Er lernte selber etwas Russisch. Als ich ihm einmal ein paar Puschkin-Verse vorlas, bat er mich, sie ihm aufzuschreiben. Binnen kurzem konnte er sie selber lesen. Er las auch englische Literatur und pflegte humorvoll zu sagen, Shakespeare und er seien alte Freunde.

»Ein herrlicher Dramatiker«, sagte er. »Sein Othello strotzt vor Kraft. Er schlug mich so in Bann, daß ich nachts Othello rezitierend im Haus herumlief. Meine Frau sagte oft lachend, wenn ich mich auf die Rolle vorbereite, kriege sie es jedesmal mit der Angst. Ich beruhigte sie dann mit dem Hinweis, daß ich sie noch kein einziges Mal zu erdrosseln versucht hätte.«

Das reaktionäre Amerika verzieh Robeson die fortschrittlichen Ansichten nicht und schon gar nicht seine guten Beziehungen zur Sowjetunion. Schließlich rächte sich die Regierung an ihm, weil er öffentlich gegen die rassische Unduldsamkeit aufgestanden war, aber auch dafür, daß er ein begabter Sänger und großer Schauspieler und in anderen Ländern berühmt war. Sie rächte sich an ihm, weil er eben Paul Robeson war.

Man verfolgte ihn auf verschiedenste Weise. Entweder wurden seine Erfolge verschwiegen, oder man griff ihn wegen seines Verhaltens im Privatleben an. Er begriff, was im Gange war, ließ sich aber nicht von seinem Weg abbringen.

Eines Tages sagte er zu mir: »Wissen Sie, es sieht ganz so aus, als wollten mir die amerikanischen Behörden das Recht, ins Ausland zu gehen, sogar das Auftrittsrecht entziehen. Alles deutet darauf hin.«

Er sollte recht behalten. Während seiner letzten Lebensjahre war es Robeson untersagt, Amerika zu verlassen. Man verweigerte ihm einfach die Ausreiseerlaubnis, und seine Familie erfuhr dieselbe feindselige Behandlung.

Die Amerikaner, vor allem die Schwarzen, werden sich noch lange an diesen begabten, klugen und ehrlichen Sänger, großen Schauspieler und Patrioten erinnern. Und uns Sowjetbürgern wird er als Freund und Befürworter guter Beziehungen zwischen den beiden Staaten in Erinnerung bleiben. Er hat beide Länder geliebt, wenn auch jedes auf seine Weise.

Immer schon war ich auf die Persönlichkeit Charlie Chaplins neugierig gewesen. Ich hatte mir seine Filme auch dann angesehen, wenn mir das Geld für die Eintrittskarte fehlte - in Gomel wurden sie im Park gezeigt, und meine Freunde und ich sahen durch die Zaunritzen zu. Sicher gibt es bessere Möglichkeiten, einen Film anzuschauen, aber die Wunderwelt des Kinos - und damals war Kino noch etwas Wundersames - wirkte sogar durch die Ritzen.

Das erste Mal trafen wir uns während des Krieges bei einer offiziellen Wohltätigkeitsveranstaltung in New York für die alliierten Verwundeten. Ich war inzwischen Botschafter und wollte unbedingt wissen, wer Charlie war - ein brillanter Komiker ohne viel Hirn oder etwas ganz anderes?

Ich unterhielt mich gerade mit irgendeinem Diplomaten, als der Mann, den ich von der Leinwand her so gut kannte, mit gewinnendem Lächeln auf mich zukam und sagte: »Guten Abend, Herr Botschafter. Ich bin Charlie Chaplin.«

Das Lächeln paßte zu ihm und verließ ihn selten. Damals kannten wir nur den fröhlichen Chaplin; der traurige sollte erst später kommen.

Nach der Begrüßung sagte ich zu ihm: »Sie wissen doch, daß Sie jeder Kinobesucher bei uns kennt. Und nachdem das Sowjetvolk jetzt Ihre Reden gegen den Faschismus und für die Sowjetunion gehört hat, fühlt es sich Ihnen noch mehr verbunden.«

Wir kamen auf den sowjetischen Film zu sprechen, und Chaplin bemerkte: »Ich kenne nicht viele sowjetische Filme, aber die wenigen, die ich gesehen habe, beeindruckten mich durch ihre Wirklichkeitsnähe. Keine Spur von Degeneration oder Vulgarität.«

Ich entschloß mich zu der Frage, die mir schon oft im Kopf herumgegangen war: »Warum machen Sie eigentlich keine Filme nach den Büchern großer europäischer Dichter wie Byron, Goethe oder Balzac?«

Chaplin antwortete ohne Verlegenheit: »Wenn der Amerikaner ins Kino geht, will er etwas sehen, was ihn dem Alltag gegenüber optimistischer macht, ihn in frohe Laune versetzt. Die meisten Leute gehen ins Kino, um ihre Sorgen hinter sich zu lassen und sich zu unterhalten. Dabei ist es gleichgültig, ob es sich um einen phantastischen Film oder um eine Farce handelt. Schließlich ist ja auch das Leben eine ziemliche Farce. Ein Film kann davon nur einen winzigen Ausschnitt zeigen, aber die Beliebtheit meiner Filme beweist, daß ich den Ausschnitt zeige, den die Leute sehen wollen.« Er sprach ohne jede Pose oder Angeberei.

Dann fragte ich ihn: »Kennen Sie die Werke irgendwelcher russischer Dichter?«

»Ja, ich kenne natürlich *Krieg und Frieden* und noch etwas Turgenjew und Dostojewski.« Dann fügte er hinzu: »Von Puschkin und Lermontow habe ich gehört, sie aber leider nicht gelesen.«

Edward G. Robinson *(oben links).*

Mit Paul Robeson in Washington, 1945 *(oben rechts).*

Charlie Chaplin traf ich 1954 in London. Dieses Foto wurde 1965 bei der Entgegennahme des Erasmus-Preises der Europäischen Kulturstiftung in Amsterdam aufgenommen *(unten).*

Beim Abschied sagte Chaplin mit Wärme: »Ich wünsche Ihnen den Sieg.«

Das nächste Mal traf ich ihn bei einem Diplomatenempfang in London, und wir begrüßten uns wie alte Freunde. Er hatte Amerika endgültig den Rücken gekehrt, sich aber noch nicht in der Schweiz niedergelassen. Seiner Abreise aus den USA war eine Verleumdungskampagne gegen ihn als Person und als Schauspieler vorangegangen. Viele im Westen fragten sich, wie ein so großer Künstler plötzlich den Behörden mißfallen konnte. Warum wurde er in Amerika beschimpft?

Ich fragte ihn listig: »Sind Sie im Augenblick eigentlich Amerikaner oder Brite?«

Er erwiderte mit süß-saurem Lächeln: »Vermutlich bin ich im Grunde gar kein Amerikaner.« In ernsterem Tonfall fügte er hinzu: »Ich habe es satt, mich mit Dreck bewerfen zu lassen – vor allem ohne eigentlich zu wissen, warum.«

Wir gingen etwas beiseite, und er fuhr fort: »Urteilen Sie doch selbst. Man beschimpft mich, weil ich mehr als einmal geheiratet habe, aber wenn das ein Verbrechen ist, dann sind Millionen Amerikaner Verbrecher. Ich hatte da einfach Pech. Niemand kann mir vorwerfen, ich hätte mich gegen eine meiner geschiedenen Frauen unfair verhalten. Man sollte meinen, ich sei im Leben schon genug gestraft, aber es scheint Leute zu geben, die mich noch mehr strafen wollen.« Dabei blickte er mich fast bittend an, als erheische er mein Mitleid.

Erregt sagte er: »Sie verfolgen mich, weil ich gewisse Ansichten habe, die in meinen Filmen zum Ausdruck kommen und die ihnen nicht gefallen. Als erstes machen sie mir moralische Vorhaltungen, dann suchen sie nach juristischen Gründen; man versucht, mir jetzt nachzuweisen, ich hätte meine Steuern auf die Einkünfte in Amerika nicht bezahlt. Das alles ist Teil einer Kampagne gegen mich, und das amerikanische Recht ist nun mal so, daß man untergeht, wenn die Regierung gegen einen ist, auch wenn man völlig unschuldig ist. Deswegen habe ich den USA den Rücken gekehrt.«

Er brach unvermittelt ab. Plötzlich sagte er, als spreche er zu sich selber: »Warum erzähle ich Ihnen eigentlich das alles?« Und gab gleich die Antwort: »Erstens, weil ich, auch wenn ich selber kein Kommunist bin, die Ehrlichkeit Ihres Landes bewundere. Zweitens, weil ich weiß, daß Sie meine Worte nie gegen mich verwenden würden.«

Nun wußte ich natürlich, daß Chaplin seit Jahren in gewissen Kreisen als Linksradikaler oder gar als Kommunist galt. Also sagte ich: »Ich gestehe, daß mich Ihr Vertrauen rührt, und Sie sollen wissen, daß alles, was Sie mir gesagt haben, bei mir gut aufgehoben ist – wir Sowjets lassen uns von unseren moralischen Grundsätzen leiten, die sich deutlich von denen der Leute unterscheiden, die gegen Sie intrigieren.«

Ein britischer Journalist machte ein Photo von uns beiden, das ich heute noch besitze; es erinnert mich an einen sehr klugen und einnehmenden Mann.

Es gibt Schauspieler und Schauspieler. Nach meiner Erfahrung dient die Mehrheit der Filmschauspieler entweder bewußt besonderen künstlerischen und ideologischen Auffassungen oder aber einfach dem Mammon. Nun gibt es aber auch wirkliche Stars, die dennoch ihre moralischen Überzeugungen nicht aufgeben, sondern es für ihre Pflicht halten, anderen edle Gesinnung zu vermitteln.

Sehr beeindruckt hat mich ein Gespräch mit einem solchen Schauspieler, Edward G. Robinson. Das Gespräch in einem Restaurant nahe unserer Botschaft war herzlich und offen, und Robinson schilderte uns dabei eindringlich das Gesamtbild der Filmindustrie in Amerika.

»Die amerikanische Filmindustrie befindet sich in der Hand einiger rücksichtsloser Millionäre. Nur Profit zählt. Wie die Millionen zusammenkommen, das ist für die Leinwandbosse zweitrangig. Denen ist alles recht, solange die Herstellungskosten mehrfach wieder hereinkommen. Moral oder soziale Gerechtigkeit sind für diese Leute Fremdwörter.« Er fuhr fort: »Vielleicht bin ich kein Wirtschafts- oder Finanzfachmann, aber die Moral auf der Leinwand ist eindeutig gesunken.«

Er war ziemlich erregt, man sah, daß ihm das Thema auf den Nägeln brannte.

»Mehr als einmal mußte ich mich fragen, ob ich, moralisch gesehen, eine Rolle übernehmen sollte. Und ich kann nicht behaupten, daß ich immer die richtige Entscheidung getroffen habe. Mehrfach mißfiel mir meine Leistung. Ich meine, wie ich die von mir darzustellende Lebensart auf die Leinwand brachte und welches Image ich schuf. Trotzdem ist es mir meistens gelungen, den Bedingungen der Hollywood-Bosse zu widerstehen.«

Er klagte: »Der amerikanische Film übertreibt die Vulgarität und Ausschweifung. Man nennt das Naturalismus, und das Traurigste ist, daß das Publikum mit diesem Zeug gefüttert wird und es schließlich den Leuten gefällt. Also stellen die Produzenten noch mehr davon her, um den von ihnen ausgelösten Bedarf zu befriedigen. Man kommt ihnen nur schwer bei. Und wer versucht es schon? Der Kampf ist so ungleich.«

Ich fragte ihn: »Gibt es nicht eine Gruppe anderer bekannter Schauspieler wie Sie oder auch Produzenten, die das Kino in positiverer Richtung beeinflussen wollen?«

Er entgegnete: »Solche organisierte Gruppen gibt es nicht. Sie würden in den USA auch nicht lange bestehen. Der Schauspieler, der das versucht, nagt bald am Hungertuch.«

Kein Zweifel, unser Gast war sehr verbittert auf die Leute, die das Schicksal des Films in Händen hielten.

»So ergeht es den meisten Filmschauspielern«, schloß er. »Tag für Tag müssen sie ein Verhalten aufs Zelluloid bringen, das allem Guten und Anständigen in der Menschheit hohnspricht.«

Nach dieser Unterhaltung verstand ich sehr gut, warum Edward G. Robinson der Vereinigung für amerikanisch-sowjetische Freundschaft beigetreten war, der damals Corliss Lamont vorstand.

Marilyn Monroe sagte man nach, sie komme immer zu spät, aber zur Begrüßung der sowjetischen Delegation kam sie sehr früh, vielleicht, um einen guten Platz zu ergattern. Sie saß kaum fünf Meter von uns entfernt.

Als der offizielle Teil der Veranstaltung vorbei war und die Gäste in den anderen Raum gingen, kam ich an ihrem Tisch vorbei, und plötzlich wandte sie sich mir zu: »Mr. Gromyko, wie geht es Ihnen?« Obwohl wir uns nie vorher gesehen hatten, redete sie mich an, als kennten wir uns seit langem.

Mehr aus Höflichkeit erwiderte ich: »Hallo, mir geht's gut. Und wie steht es mit Ihnen? Ich habe viele Ihrer Filme gesehen.«

Sie reichte mir die Hand und sagte etwas, das ich nicht verstand, und schon wurde ich vom Gedränge weitergeschoben. Immerhin konnte ich meinen Kindern erzählen, ich hätte tatsächlich mit Marilyn Monroe gesprochen.

Sie stand damals auf dem Höhepunkt ihrer Karriere, ein stets lächelndes und glückliches Leinwandidol in vielen Ländern. Drei Jahre nach unserem Zusammentreffen erreichte uns in Moskau die Nachricht, sie habe Selbstmord begangen. Wie konnte das sein? Die stets fröhliche, strahlende Marilyn und Selbstmord? Kaum 36 Jahre alt? Man munkelte von Drogen, aber das ergab keinen Sinn.

Die Jahre gingen ins Land. Anfang der achtziger Jahre erschienen dann erstmals in der westlichen Presse Artikel, sie habe gar nicht Selbstmord begangen, sondern sei einer Verschwörung zum Opfer gefallen. In ihren Filmrollen erschien sie immer als etwas einfältig, aber in Wirklichkeit muß sie viel gewußt haben. Sie hatte einige der Spitzenleute im Staat gekannt und mit ihnen wohl über viele wichtige Fragen, auch politische, gesprochen. Nicht lange vor ihrem Tod war sie mit John und Robert Kennedy zusammengewesen. Das war im Frühjahr 1962 – einer Zeit bedeutender militärischer und politischer Ereignisse: Die USA hatten gerade eine Megatonnen-Bombe gezündet, und die Polaris-Raketen wurden in Auftrag gegeben. Inzwischen hatten viele Leute angefangen, Marilyn für eine Rote zu halten, weil sie zur Sowjetunion und zur sowjetischen Kultur gute Beziehungen pflegte und mit Linksdenkenden befreundet war, insbesondere mit ihrem späteren Mann Arthur Miller und seinen Freunden. Einige amtliche Vertreter warfen ihr sogar offen vor, sie sei Kommunistin geworden. Das war natürlich dummes Zeug, aber dennoch blieb ihr gutes Verhältnis zur UdSSR nicht unbemerkt - schließlich hatte sie sich für die Menschenrechte in den USA eingesetzt -, und so stand sie in Hollywood unter ständiger Beobachtung.

In den achtziger Jahren wurde bekannt, daß schon 1955, Marilyn war noch nicht mal 30, ein Geheimdossier über sie angelegt worden war. Die amerikanischen Behörden räumten ein, sie besäßen über sie ein »umfangreiches« Dossier, das nach der Londoner *Sunday Times* außen- und verteidigungspolitisches Material enthalten soll. Die Zeitung berichtete, in den Augen der Geheimdienste sei Marilyn Monroe ein »Sicherheitsrisiko« gewesen. Also hätten sie sie einfach beseitigt. Ob das stimmt oder nicht, muß die Zukunft zeigen.

Natürlich haben viele ausländische Schriftsteller über Amerika geschrieben. Dennoch sieht jeder Mensch seine Umgebung mit eigenen Augen, deshalb sind vielleicht auch meine eigenen Eindrücke von Amerika und den Amerikanern von Nutzen. Ich habe, mit nur einer kurzen Unterbrechung, acht Jahre lang in den USA gearbeitet und bin mit vielen Amerikanern zusammengetroffen, im normalen Alltag und in der Politik. Zunächst hatten wir in einer ruhigen Straße in Washington ein Haus gemietet, und als ich dann Botschafter wurde, zogen wir in die Botschaft in der 16. Straße, kaum fünf Minuten vom Weißen Haus entfernt.

Das Amerika Ende der dreißiger/Anfang der vierziger Jahre beeindruckte mich sehr. Auf den ersten Blick sahen die amerikanischen Großstädte nicht nur völlig anders aus als russische, sondern auch anders als die europäischen Großstädte, die meine Frau und ich gesehen hatten, die viel ruhiger waren und in denen man den Atem der Geschichte spüren konnte. Verglich man New York etwa mit London, Florenz oder Venedig, dann meinte man, sie lägen auf verschiedenen Planeten.

Hier spürte man den Atem der Technik, der Innovation, und sogar die Gebäude schienen einem zuzurufen: »Wir sind nicht wie ihr Europäer. Wir machen Lärm, wir summen, wir brüllen, und es gefällt uns so. Dollars, Dollars, Dollars, das ist alles, was wir wollen.«

Seltsamerweise aber erinnerten mich amerikanische Städte schließlich doch noch an russische. Lange war mir nicht klar, warum, aber dann kam ich darauf. Was mich zuerst abgelenkt hatte, waren die auffallenden äußeren Unterschiede zwischen New York und Moskau zum Beispiel, aber als ich in den Alltag eintrat, stellte ich fest, daß beide auf gleiche Weise das Neue aufsaugten und das Alte abwarfen.

In jeder amerikanischen Großstadt ist alles ständig in Bewegung. Als wir ankamen, war New York schon von Autos überflutet, und zum metallenen Rollen der U-Bahn gesellte sich das Rumpeln der Lastwagen und das häufige Sirenengeheul von Polizei und Feuerwehr bei Tag und Nacht. Die Kakophonie peitschte die Bevölkerung auf und wirkte eindeutig auf ihre Psyche zurück, und ohne all das wäre New York nicht New York.

Leider hat in den letzten Jahrzehnten auch Moskau diesen Weg eingeschlagen. Unter dem Druck der Urbanisierung haben viele der alten Straßen und Plätze durch einfallslose, undefinierbare Architektur ihr Gesicht verloren. Dutzende malerischer Gebäude sind abgerissen worden. Heute herrschen schnurgerade Straßen und Linien vor, der Nationalcharakter der Stadt ist verlorengegangen. Die Umwelt wurde beeinträchtigt, die Stadt ist lärmender geworden.

Die lauten Straßen New Yorks waren wie mit dem Lineal gezogen, die Gebäude gigantisch. Washington hingegen war viel ruhiger. Die zumeist von Regierungsbeamten bewohnte Hauptstadt war gewissermaßen der Kontrapunkt zu New York, und kein Gebäude durfte (und darf) höher sein als die Kuppel des Kapitols.

Ein seltsames Merkmal des damaligen Washington war die unglaubliche Zahl von Hunden, die frei herumlaufen durften. Dabei fällt mir ein Vorfall ein.

Einmal ging unser kleiner Sohn Anatoli aus schierer Neugier in die Kirche zur Predigt. Er sagte zu uns: »Ich saß einfach da und hörte zu. Der Prediger leierte eine Zeitlang vor sich hin und wurde dann gegen Ende der Predigt so erregt, daß er praktisch schrie. Die Leute waren nicht gerade gelangweilt, aber auch nicht sehr fröhlich. Dann ließen sie eine große Büchse herumgehen, in die jeder Geld warf, manche sogar Papiergeld. Ich hatte aber fast nichts bei mir. Was konnte ich tun? Es wäre beschämend gewesen, nichts zu geben, und deshalb stand ich auf und ging, als sich die Büchse unserer Stuhlreihe näherte. Die Leute schauten mißbilligend auf mich, ein alter Mann zischte mich sogar an. Draußen fühlte ich mich gleich wohler. Ich wollte heim. Ich sah den Bus kommen und rannte los, um ihn noch zu erreichen, als ich plötzlich von einer Hundemeute verfolgt wurde. Einer bellte genauso wie der Hund von Baskerville und biß mich, als ich auf den Bus sprang. Wäre ich abergläubisch, dann würde ich sagen, das sei die Strafe dafür gewesen, daß ich mich so aus der Kirche verdrückt habe.«

Der Hundebiß machte uns Sorgen, aber der amerikanische Arzt, den wir gerufen hatte, beruhigte uns: »Kein Grund zur Sorge. Seit Jahren gibt es in Washington keine Tollwut mehr.«

Anatolis Bemerkung erinnert mich an die vielen abergläubischen Amerikaner, denen ich begegnet bin. Trotz ihrer technischen Glanzleistungen scheinen viele Amerikaner immer noch an Wunder, wiederauferstehende Tote, Astrologie, Zauber, Hexen, allerlei Messias-Gestalten, Vampire und Wahrsager zu glauben.

Eine Qualität der Amerikaner können wir Sowjetbürger jedoch vorbehaltlos bewundern, und das ist ihre Tüchtigkeit. Ihr Ursprung reicht wahrscheinlich in die Zeit zurück, als die Pioniere das Land besiedelten und unter den harten Bedingungen nur mit Schweiß und Mut überleben konnten. Die amerikanische Tüchtigkeit fiel mir sofort auf. Ein Amerikaner arbeitet nicht mit halber Kraft. Ob er nun auf der Straße Würstchen oder Popcorn verkauft, ein Wohnhaus oder eine Geschäftsstraße baut, im Lande Weizen anbaut oder im Ausland nach Öl sucht - immer arbeitet er gut und mit voller Hingabe. Nie hält er Versammlungen ab und diskutiert über Methodefragen, die unsereiner für wichtig halten würde. Er weiß, daß er besser als jeder andere arbeiten muß und, wenn er das nicht tut, bald arbeitslos ist. Die amerikanische Wirtschaft macht sich diese Angst vor dem Verlust des Arbeitsplatzes voll zunutze, und Nichtstuer, Herumtreiber und Trinker kriegen keinen Lohn.

Von den Kommunisten abgesehen, redeten alle Leute, mit denen ich in Amerika sprach, nur zu gern von der amerikanischen Demokratie, aber keiner schien eine klare Vorstellung davon zu besitzen, was echte Demokratie, echte Volksherrschaft, eigentlich bedeutet. Sie alle verwendeten Worte, die sie wie vordem schon ihre Eltern und Großeltern in der Schule gelernt hatten.

Sogar die Zeitgenossen George Washingtons im sklavenhalterischen Amerika redeten von Freiheit und meinten, sie lebten in einem demokratischen Land. Unter Abraham Lincoln redeten sie von der Macht des Volkes, und in den Tagen Theodore Roosevelts verherrlichte die Presse die amerikanische Demokratie, die die Regierung anderen Völkern, vor allem in Lateinamerika, gewaltsam aufzwang, während zu Hause die arbeitenden Massen vom Großkapital immer mehr ausgesaugt wurden.

Wie steht es damit heute? Dem sowjetischen Besucher springt sofort der (für ihn) seltsame Anblick der schlangestehenden Arbeitsuchenden und Wohltätigkeitsempfänger ins Auge, die auf Arbeitslosengeld oder auch nur einen Teller Suppe warten. Fragt man einen, wie er in diese Lage kam, dann sagt er: »Ich habe keine Arbeit, meine Familie hat nichts. Ich habe nach Arbeit gesucht, aber keine gefunden.« Und fragt man ihn, wer die Schuld dafür trägt, dann antwortet er: »So ist es eben. Dies ist ein demokratisches Land - der eine findet Arbeit, der andere nicht.«

Offensichtlich glaubt dieser Mann seit seiner Kindheit, die

Arbeitlosigkeit und ihre Folgen seien ein Merkmal der Demokratie. Selbst die unterdrücktesten Minderheiten, Schwarze, Puertoricaner und »Hispanics«, singen denselben Refrain: »Die Vereinigten Staaten sind ein demokratisches Land.«

Und was die amerikanischen Gewerkschaften anbelangt, geht es ihnen ausschließlich ums materielle Wohl der Arbeiter, nicht um Fragen der sozialen Ordnung, der Innen- und Außenpolitik. Vielleicht beteiligen sie sich an der Präsidentenwahl, aber selbst dann können sie nur einem Angehörigen der herrschenden Klasse die Stimme geben. Fragt man ein Gewerkschaftsmitglied, ob er die USA für ein demokratisches Land halte, dann sagt er ja, und das trotz der himmelschreienden Tatsache, daß acht oder neun Millionen der tägliche Lebensunterhalt versagt bleibt. Seine Überzeugung wird nicht einmal durch Gesetze erschüttert, die den Arbeitern viele mühsam erkämpfte soziale Vorteile wegnehmen, nur um die Mittel dem Militärhaushalt zuzuführen. Schließlich ist die amerikanische Demokratie eine Demokratie des militärindustriellen Komplexes, und das Wettrüsten des Pentagons ist Sache des Großkapitals.

Die Spitzen der amerikanischen Gesellschaft in Wirtschaft oder Kultur verkünden überwiegend, in Amerika habe die Demokratie den vollkommensten Stand erreicht, aber viele, denen ich begegnet bin, sind unfähig, auch nur einen einzigen Beweis für ihre Behauptung zu nennen.

Der Wirtschaftstheoretiker John Maynard Keynes beispielsweise paßt, auch wenn er Engländer ist, ausgezeichnet in meinen Kommentar zur amerikanischen Demokratie, denn viele seiner Vorstellungen vom staatlichen Eingriff in die Wirtschaft sind in den Vereinigten Staaten praktiziert worden. Die von westlichen Wirtschaftstheoretikern und amerikanischen Millionären gleichermaßen bewunderten Vorstellungen Keynes' wurden in der Politik angewandt, mit der Franklin Roosevelt die Wirtschaftskrise bewältigte, der er seinen Aufstieg zur Macht verdankte. Das von ihm betonte Hauptprinzip hieß, die Krise des Kapitalismus müsse durch staatsmonopolistische Regelungen überwunden werden.

Erstmals traf ich Keynes 1943 in Atlantic City beim Rat der UNO-Hilfsorganisation UNRRA, einer der ersten Konferenzen im Krieg, auf denen die Wirtschaftslage der von Hitler besetzten Länder besprochen werden sollte. Keynes vertrat die britische Regierung, und hielt er sich auch im Hintergrund, so gehörte er doch zu denen, die auf der Konferenz den Ton angaben.

Einmal sagte er mir zum Beispiel: »Die westlichen Verbündeten, vor allem die USA und England, haben gemeinsame Interessen, nicht nur im Krieg gegen den Faschismus, den wir gewinnen werden. Genausosehr liegt es in ihrem Interesse, nach dem Krieg zusammenzuarbeiten.«

Obwohl er jegliche Vorhersage sorgfältig vermied, schien er doch anzudeuten, daß das britische Kolonialreich nach dem Krieg schlimm darniederliegen und England auf Wirtschaftshilfe seitens seines mächtigen amerikanischen Verbündeten angewiesen sein werde.

Ich fragte ihn: »Ist es für England nicht bedrohlich, wenn es nicht mehr von Amerika unabhängig sein kann?«

Anstelle einer direkten Antwort sagte Keynes: »Denken Sie an das große Potential Englands, das es auch nach dem Krieg noch besitzen wird.«

Daraufhin fragte ich: »Wie würden Sie Ihre Theorien auf die schwierige Zeit anwenden, die auf die Anti-Hitler-Mächte zukommt?«

Keynes wog seine Worte, als er sagte: »Ich glaube nicht an den Sozialismus. Die kapitalistischen Länder werden sich auf demselben Weg wie seit vielen hundert Jahren weiterentwickeln. Das bedeutet nicht, daß die Welt in Schwarz und Weiß geteilt sein wird. Es wird konvergierende Elemente geben, und die Regierungen der kapitalistischen Länder werden bei der Bewältigung wirtschaftlicher Probleme viel flexibler sein müssen. Es ist deshalb logisch, mit mehr staatlichen Eingriffen als je zuvor zu rechnen – aber in Einklang mit den Interessen der Unternehmer und nicht gegen sie. Beide Sektoren müssen ihren Beitrag zur Überwindung der Wirtschaftsprobleme des Staates leisten.«

Unter »Problemen« verstand Keynes zweifellos »Krise«, deshalb fragte ich ihn: »Und was halten Sie von der Feststellung Marx', daß in der kapitalistischen Gesellschaft die Wirtschaftskrise unvermeidlich ist?«

Seine Antwort war für die damalige Zeit seltsam: »Ich will nicht sagen, Marx habe keine guten Gründe für seine Behauptung gehabt. Aber die kapitalistische Gesellschaft hat sich weiterentwickelt, und die besitzende Klasse hat aus der Erfahrung gelernt, wie sie mit Umwälzungen in der Wirtschaft fertig werden kann.«

Ich sagte: »Ein Hauptpunkt in Marx' politischer Ökonomie ist die Theorie vom Gesetz des Mehrwerts und seine Analyse des inneren Mechanismus des Kapitalismus. Welches ist der Hauptpunkt des Keynesianismus?«

Er überlegte einen Augenblick und sagte dann: »Kurz gesagt ist der Hauptpunkt meiner Theorie staatlicher Regulierung die Notwendigkeit, eine wirksame Nachfrage und die Vollbeschäftigung zu erhalten.«

Die kapitalistischen Länder haben nach dem Krieg keines dieser Grundziele erreicht. Schulen von Neo-Keynesianern entstanden, die teils nach links, teils nach rechts lehnten, aber keine von ihnen konnte den Kapitalismus von seinen ständigen Übeln befreien. Seit dem Zweiten Weltkrieg sind die kapitalistischen Volkswirtschaften anstatt von wirksamer Nachfrage eher durch ständige Inflation und den vergeblichen Versuch gekennzeichnet, eine Wirtschaftskrise abzuwenden, die sich in Produktionsrückgang, Unternutzung von Kapazitäten und Schwankungen auf dem Investitions- und Währungsmarkt äußert. Und was die Vollbeschäftigung anbelangt, braucht man nur die Millionen Arbeitslosen zu fragen.

Mein persönlicher Eindruck von Keynes war, daß er sich seines Wertes voll bewußt war. Seine eindrucksvolle Erscheinung hob ihn von den anderen ab. Im eleganten dunklen Anzug aus feinstem englischem Stoff zog er es vor, über große Themen zu sprechen, und stieg nicht in die bei seinen Landsleuten so beliebte Niederung des belanglosen Geredes hinab.

Er war ein interessanter Mann, ein scharfsinniger Gesprächspartner, ein unglaublich talentierter Gelehrter und diente mit viel Sinn und Verstand seiner Klasse und dem System, in dem er und seine Vorfahren aufgewachsen waren.

Kommt das Gespräch auf Amerika, werde ich oft gefragt: »Wie sind die Amerikaner wirklich?« Diese Frage ist keineswegs naiv. Ganze Forschungsinstitute in der Sowjetunion befassen sich nur mit dem Studium der Vereinigten Staaten. Ihre Bücher werden von einem breiten Publikum gelesen, ihre Artikel erscheinen in der Presse, und ihre Mitglieder treten im Fernsehen auf. Ihre Beobachtungen Amerikas und der Amerikaner sind höchst eindrucksvoll. Trotzdem übersehen sie vermutlich viel. Ich selbst habe mich oft gefragt, ob ich die Amerikaner wirklich kenne. Alles in allem habe ich über acht Jahre in Amerika verbracht, die zahlreichen Reisen von ein, zwei Wochen nicht mitgerechnet, aber immer noch kann ich keine klare Antwort geben. Ein paar Wesenszüge kann ich jedoch nennen.

So bin ich beispielsweise fest davon überzeugt, daß die öffentliche Meinung in Amerika weniger gut unterrichtet ist als in Europa, und ein Hauptgrund dafür liegt darin, daß die herrschende Klasse, die die Medien kontrolliert, einseitige Informationen weitergibt, besonders über außenpolitische Fragen, die die UdSSR und das Leben des Sowjetvolkes betreffen. Ein weiteres typisches Merkmal ist, daß der Durchschnittsamerikaner, der einem sagen will: »Du siehst gut aus«, zu sagen pflegt: »Du siehst wie eine Million Dollar aus.« Ich kenne viele Amerikaner, die bei der Schilderung des Erfolgs ihrer Freunde oder Familie einzig und allein im Auge haben, wieviel Kapital sie gescheffelt haben. Das höchste Lob in Amerika verdient jemand, der als guter Geschäftsmann gilt. Kein Mensch fragt, wie er sein Kapital gemacht hat und woher sein Geld kommt.

Die Amerikaner begreifen nicht, daß Geld für den Besitzer nur dann etwas abwirft, wenn andere ausgebeutet werden. Der gewöhnliche Amerikaner sieht zwar die Arbeitslosen, die rassisch Diskriminierten, die Millionen Obdachlosen und Analphabeten, aber zahllose Ablenkungen vernebeln seine Sicht, verzerren seine normale menschliche Reaktion. Natürlich gibt es Leute in den USA, die offen und mutig um Gleichheit kämpfen, sich nicht dem Dollar beugen, aber es sind doch nur sehr wenige. Einstmals, als der Name Abraham Lincoln noch leuchtete, suchten Freiheitskämpfer in Amerika Zuflucht vor fremder Unterdrückung. Kämpfer für die Freiheit suchen dort heute aber kaum noch Zuflucht, sondern es kommen die, die es zu Mr. Dollar drängt.

Welche Haltung also nimmt die gewöhnliche Stadtbevölkerung auf menschlicher Ebene gegenüber Sowjetbürgern ein? Da, muß ich sagen, unterscheiden sich die Amerikaner in nichts von den Menschen anderer Länder. Sie sind immer freundlich und umgänglich und wollen mehr über die Sowjetunion wissen. Während meiner ganzen Zeit in Amerika sind – abgesehen von gelegentlichen, von verschiedenen Minderheitengruppen organisierten sowjetfeindlichen Demonstrationen – weder ich noch meine Familie noch irgendein Mitarbeiter der Botschaft je beschimpft oder unfreundlich behandelt worden. Im Gegenteil, nach unserer Feststellung legten die Amerikaner im Umgang mit sowjetischen Bürgern besondere Höflichkeit an den Tag. Natürlich gab es unerfreuliche Zwischenfälle, aber dabei handelte es sich entweder um Drogenabhängige oder Diebe, und die fragen gewöhnlich ja nicht nach dem Paß. Der gewöhnliche Amerikaner begegnete und begegnet den Sowjetbürgern immer mit großem Interesse. Das gilt nicht nur für Amtspersonen, sondern auch für die andern, zum Beispiel für Vertreter öffentlicher Körperschaften, Künstler, Gelehrte und Touristen.

So kamen beispielsweise 1943 zwei Hauptrepräsentanten der sowjetischen jüdischen Kultur, der berühmte Schauspieler und Vorsitzende des Jüdischen Antifaschistischen Komitees, Solomon Michoels, und der jiddische Dichter Izik Fefer in die USA, um bei der amerikanischen jüdischen Gemeinschaft um Unterstützung für die sowjetischen Kriegsanstrengungen zu bitten; beide machten großen Eindruck auf die gesamte amerikanische

Öffentlichkeit. Sie sprachen meist in Großstädten wie New York und Washington und wurden überall stürmisch gefeiert. Als sie in Washington ankamen, baten sie uns, Kontakte mit einem breiten amerikanischen Publikum zu organisieren, und wir taten unser Bestes, um ihr Vorhaben zu unterstützen.

Während ihres kurzen Aufenthalts in den USA gewannen Michoels und Fefer Hunderte von Freunden, die nun ihrerseits auf allerlei Weise tätig wurden, um die Freundschaft zwischen den beiden Ländern weiterzuentwickeln. Vor allem Michoels hinterließ mit seinen scharfen Angriffen auf die Nazis tiefen Eindruck. Die verschiedensten gesellschaftlichen Gruppen wollten ihn sehen, denn er war in Amerika vor allem als großer Theatermann bekannt.

6. Kapitel

Teheran und Jalta

Während des Krieges, als die direkte Transatlantikstrecke nicht benutzbar war, konnte man gar nicht so einfach von der Sowjetunion in die Vereinigten Staaten gelangen. Die einzig verläßliche Flugroute führte über ganz Sibirien und den sowjetischen Fernen Osten nach Alaska. Dann ging es durch Kanada und den amerikanischen Westen nach Süden und von da aus hinüber nach Washington. Ich habe diese Reise dreimal gemacht.

Die Route über Sibirien nach Alaska war anstrengend, und unsere Piloten gaben ihr nach dem Helden der Sowjetunion, dem berühmten Piloten und Chef der Polarfluglinie, Generalmajor Ilja Masuruk, den Spitznamen »Masuruk-Linie«.

Der Flug von Washington nach Moskau dauerte fünf Tage. Sibirien schien kein Ende nehmen zu wollen. Die Maschine flog Stunde um Stunde, und immer noch lag unten die Taiga. Da wurde mir zum ersten Mal bewußt, wie riesengroß unser Land ist. Irgendwo über der Jakutischen ASSR entdeckten wir einen riesigen Flächenbrand, der sich kilometerweit in die Taiga fraß. Die Glut ließ mich denken, daß es so etwa an der Front aussehen müsse, wo damals unsere Soldaten fielen.

Das letzte Mal flog ich diese Route 1944, und dabei hielt das Wetter ein paar Überraschungen für uns bereit. Ich war zum Leiter der Delegation bei der Konferenz von Dumbarton Oaks ernannt worden, die die Charta der Vereinten Nationen ausarbeiten sollte. Zur Delegation gehörten führende Fachleute für Völkerrecht. Der Flug bis zur Tschuktschen-Halbinsel verlief ohne Zwischenfall. Dort aber saßen wir über 24 Stunden in der winzigen Ansiedlung Uelkal am Ufer der Kreuzbucht fest. Wegen des schlechten Wetters konnte die Maschine nicht mehr starten. Der Sturm blies in Orkanstärke, und obwohl es August war, bekamen wir den kalten Nordwind zu spüren.

Uelkal bestand lediglich aus ein paar Hütten. Nachdem wir uns in einer davon häuslich eingerichtet hatten, wurde uns gesagt: »Wenn euch der Abend nicht allzu lang werden soll, geht ihr besser gleich nebenan ins mobile Kino. Sie zeigen die Wochenschau.«

Als wir vor die Tür traten, mußten wir uns aneinander festhalten, um nicht umgeblasen zu werden. »Gleich nebenan« lag 200 Meter entfernt, und wir kamen gegen den Wind nur an, indem wir uns gegenseitig schoben. Nach einiger Zeit und mit gehöriger Anstrengung gelangten wir in den kleinen Bau, wo der Film gezeigt wurde. Er war übervoll. Das ganze Dorf war da – Frauen, Kinder und Greise; die jungen Männer waren wie überall in Rußland eingezogen worden.

Zuerst wurde die Wochenschau gezeigt. Längst hatte sich das Kriegsglück gewendet, und die Rote Armee rückte beständig vor. Jede Szene zeigte einen weiteren Sieg, und die Zuschauer wurden ganz aufgeregt. Dann wurde ein Abenteuerfilm gezeigt. Während des Krieges produzierten die Alma-Ata-Studios solche Filme am laufenden Band. Ihr künstlerischer Wert war meist gering, der Feind wurde als Karikatur gezeigt, aber sie boten den Menschen eine harmlose Unterhaltung, die sich jeden Film angesehen hätten, solange er nur vom Krieg handelte. Dasselbe galt für das ganze Land und auch, um der Wahrheit die Ehre zu geben, für unsere Botschaften. Dort oben im fernen Norden waren die Zuschauer hingerissen, und obwohl die Luft in dem kleinen Raum zum Schneiden war, ging keiner vor dem Ende.

Der Weg zurück zu unserer Hütte war noch schlimmer. Der Sturm blies einem buchstäblich die Beine weg.

Am nächsten Morgen war der Orkan zwar vorüber, aber wir konnten immer noch nicht starten, weil das Wetter in Flugrichtung zu schlecht war. Wir mußten ein paar Stunden warten und bekamen bei dieser Gelegenheit etwas vom Leben der ortsansässigen Tschuktschen mit, einem Volksstamm, dessen Lebensbedingungen sich unter dem sowjetischen Regime zu verbessern begonnen hatten.

Wir besuchten die Dorfkolchose und stellten fest, daß ihr Leiter, ein Tschuktsche, am Leningrader Institut für die Nordvölker studiert hatte. Kurz vor dem Krieg hatte er sich eine Tuberkulose zugezogen, woraufhin ihm geraten wurde, nach Tschukotka zurückzukehren, dessen Klima und Nahrung ihn bald wieder gesund werden ließen.

»Ich wurde nicht eingezogen wegen der Tb«, sagte er, »aber die Krankheit bessert sich jetzt. Ich fühle mich wohl hier zu Hause.«

Er erzählte uns, welche Sorgen er sich wegen der Kinder der Männer an der Front machte und wie die Frauen selbst bei den typischen Arbeiten im fernen Norden wie Fischfang, Jagd und Rentierhaltung in der Tundra die Aufgaben der Männer übernommen hatten. Wir fanden es rührend, wie sogar dieses winzige Nest auf der fernen Halbinsel Tschukotka die Leiden des ganzen Landes teilte und sich nach der Nachricht von der Front sehnte, daß Nazi-Deutschland besiegt sei.

Die Kriegswende war im Winter 1942/1943 eingetreten. Als der siegreiche Vormarsch der Roten Armee begann, stellten sich unzählige Probleme, die dringend Aufmerksamkeit heischten, und es lag auf der Hand, daß sich die Alliierten treffen mußten, nicht nur um den Fortgang des Krieges zu beraten und den Sieg zu erringen, sondern auch, um die Grundlagen für den Nachkriegs-Frieden zu legen.

Zwischen 1943 und 1945 fanden drei solche Konferenzen statt: Teheran (28. November bis 1. Dezember 1943), Jalta (4. bis 11. Februar 1945) und Potsdam (17. Juli bis 2. August 1945); die auf allen drei Konferenzen gefaßten Beschlüsse sind veröffentlicht und jedermann zugänglich. Dennoch dauert das lebhafte öffentliche Interesse an ihnen fort, denn die Menschen wollen den wirklichen Ablauf der Ereignisse während des Krieges und danach erfahren, zumal diese Entscheidungen von einigen Kreisen im Westen absichtlich gefälscht worden sind, die sie als nicht genügend durchdacht bezeichnen und sogar fordern, sie sollen außer Kraft gesetzt werden.

Die offiziellen Kreise Amerikas jedenfalls erinnern sich ungern an bestimmte Fakten von Teheran, und in London ist die Begeisterung noch geringer. Trotzdem war diese Konferenz wichtig, kennzeichnete sie doch eine gewichtige Phase der Entwicklung der Beziehungen unter den Alliierten.

Der Vorschlag zu einem Treffen der Großen Drei in Teheran war in einer Mitteilung Stalins vom 5. November 1943 enthalten, die ich Roosevelt persönlich überbrachte. In seiner Antwort schrieb der Präsident: »Die ganze Welt erwartet, daß wir drei uns treffen, und die Tatsache, daß Sie, Churchill und ich uns persönlich kennenlernen, wird weitreichende Folgen haben ... und die Moral der Nazis weiter schwächen ...«

Meine Position brachte es mit sich, daß ich an der ganzen mühseligen Arbeit der drei Länder zur Vorbereitung der Konferenz beteiligt war, dann an der Konferenz selbst teilnahm und danach ihre Beschlüsse auszuführen hatte. Ich will die drei wichtigsten Diskussionspunkte etwas ausführen.

Da war zunächst einmal die Frage einer zweiten Front. Churchill verteidigte hartnäckig die britische Position, der Feind könne durch Auszehrung besiegt werden, vermittels einer Reihe von Operationen an seiner Südflanke: in Norditalien, auf dem Balkan, in Rumänien und anderen deutschbesetzten Staaten. Worum es ihm eigentlich ging, lag klar zutage: Er wollte den sowjetischen Armeen den Weg versperren, nach Berlin vorrücken und durch die Besetzung Südosteuropas den westlichen Alliierten den Zugang zu den Westgrenzen der Sowjetunion sichern.

In Teheran drang Stalin in die Alliierten, sie sollten so schnell wie möglich eine zweite Front in Westeuropa aufmachen. Wiederholt versuchte er, Churchill auf ein Datum für die Landung alliierter Truppen in Europa festzunageln, konnte ihn jedoch nicht dazu bewegen. Einmal konnte er sich kaum noch beherrschen, stand auf und sagte zu Woroschilow und Molotow: »Zu Hause wartet zu viel Arbeit auf uns, als daß wir unsere Zeit hier vergeuden könnten. Wir kommen keinen Schritt voran.«

Verwirrt und offensichtlich den Abbruch der Konferenz befürchtend, erklärte Churchill hastig: »Der Marschall hat mich falsch verstanden. Ich kann ein genaues Datum nennen - Mai 1944.«

Sofort wurde die Atmosphäre wieder lockerer, und die Teilnehmer arbeiteten weiter. Die Westalliierten bequemten sich zu einer konstruktiveren Haltung, und hielten sie das Mai-Datum für die Invasion in Frankreich auch nicht genau ein, so fand die Operation *Overlord* doch am 6. Juni 1944 statt.

Zweitens war die Konferenz von Teheran auch in anderer Hinsicht ein wichtiger Meilenstein. Als sie stattfand, bestand an der Niederlage Deutschlands und seiner Verbündeten kein Zweifel mehr. Doch was sollte danach kommen? Die Konferenzteilnehmer wußten, daß diese Frage an ihre Tür pochte.

Der Sowjetunion, den Vereinigten Staaten und Großbritannien ging es wesentlich darum, jede Möglichkeit einer weiteren Aggression seitens Deutschlands auszuschließen. Zwar hatte weder die amerikanische noch die britische Regierung offiziell mitgeteilt, was sie mit Deutschland nach dessen Niederlage vorhatten, aber es war doch durchgesickert, daß die Absicht bestand, Deutschland in Kleinstaaten aufzuspalten. In Teheran legten beide Länder diese Absicht offen. Obschon feststand, daß weder Roosevelt noch Churchill irgendwelche Pläne hatten ausarbeiten lassen, waren sie sich doch darin einig, daß Preußen als dem aggressivsten Teil des Deutschen Reiches besondere Aufmerksamkeit gebührte und ihm durch Gebietsverringerung die Flügel gestutzt werden mußten.

Nachdem er dem amerikanischen Präsidenten und dem britischen Premierminister zugehört hatte, gab Stalin folgenden Kommentar: »Auf dem Schlachtfeld kämpfen Preußen, Bayern,

Sachsen und die Truppen aus anderen Teilen Deutschlands durchweg mit derselben Entschlossenheit. Meiner Meinung nach läßt sich die deutsche Frage nicht dadurch lösen, daß man den deutschen Einheitsstaat zerstückelt. Auf diese Weise können Sie Deutschland ebensowenig ausschalten wie Rußland. Die Lösung muß in der Entmilitarisierung und Demokratisierung Deutschlands als Ganzes gesucht werden. Der Nazismus und die Wehrmacht müssen liquidiert und die verbrecherischen Führer des Dritten Reiches vom Volk vor Gericht gestellt werden.«

Dann machte er einen einfachen, aber klugen Vorschlag: »Da diese Frage der weiteren Überlegung und Bearbeitung bedarf, sollten sich Vertreter der drei Mächte damit beschäftigen.« Die anderen stimmten zu. Die Angelegenheit war vielschichtig und sollte denn auch erst 1945 in Potsdam geregelt werden.

Das dritte entscheidende Thema in Teheran war das Schicksal Polens. Unsere Verbündeten wußten natürlich, daß sich die sowjetisch-deutsche Front polnischem Gebiet näherte und die Befreiung Polens vor der Tür stand, und befürchteten, danach könnten die demokratischen Kräfte in Polen, die einen mächtigen antifaschistischen Widerstand aufgebaut hatten, Regierungsorgane bilden, die dem Sozialismus treu und der Sowjetunion freundschaftlich gesinnt wären.

Die Regierungskreise in den USA und England wollten aber, daß das Nachkriegspolen auf dem alten Weg des Bürgertums und Großgrundbesitzes weitermache. Sie versuchten, die Rückkehr der reaktionären Exilregierung zu erreichen, und drangen bei der Sowjetunion auf Wiederherstellung der diplomatischen Beziehungen, die am 25. April 1943 wegen der offen sowjetfeindlichen Haltung dieser Regierung abgebrochen worden waren.

Die Politik Washingtons und Londons zeigte sich darin, daß die Exilregierung in Verletzung eines früheren Abkommens mit der Sowjetunion nun die an Ort und Stelle gebildeten polnischen Kampfeinheiten aus sowjetischem Gebiet abzog.

Desgleichen stellte die polnische Exilregierung unsinnige Ansprüche wegen der sowjetisch-polnischen Grenze. Roosevelt sprach in den offiziellen Sitzungen als erster zur Polenfrage, wurde aber von Churchill sofort aufs aktivste unterstützt. Was anderes konnte man denn erwarten? Die polnische Exilregierung hatte sich in London fest eingegraben und genoß den offenen Schutz der Briten.

In der Polenfrage schielte Roosevelt eindeutig mit einem Auge auf die nächste Präsidentenwahl, in der er die Unterstützung der sieben Millionen Amerikaner polnischer Abstammung gewinnen wollte, von denen viele durch die weitverbreitete sowjetfeindliche Propaganda in den USA beeinflußt waren. Churchills Versuch, Polen eine Regierung aufzuzwingen, die der UdSSR offen feindselig gesinnt war, mochte sich Roosevelt hingegen nicht anschließen. Mit gutem Grund befürchtete er eine Spaltung in den Reihen der Alliierten. In einem Interview mit der *New York Times* bemerkte der amerikanische Botschafter in der UdSSR, Averell Harriman, am 19. Januar 1944: »Diese Regierung beschließt die Zukunft Polens im Lichte eines Kampfes Englands und Amerikas mit Rußland. Einer solchen Lage kann ich kein Interesse unsererseits abgewinnen.« Diese Erklärung gereichte ihm zur Ehre.

Gab es gute Gründe für die Wiederaufnahme der Beziehungen mit der polnischen Exilregierung durch die Sowjetunion? Insgesamt, nein. Sie intrigierte nicht nur gegen uns, sondern ihre Politik wandte sich immer mehr von den Belangen des polnischen Volkes ab, so daß sie dessen Unterstützung mehr und mehr verlor. Churchill und Roosevelt erkannten das und versuchten sogar, die polnische Regierung zur Räson zu bringen, aber vergebens. Die reaktionären Exilpolen machten sich selbst reif für den Schrottplatz.

In Teheran äußerten sich die Konferenzpartner auch über die zukünftigen Grenzen Polens. Zur Illustration seiner Vorstellungen über den Verlauf der Grenzen zwischen der UdSSR, Polen und Deutschland bediente sich Churchill dreier Streichhölzer.

»Diese Streichhölzer«, sagte er, »müssen nach Westen verschoben werden, damit eine der Hauptfragen, mit denen wir uns beschäftigen, geregelt werden kann – die Garantie der sowjetischen Westgrenzen.«

Es ist erwähnenswert, daß unser Rechtsanspruch auf eine derartige Garantie hier von Großbritannien und den Vereinigten Staaten anerkannt worden ist.

Um präzise zu klären, wie Churchills Streichhölzer auf das Thema anzuwenden waren, sagte Stalin: »Die Sowjetunion erkennt die sowjetisch-polnische Grenze von 1939 an und hält sie für gerecht.«

Die Grenze, an die er dachte, war durch die Wiedervereinigung des westlichen Weißrußlands und der Westukraine mit der Weißrussischen bzw. Ukrainischen Sowjetrepublik entstanden.

Schließlich einigte man sich in Teheran auf die Formel: »Der Kern des polnischen Staates und Volkes muß zwischen der sogenannten Curzon-Linie und der Oder liegen.« Das trug der sowjetischen Position Rechnung; desgleichen wurde grundsätzlich beschlossen, daß Königsberg samt Hinterland an die Sowjetunion gehen werde.

Auf diese Weise brachte die Sowjetunion in Teheran die Lösung der Polenfrage und seiner Grenzen auf einen Weg, der den Belangen des polnischen Volkes ebenso Rechnung trug wie den Erfordernissen der europäischen und internationalen Sicherheit. Wir konnten nicht zulassen, daß Polen nach dem Kriege zu einem nützlichen Brückenkopf für irgendwelche sowjetfeindlichen Abenteuer wurde. Stalin ließ daran bei Roosevelt und Churchill keinen Zweifel, und sie würdigten die Logik seiner Position voll und ganz.

Um das Bündnis zu festigen und das Kriegsende zu beschleunigen, kündigte Stalin dann an, die UdSSR werde in den Krieg gegen Japan eintreten. Er sagte wörtlich: »Sobald Hitler-Deutschland zerstört ist, wird die Sowjetunion den Alliierten die notwendige Hilfe im Krieg gegen Japan geben.«

Desgleichen skizzierten die Alliierten, wenn auch nur kurz, ihre Nachkriegszusammenarbeit bei der Sicherung eines stabilen Friedens und äußerten sich allgemein zur Schaffung einer internationalen Sicherheitsorganisation. In dieser Frage wurden keine festen Beschlüsse gefaßt, doch fand der Gedanke der Zusammenarbeit der Drei Mächte in der Erklärung von Teheran Ausdruck: »Hinsichtlich des Friedens sind wir sicher, daß unsere Eintracht ihn zu einem dauernden machen wird. Wir anerkennen in vollem Umfang die höchste Verantwortung, die wir und alle Vereinten Nationen tragen, einen Frieden herzustellen, der von dem guten Willen der überwältigenden Massen der Völker der Welt getragen werden und Geißel und Schrekken des Krieges für viele Generationen bannen wird.«

Alle Teilnehmer hielten Teheran für notwendig und nützlich. Vor allem wurde dort das Datum für die Eröffnung einer zweiten Front in Frankreich festgelegt, womit sich der Krieg verkürzte und Menschenleben verschont wurden. »Die hier erreichte Eintracht garantiert uns den Sieg«, heißt es in der von Roosevelt, Stalin und Churchill unterzeichneten Erklärung.

Auf der Konferenz vollzog Churchill eine wirkungsvolle symbolische Geste, indem er Stalin für das Volk von Stalingrad einen Ehrendegen übergab, den Georg VI. als Zeichen der Hochachtung des britischen Volkes übersandt hatte.

Aus Teheran zurückgekehrt, rief Roosevelt das Kabinett zusammen und sprach mit großer Wärme von der Zusammenarbeit auf der Konferenz und dem Beitrag der sowjetischen Delegation. Der Kongreß erkannte in seiner Mehrheit die Bedeutung der Konferenz an, die Zeitungen brachten auf der ersten Seite Balkenüberschriften wie »Alliierte vereinbaren Zangenangriff« und »Die Großen Drei in Teheran völlig einig«.

Soweit es unzufriedene Stimmen gab, gingen sie in der allgemeinen Zustimmung unter. So also sahen die Dinge aus, als ich im Dezember 1943 zum ersten Mal Kuba besuchte, um mein Beglaubigungsschreiben als Gesandter auszuhändigen. Wir hatten diplomatische Beziehungen aufgenommen, und mir fiel die Doppelvertretung zu. Auf dem Rückweg mußten wir wegen des schlechten Wetters in Jacksonville, Florida, übernachten. Es war Silvester, und als der Hotelbesitzer erfuhr, der sowjetische Botschafter mit Frau sei bei ihm abgestiegen, wollte er seiner Bewunderung für die Siege der Roten Armee Ausdruck geben und sagte: »Ich habe eine Überraschung für Sie - ein russisches Abendessen.« Was uns dann serviert wurde, war zwar nur relativ »russisch«, aber die aufrichtige Freundschaftsbekundung für das russische Volk hat uns gerührt.

Nach Teheran war Roosevelt eine Zeitlang krank, so daß es Anfang Februar 1944 wurde, bis ich mit ihm das Ergebnis der Zusammenkunft der Großen Drei besprechen konnte.

Als erstes betonte er, auf wie gutem Fuß er mit Stalin stehe. Dann faßte er den Konferenzverlauf zusammen, und schließlich sagte er: »Um eine Einigung zu erreichen, mußte man oft Druck auf Churchill ausüben. Leider läßt er sich nur langsam zum Kompromiß bewegen. Aber er hat sich bewegt, und wir kamen zu ein paar recht nützlichen Absprachen.« Als er von Churchill redete, ließ der Präsident sein bekanntes »Roosevelt«-Lächeln spielen und gab damit zu verstehen, daß ihm der britische Premier nicht selten Ärger bereitete.

Etwa ein Jahr nach Teheran trafen sich die Großen Drei im Februar 1945 wieder, diesmal auf der Krim im Liwadia-Palais in Jalta, wo die letzten Romanows einst üppige Ferien zu machen pflegten.

Es war ein triumphaler und majestätischer Anblick. Von der sowjetischen Delegation gefolgt, betrat Stalin den Sitzungssaal. Es herrschte völliges Schweigen. Roosevelt und Churchill hatten schon ihre Plätze eingenommen. Stalin ging zum Tisch und begrüßte Churchill, der sich erhob und ihm entgegenging, und danach Roosevelt, der ohne Hilfe nicht so schnell aufstehen konnte und deshalb sitzen blieb.

In der ersten Sitzung ging es um militärische Fragen. Zu unserer Delegation gehörte auch eine Gruppe von Militärsachverständigen unter Leitung des stellvertretenden Stabschefs der Roten Armee, General Alexej Antonow. Täglich konferierte er mit seinen amerikanischen und britischen Partnern; sie tauschten Informationen aus und vereinbarten gemeinsame

Beginn der Konferenz von Jalta. Ich sitze zwei Plätze links von Stalin *(oben)*.
Stalin und Roosevelt während der Beratungen *(unten)*.

militärische Aktionen. Auf der ersten Sitzung berichtete Antonow über die Lage an der sowjetisch-deutschen Front.

Inzwischen waren die Alliierten in der Normandie gelandet, und im Januar war wegen eines deutschen Durchbruchs in den Ardennen eine beunruhigende Lage entstanden. Churchill hatte Stalin um Hilfe ersucht, woraufhin das sowjetische Oberkommando beschloß, die Durchführung der Pläne zu beschleunigen. Obwohl die Sowjettruppen noch nicht voll auf den Übergang zum Angriff vorbereitet waren - schließlich wirft man einen Plan nicht so ohne weiteres um -, setzte die Offensive am 12. Januar ein.

Antonow berichtete, die sowjetischen Truppen hätten sich in 18 Tagen auf einer Länge von 500 Kilometern vorangekämpft, 45 deutsche Divisionen seien vernichtet worden, die Verbindungsstraßen zwischen der feindlichen Armeegruppe in Ostpreußen und Mitteldeutschland seien abgeschnitten, und die Deutschen müßten Truppen von der Westfront nach Osten verlagern.

Der Lagebericht war eindrucksvoll. Die sowjetischen Truppen hatten den Alliierten beträchtliche Hilfe zukommen lassen, und Churchill wie Roosevelt hörten aufmerksam zu. Dann schlug der General vor, die Alliierten sollten ihr Vorrücken im Westen beschleunigen, die deutschen Heeressäulen und Transporte in Richtung Osten bombardieren und den Feind daran hindern, seine Truppen aus Italien abzuziehen.

Roosevelt lauschte gespannt, Churchill zog unentwegt an seiner Zigarre und ließ den Redner keine Sekunde aus den Augen. Obwohl nicht simultan gedolmetscht wurde, sah Churchill immer nur den Redner an, nicht den Dolmetscher.

Wenn Stalin sprach, was er meist nur kurz tat, klangen seine Meinungen den westlichen Staatsmännern oft unangenehm in den Ohren. Waren seine Worte auch nicht als solche barsch oder gar grob, sondern taktvoll, so machte, was er zu sagen hatte, doch immer starken Eindruck.

Auffallend war, daß zwar Roosevelt auf Stalins Bemerkungen ruhig und sogar verständnisvoll reagierte, Churchill jedoch seine Verärgerung kaum verbergen konnte. Der britische Premier versuchte, seine Gefühle nicht zum Vorschein kommen zu lassen, aber seine Zigarren verrieten alles. Wenn er angespannt oder erregt war, rauchte er viel mehr als sonst. Die Zahl der Zigarrenstummel stand in direktem Verhältnis zum Spannungsgrad der Sitzung. Das entging niemand, und hinter seinem Rücken wurde darüber gewitzelt.

Fairerweise sollte ich sagen, daß Stalin Roosevelt mochte, was man von seiner Haltung gegenüber dem britischen Premierminister nicht sagen konnte. Zum Teil mag das daran gelegen haben, daß er wegen der Behinderung des Präsidenten Mitgefühl empfand, aber wie andere sowjetische Vertreter war auch ich überzeugt, daß der Hauptgrund in der politischen Einstellung der beiden westlichen Staatsmänner lag.

Kein einziges Mal auf der Konferenz hat Stalin eine wichtige Mitteilung seiner beiden Partner falsch gehört oder verstanden. Sein Gedächtnis funktionierte wie ein Computer, und ihm entging nichts. Wie nie zuvor wurde mir in den Sitzungen im Liwadia-Palais bewußt, welche ungewöhnlichen Fähigkeiten dieser Mann besaß.

Stalin sorgte dafür, daß jedes Mitglied der sowjetischen Delegation vollständig über die wichtigsten Aufgaben der Konferenz, wie er sie sah, im Bilde war. Er leitete die Arbeit der Delegation mit einer Selbstsicherheit, die sich uns allen mitteilte, insbesondere denen, die am Konferenztisch saßen.

Trotz des Zeitmangels fand Stalin Gelegenheit, mit denen in der Delegation zu sprechen, die sich aufgrund ihrer Position ein Urteil bilden oder mit den Amerikanern und Briten Kontakt halten konnten. Die Teilnehmerzahl bei diesen internen Zusammenkünften war je nach Thema unterschiedlich groß. Einmal arrangierte Stalin eine Art Cocktailparty, während der er mit jedem Mitglied der sowjetischen Delegation ein paar Worte wechselte und langsam, mit nachdenklichem Gesicht, vom einen zum andern ging. Von Zeit zu Zeit wurde er lebhaft und machte sogar Witze. Er kannte jeden einzelnen; er setzte seinen Stolz darein, viele Menschen zu kennen und sich an ihre

Namen und oft sogar daran zu erinnern, wo er sie kennengelernt hatte. Das machte immer Eindruck.

Stalin ging von Gruppe zu Gruppe und stellte Fragen. Er selbst sagte sehr wenig, er hörte aufmerksam zu. Ich hatte das Gefühl, daß er die ganze Zeit über arbeitete und sich auf die nächste Zusammenkunft der Großen Drei vorbereitete.

Als er zu mir kam, fragte Stalin: »Auf welche gesellschaftlichen Gruppen kann Roosevelt in seinem Land vor allem zählen?«

Ich erwiderte: »Der amerikanische Präsident vertritt natürlich vor allem die Belange seiner eigenen Klasse - der Bourgeoisie. Innenpolitisch tritt er vielleicht den großen Monopolen manchmal etwas auf die Füße, und gelegentlich machen Rechtsextreme ihm den absurden Vorwurf, er neige zum Sozialismus, aber das ist nur ein Propagandatrick von Leuten, die keine guten Beziehungen zwischen den USA und der UdSSR wollen.« Nach kurzer Pause faßte ich meine Antwort zusammen: »Im Augenblick hat Roosevelt als Präsident keinen Rivalen. Er fühlt sich fest im Sattel.«

Soweit ich beurteilen kann, nahm Stalin vor allem diese Worte zur Kenntnis.

Stalin gab für Churchill und Roosevelt auch ein offizielles Abendessen, zu dem das Kernpersonal der drei Delegationen ebenfalls eingeladen wurde. Es waren nicht sehr viele Teilnehmer, so daß man alles hören konnte, was gesagt wurde. Natürlich war jeder auf alles gespannt, was einer der Großen Drei sagen würde. Stalin war völlig gelöst und machte Witze, und das freundschaftliche Gelächter, das sie auslösten, schuf eine entspannte Atmosphäre. Bedeutende Fragen wurden während des Essens nicht besprochen, aber die drei Staatsmänner warfen sich kurze, gesalzene Bemerkungen zu. Im wesentlichen waren sie sich einig, der von Hitlers Armee angerichteten Verheerung müsse möglichst schnell ein Ende gemacht und es müsse nach Kräften dafür gesorgt werden, daß sich Deutschland nie wieder als Aggressor erheben könne.

Ich erinnere mich jedoch an eine weniger offizielle Bemerkung Stalins während des Essens: »Die Geschichte kennt viele Fälle, wo nach einem Krieg Staatsmänner zusammengekommen sind. Wenn die Kanonen schweigen, scheint der Krieg diese Männer klug gemacht zu haben, und so sagen sie zueinander, sie wollten in Frieden leben. Aber nach einer Weile bricht dann trotz aller gegenteiligen Versicherungen wieder ein Krieg aus. Woher kommt das? Es kommt daher, daß einige von ihnen, wenn erst Friede herrscht, ihre Meinung wieder ändern. Wir müssen darauf achten, daß uns das in der Zukunft nicht auch passiert.«

Roosevelt sagte: »Ich bin völlig Ihrer Meinung. Die Völker können für Ihre Worte nur dankbar sein. Sie wollen nichts als Frieden.«

In diesem Augenblick unterhielt sich Churchill gerade mit Molotow, weshalb er sich nicht dazu äußerte.

Jedermann in Jalta wußte, daß die im Liwadia-Palais getroffenen Entscheidungen für die friedliche Zukunft Europas unermeßliche Bedeutung hatten. Wir hatten das Gefühl, als befänden wir uns im Brennpunkt der Geschichte und als stehe Justitia neben uns, die Waage in der Hand.

Die drei historischen Persönlichkeiten - Stalin, Roosevelt und Churchill - besaßen zusammen ungeheure Macht und gewaltigen Einfluß. Wieviel mehr hätten sie tun können, wären sie sich genügend einig gewesen. Es ist traurig, daß sie sich über viele Fragen nicht einigen konnten. So wurde insbesondere die Frage der deutschen Reparationen an die UdSSR nie geregelt. Stalin und die übrige sowjetische Delegation fragten sich, was sich Roosevelt und Churchill gedacht haben mochten, als sie diese Frage ausklammerten. Hatten sie nicht begriffen, daß es nicht mehr als ein Tropfen im Ozean war, wenn die Deutschen 20 oder sogar 30 Milliarden Dollar zahlen mußten? Der Schaden, den sie unserem Lande zugefügt hatten, wurde später auf 2 600 Milliarden Rubel geschätzt. Sollten unsere Verbündeten etwa gedacht haben, die sowjetische Wirtschaft dürfe sich nicht zu schnell erholen?

Jeder der Großen Drei äußerte sich mehrmals zu diesem

Thema, der Präsident weniger als die anderen. War er auch bereit, die Möglichkeit einer nominellen Entschädigung ins Auge zu fassen, so konnte er doch keinen Betrag nennen. Desgleichen ging er einer direkten Auseinandersetzung mit Churchill aus dem Weg, der der UdSSR nicht einmal eine symbolische Reparationsgeste einzuräumen bereit war.

Als alle drei ihre Position dargelegt hatten, beugte sich Stalin zu mir und fragte leise: »Was soll ich von Roosevelt halten? Ist er nun wirklich anderer Meinung als Churchill, oder tut er nur so?«

Eine kitzlige Frage. Dennoch sagte ich meine Meinung: »Es gibt Meinungsunterschiede zwischen den beiden, aber wir müssen uns vor Augen halten, daß er in seinem Verhalten gegenüber dem britischen Premierminister immer sehr korrekt ist. Das hindert ihn allerdings nicht daran, inoffiziell auf Churchill Druck auszuüben. Wenn er das unterlassen hat, dann sicher nicht zufällig.«

Stalin schien meine Beurteilung zu teilen. Als wir am Ende der Sitzung aufstanden, sagte er leise, als spräche er zu sich selbst: »Möglicherweise haben sich die USA und England in dieser Frage schon geeinigt.«

Dieser Verdacht bestätigte sich später, als sich auf der Potsdamer Konferenz die Amerikaner den Briten anschlossen und eine ernsthafte Erörterung von Reparationen für die Sowjets ablehnten. Allerdings, in Potsdam saß bereits Truman an der Stelle Roosevelts. Ich bezweifle jedoch, daß Roosevelts bewußt vages Lavieren in Jalta seinem Nachfolger in Potsdam besondere Schwierigkeiten bereitet hat.

Ebenso übernahm in Potsdam auch die Labour-Regierung, die während der Konferenz in Großbritannien an die Macht kam, die Einstellung Churchills. Zwar hatten die Labourführer Attlee und Bevin oft zugunsten der Sowjetunion und über ihre schrecklichen Kriegsverluste gesprochen, aber in Potsdam hörten sich der neue Premierminister und Außenminister ganz anders an, und ihre Aufgeschlossenheit gegenüber der UdSSR war sehr viel kleiner geworden.

Während der Konferenz von Jalta bewohnte Stalin das alte Jussupow-Palais im Dorf Koreis, nicht weit vom Liwadia-Palais. In seinem Arbeitszimmer empfing er Delegationsmitglieder und hielt Besprechungen ab. Unser Botschafter in England, F.T. Gussew, und ich wohnten in einem Nachbarflügel und waren oft in Stalins Arbeitszimmer.

Am frühen Abend, manchmal auch morgens, kam General Antonow, um die Lage an der Front zu besprechen. Einmal war auch ich dabei und konnte zum ersten Mal erleben, wie Stalin die Nachrichten von der Front entgegennahm. Seinem Verhalten war sofort zu entnehmen, daß er mit der Lage zufrieden war. Er befragte Antonow zu bestimmten militärischen Formationen, woraus ich schloß, daß die Offensive unserer Streitkräfte bereits fertig geplant und gebilligt war. Weder Antonow noch Stalin erwähnten unsere Verluste, aber der Feind war offensichtlich bereits im Rückzug begriffen, der schnell vor sich ging.

Stalin fragte: »Wie gut sind unsere Streitkräfte für die Operationen in Polen gerüstet?«

Antonow hatte diese Frage offenbar erwartet: »Sie haben, was sie brauchen. Aber es wird nicht einfach sein. Der Feind wird erbitterten Widerstand leisten, denn er weiß, daß der Verlust Polens für die Nazi-Führung katastrophale Folgen haben wird.«

Sein Lagebericht gab uns den höchst ersehnten Auftrieb. In den Sitzungen im Liwadia-Palais war es zu ernsten politischen Zusammenstößen gekommen. Eines Morgens bereitete ich mich gerade für die Abfahrt aus Koreis vor, als mich ein Anruf erreichte, ich solle sofort zu Stalin kommen.

Als ich ankam, stand er allein in seinem Arbeitszimmer. Ich begrüßte ihn und fragte: »Die Konferenz hat anscheinend sehr gespannt angefangen - wie fühlen Sie sich?«

Stalin erwiderte: »Ich fühle mich völlig normal.«

Ich merkte, daß er sich über ganz anderes als seinen Gesundheitszustand Sorgen machte. Ein Bote hatte soeben einen dringenden, in Englisch gehaltenen Brief überbracht. Er gab ihn mir.

»Von Roosevelt«, sagte er, »ich möchte wissen, was drin steht, bevor die Sitzung beginnt.«

Ich übersetzte vom Blatt, und manchmal bat er mich, einen Satz zu wiederholen. Der Brief handelte von den Kurilen und Sachalin. Roosevelt wußte zu berichten, die amerikanische Regierung anerkenne das Anrecht der UdSSR auf die Hälfte von Sachalin und die von den Japanern besetzten Kurilen.

Stalin war sehr erfreut. Er ging im Zimmer auf und ab und sagte immer wieder: »Gut, sehr gut!«

Ich bemerkte: »In den Friedensverhandlungen von 1905 nach dem Russisch-Japanischen Krieg verhalfen die USA den Japanern zur Annexion beträchtlicher Teile russischen Territoriums. Vielleicht rehabilitiert die neue Haltung die USA in unseren Augen gewissermaßen, nachdem sie damals Japan unterstützten?«

Stalin schien auch der Meinung, Amerika habe sich »rehabilitiert«. Er dachte noch einen Augenblick über den Inhalt des Briefes nach und sagte dann: »Das ist ein wichtiger Brief. Die Amerikaner anerkennen die Richtigkeit unserer Position zu Sachalin und den Kurilen. Jetzt werden sie versuchen, auf unserem Kriegseintritt gegen Japan zu bestehen. Aber das ist eine völlig andere Frage.«

Ich bemerkte, daß ihn noch etwas anderes zu bekümmern schien. »Darf ich jetzt gehen, Genosse Stalin?« fragte ich.

Pfeilschnell kam eine Frage: »Sagen Sie mir, was halten Sie von Roosevelt, ist er schlau?«

Die Frage überraschte mich nicht, denn das hatte er schon andere gefragt. Desgleichen wußte ich aus vielen Stalin-Briefen, die ich Roosevelt überbracht hatte, daß Stalin den Präsidenten auch dann hochschätzte, wenn dieser seinen Standpunkt nicht teilte.

Ich erwiderte: »Genosse Stalin, Roosevelt ist ein hochintelligenter und sehr fähiger Mann. Schon daß er sich ein drittes und dann viertes Mal zum Präsidenten wählen lassen konnte, spricht für sich. Natürlich war ihm die internationale Lage dabei behilflich. Hinzu kommt, daß die Demokraten seinen Namen sehr gekonnt populär gemacht haben. Aber auch seine Reden im Radio, seine ›Gespräche am Kamin‹, haben Millionen Amerikaner sehr beeindruckt.«

Stalin sagte lakonisch: »Das war geschickt von ihm. Ja, er versteht sein Handwerk.«

Er lächelte zufrieden. Ich hatte diesen Gesichtsausdruck bei ihm immer dann festgestellt, wenn er mit sich im reinen war, wenn man von jemandem sprach, dem er gewogen war. Als ich ihn verließ, hatte ich den Eindruck, seine positive Reaktion auf Roosevelts Brief werde nicht ohne Einfluß auf die Sitzung sein, die in etwa einer Stunde beginnen sollte.

Der Brief kam nicht von ungefähr. Schon in Teheran hatte Roosevelt Stalin gefragt, wie es mit sowjetischer Hilfe im Krieg gegen Japan stehe. Offenkundig machten die Alliierten die Eröffnung einer zweiten Front davon abhängig, ob die UdSSR bereit war, den USA im Osten beizustehen. Damals verständigten sich die USA und die UdSSR grundsätzlich, trafen aber noch keine feste Absprache, und das letzte Wort wurde erst nach Roosevelts Brief über Sachalin und die Kurilen gesprochen. Deswegen hatte meiner Ansicht nach Stalin den Brief Roosevelts, nachdem ich ihn übersetzt hatte, mit besonderem Vergnügen wieder entgegengenommen. Mehrmals schritt er mit ihm in der Hand durch den Raum, als wolle er ihn nicht mehr hergeben, und als ich ihn verließ, hielt er ihn immer noch fest.

An diesem Tag beobachtete ich Stalin und Roosevelt besonders aufmerksam. Beide mußten denken, daß sie einen wichtigen Streitpunkt ausgeräumt hatten, und vielleicht erklärt die Haltung des amerikanischen Präsidenten und seiner Regierung zu Sachalin und den Kurilen sowie zur zweiten Front ziemlich weitgehend Stalins positive Einschätzung Roosevelts als Person.

Viel Zeit widmete die Konferenz auch den künftigen Grenzen Polens und der Zusammensetzung seiner Regierung. Es wurde beschlossen, daß die Grenze mit ein paar Anpassungen zugunsten Polens der alten Curzon-Linie folgen sollte. Daß

Polen gewisse Gebietserweiterungen nach Norden und Westen erhalten sollte, war nicht ernsthaft strittig, hingegen bestand hinsichtlich der Ausmaße Uneinigkeit.

Als Polens Westgrenze schlug die sowjetische Seite die Oder-Neiße-Linie vor. Aber die Amerikaner und Engländer traten diesem Vorschlag mit der zweifelhaften Begründung entgegen, die polnische Bevölkerung werde mit den Ressourcen der neuen Gebiete nicht fertig werden können, und so gelang es der Konferenz von Jalta nicht, die polnische Westgrenze festzulegen. Dank der konsequenten Haltung der UdSSR wurde das dann in Potsdam eindeutig entschieden.

Verständlicherweise kam es in Jalta wegen der Zusammensetzung der polnischen Regierung zu einer scharfen Auseinandersetzung, handelte es sich doch um den politischen Standort eines neuentstandenen polnischen Staates in einem strategisch wichtigen Teil Europas.

Die Sowjetunion beharrte darauf, das künftige Polen dürfe nicht von Leuten regiert werden, die das Land in eine Katastrophe geführt hatten, sondern von den demokratischen Kräften, die gegen Hitler gekämpft hatten, um ihr Land zu befreien und den polnischen Staat wiederzuerrichten. Es war also völlig logisch, daß die UdSSR in Polen eine provisorische Regierung bildete, die die Interessen der demokratischen Kräfte vertrat. Mit dieser Regierung schloß die Sowjetunion am 21. April 1945 einen Vertrag über Freundschaft, gegenseitigen Beistand und Zusammenarbeit nach dem Kriege.

Die Westmächte erkannten zwar die provisorische Regierung nicht an, sahen aber wenigstens ein, daß eine Rückkehr der Exilregierung von London nach Polen nicht praktikabel war. In Jalta schlugen Roosevelt und Churchill daher die Auflösung sowohl der Exil- als auch der provisorischen Regierung und die Bildung einer neuen provisorischen Regierung vor, der die wichtigsten Mitglieder der reaktionären Exilregierung angehören sollten. Auf diesem Vorschlag beharrten die beiden Staatsmänner hartnäckig; handelte es sich auch um ein Rückzugsgefecht, so war es für sie doch von großer Bedeutung.

Um in dieser Frage eine Verständigung zu erreichen, zeigte sich die UdSSR kompromißbereit; die UdSSR und die demokratischen Kräfte Polens waren einverstanden, die provisorische Regierung durch unbelastete Politiker aus Polen und polnischen Exilkreisen zu ergänzen. Das wurde zur Grundlage des Beschlusses von Jalta.

Die USA und Großbritannien erkannten die neue Regierung an und zogen ihre Anerkennung der Exilregierung zurück, die damit zu existieren aufhörte.

Auf der Konferenz gab Stalin eine Erklärung zur sowjetischen Haltung in der Polenfrage ab: »Uns geht es nicht nur darum, daß Polen an unser Land grenzt, so wichtig das auch ist. Der Kern des Problems liegt viel tiefer. In der Geschichte hat Polen immer wieder unfreundlichen Armeen als Durchgang zum Angriff auf Rußland gedient ... Warum war es für unsere Feinde bisher immer so leicht, durch Polen zu marschieren? Vor allem, weil Polen schwach war. Russische Streitkräfte können den Korridor Polen nicht physisch von außen verriegeln, ... sondern er kann nur von innen durch Polens eigene Streitkräfte verriegelt werden. Und dazu muß Polen stark sein. Deswegen liegt der Sowjetunion an der Schaffung eines starken, freien und unabhängigen Polens.«

Zu weiteren Spannungen auf der Konferenz kam es wegen der Schaffung der Vereinten Nationen. Die Konferenz in Dumbarton Oaks hatte vieles geregelt, aber die Frage des Vetorechts und der Sonderrechte der ständigen Mitglieder des Sicherheitsrates war immer noch ungelöst. Nach längerer Diskussion einigten sich die drei Staatsmänner auf die Abhaltung einer Konferenz in San Francisco am 25. April 1945 zur Festlegung des endgültigen Textes der UNO-Charta.

Sofort nach der Konferenz von Jalta erfuhr die Welt, zentrales Thema sei die Zukunft Deutschlands gewesen. Die drei Staatsmänner hatten sich auf die bedingungslose Kapitulation Deutschlands und die Grundlagen für eine Demokratisierung und Demilitarisierung des Landes geeinigt. Auf Anregung der Sowjetunion erklärten die Konferenzparteien feierlich, es liege nicht in ihrer Absicht, das deutsche Volk zu vernichten, doch könne das deutsche Volk nur dann ein Leben in Frieden und Würde führen und unter den Völkern einen geachteten Platz einnehmen, wenn der deutsche Militarismus und Nazismus ausgerottet seien.

Das Abschlußdokument der Konferenz, *Einheit in der Gestaltung des Friedens wie vordem bei der Führung des Krieges*, spiegelte die Übereinkunft der drei Mächte wider, die im Krieg bestehende Zusammenarbeit auch im Frieden zu erhalten und zu stärken. Die Konferenz zerschlug vollends Hitlers Hoffnungen auf eine Spaltung der Alliierten. Vielmehr wurde das Dritte Reich gespalten und ging in den Flammen des Krieges auf.

Es ist hin und wieder der Versuch gemacht worden, die Beschlüsse der Konferenz von Jalta als Aufteilung Europas in Interessensphären der Großmächte darzustellen. Das ist reine Erfindung.

Als ahne er bereits die Möglichkeit künftiger Verleumdungen der Konferenz, erklärte Präsident Roosevelt vor dem amerikanischen Kongreß: »Diese Konferenz bedeutet das Ende des Systems des einseitigen Vorgehens, der abgeschotteten Bündnisse, der Einflußsphären und all der seit Jahrhunderten geübten politischen Intrige.«

Das war trefflich ausgedrückt.

Wenn die Politiker von heute die Konferenz objektiv beurteilen, dann können sie nicht umhin, ihre historische Bedeutung für Europa und die ganze Welt einzugestehen. Die drei Mächte einigten sich auf folgendes: der Gewalt Nazideutschlands ein Ende zu setzen; eine Konferenz der Vereinten Nationen einzuberufen und eine internationale Organisation für Friedenswahrung zu schaffen; in dieser neuen Organisation das Prinzip der Einstimmigkeit der Mächte vermittels ihrer ständigen Mitgliedschaft im Sicherheitsrat festzuschreiben; eine Erklärung über das befreite Europa anzunehmen, die ein koordiniertes Vorgehen bei der Lösung der Probleme des befreiten Europas vorsah. Desgleichen einigten sich die drei Mächte auf die Behandlung Deutschlands nach dessen bedingungsloser Kapitulation und auf die gerechte und sofortige Bestrafung von Kriegsverbrechern; auf die Schaffung von drei besonderen Zonen für die drei Mächte plus einer für Frankreich in Deutschland; auf die Fernostfragen.

Nicht endgültig gelöst wurden in Jalta die Frage deutscher Reparationen an die UdSSR, die Polenfrage und das Problem der polnischen Grenzen, aber die dortigen Diskussionen, insbesondere in der Polenfrage, spielten bei der Regelung in Potsdam eine Rolle.

Man spürt die Wut in den Erklärungen einiger westlicher Politiker, die behaupten, die USA und Großbritannien hätten der UdSSR unnötige Konzessionen gemacht. Sie sollten einmal nachlesen, wie ihre Väter und Großväter im Krieg die Opfer des sowjetischen Volkes für den Sieg über den gemeinsamen Feind gelobt haben. Die Sowjetunion hat sowohl auf dem Schlachtfeld als auch am Konferenztisch ihre Bündnispflichten getreu erfüllt.

Die Potsdamer Konferenz: links Stalin und Truman, ganz rechts Molotow *(oben)*.

Während der Konferenz: links von mir der Dolmetscher Postoew, rechts von mir steht Golunsky *(unten)*.

7. Kapitel

Potsdam

Es war strahlendes Wetter. Ich befand mich zur Arbeit an der UNO-Charta in San Francisco. Außenkommissar Molotow war schon wieder abgereist und hatte mir die Delegationsleitung überlassen. Ich wurde ans Telefon gerufen. Es war der 9. Mai 1945.

»Mr. Gromyko?«

»Ja, wer ist da?«

»Leopold Stokowski. Ich beglückwünsche Sie. Ihr großes Land hat die Deutschen besiegt.«

Wir alle hatten ungeduldig auf diesen Augenblick gewartet, dennoch kam er überraschend.

Leopold Stokowski war der erste Anrufer. Von da an riß der Strom der Gratulanten nicht ab. Die verschiedensten Leute riefen an: Eugene Ormandy, Charlie Chaplin, Diplomaten, Regierungsleute, verschiedenste Verbände und natürlich auch russische Emigranten, die noch etwas für ihr Vaterland empfanden.

Kurze Zeit später rief mich Lydia Dmitriewna aus Washington an und sagte mit tiefbewegter Stimme: »Die Menschen strömen in Scharen hierher. Am Tor hat sich eine lange Schlange gebildet. Die Leute sind hingerissen vor Begeisterung. Tausende wollen uns beglückwünschen und hoffen, daß du dich zeigst und etwas sagst. Wir haben ihnen gesagt, du seist in San Francisco, aber sie haben geantwortet: ›Die Russen sollen herauskommen, wir möchten ihnen gratulieren.‹«

Die Welt wußte, welch kolossale Opfer uns der Sieg gekostet hatte. Nicht nur hatten die sowjetischen Streitkräfte ihre Pflicht getan, auch die sowjetischen Diplomaten hatten ihren kleinen Beitrag geleistet. Bei einem Staatsempfang zu Ehren der Heeresführer im Kreml sagte Stalin später: »Eine gute Außenpolitik ist zwei bis drei Armeen an der Front wert.«

In Amerika begegnete damals die große Mehrheit der Amerikaner den Sowjetbürgern mit großer Herzlichkeit. Inzwischen weiß man jedoch, daß der amerikanische Geheimdienst in der Person von Allen Dulles in der Schweiz mit führenden Leuten aus dem Dritten Reich, vertreten durch General Wolff, über einen Separatfrieden verhandelt hatte. Als ihm das zu Ohren kam, sandte Stalin dem Präsidenten eine Botschaft, in der er seinen Unmut über die Aktivitäten der amerikanischen Geheimdienste äußerte, und Roosevelt unterschrieb am 12. April eine Mitteilung an Stalin, in der er hervorhob, wie sehr ihm die Zusammenarbeit zwischen der UdSSR und den USA am Herzen liege. Das war sein letzter Brief an Stalin und der letzte in seinem Leben überhaupt. Er starb noch am selben Abend. Den Sieg, für den er so viel getan hatte, hat er nicht mehr erlebt.

Das riß eine gähnende, international äußerst folgenschwere Lücke in die amerikanische Politik. Den Platz Roosevelts nahm Vizepräsident Truman ein, und sogleich kam es zu ernstlichen Belastungen der sowjetisch-amerikanischen Beziehungen.

Am Siegestag trat Präsident Truman im amerikanischen Fernsehen auf. Er redete zwar vom Sieg, aber doch kalt und ungerührt. Die Nation jubelte, ganz Amerika triumphierte, aber das Gesicht des Präsidenten war versteinert. Es war deshalb später auch keine Überraschung, daß er mit Churchill alles daransetzte, die während des Krieges entstandenen guten Beziehungen zwischen den USA und der UdSSR zu zerschlagen. Schließlich hatte derselbe Harry Truman, als Deutschland die Sowjetunion angriff, eine Erklärung abgegeben, die weit über die Grenzen seines Landes hinaus bekannt wurde: »Wenn wir merken, daß Deutschland den Krieg gewinnt, sollten wir Rußland helfen, aber wenn Rußland den Krieg zu gewinnen scheint, sollten wir Deutschland möglichst viele Rote töten helfen.«

Roosevelt hatte als Zeichen seines Wohlwollens gegenüber der UdSSR Molotow zur Teilnahme an der Konferenz von San Francisco im Frühjahr 1945 eingeladen. Molotow hatte zugesagt, aber als er ankam, war Roosevelt bereits tot, so daß Truman den sowjetischen Gast begrüßte. Als Botschafter begleitete ich Molotow ins Weiße Haus.

Erst vor wenigen Wochen war ich bei Truman gewesen. Damals war er einigermaßen freundlich, aber als er jetzt mit Molotow sprach, legte er ein barsches und kaltes Benehmen an den Tag. Solange Roosevelt noch am Leben war, hatte Truman in Moskau einen guten Eindruck machen wollen, aber bei der Zusammenkunft mit Molotow war es, als rede man mit einem anderen Mann. Was immer er sagte, um welches Thema es auch ging - in allem verhielt er sich negativ, schien manchmal überhaupt nicht zuzuhören. Es lag auf der Hand, daß ihm die in Jalta hinsichtlich der UNO und ihren Funktionsprinzipien erzielten Ergebnisse ganz und gar nicht paßten. Er war bissig und hatte praktisch an allem etwas auszusetzen, was wir vorbrachten, ob es nun die internationale Organisation oder die Notwendigkeit betraf, jede weitere Aggression seitens Deutschlands zu verhindern. Molotow hatte Weisung, bei Truman die bevorstehende erste Tagung der UN-Generalversammlung anzusprechen, auf der die UdSSR in einigen Fragen eine gemeinsame Sprache mit den USA sprechen wollte. Dazu kamen wir nicht. Völlig unvermittelt - das Gespräch war noch in vollem Gang - erhob sich Truman halb und gab zu verstehen, das Gespräch sei zu Ende, brach es praktisch ab. Wir gingen.

Bei näherer Betrachtung könnte man schließen, Truman habe sich so verhalten, weil er mit Antritt des höchsten Amtes erfahren hatte, daß Amerika soeben als einziges Land der Welt eine neue Waffe mit verheerender Zerstörungskraft erlangt hatte - die Atombombe. Mit dieser neuen Waffe in den Händen meinte Truman offenbar, der Sowjetunion die Bedingungen diktieren zu können.

Natürlich wurde Stalin von der Unterhaltung unterrichtet, brachte in meiner Gegenwart jedoch nie die Sprache darauf. Dennoch bin ich überzeugt, daß ihm Roosevelts Nachfolger gar nicht behagte, der sich nicht einmal die Mühe gab, seine Feindseligkeit gegenüber der Macht, die im Kampf gegen den gemeinsamen Feind die schwersten Opfer gebracht hatte, zu verbergen.

Nachdem Nazi-Deutschland besiegt war, erwies sich eine weitere Konferenz der drei Verbündeten als praktisch notwendig, um sich über die jetzt herrschende Lage klarzuwerden. Die Konferenz fand in Potsdam statt, inmitten der rauchenden Trümmer des Dritten Reiches, und dieses Forum, an dem ich als Botschafter in den USA teilnahm, war ein herausragendes Ereignis meines politischen Lebens.

Die Konferenz verlangte sehr viel Vorbereitung, wozu ich nach Moskau reiste. Stalin und die sowjetische Führung steckten die Hauptziele unseres Landes ab und widmeten dabei den zu erwartenden Kontroversen besondere Aufmerksamkeit. Die sowjetische Delegation machte sich also gut vorbereitet auf den Weg nach Potsdam, entschlossen, dort eine Einigung zu erreichen.

Truman vertrat die USA. Für Stalin war er ein völlig Unbekannter. Churchill kannte natürlich Truman besser, und vom Eröffnungstag an merkte man, daß er und Truman sich fast intuitiv verstanden. Noch während der Konferenz wurde Churchill durch Attlee abgelöst, aber auch die neue Labour-Regierung machte sich voll und ganz die von Churchill und den Konservativen betriebene Linie zu eigen, und Truman und Attlee fanden problemlos zu einer gemeinsamen Sprache.

Einige Aspekte der Konferenz sind erwähnenswert. Zwar haben schon einige ausländische Teilnehmer über sie geschrieben, aber ihre Schilderung enthält Unrichtigkeiten.

Da Potsdam zur sowjetischen Besatzungszone gehörte, oblag uns die gesamte Versorgung und Sicherheit der Delegierten. Die sowjetische Delegation war nicht weit von Potsdam in Babelsberg untergebracht. Die Konferenz selbst fand im Schloß

Cecilienhof statt. Nachdem sich die sowjetischen Delegierten dort versammelt hatten, besichtigte Stalin das Schloß, seine Treppen und Korridore, und meinte: »Hm, macht nicht viel her. Ein bescheidenes Palais. Die russischen Zaren haben da schon viel solider gebaut!«

Die ganze Fahrstrecke von Babelsberg bis zum Cecilienhof war gesäumt von Wachen, alle zwei Meter stand ein Soldat. Zwanzig Meter dahinter stand eine zweite Sicherheitskette, diesmal in weiterem Abstand.

Stalin lud Molotow oft ein, mit ihm im Wagen zu fahren. Er lud auch mich ein, meist, weil er mich über Truman, die Stimmung der politischen amerikanischen Kreise und dergleichen befragen wollte. Da Stalin auf dem Klappsitz des ZIS saß, während Molotow und ich die Sitze im Fond einnahmen, fühlte ich mich anfänglich unbehaglich, bis ich dann feststellte, daß Stalin den mehr in der Wagenmitte gelegenen Klappsitz bevorzugte, weil es dort weniger schaukelte.

An jeder Kreuzung und auf jedem Platz standen sowjetische Verkehrspolizistinnen mit Flaggen in der Hand. Sie alle hatten sehr schön geschnittene, nagelneue Armee-Uniformen an, und ihre Bewegungen waren so graziös, daß man sie fast für Ballerinen hätte halten können. Wir ließen uns sagen, die amerikanischen und britischen Delegierten hätten ihren Anblick nicht weniger genossen als wir.

Auch in Potsdam arbeitete ich eng mit Stalin zusammen und möchte ein paar Worte über sein Verhalten gegenüber anderen auf Konferenzen sagen. Das Bild, das ich damals von ihm hatte, war insbesondere aus meinen Eindrücken auf Sitzungen, den Episoden, die mir im Gedächtnis haftenblieben, aus meiner allgemeinen Beobachtung bei Konferenzen oder Gesprächen mit ausländischen Besuchern entstanden. Keinesfalls habe ich mir vorgenommen, ihn etwa erschöpfend zu beschreiben. Ich habe ihn lediglich anläßlich meiner Arbeit kennengelernt und beobachtet, und die Arbeit ging dabei vor. Meine Darstellung erhebt also keineswegs Anspruch auf Vollständigkeit, geschweige denn auf unwiderlegliche Wahrheit.

In Jalta war Roosevelt erkrankt, weshalb die Sitzung an dem Tag ausfiel. Stalin wollte ihn besuchen und bat Molotow und mich, mitzukommen. Wir gingen in die Präsidentenräume im ersten Stock des Liwadia-Palais, die einstigen Gemächer der Zarin. Durch das Fenster hatte man einen herrlichen Blick aufs Meer.

Der Präsident, der im Bett bleiben mußte und kaum Besucher bekam, freute sich sehr, uns zu sehen. Man sah sofort, daß er müde und abgespannt war, obwohl er es zu verhehlen suchte. Wir saßen wohl etwa 20 Minuten bei ihm, während er sich mit Stalin höflich über die Gesundheit, das Wetter und die Schönheiten der Krim unterhielt. Nach und nach erschien Roosevelt seltsam abwesend, als könne er uns zwar sehen, schaue aber in irgendeine Ferne, und so verließen wir ihn wieder.

Wir gingen die enge Treppe hinunter, als Stalin plötzlich stehenblieb, die Pfeife herausholte, gemächlich stopfte und dann leise, als spräche er zu sich selbst, aber doch für uns hörbar sagte: »Warum mußte ihn die Natur nur so strafen? Ist er etwa schlechter als andere?«

Trotz seiner an sich barschen Art hatte Stalin gelegentlich doch positive menschliche Anwandlungen.

Am nächsten Tag war Roosevelt wieder auf den Beinen, und die Sitzungen gingen weiter, aber während der ganzen Konferenz wirkte er müde. Er sollte nur noch zwei Monate leben.

Ich wiederhole: Stalin empfand für den Menschen Roosevelt Sympathie und ließ uns das auch merken. Für Personen aus anderen Gesellschaftssystemen war bei ihm Sympathie eine Seltenheit, und noch seltener sprach er darüber.

Natürlich achtete jeder aus Stalins Umgebung und jeder, der enger mit ihm zu tun hatte, peinlich genau auf ihn und ließ sich kein Wort und keine Geste entgehen. Schließlich betrachtet man eine Gewitterwolke um so wachsamer, je dräuender sie ist. Mit Stalin zusammenzusein und erst recht, mit ihm selbst zu sprechen oder einem Gespräch beizuwohnen war für seine Zeitgenossen stets etwas Besonderes. Man spürte, wieviel von dem Willen dieses Mannes abhängig war.

Das widerspricht in gewissem Sinne der marxistischen Auffassung der Rolle der Persönlichkeit in der Geschichte. Danach sind herausragende Persönlichkeiten das Produkt der zu einer bestimmten Zeit herrschenden Bedingungen. Andererseits können solche Menschen den Lauf der Ereignisse und die Entwicklung der Gesellschaft durchaus beeinflussen und tun das auch. Marx, Engels und später auch Lenin bauten ihre philosophischen Werke auf dieser Erkenntnis auf.

Was fiel einem an Stalin auf den ersten Blick am meisten auf? Ungeachtet der jeweiligen Umstände merkte man, daß er viel nachdachte. Nie habe ich ihn etwas sagen hören, was nicht genau zum Thema gepaßt hätte. Lange Vorreden, langatmige Sätze oder wortreiche Reden mochte er nicht. Andererseits hatte er Geduld mit Leuten, die mangels Ausbildung Mühe hatten, ihre Gedanken sauber zu ordnen.

Wenn ich Stalin beim Reden beobachtete, fiel mir immer auf, wie ausdrucksvoll sein Gesicht war, zumal seine Augen. Tadelte er oder stritt er sich mit jemandem, dann blickte er ihm erbarmungslos und unverwandt in die Augen. Das Objekt dieses unnachgiebigen Blicks fühlte sich zugegebenermaßen höchst unbehaglich.

Sprach er im Sitzen, dann verlagerte er nicht selten das Gewicht von der einen auf die andere Seite, unterstrich manchmal einen Gedanken mit einer Handbewegung, ging aber generell mit Gesten sparsam um. Er sprach mit ruhiger, gleichmäßiger, fast gedämpfter Stimme, die er nur selten hob. Dennoch herrschte stets, wenn er sprach, absolute Stille, auch wenn viele anwesend waren. Seine Reden hatten ihren eigenen Stil. Sein Denken war von präzise formulierten, nicht alltäglichen Vorstellungen geprägt.

Die im Ausland Tätigen hat er nicht gerade mit Aufmerksamkeit verwöhnt. Vielleicht hielten wir es schon deshalb für ein Ereignis, wenn wir ihn sahen oder hörten.

In seinen Bewegungen war er stets gemessen. Nie sah ich ihn den Schritt beschleunigen, und wenn er arbeitete, schien sich sogar die Zeit zu verlangsamen.

Im kleinen Kreis ging Stalin, während jemand berichtete, sehr häufig einfach im Zimmer auf und ab, hörte zu und machte hin und wieder eine Bemerkung. Er tat ein paar Schritte, blieb stehen, schaute den Vortragenden und die anderen Anwesenden an, vielleicht, um ihre Reaktionen besser erkunden zu können, und nahm seinen Gang wieder auf. Danach setzte er sich gewöhnlich wieder ans Kopfende des Tisches und blieb dort einige Minuten lang ganz still sitzen, um zu sehen, welchen Eindruck der Bericht auf die anderen gemacht hatte. Oder er fragte: »Was meinen Sie dazu?« Die Anwesenden versuchten eine möglichst kurze Antwort ohne alle Umschweife.

Auffallend war auch, daß Stalin nie Papiere bei sich hatte, auch nicht auf internationalen Konferenzen. Nie sah ich ihn mit Feder oder Bleistift. Nie machte er sich Notizen. Alle Unterlagen, die er brauchte, blieben in seinem Büro. Er arbeitete nachts, und bei Nacht war er meist weniger brummig als tagsüber.

In den Sitzungen der internationalen Konferenzen erschien er immer bestens vorbereitet. War die Delegation dabei, wußte sie, worüber er reden würde. Für die Sowjetunion sprach fast ausschließlich er. Außenpolitisch war Molotow seine Hauptstütze. Wenn nötig, lehnte sich Stalin zu einem Delegationsmitglied herüber und besprach sich mit ihm, bevor er das Wort ergriff.

Ein Anlaß kommt mir in den Sinn: Das Gespräch drehte sich um den hartnäckigen deutschen Widerstand gegen Kriegsende, als schon ein Blinder sah, daß es mit den Faschisten zu Ende ging. Zu dem Thema hatten mehrere Leute etwas zu sagen. Stalin hörte allen zu und sagte dann, als fasse er die Unterhaltung zusammen: »Das ist ja alles schön und gut. Eines muß man aber den Deutschen lassen, und das haben sie in mehr als einem Krieg bewiesen: die Hartnäckigkeit und Entschlossenheit des deutschen Soldaten.«

Dann fügte er hinzu: »Die Geschichte zeigt, daß der hartnäckigste Soldat der russische ist, dann kommt der deutsche und dann …« Nach kurzer Pause fuhr er fort: »… der Pole, der polnische Soldat, ja, der Pole.«

Stalins Einschätzung beeindruckte mich sehr. Zum damaligen Zeitpunkt lag die deutsche Armee praktisch am Boden. Man hätte erwartet, daß er diese Armee von Aggressoren, Vergewaltigern, Plünderern und Henkern mit den härtesten Worten belegt hätte. Stalin jedoch hatte den deutschen Soldaten in einen emotionslosen historischen Zusammenhang gesetzt.

Stalin gehörte zu den wenigen Verantwortlichen, die es nie zuließen, daß schlechte Nachrichten von der Front ihren Blick für die Einschätzung der Fakten oder ihren Glauben an die Partei, das Volk und die Truppen trübten. Später sickerte jedoch durch, daß die Lasten und ungeheuren Schwierigkeiten des Krieges ihren Tribut von Stalins Gesundheit gefordert haben, und man kann nur darüber staunen, daß er trotz allem den Sieg noch erlebt hat.

Hat sich Stalin um seine Gesundheit gekümmert? Mir fiel auf, daß er immer müde aussah, aber während sämtlicher Konferenzen mit den Alliierten habe ich nie einen Arzt bei ihm gesehen. Ich halte das nicht für gespielte Tapferkeit seinerseits. Er mochte einfach die langen Spaziergänge nicht, die die Ärzte ihm jedesmal verordneten. Von Gestalt war er nur mittelgroß. Seine perfekt geschneiderte Marschalluniform stand ihm gut, und er schien sie gern zu tragen. Trug er keine Uniform, dann doch immer ein Gemisch aus Uniform und Zivilanzug. Für lässige Kleidung hatte er nichts übrig.

Stalin hatte ein eher rundliches Gesicht. Oft habe ich sagen hören, er sei pockennarbig, aber – obwohl ich oft sehr nahe bei ihm war – erinnere ich mich an keine Pockennarbe. Es stimmt auch nicht, daß er zur Fettleibigkeit neigte. Da er keine körperliche Arbeit verrichtete, gab es natürlich Ansätze dazu, aber er bekämpfte sie sorgfältig. Bei Tisch sah ich Stalin nie eifrig mit Messer und Gabel hantieren, vielmehr aß er ziemlich langsam und wenig. Scharfe alkoholische Getränke nahm er nicht zu sich, mochte aber trockenen Wein und machte die Flasche immer selbst auf, nachdem er zuvor sorgfältig das Etikett studiert hatte, als wolle er den künstlerischen Wert beurteilen.

Oft wurde die Frage gestellt, wie er zu Kunst und Literatur stand; ich hatte den Eindruck, daß er Musik liebte. Er genoß Konzerte im Kreml, vor allem Sänger und Sängerinnen mit mächtiger Stimme, denen er kräftig applaudierte. Ich habe persönlich erlebt, wie er auf der Potsdamer Konferenz vor aller Augen den Violinisten Barinow und den Pianisten Gilels nach ihrem herrlichen Konzert im Anschluß an ein Bankett küßte, und einige Sänger am Bolschoi, Leute wie Iwan Koslowski, vermochten ihn ebenfalls zu rühren.

Ich weiß noch, wie bei einem Auftritt Koslowskis ein paar Mitglieder des Politbüros laut ein Volkslied verlangten. Ganz ruhig mischte sich Stalin ein: »Warum den Genossen Koslowski unter Druck setzen? Laßt ihn doch singen, was er will. Und vermutlich will er Lenskis Arie aus *Eugen Onegin* singen.«

Alle lachten, auch Koslowski, der sofort Lenskis Arie anstimmte.

Zu seinem literarischen Geschmack kann ich sagen, daß Stalin viel las. Das zeigte sich in seinen Reden; er kannte die russischen Klassiker sehr gut, vor allem Gogol und Saltykow-Schtschedrin. Desgleichen hat er, soviel ich weiß, auch Shakespeare, Heine, Balzac, Hugo, Maupassant (den er besonders schätzte) und viele andere westeuropäische Dichter gelesen. Auch merkte man sofort, daß er viel über Geschichte gelesen hatte, denn oft zitierte er Beispiele, die nur geschichtlichen Quellen entstammen konnten.

Zu Recht ist immer gesagt worden, Stalins Verhalten sei stets korrekt gewesen. Nie wurde er familiär oder klopfte einem auf die Schulter, was manchmal als Zeichen für Genialität angesehen wird. Auch wenn er zornig war - was ich durchaus erlebt habe -, überschritt er nie die Grenzen des Erlaubten, und geflucht hat er fast nie.

Ich erinnere mich jedoch an einen Vorfall im Jahre 1950, als die Marionettenregierung in Südkorea von den USA angestachelt wurde, mit Nordkorea einen Krieg anzufangen. Der

Kriegsausbruch in Korea beschwor schwere internationale Spannungen herauf, da jedermann wußte, daß sich der Konflikt ausweiten konnte.

Einen Tag, bevor der Sicherheitsrat zusammentrat, machte sich Moskau Gedanken, welche Haltung der sowjetische Vertreter einnehmen, ja, ob die sowjetische Delegation überhaupt an der Sitzung teilnehmen sollte, nachdem die USA dem Sicherheitsrat einen Brief geschrieben hatten, der beleidigend und eine offene Provokation war.

Nachdem er ein Telegramm des sowjetischen UNO-Vertreters Ja.A. Malik in New York gelesen hatte, rief mich Stalin am Abend an: »Genosse Gromyko, welche Weisung sollten wir Ihrer Meinung nach erteilen?«

Ich sagte: »Genosse Stalin, das Außenministerium hat bereits eine Weisung zur Billigung vorbereitet. Sie enthält vor allem eine entschlossene Zurückweisung der Vorwürfe gegen Nordkorea und die Sowjetunion und eine ebenso entschlossene Verurteilung der USA für ihre Beteiligung an der Auslösung der Aggression. Zweitens muß Malik, falls im Sicherheitsrat ein gegen Nordkorea oder die Sowjetunion oder auch beide gerichteter Antrag eingebracht wird, das Vetorecht benutzen und die Abstimmung verhindern.«

Ich wartete auf Stalins Reaktion. Er sagte: »Meiner Ansicht nach sollte die sowjetische Delegation nicht an der Sicherheitsratssitzung teilnehmen.«

Er fügte ein paar scharfe Bemerkungen über den feindseligen Brief der USA an die UNO hinzu. Trotzdem fühlte ich mich gezwungen, seine Aufmerksamkeit auf eine wichtige Erwägung zu lenken: »In Abwesenheit unseres Vertreters wird der Sicherheitsrat nach Gutdünken verfahren und sogar unter dem Mantel von UNO-Streitkräften Truppen anderer Länder nach Südkorea entsenden können.«

Mein Einwand wirkte aber nicht. Er war nicht bereit, seine Meinung zu ändern, und diktierte seine Weisung sogar selbst, was er höchst selten tat. Vierzig Minuten später lag der Text bei Malik vor.

Wie bekannt, war meine Warnung an Stalin sehr gerechtfertigt. Der Sicherheitsrat verabschiedete eine mit Washington ausgekochte Entschließung, woraufhin Militäreinheiten aus mehreren Ländern als »UNO-Streitkräfte« nach Südkorea entsandt wurden. In diesem Fall hatte sich Stalin von seinen Gefühlen leiten lassen und nicht die beste Entscheidung getroffen.

Stalin mochte Leute mit Witz. Er selbst setzte diese Waffe sehr sparsam ein. Nie habe ich zu seinen Lebzeiten oder danach jemanden sagen hören, er habe es damit übertrieben. Er mochte aber auch Leute, die logisch dachten, und wurde ungeduldig, wenn er auf einen Befehl eine spontane und unüberlegte Antwort erhielt.

So gab er einmal im Urlaub im Süden des Landes einem Sicherheitsoffizier den Auftrag: »Hol mir sofort Ras Kasa ans Telefon.«

Der Offizier sagte sofort: »Sehr wohl!« und rannte los, um den Befehl auszuführen.

Ras Kasa war ein äthiopischer Fürst, der damals gerade im Krieg gegen die Italiener zähen Widerstand leistete, in seiner Bergfestung in Äthiopien aber weit und breit kein Telefon besaß. Binnen kurzem kam der junge Sicherheitsmann, halb tot vor Sorge, wieder zurück.

Er trat von einem Fuß auf den andern und berichtete: »Genosse Stalin, wir können einfach nicht zu Ras Kasa durchkommen, denn er steckt irgendwo in den äthiopischen Bergen.«

Stalin schüttelte sich vor Lachen und sagte: »Wie? Und du bist immer noch bei der Sicherheit?«

Ein anderes, diesmal traurigeres Beispiel ist dieses. Kurz nach Stalins Tod war ich bei Molotow, der mir von Stalins letzten Augenblicken erzählte.

»Die Mitglieder des Politbüros versammelten sich bei Stalin, da sie erfahren hatten, es gehe ihm nicht gut. In Wirklichkeit war er schwer krank. Eines Tages während seiner Krankheit standen wir an seinem Krankenbett: Malenkow, Chruschtschow, ich und weitere Politbüro-Mitglieder. Stalin war meist halb bewußtlos, kam hin und wieder zu sich, konnte aber nichts sagen. Irgendwann kam er plötzlich zu sich und öffnete halb die Augen. Er sah die vertrauten Gesichter um sich und zeigte dann langsam auf die Wand. Wir schauten alle dorthin. An der Wand hing ein Photo mit einem einfachen Motiv: Ein Mädchen flößte einem Lämmchen aus einem Horn Milch ein. Mit derselben langsamen Fingerbewegung zeigte Stalin dann auf sich. Es war seine letzte Handbewegung. Danach schloß er für immer die Augen. Die Anwesenden betrachteten es als typisches Beispiel seines Witzes - der Sterbende verglich sich mit einem Schäfchen.«

Mit fast denselben Worten hat auch Chruschtschow Stalins letzte Augenblicke beschrieben.

Meine Gedanken über Stalin habe ich zum einen niedergeschrieben, weil ich ein Zeitgenosse von ihm war und ihn während des Krieges und danach in vielen verschiedenen Situationen erlebt habe, und zum anderen, weil ich zu Recht gefragt worden bin, wie man sich zu ihm stellen solle, denn er hatte viele und verwirrende Eigenschaften.

Über Stalin wird man sich noch jahrzehnte-, wenn nicht jahrhundertelang streiten. Als Mann von Kaliber hielt er nach Lenins Tod die Kommunistische Partei erfolgreich zusammen und war weitere 30 Jahre die ausschlaggebende Führergestalt einer Großmacht, die vor schweren Aufgaben stand. Männer der Roten Armee und Partisanen starben mit seinem Namen auf den Lippen.

Es wäre indes falsch, nur seine positive Seite zu sehen, denn er war eine tragisch-widersprüchliche Gestalt. Einerseits war er ein mächtiger Geist, ein unerschütterlich entschlossener Revolutionsführer, der zugleich die Fähigkeit besaß, mit unseren Kriegsverbündeten Übereinstimmung zu erlangen. Andererseits war er ein harter Mann, der bei der Erlangung seiner Ziele vor keinen menschlichen Kosten zurückschreckte und eine monströse Willkür-Staatsmaschine schuf, die zahllose unschuldige Sowjetmenschen in den Tod geschickt hat.

Die Namen seiner Opfer dürfen niemals in Vergessenheit geraten. In der Feierstunde zum 70. Jahrestag der Oktoberrevolution fand Generalsekretär Gorbatschow kraftvolle Worte über Stalin, und diese Worte sprachen aus, was das sowjetische Volk denkt und fühlt. Wegen der Gewaltherrschaft, die er über völlig Unschuldige ausübte, empfindet das Sowjetvolk gerechten Zorn auf Stalin. Neben der Masse seiner Verbrechen verblassen die schlimmsten Übel vergangener russischer Autokraten und ihrer Helfershelfer. Die Schlange des Stalinismus hat ihre Opfer langsam, aber unerbittlich erstickt und ist dabei vor keinem Komplott zurückgeschreckt, griff die ehrenwerten Vertreter der bolschewikischen Alten Garde nicht weniger erbarmungslos an als gewöhnliche Sowjetbürger, Arbeiter, Bauern, Intellektuelle, Kommunisten genau so wie Nicht-Parteimitglieder. Kein Wunder, daß die Überlebenden heute noch Zorn empfinden.

Der Leser mag sich fragen, ob in jenen dunklen Tagen, als Lügner und Provokateure mit unflätigen und beleidigenden Anschuldigungen Karriere zu machen suchten, nicht auch über meinem Haupt einmal eine dunkle Wolke schwebte? Gewiß doch.

Als ich 1952 zum Botschafter in London ernannt wurde, las ich möglichst viel über England und studierte viele amtliche und inoffizielle Dokumente im Archiv des Außenministeriums. Desgleichen las ich die neuesten Telegramme der Londoner Botschaft, darunter einen kurzen Bericht des Geschäftsträgers über die britische Wirtschaftslage, der lediglich die wichtigsten Fragen behandelte, aber auch Quellenangaben enthielt. Dazu gehörten englische Bücher und Zeitschriften.

Ich schrieb mir ein paar Titel auf, die ich mir gleich nach Ankunft in London besorgen wollte, und übergab die Liste den mitreisenden Kurieren. Bald kamen die Titel in der Botschaft an und erwiesen sich als sehr nützlich, denn sie enthielten Material über England und die USA. Damals sammelte ich gerade Unterlagen für mein Buch über den Export amerikanischen Kapitals. Das Buch wurde später in Moskau veröffentlicht und brachte mir den Doktor der Wirtschaftswissenschaften der Moskauer Universität ein.

Nach wenigen Monaten als Botschafter in London wurde ich zu Besprechungen nach Moskau gerufen. Am Ende der Besprechung sagte Wyschinski: »Übrigens liegt ein Bericht Ihrer Botschaft vor, Sie hätten an Sie persönlich adressiertes Geheimmaterial auf dem Kurierweg nach London geschickt.«

Ich war höchst erstaunt. Er fuhr fort: »Ihnen ist natürlich klar, wohin der Bericht gegangen ist. Sie schreiben wohl besser einen Brief an Stalin und erklären ihm das.«

Ich erläuterte Wyschinski genau, worum es sich handelte, und hatte den deutlichen Eindruck, daß er den Verfasser des Berichts - einen KGB-Mann in der Botschaft - für einen gemeinen Kerl hielt. Aber er sagte: »Sie sollten die Erklärung trotzdem schreiben.«

»Werde ich«, sagte ich kurz angebunden und tat es bald darauf.

Bis heute weiß ich nicht, was mit meinem Brief geschehen ist und welche Reaktion er hervorrief. Ich dachte auch nicht weiter darüber nach. Kurzum: Das Ganze ließ mich völlig kalt. Aber nach dem, was ich mittlerweile über Stalins Repressionsmethoden weiß, schwebte ich damals wegen des Berichts, so lächerlich er war, in großer Gefahr. Er genügte, mich für viele Jahre ins Gefängnis oder auch aufs Schafott zu bringen. Aber damals wiegte ich mich in absoluter Sicherheit.

Die Frage ist, warum? Zum einen glaubte ich, daß Stalin oder seine nächsten Mitarbeiter sofort erkannt hätten, daß die Affäre von dem gewissenlosen Ignoranten, der die Anschuldigung aufgebracht hatte, völlig unberechtigt aufgebläht worden war. Zweitens war mir immer noch bewußt, was ich vom amerikanischen Botschafter in Moskau, Charles Bohlen, erfahren hatte, daß nämlich Stalin in Teheran zu Roosevelt gesagt hatte, er sei mit meiner Arbeit als Botschafter in Washington sehr zufrieden.

Mittlerweile wissen wir, daß Stalin durchaus von jemand in den höchsten Tönen sprechen und ihn dennoch aufs gemeinste behandeln konnte. Aber damals hatten die meisten von uns keine Ahnung von Stalins teuflischen Machenschaften.

Das alles darf aber die Leistungen unseres Landes in Krieg wie Frieden nicht überschatten. Diese Leistungen sind groß und wurden trotz Stalins ungeheuerlicher Verbrechen errungen. Die Gerechtigkeit verlangt, daß wir die dunklen Seiten sehen, ebenso aber auch die heldenhaften Seiten unserer Geschichte.

Zurück nach Potsdam. Nach einer Rundfahrt durch die Ruinen von Berlin kam ich mit dem noch ganz frischen Eindruck der Verwüstungen am Konferenztisch an.

Nachdem der Feind die Waffen gestreckt hatte, hätte man in Potsdam eine Atmosphäre des Triumphes erwartet. Statt dessen aber regierte das Protokoll. Die Delegationschefs begrüßten einander mit der gebührenden Freude über ihre Zusammenkunft, aber am runden Tisch herrschte nicht die Herzlichkeit, die die Welt erwartete und die das Opfer der Gefallenen verlangt hätte.

In den Sitzungen führte jeder der Delegationschefs abwechselnd den Vorsitz. Von Anfang an legten der amerikanische Präsident und der britische Premierminister Vorsicht und Kälte an den Tag, die täglich deutlicher zum Vorschein kamen. In fast jeder wichtigen Frage bestand Uneinigkeit; meist waren die Verhandlungen gespannt, und obwohl niemand je wirklich mit der Faust auf den Tisch schlug, war doch jedem klar, daß der Weg zu einer Verständigung steinig sein und manche Fragen vielleicht überhaupt ungelöst bleiben würden.

Stalin und die sowjetische Delegation zeigten während der ganzen Verhandlungen Achtung für ihre Partner und versuchten, Vertrauen zu stiften. In gewissem Maße milderte das die ablehnende Atmosphäre, die von den beiden anderen Delegationen ausging.

Wir in der sowjetischen Delegation beobachteten Truman genau. Schließlich hatte er zwar schon einige Botschaften mit Stalin ausgetauscht, aber auf dieser hohen Ebene noch keine

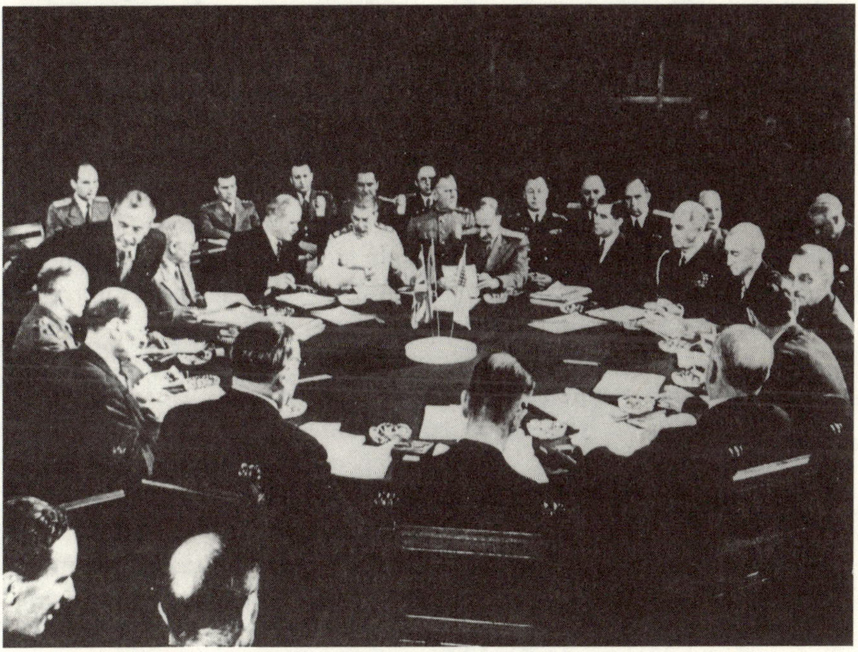

Staatspräsident Kalinin überreicht mir den Leninorden *(oben rechts).*
Während der Potsdamer Konferenz: Ich stehe hinter Truman *(oben rechts).*
Der Konferenztisch in Potsdam *(unten).*

Grundsatzfragen mit ihm erörtert. Wir wollten wissen, auf was es ihm ankam, welche Ziele Washington in Europa und insbesondere in Deutschland verfolgte und wie überhaupt seine Außenpolitik aussah.

Letzten Endes gelangten wir einhellig zu dem Schluß, Truman sei mit der Absicht gekommen, der UdSSR möglichst wenig zuzugestehen und Deutschland soweit nur irgend möglich in die westliche Wirtschaft einzubinden. Seiner Meinung nach war Roosevelt in Jalta beispielsweise in der Frage der deutschen Reparationen Stalin schon zu weit entgegengekommen; eine potentielle Einigung durfte diesen Rahmen keinesfalls überschreiten. Es bedarf keiner Erwähnung, daß insoweit Churchill sein verläßlicher Verbündeter war.

Schon lange vor der Konferenz hatten die USA mit aller Kraft die Atombombe entwickelt, und als später vieles über die Erfindung öffentlich bekannt wurde, erhellten sich auch die Gründe für das Verhalten Trumans und Churchills in Potsdam. Der amerikanische Kriegsminister Stimson schrieb in seinen Memoiren, Washington habe es für wesentlich erachtet, die Entscheidung über Nachkriegsfragen in Europa und anderswo so lange hinauszuzögern, bis die USA die atomare Trumpfkarte in der Hand hielten.

Jedenfalls versuchte der amerikanische Präsident, die Potsdamer Konferenz so lange hinauszuschieben, bis die Herstellung der Bombe abgeschlossen war, und tatsächlich wurde die Konferenz auf sein Ersuchen von Juni auf Juli verlegt. Ungeduldig wartete er die Testergebnisse ab, und als er sie endlich insgeheim bekam - am 16. Juli 1945, genau einen Tag vor Konferenzeröffnung -, fühlte er sich offenbar in der Lage, in den Verhandlungen einen harten Kurs zu fahren.

Das zeigte sich sofort bei Beginn der Diskussionen über Osteuropa. Truman behauptete ebenso lautstark wie grundlos, die sowjetische Seite habe die von den drei Mächten auf der Krim beschlossenen Verpflichtungen nicht erfüllt. Wir wiesen diese Behauptung entrüstet zurück, desgleichen die Einmischungsversuche Washingtons in Osteuropa, in denen sich seine Expansionsgelüste hier wie anderswo in der Welt niederschlugen.

Die amerikanische Seite war folglich zu der Erkenntnis gezwungen, wenn sie nicht die Bombe offen als politischen Faktor - genauer: zu Erpressungszwecken - einbringe, könne sie ihren unnachgiebigen Standpunkt nicht halten. Einige Tage später, am 24. Juli, hielt daher der Präsident nach der Sitzung Stalin, der gerade gehen wollte, zurück und sagte: »Ich habe Ihnen etwas Vertrauliches mitzuteilen.«

Stalin blieb stehen und wartete. Truman sagte: »Die Vereinigten Staaten haben eine Waffe mit großer Zerstörungskraft gebaut, die wir gegen Japan einzusetzen gedenken.«

Stalin nahm die Nachricht ruhig und ohne ersichtliche Gemütsbewegung auf, eine Reaktion, die Truman ganz offenkundig enttäuschte.

Sehr bald danach fand jedoch in Stalins Potsdamer Residenz eine Sitzung statt, die sich tief in mein Gedächtnis eingegraben hat. Nur Stalin, Molotow, unser Londoner Botschafter Gussew und ich waren zugegen. Als wir den Raum betraten, waren Stalin und Molotow schon da und hatten offensichtlich schon die Fragen besprochen, die mit uns Botschaftern behandelt werden sollten.

Stalins erste Frage war: »Wie steht es um die deutschen Reparationen an die Sowjetunion?«

Molotow griff sofort ein und erinnerte ihn in groben Zügen an das, was die Alliierten am Ende der Konferenz von Jalta dazu gesagt hatten. Für Churchills Position fand er harte Worte: »Churchill ist offenkundig entschlossen, in dieser Frage keine Einigung zuzulassen. Ich bin immer noch der Meinung, daß wir die Frage in Potsdam wieder auf den Tisch bringen und kategorisch auf einer realistischen Entschädigung für die Verheerungen unserer Wirtschaft bestehen müssen.«

Stalin war derselben Meinung: »Die Haltung Englands und Amerikas in dieser Frage ist ungerecht. So dürfen sich Alliierte nicht verhalten. Die UdSSR wird betrogen - betrogen, denn die Amerikaner haben aus den technischen Labors in den britisch und amerikanisch besetzten Gebieten bereits die beste Ausrüstung einschließlich der gesamten Dokumentation abtransportiert. Ich weiß nicht, wie sich Roosevelt dazu gestellt hätte, wenn er noch am Leben wäre, aber für Truman scheint Gerechtigkeit ein Fremdwort zu sein. Die Reparationsfrage muß also in Potsdam diskutiert werden. Sie hat fundamentale Bedeutung.«

Molotow fragte mich nach meiner Meinung, und ich sagte, ich hielte die sowjetische Position für sehr begründet und überzeugend, und sie solle meiner Meinung nach in Potsdam vertreten werden. Dann kam Stalin auf das zu sprechen, was sich als Hauptpunkt unserer Sitzung erweisen sollte.

»Unsere Alliierten haben uns gesagt, die USA hätten eine neue Waffe, die Atombombe. Gleich nachdem mir Truman sagte, sie hätten sie erfolgreich erprobt, habe ich mit unserem Physiker Kurtschatow gesprochen. Wir werden mit Sicherheit binnen kurzem unsere eigene Bombe haben. Aber ihr Besitz erlegt jedem Staat eine riesige Verantwortung auf. Die eigentliche Frage lautet, ob die Länder, die die Bombe haben, einfach miteinander in ihrer Herstellung konkurrieren oder wie auch andere Länder, die sie später erwerben, eine Lösung suchen sollen, die ihre Herstellung und Verwendung verbietet? Im Augenblick ist kaum zu sehen, wie eine solche Einigung aussehen könnte, aber eines ist klar: Die Kernenergie darf nur friedlichen Zwecken dienen.«

Wir hörten Stalin mit großem Interesse zu. Tatsächlich sollte es in dieser Frage in der politischen Arena der Vereinten Nationen zum Kampf kommen und vom Sicherheitsrat eine Sonderkommission gebildet werden, die alle politischen Aspekte des Problems prüfen und alles Erdenkliche für eine Einigung zwischen den Mächten, die die Atombombe besaßen, tun sollte.

Molotow fügte hinzu: »Die Amerikaner haben die ganze Zeit an der Atombombe gearbeitet und uns kein Wort davon gesagt.«

Stalin sagte kurz und bündig: »Offenbar sah Roosevelt keinen Anlaß, uns davon in Kenntnis zu setzen. In Jalta hätte er

Gelegenheit dazu gehabt. Er hätte mir einfach sagen können, die Atombombe sei im experimentellen Stadium. Eigentlich galten wir ja als Verbündete.«

Bemerkenswert war, daß Stalin trotz seiner Verärgerung ruhig sprach. Er fuhr fort: »Zweifellos hoffen Washington und London, daß wir noch einige Zeit brauchen, bis wir die Atombombe entwickelt haben. Inzwischen wollen sie das amerikanische - genauer: das amerikanisch-britische - Monopol dazu benutzen, uns zur Hinnahme ihrer Pläne für Europa und die Welt zu zwingen. Das wird ihnen aber nicht gelingen!« Diesmal fluchte er wirklich und gekonnt. Auf dem Gesicht meines Freundes Gussew erschien ein breites Lächeln.

Natürlich äußerte sich Stalin nicht zu den wissenschaftlichen oder technischen Aspekten des Problems. Man weiß jedoch, daß er von Potsdam aus mehrfach mit Moskau in Verbindung stand und den Sachverständigen Weisungen in dieser Frage erteilte.

Als ich später Stalins Worte überdachte, gelangte ich zu dem unausweichlichen Schluß, daß er zwar scheinbar beiläufig gesprochen hatte, seine Worte aber auf viele Jahre hin das Rückgrat der sowjetischen Nuklearpolitik ausmachten.

Gussew und ich wollten schon gehen, als Stalin eine weitere Frage stellte, die nicht unmittelbar mit Politik zu tun hatte: »Was halten unsere Botschafter von der Organisation der Konferenz? Sind unsere Alliierten mit den Vorkehrungen zufrieden?«

Ich erwiderte: »Die Amerikaner, mit denen ich aus ersichtlichen Gründen mehr zu tun hatte als mit den Briten, haben mehrfach erklärt, die ganze Konferenz sei sehr gut organisiert. Es hat keine unliebsamen Vorfälle gegeben, aber ein Hinweis der Briten ist erwähnenswert: Churchill war so von unseren Verkehrspolizistinnen in ihren herrlichen Uniformen angetan, daß er seine Zigarrenasche über den ganzen Anzug verstreute, im übrigen jedoch unverletzt blieb.«

Stalin lächelte, vielleicht zum ersten Mal während der ganzen Besprechung.

Ich möchte jetzt auf ein paar weitere Aspekte der Konferenz von Potsdam zu sprechen kommen, die in westlichen Quellen unrichtig dargestellt worden sind.

Wegen der Polenfrage kam es wie schon in Jalta zu erhitzten Debatten. Alle drei Staatsmänner hatten gewußt, daß die Frage behandelt werden würde, und das geschah denn auch fast täglich.

Kurz vor Eröffnung der Konferenz war im Einklang mit den Beschlüssen von Jalta die Provisorische polnische Regierung der Nationalen Einheit unter Leitung von Edward Osobka-Morawski gebildet worden, und hatten sich die USA und England auch gezwungen gesehen, mit ihr diplomatische Beziehungen aufzunehmen, so ließ doch die Auflösung der polnischen Exilregierung auf sich warten.

Über die Bildung der provisorischen Regierung wurde ausführlich gesprochen, und die Auffassungen einer eigens eingeladenen polnischen Delegation unter Boleslaw Bierut wurden zur Kenntnis genommen. Danach akzeptierten die drei Mächte eine Entschließung, in der sie ihre Befriedigung über die Schaffung der provisorischen Regierung äußerten. Desgleichen besagte die Entschließung, mit der Aufnahme diplomatischer Beziehungen seitens der USA und Englands mit der polnischen provisorischen Regierung ende ihre Anerkennung der früheren polnischen Regierung in London, die faktisch nicht mehr bestehe.

Das lag klar im Interesse Polens, denn es erleichterte die Festigung der Position der provisorischen Regierung. Einige Mitglieder dieser Regierung verdienten jedoch nicht das Vertrauen des Volkes, so zum Beispiel S. Mikolayczyk. Diese wollten unter Mißachtung der nationalen Interessen Polens einen Kurs einschlagen, der geradewegs in den politischen Bankrott geführt hätte.

Als die USA und England merkten, daß die Festigung der provisorischen Regierung in Polen ihre Hoffnungen, das Land in einen *cordon sanitaire* gegen die Sowjetunion verwandeln zu können, zunichte gemacht hatte, versuchten sie, in Potsdam einer Entscheidung über den Verlauf der Westgrenze Polens auszuweichen. Das mißlang ihnen. Dank Stalins Einsatz für einen Grenzverlauf entlang der Oder-Neiße-Linie und der gewichtigen Argumentation der polnischen Delegation, die die historische, wirtschaftliche und sicherheitspolitische Richtigkeit dieser Forderung nachwies, sowie unter Berücksichtigung der Lage in den an Polen abgetretenen Gebieten ließen sich Churchill und Truman schließlich herbei, die Oder-Neiße-Linie als Polens Westgrenze zu akzeptieren.

Im Gegenzug verlangten sie jedoch die Zustimmung der sowjetischen Delegation zu ihrer Position in der Frage der deutschen Reparationen, die daraufhin zum umstrittensten Zankapfel der Konferenz wurden. Die sowjetischen Entschädigungsansprüche waren mehr als begründet. Von der Linie Nordkaukasus, Wolga, Moskau und Leningrad erstreckte sich praktisch bis zur Westgrenze eine Zone verbrannter Erde, zerstörter Städte und Dörfer, Trümmerhaufen aus Ziegelsteinen und verbogenem Eisen, wo einst Fabriken, Bürogebäude und Wohnblocks gestanden hatten. Mehr noch: Hitlers Luftwaffe hatte auch zwischen Moskau und dem Ural gelegene Städte bombardiert, und all das mußte nun wiederaufgebaut werden, oft von den Grundmauern an. Dennoch waren weder Churchill noch Attlee noch Truman bereit, die sowjetische Position anzuerkennen; sie bestanden darauf, daß Deutschland keine Reparationen zahlen müsse.

In einer Pause sagte Stalin zu seiner Delegation: »Die Engländer und Amerikaner wollen uns knebeln. Aber keine Angst – wir haben den Bürgerkrieg durchgestanden, wir werden auch das überstehen.«

Im Verlauf der Gespräche machte die UdSSR jedoch in der Reparationsfrage klare Zugeständnisse und ermöglichte damit eine Einigung über die neue polnische Westgrenze, wie sie die polnische Delegation vorgeschlagen hatte. Damit war erstmalig in der Geschichte das Problem der Staatsgrenzen Polens abschließend und gerecht geregelt. Die Unverletzlichkeit dieser Grenze fand später in den Verträgen zwischen Polen und der

DDR (1950), mit der BRD (1970), im deutsch-sowjetischen Vertrag (1970) und in der KSZE-Schlußakte (1975) völkerrechtliche Anerkennung.

Weniger Erfolg hatte unsere Seite allerdings hinsichtlich der Einigung über die Demokratisierung, Demilitarisierung und Denazifizierung eines geeinten Deutschlands. Mit der Förderung der Bizone, der Trizone und schließlich eines westdeutschen Separatstaates zeigten Washington, London und später auch Paris, daß sie kein geeintes, wahrhaft demokratisches und entmilitarisiertes Deutschland wollten. Spätere sowjetische Vorschläge in dieser Richtung wurden ausnahmslos abgelehnt. Die Folge war, daß nach einigen Zwischenstadien schließlich zwei selbständige deutsche Staaten, die DDR und die BRD, entstanden.

In den Ländern, die während des Krieges unsere Verbündeten waren, gibt es heute Leute, die sich für die Wiedervereinigung der beiden Deutschlands aussprechen und der UdSSR vorwerfen, sie sei gegen eine solche Vereinigung. Sie sind unaufrichtig. In Wirklichkeit wollen sie, daß Westdeutschland Ostdeutschland verschlingt. Sie wissen sehr wohl, daß es die Westmächte waren, die den Geist und Buchstaben des Potsdamer Abkommens über die Zukunft Deutschlands gebrochen haben, als sie Westdeutschland in die NATO zogen.

Alle Deutschen, wo immer sie leben, sollten sich daran erinnern, daß die Sowjetunion nie eine Zerstückelung Deutschlands gewollt hat. Es waren die USA und England, die auf den Drei-Mächte-Konferenzen das Zerreißen Deutschlands vorschlugen.

Auf der Potsdamer Konferenz wurde nicht nur verhandelt. Die Delegationschefs erwiesen sich gegenseitig ihre Achtung auf verschiedenen Veranstaltungen, so z.B. bei Mittagessen und Diners sowie bei der Aufnahme von Erinnerungsphotos, und jedesmal erhielten die Photographen von Stalin, Truman, Churchill und dann Attlee ausgiebig Gelegenheit für Aufnahmen.

Eine Aufnahme der Großen Drei am Potsdamer Konferenztisch ist mir besonders lebhaft in Erinnerung. Sie verdankt ihre Besonderheit wohl der geradezu greifbaren Elektrizität in der Luft. Jeder am Konferenztisch spürte die nervöse Spannung. Das kann man in den Gesichtern lesen, vor allem bei denen, die in vorderster Reihe saßen, wo die Sonderstäbe ihren Platz hatten. Wir alle befinden uns in einem Zustand höchster Konzentration, und vor allem: kein einziger lächelt.

Ich erinnere mich an eine andere, fröhlichere Gelegenheit, als Truman ein Abendessen gab. Nachdem wir alle aufgestanden waren, setzte er sich ans Klavier und spielte ein Stück, das er offensichtlich sehr sorgfältig geübt hatte - wobei er natürlich als recht fähiger Amateur-Pianist bekannt war. Als er geendet hatte, lobte Stalin ihn und sagte lachend: »Ah ja, Musik ist ausgezeichnet - sie treibt das Tier im Menschen aus.«

Ehrlich gestanden war nicht ganz klar, wen Stalin gemeint hatte, aus dem das Tier ausgetrieben worden sei. Trotzdem entschloß sich Truman dazu, sich über seine Worte sehr erfreut zu zeigen.

Nur mein durch den historischen Anlaß geschärftes Bewußtsein erklärt, warum mir immer noch so viele Bilder der Konferenz im Gedächtnis sind. Das gilt ganz besonders für den ersten Tag.

Da ist Truman. Er ist nervös, setzt aber alles daran, es nicht merken zu lassen. Manchmal scheint er zu einem Lächeln anzusetzen, aber das täuscht. Ich habe das Gefühl, der Präsident verstecke sich irgendwie in sich selber. Sicherlich spielt auch der Umstand mit, daß er keinerlei Erfahrung mit so hochrangigen Treffen mitbringt und vorher nie mit Stalin zusammengetroffen ist. Doch der Wahrheit die Ehre: Er wird nie grob oder auch nur unhöflich. Ihm kommt zugute, daß alle seine wichtigeren Erklärungen vorbereitet sind und er sie nur abzulesen braucht. Spricht er frei in der Diskussion, dann meist kurz, aber seine Berater und Experten stehen in ständiger Konsultation miteinander und schieben ihm hin und wieder Zettel zu.

Und Churchill. Dieser altgediente Politiker gibt meist nur

kurze Erklärungen ab, zieht aber mit Vorliebe einzelne Worte in die Länge. Die Worte, die er hervorheben will, spricht er knallhart aus. Fast nie stützt er sich auf einen vorbereiteten Text. Man sagt, er lerne seine Reden gerne auswendig, und mein Eindruck ist jedenfalls der eines erfahrenen Redners, der seine rhetorischen Wirkungen sehr wohl zu erzielen weiß.

Attlee. Die Vorhersage unserer Delegation traf zu: Wenn Labour an die Macht kommt, wird es im wesentlichen dieselbe Politik wie die Konservativen verfolgen. Am Konferenztisch äußert sich Attlee kaum einmal. Vielleicht meldet er sich zu Wort, wenn die Delegation über Innenpolitik diskutiert, aber meistens verhält er sich mäuschenstill. Möglicherweise fürchtet der Labour-Chef, er könnte etwas sagen, was der Presse zu Ohren kommt, und bei Labour Gefolgschaft verlieren.

Stalin. Er sieht ruhig und solide aus. Wie überhaupt die sowjetische Delegation.

Aufschlußreich waren auch die Bankette, auf denen die Chefs arbeiteten oder auch sich entspannten.

Man brauchte kein Psychiater zu sein, um zu sehen, daß jeder der Großen Drei seine Rolle beherrschte. Immerhin waren zwei völlig verschiedene Welten - die kapitalistische und die sozialistische - zugegen, aber die Drei mußten doch irgendwie zu einer Verständigung kommen.

Wenn Truman sprach, hörte jeder aufmerksam zu. Wir hörten sehr genau auf seine verzwickten Gedankengänge, scharfen Urteilssprüche und seine Witze. Was er sagte, war für die Zukunft der Welt wichtig, und wir wußten das.

Sprach Churchill, so äußerte er sich sprühend und machte auch zwischendurch einen Witz, doch immer drückte er sich klar aus. Man spürte, daß er nicht nur in der Politik, sondern auch in der Geschichte zu Hause war; schließlich hatte er schon Anfang des Jahrhunderts im Burenkrieg gekämpft.

Dann hob in aller Ruhe, fast leichthin, Stalin an. Er sprach, als befinde er sich mit den beiden anderen allein im Zimmer. Weder übte er Zurückhaltung noch Effekthascherei, und dennoch klang jedes Wort, als sei es genau für diesen Anlaß und Zeitpunkt bestimmt.

Wenn Stalin sprach, selbst wenn es nicht gerade um hohe Politik ging, versuchte Truman, nicht selten seine Haltung zum Gesagten zu zeigen, entweder durch Nicken oder durch seinen Gesichtsausdruck.

Selbst dem nachlässigsten Beobachter mußte auffallen, welche Autorität die anderen Delegationschefs Stalin zubilligten und wieviel Achtung sie vor ihm hatten. Das lag hauptsächlich an den beispiellosen Großtaten des sowjetischen Volkes im Krieg. Die monolothische Einheit des sowjetischen Volkes hatte ungeheuren Eindruck gemacht: Wie ein Mann waren die arbeitende Klasse, die Bauernschaft und die Intelligenzija aufgestanden, um das Vaterland gegen einen übermächtigen Feind zu verteidigen.

8. Kapitel

Die Schaffung der Vereinten Nationen

Schon während des Krieges hatten die Verbündeten die Notwendigkeit einer Art Versammlung der Vereinten Nationen erkannt, einer Organisation, die den Frieden wirksamer bewahren sollte als der Völkerbund. Nach kurzem Gedankenaustausch über ein solches Gremium traten die alliierten Mächte bald in konkrete Verhandlungen über sein Wesen, seine Struktur, seine Regeln und Verpflichtungen ein. Die Grundzüge der UNO-Charta wurden zwischen dem 21. August und dem 7. Oktober 1944 auf der Konferenz von Dumbarton Oaks erarbeitet. Ich vertrat die Sowjetunion, und unsere Haltung war klar: Wir wollten eine solche Organisation, und sie mußte funktionstüchtig sein. Die drei Delegationen trafen sich in einem gemütlichen Haus im Washingtoner Vorort Dumbarton Oaks; England und die UdSSR waren durch ihre Botschafter in Washington, die USA durch Unterstaatssekretär Stettinius vertreten.

Die Arbeit war ungewöhnlich intensiv. Plenarsitzungen, Arbeitsgruppen, Sitzungen der Delegationschefs und andere Gesprächsgruppen wechselten sich ab. Alle Teilnehmer wußten, daß sie Einigung erlangen mußten, und so wurde ein Problem nach dem anderen gelöst, nur die schwierigsten Fragen blieben offen.

Auf der Konferenz von Dumbarton Oaks wurde in 90 Prozent der die Schaffung der Vereinten Nationen berührenden

Dinge Übereinstimmung erzielt. Uneins war man sich hauptsächlich in der Aufteilung der Vollmachten auf Sicherheitsrat und Generalversammlung. Darin schlug sich die unterschiedliche Sicht der Teilnehmer in der Frage nieder, inwieweit Einstimmigkeit der fünf ständigen Mitglieder des Sicherheitsrats notwendig war, dem Gremium, das hauptsächlich für die Wahrung des Friedens sorgen sollte. Die Amerikaner meinten, wenn ein Sicherheitsratsmitglied mit den anderen vier nicht einiggehe, solle seine Stimme bei der Beschlußfassung einfach nicht mitzählen. England vertrat denselben Standpunkt.

Die amerikanische Haltung beschwor die ernste Gefahr einer Konfrontation unter den Großmächten herauf und untergrub damit die Zusammenarbeit, ohne die die Vereinten Nationen nicht wirksam arbeiten konnten. Tatsächlich wurden die Vereinten Nationen dadurch zu einem Werkzeug, mit dem eine Staatengruppe einer anderen ihren Willen aufzwingen konnte, zumal der Sowjetunion als einzigem kommunistischem Ratsmitglied. Die Staaten, die im Sicherheitsrat eine Mehrheit hatten, konnten durchaus versucht sein, Gewalt anzuwenden anstatt allseits akzeptable Lösungen zu suchen.

Die Sowjetunion widersetzte sich dem amerikanischen Vorschlag mit dem Argument, die drei Siegermächte sowie Frankreich und China, denen nach gemeinsamer Auffassung dieselben Rechte zuerkannt werden sollten, müßten alle Beschlüsse einstimmig treffen. Wirksames Vorgehen sei nur mit dem Grundsatz der Einstimmigkeit der fünf ständigen Mitglieder möglich, mit dem auch das Vetorecht einhergehe.

Roosevelt erkannte die Bedeutung dieses Themas und lud mich zu einer Besprechung ins Weiße Haus ein. Eingangs unterstrich er die Wichtigkeit des Sicherheitsrates, und anschließend erläuterte er die Haltung seiner Leute in Dumbarton Oaks. Ich hatte allerdings nicht den Eindruck, daß er der Frage als solcher übermäßige Bedeutung beimaß, sondern eher die Schwierigkeiten zu beseitigen suchte.

Ich legte die sowjetische Haltung dar: Wir könnten von unserem Standpunkt ebensowenig abrücken, wie sich unsere

Truppen in Stalingrad hinter die Wolga hätten zurückziehen können.

Das Gespräch selbst blieb ergebnislos, aber da dem Präsidenten offenkundig an einer Beilegung der Schwierigkeiten gelegen war, hatte ich die Hoffnung, daß die Suche nach Einigkeit weitergehen werde. Auch als in Dumbarton Oaks keine Einigung über das Vetorecht zustande kam, setzten wir immer noch darauf, daß die USA und England ihre Position ändern würden, wußten sie doch, daß es andernfalls keine Vereinten Nationen geben werde.

So geschah es denn auch. Die Frage des Vetorechts wurde in Jalta durch einen Vorschlag Roosevelts beigelegt, der im wesentlichen dem entsprach, was die UdSSR von Anfang an verlangt hatte: Beschlüsse des Sicherheitsrates - Verfahrensfragen ausgenommen - müssen einstimmig von allen ständigen Mitgliedern verabschiedet werden.

Im Westen hat man sich oft gefragt, warum Roosevelt der UdSSR nachgegeben hat, und er ist dafür auch kritisiert worden. Tatsächlich jedoch hat er der Welt einen großen Dienst erwiesen, und sein Schritt läßt sich auch ganz einfach erklären: Realistischer als andere in Washington und London hat er erkannt, daß die Sowjetunion auf den Grundsatz der Einstimmigkeit einfach nicht verzichten konnte.

Nachdem grundsätzliche Einigung über das Vetorecht erzielt war, blieb immer noch zu klären, woran der Unterschied zwischen einer wichtigen und einer reinen Verfahrensfrage zu erkennen sei. Obwohl man sich in Jalta dazu nicht konkret geäußert hatte, erlaubte doch die allgemeine Verständigung die Vereinbarung einer gemeinsamen Erklärung der UdSSR, USA, Englands, Frankreichs und Chinas in San Francisco (25 April - 26. Juni 1945), eine Frage gelte dann als Verfahrensfrage, wenn alle Mächte sie als solche betrachteten.

In San Francisco versammelten sich erstmalig Vertreter vieler Staaten unter einem Dach, um gegen künftige Kriege einen verläßlichen Damm zu errichten. Wie sollte er aussehen, woran maß sich seine Verläßlichkeit, was gehörte in sein Fundament?

Die Abgesandten der europäischen Staaten, die die Hauptlast des Krieges getragen hatten, trugen jetzt eine schwere Verantwortung. Natürlich bemerkten wir in der sowjetischen Delegation, daß unsere Vorschläge auf der Konferenz sehr unterschiedliche Reaktionen hervorriefen. Länder wie Polen, Tschechoslowakei und Jugoslawien standen uns in den meisten wichtigen Fragen nahe, wenngleich die in diesen Ländern noch vorherrschende komplexe Lage gelegentlich spürbar wurde. Andererseits zeigten die Vertreter Australiens, Neuseelands, der Südafrikanischen Union sowie einer Reihe lateinamerikanischer Staaten - die ja alle nicht unmittelbar von den Flammen des Krieges betroffen gewesen waren - wenig Verständnis für den sowjetischen Standpunkt. Auch bei einigen Ländern Asiens und Nordafrikas gab es gewisse Vorbehalte.

Die Politik unserer Kriegsverbündeten schien zwiegesichtig; zum einen anerkannten sie die sowjetische Position, zum andern war sie einzig auf das enge Nationalinteresse bedacht. Dennoch unterschied sich der Ton in San Francisco sehr vorteilhaft von den Schimpfkanonaden der heutigen internationalen Zusammenkünfte. Damals schmückte sich das Vokabular der kapitalistischen Welt noch nicht mit Prachtstücken wie »aus einer Position der Stärke«, »Kreuzzug gegen den Kommunismus«, »Sowjetunion als Reich des Bösen« und dergleichen.

Vor Konferenzeröffnung hatten die Großen Fünf in einer ersten Durchsicht aller wichtigen Fragen Einigkeit erzielt. Das ging problemlos vonstatten, wußten doch alle fünf, daß sonst überhaupt nichts gelingen konnte und Einigkeit zwischen den USA und der UdSSR für alle anderen Länder ausschlaggebend war.

Wiederum wurde Amerika in San Francisco von Edward Stettinius vertreten, der mittlerweile Außenminister geworden war. Da Molotow nach kurzer Zeit wieder abreiste, übernahm ich die Leitung der sowjetischen Delegation. Die britische Delegation wurde von Anthony Eden, die französische von

Georges Bidault und die chinesische von S.V. Sung geleitet; sie wurden später abgelöst durch den britischen Botschafter in Washington, Lord Halifax (in - wie es schien, gleichrangiger - Begleitung eines hohen Beamten des Foreign Office, Alexander Cadogan), Joseph Paul-Boncour sowie den damaligen führenden nationalchinesischen Diplomaten Vi-Kyuin, bekannt als Wellington Ku.

Die Hauptimpulse in den Plenarsitzungen gingen von der amerikanischen und sowjetischen Delegation aus - sie stellten die Fragen, überwanden Uneinigkeiten, schlugen annehmbare Lösungen vor. Die unsichere Lage Tschiang Kai-scheks und seiner Clique beeinflußte die Verhandlungsführung der chinesischen Delegation. Selbst der altgediente Wellington Ku war nicht recht bei der Sache. Zumeist verhielt er sich schweigend, und nicht einmal die amerikanischen Vertreter, die ihm die meiste Aufmerksamkeit und Achtung angedeihen ließen, vermochten seine düstere Laune zu vertreiben.

Die Sitzungen des in San Francisco eingesetzten Lenkungsausschusses, dem die Delegationschefs der Großen Fünf angehörten, unterschieden sich kaum von den Plenarsitzungen. Dank der Anwesenheit der Chefs konnte jedoch Klarheit über die jeweilige politische Grundhaltung in den anstehenden Fragen geschaffen werden. Desgleichen konnte man in diesen Gesprächen im kleinen Kreis leichter Erläuterungen erbitten, da man es ja mit den Leuten zu tun hatte, die die größten Vollmachten besaßen.

Die sowjetischen Vertreter hatten während der gesamten Konferenz den Eindruck, als kämen die westlichen Delegierten aus einer anderen Welt und dächten in einer anderen Sprache. Unsere gröbsten Widersacher waren zudem oft nicht die Großmächte, sondern ihre Zöglinge. Besonders auffallend war dies bei den britischen Dominions, die noch keine eigene politische Identität erlangt hatten.

Der Australier Herbert Evatt, der Neuseeländer Peter Fraser und Kanadas Mackenzie King entblödeten sich nicht, das Vetorecht in einem Wortschwall ertränken zu wollen. Offenbar setzten die Briten ihre Getreuen als Vorreiter ein, wenn sie selbst nicht gegen das Einstimmigkeitsprinzip im Sicherheitsrat auftreten wollten.

Daneben gab es Sitzungen der Großen Drei - USA, UdSSR und England - sowie noch häufiger Besprechungen nur der USA und der UdSSR, in denen gewöhnlich mehr gegenseitige Verständigung erzielt wurde.

Ein solches Gespräch zwischen mir und Stettinius fand statt, als die Debatte über das Vetorecht der Fünf, die Vollmachten der Generalversammlung und das Schicksal der Kolonialgebiete in vollem Gang war. Alle Welt wußte, daß sämtliche in die Charta aufzunehmenden Bestimmungen sehr präzise formuliert sein mußten, denn eine schwammige Charta hätte die Funktionstüchtigkeit beeinträchtigt und wäre praktisch auch nicht mehr zu ändern gewesen.

Stettinius und ich trafen unter vier Augen zusammen. Sofort kam das Gespräch auf unseren alten Bekannten, das Vetorecht. Man hätte meinen sollen, das sei in Jalta geregelt worden, aber jetzt saß ein neuer Chef im Weißen Haus - Truman -, und dem gefiel vieles nicht, was Roosevelt in Jalta akzeptiert hatte. Sicher, die neue amerikanische Regierung hatte nicht gerade beschlossen, das Einstimmigkeitsprinzip unter allen Umständen zu begraben, aber Truman versuchte doch alles, das Erreichte wieder in Frage zu stellen.

Ich wies Stettinius auf folgendes hin: »Aus dem Abkommen von Jalta gibt es kein Ausbrechen. Die UdSSR ist der Auffassung, daß ohne Vetorechtsbeschluß im Sinne von Jalta die vorgeschlagene internationale Organisation nicht geschaffen werden kann. Wir hoffen deshalb, daß die amerikanische Delegation nicht nur formal, sondern aktiv für das Einstimmigkeitsprinzip der fünf ständigen Sicherheitsratsmitglieder eintritt.«

Stettinius hörte aufmerksam zu und sagte dann: »Ich gestehe zu, daß jede Gefährdung der Verständigung von Jalta ein ungeheures Risiko heraufbeschwören würde, und verspreche, dafür zu sorgen, daß kein amerikanischer Vertreter in dieser Frage eine Unklarheit zuläßt.«

Ich hatte den Eindruck, Stettinius müsse sich erst selbst noch Klarheit verschaffen. An sich vertrat der Außenminister immer noch die Rooseveltsche Linie, aber das hieß noch lange nicht, daß er sich gegen diejenigen in der Truman-Regierung würde durchsetzen können, die anderer Meinung waren.

Ich muß jedoch hinzufügen, daß sich Stettinius gerade im letzten Teil der Konferenz nicht wenig darum bemühte, ein Zusammenbrechen des Forums zu verhindern.

Es mußte entschieden werden, welche Fragen dem Sicherheitsrat und welche der Generalversammlung anvertraut werden, d.h. welche Themen dem Vetorecht unterliegen sollten.

Die UdSSR vertrat den Standpunkt, alle wichtigen Fragen von Krieg und Frieden gehörten in den Sicherheitsrat. Washington und London, unterstützt von den Vertretern vieler, meist kleinerer Länder, argumentierten für eine Aufteilung, bei der die Generalversammlung mehr und der Sicherheitsrat weniger Rechte haben sollten. Dieser Versuch, viele Vollmachten des Sicherheitsrats der Generalversammlung zu übertragen, ging darauf zurück, daß die USA sicher waren, dort eine Mehrheit erlangen und mithin jede beliebige Entschließung durchsetzen zu können. Damit hätte sich der Schwerpunkt der Verantwortung für die Wahrung des Friedens vom Sicherheitsrat in die Generalversammlung verlagert, weshalb der Trennlinie zwischen den Aufgaben der beiden Gremien hohe Bedeutung zukam.

In den Sitzungen der fünf Mächte stieg die Spannung in dem Maße, als Präsident Truman Weisungen gab, die den Vereinbarungen von Jalta glatt zuwiderliefen, und die amerikanisch-britische Position über die Aufteilung der Vollmachten ließ sich mit der sowjetischen nur dann übereinbringen, wenn eine der beiden Seiten nachgab.

Jetzt setzte geradezu ein Strom von Entschließungsanträgen ein, die sämtlich darauf hinausliefen, der Generalversammlung praktisch alle Fragen zuzuweisen, die nicht unmittelbar Sanktionen gegen einen Staat betrafen. Stettinius stand jedoch grundsätzlich dem sowjetischen Wunsch nach angemessener Aufteilung der Vollmachten aufgeschlossen gegenüber, und nach einigem handfesten Hin und Her zeichnete sich eine Lösungsmöglichkeit ab: Die Versammlung sollte jede Frage debattieren dürfen, die ein Staat oder eine Staatengruppe vorschlug, jedoch nur eine Empfehlung äußern können, während bindende Beschlüsse dem Sicherheitsrat zufielen.

Des weiteren erklärte die sowjetische Delegation: »Unser Land wird keiner UNO-Charta zustimmen, die die Saat zu einer neuen militärischen Auseinandersetzung legen könnte.«

Daraufhin gaben die Widersacher des Vetorechts nach.

Alle Welt wurde gelöster, man scherzte wieder öfter mal. Binnen weniger Tage hatte sich das Klima verändert. Die Klausel 10 in Kapitel IV der Charta wurde eingesetzt, die die Vollmachten der Generalversammlung im Geiste von Jalta einschränkt und das Vetorecht zum Inhalt hat.

Wiederum eine scharfe Wendung stellte sich in San Francisco ein, als das Thema der einstigen Völkerbunds-Mandatsgebiete zur Sprache kam. Angesichts der während des Krieges aufgetauchten Befreiungsbewegungen in den Kolonien und abhängigen Gebieten war eine Lösung des Problems dringend erforderlich.

Die UdSSR war für eine Unabhängigkeit dieser Länder, während viele Westmächte, in erster Linie England, natürlich auf Beibehaltung der Kolonialherrschaft bedacht waren. Amerika nahm eine eigenartige Position ein. Washington betrachtete die Kolonialreiche eher als Anachronismus und ließ erkennen, es werde ihnen keine Träne nachweinen. Mit einem Auge auf die UdSSR schielend, erklärten die amerikanischen Vertreter deshalb, die Kolonialmächte hätten sich lange genug an ihren Besitzungen wirtschaftlich gütlich getan, und was zuviel sei, sei zuviel. Jedenfalls sei es an der Zeit, daß die alten Kolonialherren beiseite träten. Stettinius bemerkte sarkastisch, die Kolonialmächte müßten erkennen, daß sich die Zeiten geändert hätten, und sie sollten ihren Kolonien jetzt Lebewohl sagen.

Gleichzeitig heckten die USA jedoch bereits Pläne für eine Übernahme des Protektorats über die Marianen, die Karolinen und die Marshallinseln in Mikronesien aus, die sie später auch verwirklichten und damit die UNO-Charta mit einem Akt flagranter imperialistischer Räuberei brachen.

Die UdSSR hingegen war der Meinung, vermittels einer internationalen Treuhänderschaft lasse sich die Unabhängigkeit für diese Völker eher erreichen, und versuchte, in der Charta nicht nur, wie der amerikanische Vorschlag vorsah, die Selbstbestimmung, sondern die Unabhängigkeit zu verankern.

Zu scharfen Auseinandersetzungen kam es auch in einer Frage, die weder in Jalta noch in Dumbarton Oaks behandelt worden war, ob nämlich ein Staat das Recht habe, die UNO zu verlassen, wenn er aus irgendwelchen Gründen nicht mehr darin verbleiben wolle. Oberflächlich betrachtet scheint das eine einfache Frage zu sein, in Wirklichkeit aber war sie recht kompliziert, denn der Verlust eines solchen Rechtes beeinträchtigte die Souveränität der Staaten. Einerseits sollte kein Staat eine Organisation verlassen, die der Friedenswahrung dient. Nun konnte aber ein Staat der Meinung sein, die Organisation tue ihre Pflicht nicht. Desgleichen konnte ein Staat die UNO verlassen wollen, weil er eine Position der Neutralität beziehen wollte. Sollte man ihm dieses Recht vorenthalten?

Amerika, England und Frankreich gaben sich höchst besorgt, die UNO dürfe keinesfalls geschwächt werden, indem man den Austritt irgendeines Mitglieds zulasse. Ein derartiger Angriff auf den geheiligten völkerrechtlichen Grundsatz der nationalen Souveränität hätte indessen die Einmischung eines Staates in die inneren Angelegenheiten eines anderen ermöglicht und überdies die UNO selbst in die Lage versetzt, in die inneren Angelegenheiten der Mitgliedstaaten einzugreifen.

Ich legte einen gegenteiligen Entschließungsantrag vor, der von der Mehrheit der Delegationen angenommen wurde.

Im Verlauf der Konferenz bin ich oft mit Stettinius zusammengekommen. Nach Roosevelts Tod schied die große Mehrheit seiner unmittelbaren Mitarbeiter aus der amerikanischen Delegation aus, entweder aus eigenem Entschluß oder weil sie durch andere ersetzt wurden. Stettinius selbst konnte sich noch eine Zeitlang halten. Das lag zum Teil daran, daß er das Großkapital vertrat; vor dem Krieg war er Aufsichtsratsvorsitzender von United Steel gewesen, einer Firma, die kein Präsident und keine Regierung unbeachtet lassen konnte. Dennoch wurde drei Monate nach Roosevelts Tod Stettinius durch James Byrnes ersetzt, der mehr nach Trumans Geschmack war.

Ich habe immer noch das Bild Stettinius' am Konferenztisch vor Augen - sein Haar war schlohweiß. Er sprach in gleichmäßigem Ton, hatte immer ein Wort für jeden Delegationschef, hob nie die Stimme, und was er sagte, klang immer gleich: hie schwarz, hie weiß. Er stieg möglichst nicht zu tief in die Probleme ein; ich glaube, für ihn war die Diskussion schwieriger Probleme nichts als eine schmerzliche Pflicht. Seine hohe Position in der Stahlindustrie hatte ihn sicherlich geprägt. Aber obwohl er aus einer anderen Gesellschaftsordnung kam, hielt ich Stettinius doch für einen Diplomaten, mit dem man reden und sich verständigen konnte.

Erwähnen sollte ich noch, daß Stettinius im Gespräch mit uns nie die Vorteile des Privatunternehmertums, der amerikanischen Demokratie oder amerikanischer Lebensart pries, wenngleich er mehr als genug Gelegenheit dazu gehabt hätte.

Eine solche Gelegenheit war, als er mich mit meiner Frau und meinem Sohn Anatoli einlud, mit ihm und seiner Frau Virginia auf seiner Jacht einen Ausflug um die Insel Manhattan zu unternehmen. Das Wetter war schön, und er wollte uns die Brücken und Monumente und so weiter zeigen.

Während wir so dahinsegelten, sagte er plötzlich: »Sehen Sie, da drüben ist Wall Street.«

Weiterer Erklärungen bedurfte es nicht, aber mir fiel zum ersten Mal auf, wie bescheiden dieses Hauptquartier des Kapitalismus aussah. Die Straße endet auf der einen Seite am Meer, weshalb man sie am besten von einem Boot aus betrachten kann, und an der anderen Seite an einem Friedhof.

Nach seinem Ausscheiden als Außenminister war Stettinius noch etwa ein Jahr lang US-Botschafter bei den Vereinten Nationen. 1950 veröffentlichte er sein Buch *Roosevelt and the Russians: The Yalta Conference*, in dem er seine Auffassung zu den amerikanisch-sowjetischen Beziehungen darlegte.

Senator Arthur Vandenberg, der einflußreiche Fraktionsvorsitzende der republikanischen Opposition im Senat, hatte auch in der amerikanischen Delegation beträchtlichen Einfluß, obwohl er sich am wohlsten im internen Gespräch und weniger in den internationalen Sitzungen fühlte, wo er meist lieber schwieg.

Vor dem Krieg war er gegen die diplomatische Anerkennung der UdSSR gewesen und hatte Hitler als keine Bedrohung für die Westmächte erachtet. Kurz nach Kriegsausbruch hatte er erklärt, »das hat nichts mit Amerika zu tun«, und im Februar 1941 hatte er gegen das Lend-Lease-Abkommen gestimmt. Während des ganzen Krieges war er ein Gegner der Rooseveltschen Politik gewesen, war offen gegen die Idee einer zweiten Front in Europa aufgetreten und hatte eine Konzentration der amerikanischen Truppen im Pazifik verlangt. Dennoch hatte ihn Roosevelt angesichts seines Einflusses bei den Republikanern gebeten, der amerikanischen Delegation in San Francisco anzugehören. Und am Ende der Konferenz hielt Vandenberg eine Rede, in der er in Anbetracht der öffentlichen Meinung die Ratifizierung der Charta befürwortete.

Als Stettinius nach Roosevelts Tod als Außenminister ersetzt wurde, stieg auch Vandenbergs außenpolitischer Einfluß. Er wurde praktisch Byrnes' rechte Hand und war gegen jede Nachkriegszusammenarbeit zwischen Ost und West.

Als Anthony Eden San Francisco verließ, übernahm Lord Halifax die Leitung der britischen Delegation. Der von den anderen Delegierten mit dem Spitznamen »Wachtturm« bedachte Lord Halifax ist mir so deutlich in Erinnerung, als hätte ich ihn erst gestern getroffen. Seit 1910 gehörte er dem Parlament an, hatte mehrere Ministerposten innegehabt und war 1926 zum Vizekönig von Indien ernannt worden. Vor dem Krieg hatte er beträchtlichen Einfluß auf die britische Außenpolitik und gehörte zu denen, die ein Abkommen mit Deutschland gegen die Sowjetunion angestrebt hatten. Als Außenminister der Chamberlain-Regierung, die das Münchener Abkommen ausgehandelt hatte, blieb er auf diesem Posten, bis nach Kriegsbeginn Churchills Koalitionsregierung die Macht übernahm.

In seinen Nachkriegsmemoiren von 1957 versucht Halifax, seine Verantwortung für die Beschwichtigungspolitik zu leugnen, und schiebt die Schuld anderen britischen und europäischen Politikern in die Schuhe, die angeblich die Ereignisse in Deutschland hätten außer Kontrolle geraten lassen. Das Münchener Abkommen nennt er eine »schreckliche und traurige Angelegenheit, aber das kleinere Übel«. Selbst als dem Faschismus alles in Europa gelungen war, hielt Halifax noch die Organisation eines entschlossenen Widerstandes gegen Hitler für das größere Übel. Bis zu seinem Tode hat er nie die Bemühungen der Sowjetunion um eine Abwendung der Kriegsgefahr anerkannt.

Ich lernte Halifax in Washington kennen, als er 1940 britischer Botschafter wurde. Als feiner Aristokrat suchte er die Gesellschaft der Männer, die er zu den Mächtigen der Erde zählte und zu denen er ohne Umschweife auch sich selber rechnete. Mit mir unterhielt er sich am liebsten über die Lage an der Front und genoß es, den Tratsch weiterzuerzählen, den er in den Fluren der Macht aufgeschnappt hatte. Als Außenminister hatten ihn die Amerikaner früher nicht gerade geschätzt, und das zahlte er ihnen gern heim. Einmal ließ er in Anwesenheit amerikanischer Vertreter ein paar Bemerkungen über sie fallen, die er in der feinen Londoner Gesellschaft gehört hatte.

Halifax konnte es nicht ausstehen, wenn man ihn an seine Haltung gegenüber Deutschland vor dem Krieg erinnerte, und in der Regel wurde darüber in seiner Gegenwart nicht gesprochen. Auch ich tat mein Bestes, ihm keine Bauchschmerzen zu bereiten.

Leicht war nicht mit ihm auszukommen. Dennoch war er

ein interessanter Gesprächspartner. Er sammelte sämtlichen Klatsch – über Krieg, Präsidenten, Regierungen, internationale Zusammenkünfte, Nazi-Intrigen mit Neutralen, Ballgeflüster fremder Diplomaten. Interessierte ihn etwas besonders, dann streckte er seinen ohnehin ungewöhnlich langen Hals noch weiter heraus. Über Fragen wie Wirtschaft, Arbeitslosigkeit, Monopolprofite oder Gewerkschaften unterhielt man sich aber mit ihm besser nicht. In seinen Anschauungen war er erzkonservativ.

Nie sprachen wir über das politische System, die Weltanschauung oder Ideologie der Sowjetunion. Mehr als einmal ließ er erkennen, daß er sich in solchen Fragen nicht für genügend versiert hielt. Nur eines wußte er mit Gewißheit: In der Sowjetunion war alles anders.

Ihm ging es ausschließlich darum, wie er wiederholt sagte, daß Großbritannien überlebe, und das konnte es nur, wenn Hitlers Militärapparat zerschlagen wurde. Die Rolle, die die Sowjetunion dabei zu spielen hatte, begriff er voll und ganz.

In den Sitzungen der Großen Fünf in San Francisco hatte man deutlich das Gefühl, daß Halifax von den zur Debatte stehenden Dingen keinerlei Ahnung hatte und auch nicht haben wollte. Oft schien er den Besprechungen mit leerem, geistesabwesendem Blick beizuwohnen. Und wenn es ihm dann gefiel, etwas zu sagen (was er stets vorher mit Cadogan besprach), dann äußerte er seine Gedanken so blumenreich, daß ihn kaum jemand verstand.

In einer Reihe von Fragen mußte ich ihn an früher gemachte Zusagen erinnern, die er jetzt plötzlich über Bord zu werfen bereit war. Nicht als wäre er uns gegenüber offen unfreundlich gewesen, aber wir konnten bei Halifax und der übrigen britischen Delegation in San Francisco nie sicher sein, ob sie ihre Versprechungen halten würden.

Mitte 1946 gab er seinen Botschafterposten auf, ging nach England zurück und beendete auch seine politische Laufbahn. Die Konferenz von San Francisco war sein letzter außenpolitischer Auftritt. Dem folgte eine Zeit der Einsamkeit und

Rasenpflege, bis er dann 1959 im Alter von 78 Jahren verschied.

Meine Erinnerung an die Persönlichkeiten, denen ich in San Francisco begegnete, wäre nicht vollständig, wenn ich nicht noch kurz den französischen Delegationsleiter Joseph Paul-Boncour erwähnen würde, ein Franzose, wie man ihn sich französischer nicht vorstellen kann. Klein von Gestalt, stets exquisit gekleidet, schlohweißes Haar, das er mit kräftigen Bürstenstrichen meist vergeblich zu bändigen versuchte, schien er geradewegs einem Balzac-Roman entsprungen.

Als wir uns kennenlernten, besaß er schon beträchtliche politische Erfahrung und blickte auf eine glänzende Karriere zurück. Schon mit 25 Jahren hatte er das Büro des Ministerpräsidenten geleitet, war danach Mitglied der Abgeordnetenkammer und mit 38 Ministerpräsident und Außenminister. Er wirkte an vielen internationalen Konferenzen mit; 1972, kurz vor seinem 100. Geburtstag, starb er.

Äußerte er sich zu Streitfragen zwischen der Sowjetunion und den Westmächten auch meist viel feinsinniger als der amerikanische oder britische Delegierte, so stand er doch stets auf deren Seite. Alles in allem war er aber ein bescheidener Mann, und gelegentlich erwies sich seine maßvolle Art bei der Suche nach einer Lösung als hilfreich.

Einmal fragte ich ihn bei einem Essen: »Wie sehen Sie die Zukunft Frankreichs in dieser schwierigen Lage?«

Seine Antwort war ungewöhnlich kühn: »Frankreich muß als unabhängiger Staat auf eigenen Beinen stehen. De Gaulle versteht die Seele des Landes, und das Land wird ihm folgen.«

Das war zu einer Zeit, als es um das Verhältnis zwischen de Gaulle und Roosevelt nicht gerade zum Besten stand, und Truman hatte sich noch nicht entschlossen, wie er sich zu dem dickschädligen General verhalten sollte, der es fertigbrachte, Washington ein Nein entgegenzusetzen, wenn er der Meinung war, die Belange Frankreichs würden nicht genügend berücksichtigt.

Unter den Politikern auf der Konferenz von San Francisco

war Feldmarschall Smuts, der die Delegation der Südafrikanischen Union leitete, eine recht originelle Gestalt. Es war das erste Mal, daß die sowjetischen Delegierten einem Mann dieses Typus begegneten; ein leibhaftiges Stück Vergangenheit, das immer weiter in die Geschichte zurückfiel.

Der Farmer-Sohn Jan Christiaan Smuts hatte eine hervorragende Erziehung in Cambridge genossen und war dann mit 25 Jahren nach Südafrika zurückgekehrt, wo er Generalstaatsanwalt der südafrikanischen Republik wurde. Im Burenkrieg von 1899 bis 1902 kämpfte er an führender Stelle gegen die britische Kolonialherrschaft; den Interessen der schwarzen Bevölkerungsmehrheit brachte er keinerlei Sympathie entgegen. 1905 wurde er zu Verhandlungen über die Selbstverwaltung der Buren nach England geschickt und kehrte als Anhänger der Verständigungspolitik nach Südafrika zurück. Er hatte viele Ministerposten inne und war mehrfach Premierminister der Südafrikanischen Union. Auf der Pariser Friedenskonferenz nach dem Ersten Weltkrieg hatte er die Idee der Mandatsgebiete eingeführt, mit der die Imperialisten ihre Herrschaft über die »nichtselbständigen Gebiete« maskieren wollten. 1939 stürzte er die damalige prodeutsche Regierung und wurde zugleich Premierminister, Außenminister, Verteidigungsminister und militärischer Oberbefehlshaber. Die britische Krone verlieh ihm 1941 den Titel Feldmarschall.

In San Francisco nannten wir ihn als den vermutlich letzten noch lebenden Führer des Burenaufstands »den letzten Mohikaner«.

Auf der Konferenz ergriff er nur selten das Wort. Vermutlich empfand er diese Betätigungsform als unpassend für sich; mit einem Gewehr konnte er besser umgehen als mit Reden und Erklärungen.

Smuts fuhr gerne mit offenem Verdeck durch die Straßen von San Francisco. Er freute sich wie ein Kind, wenn die Leute ihn erkannten, und winkte ihnen dankbar und glücklich zu.

»Sie sollten wissen, Herr Gromyko«, vertraute er mir an, »daß ich Churchill im Burenkrieg persönlich gefangennahm.«

»Was Sie nicht gehindert hat, später Gefangener seiner Politik zu werden«, gab ich zurück.

Der Feldmarschall erhob keinen Einwand; vermutlich begriff er gar nicht, was ich meinte.

Ich hatte Smuts im St. Francis Hotel getroffen, wo die sowjetische Delegation untergebracht war. Was hatte ihn zu der Konferenz verschlagen?

Er erklärte mir: »Diese Riesenkonferenz ist für mich neu. Die meisten Vorgänge in den Plenar- und Ausschußsitzungen sind mir natürlich klar, aber einiges verstehe ich nicht.« Er fügte hinzu: »Was das Vetorecht anbelangt, will unsere Delegation alles gerne den fünf Mächten überlassen.«

Daß seine Delegation ebenjene unterstützte, die die Einstimmigkeitsregel aushöhlen wollten, ließ er unerwähnt.

»Aber meine Delegation und ich«, fuhr er fort, »stellen mit Entsetzen fest, daß im Charta-Entwurf keine Rede von Gott ist.«

Ich fragte den ergrauten Feldmarschall: »Was hat denn Gott da zu suchen?«

Er erläuterte ungerührt: »Sehen Sie sich doch mal an, was da geschieht. In keiner Klausel, die zur Debatte steht, wird gesagt, daß hinter allem Gott steht. Genauso wie die Menschen müssen auch die Staaten Gott fürchten und sich von seinem Willen leiten lassen, und das sollte in der Charta stehen.« Er gab zu verstehen, seiner Meinung nach habe der Völkerbund versagt, weil die Staaten nicht auf den Willen Gottes geachtet hätten.

Ich sah ihn an und versuchte zu ergründen, ob er wirklich glaubte, was er da sagte. Nach seinem exaltierten Gesichtsausdruck und dem Eifer zu urteilen, mit dem er seinen langatmigen Monolog von sich gab, glaubte er jedes Wort.

Nachdem er geendet hatte, wartete Smuts auf meine Antwort. Was er gesagt hatte, beleuchtete schlaglichtartig die geheimnisvolle Mauer, die das Denken und Fühlen religiöser Menschen von denen trennt, die nur die physische Welt der Natur und Wissenschaft sehen.

Ich begann: »Die Vereinten Nationen werden aus verschiedenen Staaten mit unterschiedlichen Religionen und Ideologien bestehen, einschließlich des dialektischen Materialismus.« Ich machte eine Pause. Da er aufmerksam zuhörte, fuhr ich fort: »Sie wissen ja, daß das sowjetische Volk und seine führende Kraft, die Partei der Kommunisten, sich von der wissenschaftlichen Lehre des Marxismus-Leninismus leiten lassen. Unsere Philosophie schließt jeglichen Glauben an eine übernatürliche Macht aus. Wir haben zwar Religionsfreiheit, sind aber ein atheistischer Staat. Wie können wir in der Charta einer strikt diesseitigen Welt von Gott sprechen? Die Charta muß alle Mitgliedstaaten dazu anhalten, den Frieden zwischen den Völkern zu gewährleisten. Davon müssen alle Länder ausgehen, ungeachtet ihrer Gesellschaftsstruktur oder Ideologie.«

Was er dachte, entzog sich mir. Schließlich meinte er: »Ich teile zwar nicht Ihre Grundauffassung, sehe jedoch, daß Ihre Argumentation als Vertreter Ihres Landes konsequent ist. Offenbar werden meine Wünsche in dieser Angelegenheit unerfüllt bleiben.«

Er hatte bei uns, wie zweifellos zuvor schon bei einigen westlichen Delegationen, das Terrain sondieren wollen, brachte aber auf der Konferenz das Thema Gott nicht zur Sprache. Auch die Westmächte machten daraus kein ernsthaftes Thema; es gab schon genug wichtige irdische Fragen, die einer Lösung bedurften.

Wir verabschiedeten uns respektvoll von dem Feldmarschall.

In San Francisco sowie bei den ersten vier Tagungen der Generalversammlung und weiteren internationalen Konferenzen wurde die sowjetische Delegation der Ukraine bis 1953 stets von Dmitri Sacharjewitsch Manuilski geleitet, den ich sehr hochschätzte.

Der altgediente Parteikämpe aus vorrevolutionären Tagen hatte in der Komintern gearbeitet und war dann Außenminister der Ukrainischen Republik geworden. Er war ein bescheidener Mann, der unter den Sowjetdiplomaten dank seiner fundierten Kenntnis der Sozial- und politischen Wissenschaften hervortrat, 1911 an der Sorbonne seinen Abschluß gemacht hatte und sein Leben lang reges geistiges Interesse bewies.

Wir trafen uns zum ersten Mal in San Francisco, wo wir im engsten Kreis unserer drei Delegationen (UdSSR, Weißrußland, Ukraine) zusammenarbeiteten. Mit Zahlen und Details hatte er nichts im Sinn; seine Stärke war die breitangelegte Analyse, bei der ihm seine große Erfahrung voll zustatten kam. Er hatte auch einen sehr lebhaften Humor. Er konnte ausgezeichnete Charakterskizzen von sich geben, und manchmal fiel ihm mitten in einer politischen Diskussion eine amüsante Begebenheit ein, die ihm in den zahlreichen Ländern, in denen er gelebt hatte, widerfahren war.

Einmal erzählte er mir von einem Besuch im berühmten Wachsfigurenkabinett Grévin in Paris, das für Madame Tussauds nicht weniger bekanntes Kabinett in London Pate gestanden hatte. Das Grévin-Museum war gerade nicht sehr stark besucht, woraufhin Manuilski beschloß, zwei Besucherinnen einen Streich zu spielen. Er lief ihnen voraus, stellte sich zwischen ein paar Wachsfiguren in Pose, und als die Damen nahten, rührte er sich nicht.

Sie kamen direkt auf ihn zu. Die eine sagte: »Der sieht wirklich echt aus!«

Worauf Manuilski seinen Schnurrbart zucken ließ und mit Grabesstimme sagte: »Madame, ich möchte ins Leben zurück.«

Die Damen liefen schreiend weg. Erst nach einigen Metern begriffen sie, was geschehen war.

»Jawohl, Andrej Andrejewitsch, das ist nicht gelogen«, versicherte er mir.

Die amerikanischen Behörden boten den Delegationen erträgliche Arbeitsbedingungen, aber auch nicht mehr. Sie halfen bei der Hotelsuche, aber die Miete mußte man im voraus bezahlen und nicht zu knapp.

Als Gastgeberland hätten die USA entsprechende Vorkehrungen treffen sollen, um für die erste größere internationale

Konferenz nach dem Kriege eine einladende Atmosphäre zu schaffen. Präsident Truman beehrte jedoch die Eröffnungsfeier nicht einmal mit seiner Anwesenheit, und die amerikanische Regierung ließ es bei einer symbolischen Vertretung auf der Ebene von Gouverneur Warren und dem Bürgermeister der Stadt bewenden. Sicher stand in der Grußbotschaft des Präsidenten zu lesen: »Niemals in der Geschichte hat es eine wichtigere Konferenz oder eine notwendigere Zusammenkunft gegeben als diese, die wir heute in San Francisco eröffnen.« Aber zwischen diesen Worten und der wirklichen Meinung seiner Regierung klaffte eine riesige Lücke.

Der Mangel an Aufmerksamkeit seitens der Regierung wurde in gewissem Maß wettgemacht durch die Stadt San Francisco mit ihren hübschen, steilen Straßen, ihrem romantischen, leicht dahintreibenden Nebeldunst, durch die Schönheit und geniale Baukunst der Golden Gate Bridge und die herrlichen Wälder in der Nähe.

Der Beschluß über den künftigen Sitz der Vereinten Nationen wurde in San Francisco gefaßt, praktisch durch Vereinbarung zwischen den beiden Großmächten. Angesichts unserer Kriegsanstrengungen mit den Verbündeten Amerikas und der wiederholten Zusagen Washingtons, die USA würden bei der Verhinderung eines neuen Krieges mitarbeiten, war die UdSSR als Freundschaftsgeste gegenüber Washington dazu bereit, die Vereinten Nationen in den Vereinigten Staaten anzusiedeln.

Zunächst mußten jedoch die angemessenen Verfahren ablaufen, wozu ein Exekutivausschuß aus 14 Staaten gebildet wurde, zu denen die fünf ständigen Mitglieder des Sicherheitsrates gehörten. Der Ausschuß nahm sechs Wochen später, am 15. August 1945, im Londoner Church House - einem nahe Westminster gelegenen historischen Gebäude - seine Arbeit auf. In San Francisco war vereinbart worden, nachdem der Exekutivausschuß seine Arbeit abgeschlossen habe, solle eine vorbereitende Kommission mit Teilnehmern aus sämtlichen Mitgliedstaaten zusammentreten, wobei sich die beiden Gremien nicht nur mit der Frage des Standorts, sondern auch mit zahlreichen anderen Organisationsfragen der Vereinten Nationen befassen sollten.

In der vorbereitenden Kommission hatte jeder Mitgliedstaat Stimmrecht und konnte auch eigene Vorschläge für den Sitz des Hauptquartiers der Vereinten Nationen einbringen. Nicht alle waren für die USA als Standort. Mehrere europäische Hauptstädte wurden genannt, am häufigsten Kopenhagen, Paris und Genf, einmal auch Monaco. In den Debatten ging es oftmals hoch her. Kopenhagen konnte keine Mehrheit erlangen, denn wenn auch niemand irgend etwas Überzeugendes dagegen vorbringen konnte, so gab es auch nichts, was besonders dafür gesprochen hätte.

Paris oder eine andere Stadt in Frankreich war bei vielen Delegierten beliebt, aber einige größere europäische Staaten sahen das mit scheelem Blick, weil damit die Franzosen gegenüber London oder Washington im Vorteil gewesen wären. Rom stand nicht zur Debatte, da Italien als Aggressor nicht zu den Gründungsmitgliedern der Vereinten Nationen gehörte.

Einige setzten sich wegen der Neutralität der Schweiz und der Annehmlichkeiten der Stadt entschieden für Genf ein, während die Gegner ins Feld führten, die neue Organisation solle ihren Sitz nun gerade nicht am selben Ort haben wie der machtlose Völkerbund.

Jedermann wußte, daß dem gewählten Ort aufgrund der Dienstleistungen für zahlreiche ausländische Besucher erhebliche Mengen Hartwährung zufließen würden und seinen Bewohnern langfristig eine beträchtliche Zahl von Arbeitsplätzen sicher waren. Das gab aber niemand zu. Als Hauptgründe wurden vielmehr genannt:

- Europa liegt näher an Asien und Afrika.
- In Europa gibt es schon den Völkerbundspalast.
- Von Europa gingen beide Weltkriege aus, weshalb Sicherheit für Europa besonders wichtig ist.
- Europa ist die Heimat der modernen Zivilisation.

Das Argument gegen Europa hieß: Legt man das Hauptquartier der Vereinten Nationen in die USA, so bedeutet das die Anerkennung der Rolle Amerikas im Kriege durch die Staaten der Anti-Hitler-Koalition.

Bezeichnenderweise wurde dieses Argument nicht von den USA selbst vorgebracht. Aber die amerikanischen Delegierten betätigten sich eifrig hinter den Kulissen, und schließlich las der amerikanische Vertreter in der vorbereitenden Kommission, Adlai Stevenson, eine vom Kongreß verabschiedete Entschließung vor, mit der die Vereinten Nationen in die Vereinigten Staaten von Amerika eingeladen wurden. An eine stürmische Debatte schloß sich eine öffentliche Abstimmung an, die wie erwartet ausging: Für Europa sprachen sich 23, dagegen 25 Delegationen (bei 2 Enthaltungen) aus; für die USA waren 30, dagegen 14 (bei 6 Enthaltungen).

Es dauerte jedoch noch viele Monate, bis der endgültige Standort feststand, wobei die städtischen Behörden von San Francisco sehr darauf erpicht waren, daß die Wahl auf ihre Stadt fiel.

Die erste Generalversammlung fand noch Anfang 1946 in London in der Central Hall statt. Damals waren es 51 Delegierte. Heute sind es 159.

Auf der ersten Tagung verkündete der amerikanische Delegierte, seine Regierung habe einen geeigneten Platz in New York gefunden, und niemand erhob Einwände. Während der ersten drei oder vier Jahre tagte der Sicherheitsrat etwa 40 Kilometer von New York entfernt in Lake Success auf Long Island, die Generalversammlung dagegen im New Yorker Vorort Flushing Meadow. Aber für die Arbeit der Organisation eignete sich keiner der beiden Orte, und jedermann wußte, daß sich die Vereinten Nationen letzten Endes in Manhattan niederlassen würden. Ein Geschenk Nelson Rockefellers machte es schließlich möglich. Mit gewohntem Scharfsinn hatte Rockefeller erkannt, daß die erheblichen Kosten, die ihm mit der Schenkung eines Grundstücks entstanden, künftig riesigen Gewinn dadurch abwerfen würden, daß der Wert von Grundstücken und

Nach der Ansprache vor der UN-Generalversammlung zu Fragen der internationalen Sicherheit und zum Chemiewaffen-Verbot, September 1969.

Gebäuden, die er in der Nähe des Gebäudes der Vereinten Nationen besaß, beträchtlich steigen werde. Und er behielt recht.

Die beiden UNO-Gebäude waren schnell erstellt und summten bald vor Aktivität.

Ein wesentliches Anliegen der Schöpfer der Vereinten Nationen hieß, daß deren Arbeit in der Hand einer Autorität liegen müsse. Sobald man jedoch versuchte, deren Vollmachten in der Charta zu verankern, kam es zu Streitigkeiten. Die amerikanischen und britischen Delegierten wollten diese Autoritätsperson mit weitgehenden Vollmachten ausstatten, größer als die selbst des mächtigsten Staates. Wir fragten, wo denn dieser eine zu finden sei, dem West und Ost rückhaltlos vertrauen könnten, aber es kam keine Antwort.

Schließlich wurde ein Kompromiß erzielt und in die Charta aufgenommen: Der Generalsekretär als höchster Exekutivbeamter sollte persönlich lediglich für das Funktionieren des UNO-Sekretariats verantwortlich zeichnen, aber auch die Aufmerksamkeit der Organisation, sogar des Sicherheitsrats auf jede Situation lenken können, die ihrer seiner Meinung nach bedurfte. Indessen sollte es nicht zu seinen Aufgaben gehören, derartige Situationen selbst durch Kommissionen oder Gruppen untersuchen zu lassen. Mit dieser Formel war keineswegs eine Minderung des Status des Generalsekretärs beabsichtigt, sondern lediglich eine nüchterne und realistische Definition seiner Funktionen. Hätte man ihm die politischen Entscheidungsvollmachten übertragen, wären Konflikte unvermeidlich gewesen.

Die Wahl eines Generalsekretärs war nicht einfach, aber nach beträchtlichen Mühen einigte man sich auf den norwegischen Politiker, Diplomaten und Juristen Trygve Lie.

Nach der Befreiung Norwegens im Frühjahr 1945 war Trygve Lie von London nach Oslo zurückgekehrt und unter Einar Gerhardsen Außenminister geworden. Er nahm an der Konferenz von San Francisco teil und führte 1946 bei der Generalversammlung in London die norwegische Delegation an.

Die Sowjetunion unterstützte Trygve Lie im Vertrauen auf seine Unparteilichkeit, die aber schon kurze Zeit später endete. Dabei spielte nicht nur seine persönliche politische Weltanschauung eine Rolle, sondern auch die Tatsache, daß der größte Teil seines Apparats mit Amerikanern oder Personal aus anderen westlichen Ländern besetzt war. Alle Dokumente, Informationen und Vorschläge, die auf seinem Schreibtisch landeten, waren also zuvor von den Amerikanern gesiebt worden, und daraus macht auch niemand einen Hehl.

Der erste Generalsekretär war nicht gerade ein sehr charakterfester Mann. Er konnte viel Aufregung erzeugen, und dabei war sein athletischer Körperbau sehr eindrucksvoll, aber wer ihn näher kannte, wußte auch, daß sein Vorrat an Mißbilligung oder Zorn schnell erschöpft war und einer versöhnlichen Stimmung Platz machte - die ihrerseits ebenfalls nicht sehr lange vorhielt.

Bei den vielen Zusammenkünften mit ihm in London und New York versicherte er mich meist seiner positiven Gefühle für die UdSSR und pries die Großtaten der Roten Armee bei der Befreiung Nordnorwegens. Aber in den harten Zusammenstößen im Plenum der Generalversammlung oder im Sicherheitsrat bevorzugte er fast immer das Westufer des Atlantiks, und im Laufe der Jahre gab er dem Druck der herrschenden Kreise in Amerika mehr und mehr nach.

Im UNO-Jahresbericht von 1948 gab er den USA und England praktisch Entlastung für die häufige Nichtausführung von UNO-Entschließungen und lobte den expansionistischen Marshallplan. Desgleichen nutzte er seine Position, um die amerikanische Aggression gegen das koreanische Volk zu unterstützen, indem er die amerikanischen Truppen in die UNO-Flagge hüllte.

Wenn ich sagen müßte, ob Trygve Lie ein guter Generalsekretär gewesen sei, müßte ich es verneinen.

Es dauerte lange, bis ein Nachfolger gefunden war. Zwar gab

es viele Kandidaten, aber der Kreis verengte sich immer mehr auf jemanden, auf den sich die fünf ständigen Sicherheitsratsmitglieder 1953 einigen konnten - Dag Hammarskjöld, der bis dahin verschiedene Positionen in der schwedischen Regierung eingenommen hatte.

Jeder sah ihm genau auf die Finger. Wir hatten geglaubt, mit ihm zu einem vernünftigen Arbeitsverhältnis kommen zu können, aber trotz seiner sichtbaren anfänglichen Bemühungen um Objektivität wich sein Verhalten von diesem Ideal immer mehr ab. Unsere Anstrengungen, ihn im Rahmen des Erträglichen zu halten, schlugen fehl, und als die Stürme des kalten Krieges schärfer zu blasen begannen, erfaßten sie auch Hammarskjöld und trugen ihn fort. Selbst London und Washington wurde es manchmal ungemütlich angesichts des Übereifers, mit dem er das Räderwerk der NATO ölte, doch er geriet immer mehr in antisowjetisches Fahrwasser.

Dabei wußte er ganz genau, was er tat. Nun mußte er ja wissen, daß er bei der nächsten Wahl nicht mit der Unterstützung Moskaus rechnen konnte; er tat sich deshalb an den Lobhudeleien aus Washington und anderen NATO-Ländern gütlich und beschloß bei sich selbst: Lange werde ich hier sowieso nicht mehr sein - zum Teufel also mit der Objektivität.

Ich erinnere mich an ein Gespräch mit Hammarskjöld während der Generalversammlung, kurz vor seiner Schicksalsreise nach Afrika 1961, wo er bei einem Flugzeugabsturz umkam. Unser Ständiger Vertreter, A.A. Sobolew, war ebenfalls zugegen. Hammarskjöld war ungewöhnlich gesprächig und ergötzte sich an seinem eigenen Redeschwall, während er sein Vorgehen zu rechtfertigen suchte, und wir zwei hatten alle Mühe, ihn dazu zu bringen, daß er endlich den Mund hielt.

Natürlich sagten wir, was zu sagen wir gekommen waren, und betonten die Notwendigkeit, den neuerdings zur Unabhängigkeit gelangten afrikanischen Ländern realistisch zu helfen: »Diese Länder müssen gegen die Intrigen und den Druck der imperialistischen Länder geschützt werden. Ganz besonders gilt das für die einstigen belgischen Kolonien.«

Nach dem Gespräch faßte Sobolew seinen Eindruck halb scherzend, halb ernst so zusammen: »Welche Pillen hat er wohl genommen, bevor er uns sah?«

Die Lektion aus der Amtszeit Trygve Lies und noch mehr Dag Hammarskjölds lautete, daß man als Generalsekretär jemanden brauchte, der als objektiv bekannt war und begriff, daß er seine Arbeit nur dann richtig tun konnte, wenn er sich unparteiisch verhielt.

Es dauerte lange und kostete viel Mühe, einen neuen Generalsekretär zu finden. Schließlich fiel die Wahl auf U Thant, den damaligen stellvertretenden Außenminister von Birma und engen Mitarbeiter des Premierministers U Nu, der sich sehr für die Entwicklung der sowjetisch-birmanischen Beziehungen eingesetzt hatte. In seiner Lebensart war U Thant ein Europäer und lebte als Diplomat im britischen Stil.

Dennoch gestand er mir fünf Jahre nach seiner Wahl: »Es hat den Anschein, als seien meine Flitterwochen mit dieser Organisation vorüber.«

Das überraschte mich, denn er hatte sich nichts dergleichen anmerken lassen.

Er sagte: »Es gibt im Sekretariat geradezu ein Heer von Amerikanern, viele davon aus dem Geheimdienst, und sie behaupten, ich verhielte mich den USA gegenüber unfair.« Das bedrückte ihn sehr. »Das stimmt nicht«, sagte er. »In Wirklichkeit wollen sie nur nicht, daß ich mich der UdSSR und den anderen sozialistischen Ländern gegenüber objektiv verhalte.«

Ähnliches sagte er zu mir wiederholte Male. Aber als vorsichtiger Mann mit wirklich neutraler Sicht der Dinge hielt er sich bis 1971 auf dem Posten. Danach zog er sich aus Krankheitsgründen zurück und ging nach Birma, wo er bald danach starb.

9. Kapitel
Das Wettrüsten

Im April 1946 wurde ich Ständiger Vertreter der Sowjetunion bei den Vereinten Nationen und erhielt fast gleichzeitig den Rang eines Stellvertretenden Außenministers. Seither hat mich fast täglich das Problem der Abrüstung beschäftigt. Ich nahm an zahllosen Besprechungen auf jeder erdenklichen Ebene teil, und mit Vertretern vieler Staaten führte ich bilaterale Gespräche und Verhandlungen.

Ein Sicherheitssystem kommt nicht ohne Rüstungskontrolle und -reduzierung aus. Man kann das denen, die etwas davon verstehen wollen, nicht oft genug sagen.

Auf der Genfer Konferenz von 1922 erklärte der sowjetische Außenkommissar Tschitscherin auf unmittelbare Weisung Lenins: »Unser Staat schlägt die weltweite Verringerung der Waffen vor; damit ist auch die Kriegsgefahr gebannt.« So lautet seither die unwandelbare sowjetische Haltung.

Allein in den Vereinten Nationen hat die UdSSR seit 1946 über hundert Initiativen für eine Beendigung des Wettrüstens und für die Abrüstung eingebracht. Die UdSSR war die erste, die eine universelle und totale Abrüstung in Verbindung mit universeller Überwachung vorschlug, und seither hat es unzählige sowjetische Vorschläge für eine Begrenzung oder Beendigung des Wettrüstens gegeben.

Schon 1946, als die Erinnerung an den Krieg noch ganz frisch war, errichteten die Vereinten Nationen eine Sonderkommission, die in London unter Beteiligung der UdSSR, der USA, Englands, Frankreichs und Kanadas zusammentrat. Bald stellte sich heraus, daß die UdSSR und einzig die UdSSR für die Abrüstung war, während alle anderen jeden auf Abrüstung und Beendigung des Wettrüstens zielenden Vorschlag blockierten.

Amerika wurde von Adlai Stevenson vertreten, der in den Nachkriegsjahren im politischen Leben der USA eine große Rolle spielte. In der Kommission wiederholte Stevenson unentwegt, die amerikanische Regierung sehe sich nicht in der Lage, eine Entschließung zur Abrüstung anzunehmen.

Bei einem Abendessen in seiner Residenz gestand mir Stevenson offen, schon das Gespräch über Abrüstung sei für die USA unannehmbar. Hier in London gab er erstmalig zu: »Ohne Waffenproduktion kann sich das Großkapital in Amerika seine Existenz nicht vorstellen. Niemand in Washington nimmt den Gedanken der Abrüstung ernst. In der Kommission kann ich das aber nicht sagen.«

Mehr Freimut hätte ich von keinem Regierungsvertreter verlangen können.

»Wenn das so ist«, sagte ich, »welchen Kurs sollten die Länder dann in dieser Frage einschlagen?«

»Kontrollierte Aufrüstung«, kam die Antwort.

Dann eben Aufrüstung.

In den internationalen Beziehungen war Stevenson ganz und gar nicht der schlimmste amerikanische Politiker. Als demokratischer Präsidentschaftskandidat hatte er jedoch dem amerikanischen Wähler in der Außenpolitik und insbesondere Abrüstung wohl nichts Attraktives zu bieten, und so überraschte seine Niederlage nicht.

Nach dem Kriege wurde viel und auf allen Ebenen bis hinauf zur Spitze über Abrüstung verhandelt. Die UdSSR stellte pointierte Fragen:

»Wozu müssen die USA Stützpunkte in anderen Ländern errichten?«

»Gegen welchen Feind werden diese Stützpunkte gebaut oder die vorhandenen erhalten?«

Stalin stellte diese Fragen, Molotow stellte sie, die sowjetischen Konferenzdelegierten stellten sie. Nach 40 Jahren sind diese Fragen noch genauso aktuell.

Ich erinnere mich, mit welcher Sturheit sich die westliche Führung der Diskussion über ihre ausländischen Stützpunkte widersetzte. Ich denke beispielsweise an Präsident Eisenhower in Camp David, wie er dasaß und Chruschtschow zuhörte. Sein Gesicht war versteinert, sein Blick ging über die Köpfe seines Gastes hinweg. Das war ganz und gar nicht der als ewig lächelnd gepriesene Eisenhower. Als die Rede auf die Abrüstung kam, sagte er nichts. Vor ihm hatte sich schon Truman genau gleich verhalten und höchstens einmal gesagt: »Die überseeischen Stützpunkte Amerikas dienen dem Frieden.«

Beim Wiener Treffen 1961 kam Präsident Kennedy in ziemliche Schwierigkeiten bei der Suche nach Argumenten auf unsere Frage: »Warum unterhalten die USA so viele Stützpunkte und Truppen in Europa? Da haben sie doch gewiß keine Feinde?« Wenigstens verneinte Kennedy die Frage, ob die USA ihre Truppen in Europa noch vermehren würden. Er erklärte sich auch bereit, weiter über die Sache nachzudenken. In diesem Zusammenhang ist vielleicht folgendes Gespräch aufschlußreich.

Während meines New-York-Besuches anläßlich der UNO-Generalversammlung im September 1963 suchte mich Außenminister Dean Rusk auf. Er sagte: »Der Präsident sucht nach Möglichkeiten für eine Verbesserung der Beziehungen mit der Sowjetunion und einen Abbau der Spannung. Können wir aus der Stadt fahren und dort unsere Unterhaltung fortsetzen?«

Ich merkte, daß es um Ernsteres ging, und sagte natürlich ja.

Wir fuhren vor die Tore der Stadt, wo mir Rusk die Botschaft des Präsidenten anvertraute: »Kennedy denkt an eine Reduzierung der amerikanischen Truppen in Europa.«

Wir gingen die Straße entlang und redeten darüber.

Mir schien, als habe sich in Washington in dieser Frage endlich der gesunde Menschenverstand durchgesetzt. Die Frage hatte in fast jeder sowjetisch-amerikanischen Zusammenkunft seit dem Krieg in der Luft gehangen, wann immer von der NATO-Politik oder der Remilitarisierung Westdeutschlands die Rede war. Nach sowjetischer Auffassung waren die amerikanischen Truppen und Stützpunkte in Westeuropa ein Hindernis für den Frieden. Kennedys Idee hatte folglich unsere ganze Aufmerksamkeit.

Ich berichtete Chruschtschow von dem Gespräch mit Rusk und fügte hinzu: »Wenn der Präsident politisch stark genug ist, seinen Gedanken durchzusetzen, dann wird er Europa, der Welt und auch den USA einen großen Dienst erweisen. Wir müssen abwarten.«

Leider waren jedoch die Tage des Präsidenten gezählt.

Wenn ich an Kennedy denke, fällt mir ein, was Roosevelt in Jalta gesagt hatte: »Die Vereinigten Staaten werden alles tun, was die Vernunft zur Wahrung des Friedens gebietet, aber nicht mit Hilfe der Aufrechterhaltung einer großen Armee in Europa, 5000 Kilometer von Amerika entfernt. Die amerikanische Besatzung wird deshalb nur relativ kurze Zeit dauern.«

Dennoch wollte keine Nachkriegsregierung über die Reduzierung der amerikanischen Truppen in Europa - oder auch anderswo - sprechen.

Während meiner Arbeit in der UNO-Atomenergiekommission hatte ich auch häufig mit dem amerikanischen Vertreter Bernard Baruch zu tun. Seine Ernennung verdankte er seiner Zugehörigkeit zum Großkapital und der Tatsache, daß er auch wußte, wie der Washingtoner Apparat funktionierte.

Zum ersten Mal war ich Baruch 1941 in Washington begegnet. Damals fand er freundliche Worte für die UdSSR, freilich nicht aus Sympathie für den Sozialismus, sondern aus Antipathie gegen den Faschismus. Immerhin sagte er: »Die USA und England müssen ihre Pflicht als Verbündete erfüllen und die zweite Front eröffnen. Ich habe darüber mit dem Präsidenten gesprochen.« Das war zu einer Zeit, als viele Amerikaner, vor allem in den oberen Etagen des Staatsapparates, am liebsten überhaupt nichts von einer zweiten Front hören wollten.

Baruch hatte im Ersten Weltkrieg den Spitznamen »Wirtschaftsdiktator« bekommen, was natürlich übertrieben war, aber sein Einfluß reichte ungeheuer weit. Im Zweiten Weltkrieg beriet er den Präsidenten in Fragen der Kriegswirtschaft. Schon beim ersten Gespräch mit ihm merkte man, daß er über die Oberflächenphänomene und die tieferen Prozesse der Wirtschaft gut Bescheid wußte. Die Interessen des Monopolkapitals waren ihm heilig, und vermutlich half sein Rat der Roosevelt-Regierung, diese Interessen mit den Erfordernissen der Kriegsanstrengung in Einklang zu bringen.

Als nach dem Krieg die UNO-Atomenergiekommission gebildet wurde, gab es offiziellen Anlaß für Begegnungen zwischen Baruch und mir. Er war schon 75, und es ist nicht recht einzusehen, warum er die Vertretung der Regierung in dieser Kommission übernahm, die ihm sicherlich kein Ruhmesblatt bescherte. Der sogenannte »Baruch-Plan«, der in Wirklichkeit ein Plan des Pentagons war, wollte lediglich sicherstellen, daß die USA das Kernwaffenmonopol behielten. Dahinter stand die Absicht, daß die UdSSR und die übrige Welt auf Washington angewiesen sein und ihre Sicherheit in beträchtlichem Maße in die Hände Washingtons legen sollten. Die UdSSR fand dies unannehmbar.

Die eigentliche Absicht sollte mit der Schaffung eines internationalen Gremiums zur Überwachung der Nutzung der Atomenergie getarnt werden. Washington gab sich aber nicht einmal die Mühe, seine Absicht zu verhüllen, daß es in diesem Gremium die führende Rolle beanspruchte, alles, was mit der Erzeugung und Lagerung spaltbaren Materials zu tun hatte, selbst in der Hand zu behalten und sich unter dem Deckmantel der Notwendigkeit einer internationalen Inspektion in die inneren Angelegenheiten souveräner Staaten einzumischen.

Eines Tages ging mir eine sehr vornehm formulierte Einladung auf Bernard Baruchs Wohnsitz auf Long Island zu; es handelte sich entweder um seinen Geburtstag oder um eine andere Feierlichkeit. Als Kollege in der Kommission sagte ich zu.

Wir kamen in ein gut geführtes, behagliches Haus. Zu den anderen Gästen gehörten führende Wirtschaftler und Akademiker, und nachdem wir mehrfach das Glas auf die bemerkenswert gute Gesundheit unseres Gastgebers erhoben hatten, kam Baruch zu mir und sagte leise: »Ich hätte Sie gern kurz unter vier Augen gesprochen. Über Atomwaffen.«

Ich erwiderte: »Gerne. Wir sollten das übrigens öfter tun.« Wir stellten uns in eine Ecke, und ich fuhr fort: »Aber auch wenn wir diese Frage zweimal wöchentlich diskutieren, kommt es natürlich nicht auf die Zahl unserer Zusammenkünfte, sondern auf ihr Ergebnis an.«

Baruch fragte: »Denken Sie an reine amerikanisch-sowjetische Gespräche oder an vierseitige mit den Franzosen und Briten?«

Ich erklärte unsere Haltung: »Beide Formen sind für uns akzeptabel, aber wenn Ihre Regierung bilaterale Gespräche vorzieht, soll uns das recht sein.«

Diese Antwort schien er erwartet zu haben, denn er sagte: »Ich glaube, bilaterale Gespräche werden besonders nützlich sein«, und fügte hinzu, »in Fragen, die die vier Mächte angehen, konsultiert Washington ohnehin London und Paris.«

Also einigten wir uns darauf.

Er fuhr fort: »Die amerikanische Regierung kann nicht verstehen, warum Sie den amerikanischen Standpunkt nicht teilen. Kurz gesagt, geht es um die Schaffung einer internationalen Behörde, die die staatlichen Atomindustrien überwachen kann. Diese Behörde erhielte somit verläßliche Informationen über die Herstellung von Kernwaffen, und alle Regierungen hätten die Gewißheit, daß das von ihnen zu unterzeichnende internationale Übereinkommen auch streng eingehalten wird.«

Ich fragte: »Können Sie mir sagen, was für eine Behörde das wäre und welche Vollmachten sie hätte?«

Bislang hatten sich weder Baruch noch seine Berater, darunter auch Oppenheimer, präziser über die neue Behörde oder ihre genauen Aufgaben ausgelassen, und offensichtlich fiel Baruch die Beantwortung meiner Frage schwer, denn eindeutig hatten er und seine Berater Weisung erhalten, nicht konkret zu werden.

Dennoch gab mir Baruch einen allgemeinen Hinweis: »Dieses internationale Inspektionsgremium muß eine komplette Überwachung aller Industrien der Welt gewährleisten, die mit spaltbarem Material zu tun haben. Mit anderen Worten: Es muß fachkundig sein und so große Vollmachten haben, daß jede Täuschungsmöglichkeit ausgeschlossen ist.«

Damit bekräftigte er, daß nach amerikanischer Absicht alle Inspektoren Fachleute auf diesem Gebiet sein sollten. Damals bedeutete das ganz einfach, daß es sich nur um Amerikaner handeln konnte.

Ich entgegnete: »Sie und Ihre Regierung sollten nicht vergessen, daß ein noch fundamentaleres Nuklearproblem zwischen uns steht, nämlich wie Kernwaffen kontrolliert und künftige Entscheidungen über sie getroffen werden sollen. Das ist von den fünf Mächten im Sicherheitsrat zu entscheiden. Vor kurzem wurde dieses Prinzip in der UNO-Charta verankert und gilt mithin auch für die Atomkommission, die ja ein vom Sicherheitsrat eingesetztes Gremium ist. Die UdSSR ist nicht bereit, hiervon abzugehen.«

Baruch lehnte das unverblümt ab: »Die USA können sich dieser Meinung nicht anschließen.«

Das also waren die Hauptdifferenzen in der Kommission. Amerika hatte das Monopol der Atomwaffenherstellung und wollte es behalten. Alle amerikanischen Verweise auf irgendeine internationale Regierung, die alle Probleme regeln sollte, waren nichts als Propaganda. Kein ernst zu nehmender Politiker in Washington glaubte an diese supranationale Regierung, sondern es handelte sich einfach um Trumans Politik, jedem Abkommen mit der UdSSR aus dem Wege zu gehen, bis die Potsdamer Beschlüsse zu Amerikas Gunsten »neu interpretiert« werden konnten.

Die Washingtoner Propagandamaschine behauptete ohne Unterlaß, die Sowjetunion versperre den Weg zu einer wirksamen Vereinbarung, unterließ aber wohlweislich jeden Hinweis auf die amerikanischen Bemühungen um Aufrechterhaltung des eigenen Monopols für die Herstellung spaltbaren Materials. Sogar einige bedeutende Wissenschaftler gingen der Idee einer internationalen Behörde auf den Leim.

Zu dieser Kampagne äußerten sich einige hervorragende sowjetische Wissenschaftler in einem Brief, darunter auch der Präsident der Akademie der Wissenschaften, S.I. Wawilow, der Leiter des Physikalischen und Chemischen Instituts, A.F. Ioffe, und der Direktor des Elektrochemischen Instituts, A.N. Frumkin. Sie bezeichneten die amerikanische Position als inakzeptabel.

Ob Baruch selbst der Meinung war, die USA stellten ungerechtfertigte Ansprüche, weiß ich nicht. Lebte er heute noch, wüßte ich gerne, was er vom amerikanischen Anspruch auf ein Erstschlagsrecht gegen die UdSSR halten würde. Der von amerikanischer Seite so lauthals verkündete Baruch-Plan blieb ein ungeborenes Kind, und angesichts seines Inhalts und seiner Ziele konnte es gar nicht anders sein.

Jahre später traf ich Baruch in seinem Haus am Central Park in New York; ebenfalls zugegen waren unser Ständiger UNO-Vertreter A.A. Sobolew sowie Baruchs Sohn, auch er Geschäftsmann.

Baruch erging sich in Reminiszenzen über seinen Plan und machte dazu auch ein paar ironische Bemerkungen. Da ich den festen Eindruck hatte, daß ihm mittlerweile Zweifel an der Untadeligkeit der Truman-Regierung gekommen waren, fragte ich schließlich: »Mr. Baruch, seit unserem Geplänkel von 1946 ist viel Zeit vergangen. Wie sehen Sie heute die Position, die Sie damals einnahmen?«

Er erwiderte: »Ich trete nicht mehr für alles in dem Plan ein, den man nach mir benannt hat.«

Sobolew und ich wollten kein Salz in seine Wunden streuen.

Im weiteren Verlauf des Gesprächs klagte Baruch: »Die Amerikaner ersticken heute in den hohen Lebenshaltungskosten. Die Preise für ganz alltägliche Dinge sind weiß Gott wie hoch geschnellt, sogar im Vergleich zur Kriegszeit.« Daß ein Millionär wegen der Lebenshaltungskosten mault, war nun doch etwas seltsam, aber er fuhr verbittert fort: »Sogar ich bin von den hohen Preisen betroffen. Zum Beispiel findet man kaum noch Dienstpersonal. Seit Monaten suche ich einen neuen Butler. Ich will den Dreckskerl, den ich jetzt habe, endlich loswerden, er bestiehlt meinen Weinkeller.«

Hinterher schüttelten sich Sobolew und ich vor Lachen über das Elend, Multimillionär zu sein.

Ein paarmal kam Baruch in unsere UNO-Vertretung. Bei seinem letzten Besuch rannte er durch die Tür und nahm die Pose eines Boxers ein, womit er mich an die großen Kämpfe - auch mit Joe Louis - erinnern wollte, zu denen er mich 1946 mitgenommen hatte. Er war freundlich und verurteilte die feindseligen Erklärungen der USA über die UdSSR. Beim Weggehen sagte er: »Mr. Gromyko, haben Sie mein Buch *How I Became a Millionaire* gelesen? Ich habe es Ihnen vor kurzem über die UNO-Vertretung nach Moskau geschickt.«

Ich sagte: »Ich habe das Buch bekommen und fast schon ausgelesen.«

»Nun, und was sagen Sie dazu?«

Ich antwortete scherzend: »Ich habe Ihrem Rat zu folgen versucht, aber vergeblich.«

Wir lachten beide und verabschiedeten uns bis zum nächsten Mal. Aber es gab kein nächstes Mal. Er starb mit 95.

Alle anständigen Leute, auch solche, die mit dem Sozialismus nichts im Sinn hatten, waren der Meinung, keinesfalls dürfe das Atomwaffenungeheuer aus dem Käfig entschlüpfen, sonst drohe eine Weltkatastrophe. Einige dieser Leute waren an der Herstellung der Atombombe beteiligt. Bekanntlich haben nach Hiroshima so hervorragende Wissenschaftler wie Albert Einstein, Robert Oppenheimer und Frédéric Joliot-Curie den Appell unterstützt, ihre Weiterproduktion zu verhindern.

Anfang 1939 waren in Frankreich Joliot-Curie und in den USA der Ungar Leo Szilard und der Italiener Enrico Fermi unabhängig voneinander zu dem Schluß gekommen, unter bestimmten Bedingungen lasse sich in einem Uran-Kern eine Kettenreaktion auslösen, mit der eine Explosion von unglaublicher Gewalt einherginge. Desgleichen hatten sie sich ausgerechnet, daß Nazi-Deutschland die für die Herstellung einer Atomwaffe erforderlichen Mittel besitze. Ihre Vermutung bestätigte sich: Die Nazis besetzten die Tschechoslowakei und verboten sofort jegliche Ausfuhr des in Jachimowo abgebauten Uranerzes.

Zur selben Zeit lebte Albert Einstein in den USA. Der Schöpfer der Relativitätstheorie hatte in den zwanziger Jahren das Physikalische Institut der Kaiser-Wilhelm-Gesellschaft in Berlin geleitet, war jedoch nach Hitlers Machtergreifung wegen der Judenverfolgung nach Amerika gegangen. Am 2. August 1939 ließ sich Einstein von Szilard überreden, einen Brief an Roosevelt zu unterschreiben, in dem die Arbeit von Joliot-Curie, Fermi und Szilard dargestellt und die Regierung aufgefordert wurde, diese Forschung aufzugreifen, denn dies könnte die Herstellung eines neuen Bombentyps mit unvorstellbarer Zerstörungskraft ermöglichen. Es ging darum, Hitler dabei zuvorzukommen. Der Präsident vermerkte: »Hier muß etwas geschehen!« Das war am 11. Oktober 1939.

Aber erst am 6. Dezember 1941 beschloß das Weiße Haus tatsächlich, die Entwicklung von Atomwaffen voranzutreiben, und erst am 13. August 1942 wurde das »Manhattan Project« eingerichtet, dem Robert Oppenheimer vorstand und das alle mit der neuen Waffe zusammenhängenden Arbeiten koordinierte. Für die Herstellung von drei Bomben setzten die USA zwei Milliarden Dollar und 150000 Beschäftigte ein, und unter strengster Geheimhaltung mußten zwei neue Städte gebaut werden. Als sich das Projekt dem Abschluß näherte, schrieben Einstein und Szilard am 25. März 1945 einen weiteren Brief an Roosevelt. Fünf Jahre zuvor hatten sie ihn zur Herstellung der Bombe gedrängt; jetzt bemühten sie sich darum, ihren Einsatz zu verhindern.

Meine Begegnung mit Einstein ist mir deutlich im Gedächtnis. Sie fand im Waldorf-Astoria in New York statt. Natürlich redeten wir über die Atombombe, wie man sie damals nannte. Alle Welt sprach von ihrem Einsatz, als sich noch kaum der Ascheregen auf Hiroshima und Nagasaki gelegt hatte.

»Die Zeitungen bringen immer mehr Berichte über die auf Japan abgeworfenen Atombomben«, sagte ich. »Wie wird es nun weitergehen? Das möchte jeder gerne wissen.«

Seine Antwort beeindruckte mich tief. Wie immer sprach er ruhig. »Ich habe Präsident Roosevelt gesagt, im Zusammenhang mit der Atombombe drohe uns allen Unglück. Meine Meinung ist allgemein bekannt. Die Leute hier begreifen nicht das ganze Ausmaß des Schicksals, das das runde Schiff erwartet, auf dem wir leben, auch die Amerikaner.«

Mit »Leute« meinte er die amerikanischen Politiker und mit dem »runden Schiff« die Erde.

Er fuhr fort: »Wenn die Wissenschaftler das Sagen hätten – ich glaube, die überwältigende Mehrheit der amerikanischen Wissenschaftler würde das Verbot dieser schrecklichen Waffe fordern.«

Er nannte mehrere Namen, darunter auch den mir sehr gut bekannten hervorragenden Wissenschaftler Ernest Orlando Lawrence. Er hatte 1939 für seine Arbeit über Atomphysik den Nobelpreis erhalten, und während des Krieges hatte mich die sowjetische Akademie der Wissenschaften gebeten, ihm den Status eines Ehrenmitglieds der Akademie zu verleihen.

Als besonders bemerkenswert ist mir diese Feststellung Einsteins während unseres Gesprächs im Gedächtnis: »Hätte ich gewußt, daß Hitler nicht in der Lage sein würde, die Atombombe zu entwickeln, hätte ich niemals das amerikanische Atomforschungsprogramm unterstützt.«

Mit Oppenheimer und Joliot-Curie bin ich mehrfach zusammengekommen, mit ersterem als wissenschaftlicher Berater von Bernard Baruch in der UNO-Atomenergiekommission und mit letzterem, als er als Hoher Kommissar der französischen Atomenergiekommission den französischen Vertreter in der UNO-Kommission, Alexandre Parodi, beriet. Mittlerweile hatte

Oppenheimer erkannt, welche Bedrohung von Kernwaffen ausging, und er und Joliot-Curie waren gegen die Weiterproduktion und sagten wiederholt, sie müßten verboten werden. Oppenheimer vermied sorgfältig jede Formulierung, die ihm als direkter Widerspruch zur amtlichen Regierungshaltung hätte ausgelegt werden können, aber was er meinte, war klar genug. Joliot-Curie hingegen blieb zwar gegenüber der offiziellen Linie der Westmächte taktvoll, äußerte sich jedoch offen negativ über die Haltung, die die USA in den Verhandlungen einnahmen. Sein Mut beeindruckte uns sehr.

Nach und nach wurden beide von den amtlichen Kreisen im Westen mißtrauisch beäugt und schließlich offen verurteilt, insbesondere Oppenheimer. In der Unterhaltung fanden wir, daß er unter schwerem Druck stand - die ständige Beschattung war nicht spurlos an ihm vorbeigegangen. Daß er darüber nichts sagte, brauche ich nicht zu erwähnen. Dennoch wurde er 1953 von den amerikanischen Behörden wegen »Untreue« bestraft und ihm der Zugang zu Geheiminformationen untersagt. Damit war er politisch kaltgestellt.

Ähnlich erging es Joliot-Curie. Nachdem er als erster den Stockholmer Appell vom März 1950 unterzeichnet hatte, der ein unwiderrufliches Verbot von Atomwaffen forderte - binnen sechs Monaten hatte eine halbe Milliarde Menschen den Appell unterschrieben -, wurde er von Bidault als Frankreichs Hoher Kommissar für Atomenergie abgesetzt und durfte nicht mehr in Fort Châtillon arbeiten, dem französischen Hauptforschungszentrum, wo er selbst Frankreichs ersten Kernreaktor in Gang gesetzt hatte. Danach widmete sich Joliot-Curie ganz dem Kampf gegen die Atomwaffen und wurde Präsident des Weltfriedensrates.

Mehr und mehr Wissenschaftler teilen mittlerweile diese Meinung, weshalb gewisse verantwortliche Politiker im Westen gelegentlich bereit sind, über Abrüstung zu sprechen, doch sind in der Regel ihre Worte reine Rhetorik, und das Thema wird meist irgendeinem Ausschuß zugeschoben, wo es dann im Gezänk der Rabulisten untergeht.

Einmal hatte ich darüber ein charakteristisches Gespräch mit Dulles. Es war während der Konferenz von San Francisco. Dulles war damals inoffizieller Berater der US-Delegation; er zeigte Interesse für die sowjetischen Streitkräfte und fragte mich: »Sagen Sie mir bitte, Mr. Gromyko, wird die Sowjetunion ihre Vielmillionen-Armee nach dem Krieg noch lange aufrechterhalten?«

Ich antwortete: »Darüber werden wir zu gegebener Zeit entscheiden. Dazu ist es jetzt noch zu früh.« Dann stellte ich die Gegenfrage: »Und was werden die USA Ihrer Meinung nach mit ihren Streitkräften in Europa und Asien nach dem Sieg über Japan machen?«

Er erwiderte: »Da ich in der Truman-Regierung keine amtliche Position einnehme, kann ich nur meine persönliche Meinung sagen, aber meiner Ansicht nach sollten die Brückenköpfe, die wir auf den pazifischen Inseln eingenommen haben und in Japan selbst einnehmen werden, von den Vereinigten Staaten aufrechterhalten werden.«

Als Dulles einige Zeit später Außenminister wurde, setzte er diese Auffassung in amtliche Außenpolitik um. Unter ihm blieb die Frage der Abrüstung unter hermetischem Verschluß, und sein Obstruktionsgeist lebte danach noch zehn bis fünfzehn Jahre weiter. Washington blieb gegenüber dem Wettrüsten völlig ungerührt und bemühte sich sogar, die unter Nixon und Carter ausgehandelten Abkommen, die die Rüstungsproduktion teilweise begrenzten, wieder rückgängig zu machen.

Seit jeher gilt das Axiom, daß jene, denen das Wettrüsten das große Geschäft bringt, in den Weltangelegenheiten einen militaristischen Kurs verfolgen. Marx schreibt, der Kapitalismus scheue kein Mittel, das Zusatzgewinn verspreche, und zitiert dabei den englischen Publizisten T.J. Dunning: »Für 10 Prozent tut das Kapital alles, für 20 Prozent kommt Leben ins Kapital, für 50 Prozent reißt es sich den Kopf ab, für 100 Prozent zertrampelt es jedes menschliche Gesetz, für 300 Prozent riskiert es jedes Verbrechen, selbst wenn es die Schlinge des Henkers bedeutet.«

Die menschliche Vernunft bäumt sich dagegen auf, daß das Genie der Wissenschaftler, das höchste Können der Arbeiter und kolossale Mittel weiterhin auf Zerstörungswaffen vergeudet werden. Die Menschen haben recht, wenn sie ein Ende dieses Wahnsinns fordern.

Der Eisenbahn-Millionär Averell Harriman spielte im amerikanischen Leben eine große Rolle und erlangte hervorragende Bedeutung als Vertreter jener Großkapitalisten, die zu einer realistischen Betrachtung der Sowjetunion fähig waren. Ich habe ihn über 40 Jahre lang gekannt.

Harriman war in den dreißiger Jahren unter Roosevelt in die Politik gegangen und hatte mehrere hohe Posten inne, insbesondere als Berater des Präsidenten in Industrie- und Finanzfragen.

Dann kam der Krieg. Roosevelt wußte, daß die sowjetische Führung von dem damaligen US-Botschafter in Moskau, Steinhardt, keine sehr hohe Meinung hatte. Seine Panikberichte, die sowjetische Hauptstadt werde den Deutschen anheimfallen und die Front werde zusammenbrechen, waren weithin bekannt. Sein Nachfolger William Standley war nur ein gutes Jahr in Moskau (April 1942 bis September 1943) und hinterließ dort nicht die geringste Spur.

Roosevelts nächste Wahl fiel auf Harriman, der bereits mehrere politische Aufträge der Regierung erfolgreich durchgeführt hatte. So hatte er beispielsweise als Sondervertreter des Präsidenten in England das Lend-Lease-Abkommen zu verwirklichen gehabt, und Ende September 1943 war er amerikanischer Delegierter bei den Moskauer Drei-Mächte-Verhandlungen über Kriegslieferungen.

Bevor er seinen neuen Posten übernahm, besuchte er mich in der Washingtoner Sowjetbotschaft, lobte das sowjetische Volk für seinen Kampf gegen die Nazis und sagte auch, die UdSSR und die USA müßten eine gemeinsame Sprache finden.

Im Oktober 1943 kam er als Botschafter in Moskau an, brachte seine Tochter mit und wurde oft von der sowjetischen Führung empfangen. Seine Erfahrung im Geschäftsleben, wo es stets Probleme zwischen den Vertretern der Arbeiterschaft und dem Unternehmer gab, kam ihm auch an der diplomatischen Front zugute. Wir merkten, wie gekonnt er seine Argumentation im Gespräch vorbrachte und immer sorgfältig zuhörte, bevor er eine feste Meinung äußerte. Auf eigene Bitte wurde er Anfang 1946 als Botschafter nach London versetzt; sein Nachfolger in Moskau war Walter Bedell Smith.

Harrimans Einfluß war nicht mehr das, was er unter Roosevelt gewesen war. Andererseits bedienten sich demokratische Präsidenten nach dem Kriege häufig seiner Dienste für wichtige politische Aufträge. Eine Zeitlang war er Handelsminister, später Sonderberater des Präsidenten in internationalen Angelegenheiten sowie Außen-Staatssekretär.

Besonders erinnere ich mich an seinen unschätzbaren Beitrag bei der Aushandlung des Vertrages über ein Verbot der Atomversuche in der Atmosphäre, im Weltraum und unter Wasser, der schließlich 1963 von mir selbst als Außenminister, von Dean Rusk und dem britischen Außenminister Alec Douglas-Home unterzeichnet wurde.

Der Unterzeichnung waren im Juli 1963 in Moskau Verhandlungen mit Harriman und dem britischen Wissenschaftsminister Lord Hailsham vorausgegangen. Als sich die Arbeit an dem Vertrag dem Ende näherte, blieb noch eine Barriere zu überwinden: Wir mußten wissen, unter welchen Bedingungen eine Vertragspartei den Vertrag rechtmäßig aufkündigen durfte. Die UdSSR schlug vor, ein Staat solle sein souveränes Recht der Vertragskündigung ausüben können, wenn außergewöhnliche Umstände die höheren Staatsinteressen bedrohten. Der britische Vertreter erhielt bald aus London die Genehmigung, unseren Vorschlag anzunehmen, aber der amerikanische Vertreter wollte nicht zustimmen, weil dies den Weisungen des Präsidenten zuwiderliefe.

In einer Verhandlungspause sagte ich zu Harriman, er solle doch vom Telefon nebenan aus Präsident Kennedy anrufen. Ich sagte: »Da nur noch dieses Hindernis der Unterzeichnung im Wege steht, meine ich, daß der Präsident das wissen sollte.«

Harriman griff meinen Rat auf und rief im Weißen Haus an. Kennedy gab ihm sofort die Genehmigung, unserem Vorschlag zuzustimmen; als wir uns wieder an den Verhandlungstisch setzten, billigten alle Delegationen die sowjetische Formulierung, und der gesamte Vertragsentwurf war binnen einer Stunde paraphiert. Was Harriman da getan hatte, war eigentlich ganz einfach, aber wäre ein anderer, mit weniger Einfluß und Erfahrung, an seiner Stelle gewesen, hätte er möglicherweise völlig anders reagiert und mit Washington eine langatmige Korrespondenz angefangen - niemand weiß, mit welchem Ergebnis.

Gegen Ende seines Lebens befürwortete Harriman die friedliche Koexistenz, verurteilte antisowjetische Positionen Washingtons und beleidigende Bemerkungen über das sozialistische System in der Sowjetunion. Er war an den Verhandlungen über ein Ende des Vietnamkrieges beteiligt und äußerte sich häufig deutlich gegen das Wettrüsten.

Als ich gerade meine Gedanken über Harriman niederschrieb, erfuhr ich die traurige Nachricht von seinem Tod. Es fällt schwer, zu begreifen, daß er nicht mehr lebt, daß wir nie mehr seine Stimme vernehmen können, wie sie nüchtern die beiden Länder USA und UdSSR zum friedlichen Zusammenleben auffordert.

Nach dem Vertrag von 1963 über das Verbot von Kernwaffenversuchen kam es zu einem ganzen System von Vereinbarungen: über die Weltraumforschung (1967), die Nichtverbreitung von Kernwaffen (1968), das Verbot der Anbringung von Kernwaffen und anderen Massenvernichtungswaffen auf dem Meeresboden (1971), das Übereinkommen über das Verbot der Entwicklung, Herstellung und der Lagerung bakteriologischer (biologischer) Waffen und von Toxinwaffen sowie über die Vernichtung solcher Waffen (1972) und das Übereinkommen über das Verbot der militärischen oder einer sonstigen feindseligen Nutzung umweltverändernder Techniken (1977). Besonders wichtig waren der bilaterale sowjetisch-amerikanische ABM-Vertrag und seine vereinbarten Interpretationen (1974) sowie das Vorläufige Abkommen über eine Begrenzung der strategischen Offensivwaffen - SALT I (1972).

Wer sich in den USA auskennt, den betrüben oft genug die Widersprüche im dortigen politischen Leben. Ganz besonders trifft das auf Washingtons Verhalten im Bereich der Abrüstung zu. Ein treffendes Beispiel liefert SALT II von 1979. Während der letzten Verhandlungsphase war schon Jimmy Carter Präsident, den ich im Zusammenhang mit der Vereinbarung der Vertragsbedingungen mehrfach aufsuchte. Bei einer solchen Gelegenheit im Weißen Haus sagte er zu mir: »Die Vereinigten Staaten messen diesem Vertrag ungeheure Bedeutung bei. Er muß unbedingt geschlossen werden. Die Vereinigten Staaten stehen fest dazu.« Doch nur kurze Zeit später sorgte derselbe Jimmy Carter dafür, daß der Vertrag nicht vom Kongreß ratifiziert wurde. Sein Vorwand hieß, die sowjetische Afghanistanpolitik Ende 1979 habe die Ratifizierung unmöglich gemacht. In Wirklichkeit aber waren alle wirklich wichtigen amerikanischen Entscheidungen hinsichtlich der Rüstungsbegrenzung im weitesten Sinne schon vor und nicht nach der sowjetischen Involvierung in Afghanistan getroffen worden.

Der NATO-Beschluß über die Erhöhung der jährlichen Verteidigungshaushalte in den nächsten 15 Jahren war im Mai 1978 gefallen; der amerikanische Präsident hatte im Dezember 1979 ein fünfjähriges Wachstum der militärischen Stärke Amerikas auf bislang ungeahnte Höhen beschlossen; und im Dezember 1979 faßte die NATO den äußerst gefährlichen Entschluß über die Aufstellung neuer amerikanischer Mittelstreckenraketen in Europa. Damit stand schon im Dezember 1979 fest, daß von einer Ratifizierung von SALT II keine Rede mehr sein konnte, und die Ereignisse in Afghanistan hatten damit überhaupt nichts zu tun. Alles in allem scheint Washington sie nur als Feigenblatt zur Kaschierung seiner nackten Wettrüstungspolitik benutzt zu haben.

Schlimmer wurde es noch mit Reagans Machtantritt. Zwar mußten die amerikanischen und NATO-Arsenale schon vor Waffen bersten, aber dennoch wurde ein aberwitziges Multimillionendollar-Rüstungsprogramm nach dem anderen verabschiedet. Und jetzt wurde eine neue, äußerst gefährliche Entwicklung ausgeheckt: Waffen im Weltraum.

Nähme man mit modernster Technik ein Photo vom weltweiten Ausmaß der militärischen Vorbereitungen der USA und ihrer Verbündeten auf, dann bekäme man ein Panorama, das jeden objektiv denkenden Menschen aufs tiefste erschreckte. Raketen mit Mehrfachsprengköpfen, strategische Bomber, eine ganze Armada von Kriegsschiffen, Hunderte Stützpunkte auf der ganzen Welt und ein riesiges Waffenlager aller Sorten.

Nun wird man fragen: »Wie steht es mit der UdSSR und all den Waffen, die sie zu Lande, zu Luft und auf und unter Wasser hat?«

Wir antworten: »Ja, die gibt es, aber nicht, weil wir es etwa wollten.«

So seltsam es klingt: Lange Zeit haben sich führende Politiker Westeuropas überhaupt nicht mit der Abrüstung auseinandergesetzt. Beispielsweise Westdeutschland: Wer hätte mehr Anlaß, über die Beendigung des Wettrüstens nachzudenken und für die Abrüstung und die Verhinderung eines weiteren Krieges in Europa nachzudenken?

Mehr als einmal habe ich versucht, Außenminister Walter Scheel in ein Gespräch über Rüstung und Streitkräfte zu ziehen. Es gelang mir nie. Er hörte zwar aufmerksam zu, sagte sogar manches, was auf ein Verständnis unserer Position hindeutete, aber sobald er materiell etwas sagen sollte, glitt er über die Fragen hinweg, ohne sich mit ihnen näher zu befassen.

Praktisch haben lediglich Nixon und Ford der Abrüstung überhaupt Aufmerksamkeit gewidmet und Carter auch nur teilweise, denn unter seiner Präsidentschaft wurde die zwischen Breschnew und Präsident Ford im Oktober 1974 in Wladiwostok ausgehandelte Vereinbarung in Kraft gesetzt.

Warum muß das alles so sein?

Nur eine Antwort scheint möglich: Die für die Politik vieler Westmächte Verantwortlichen, die die nukleare Hochrüstung und die Militarisierung des Weltraums unterstützen, müssen beschlossen haben, wenn sie nicht eine Welt mit nur einem einzigen Gesellschaftssystem (dem ihrigen) bekommen könnten, sei ihnen alles egal. Entweder triumphiert die Kapitalistenwelt, oder die Welt geht in Stücke.

Im Januar 1986 verkündete jedoch Gorbatschow ein ehrgeiziges neues Programm für die völlige Vernichtung sämtlicher Kernwaffen bis zum Ende des Jahrhunderts. Der XXVII. Parteitag hat dieses Programm ratifiziert, und der Politische Konsultativausschuß des Warschauer Pakts hat es gebilligt. Selbst wenn wir davon ausgehen müssen, daß die Verwirklichung dieser radikalen Lösung des Problems beträchtliche Zeit beanspruchen wird, verlangt doch die einfache Vernunft, alles zu tun, um dem Wettrüsten jetzt ein Ende zu setzen und schließlich alle Kernwaffen zu zerstören.

Heute besteht Anlaß zu der Annahme, daß nicht nur führende Wissenschaftler, sondern auch die Mehrheit der gewöhnlichen Menschen die Wahrheit über die Kernwaffen und die schwere Verantwortung des Menschen in dieser Frage erkannt haben. Dennoch sind einige Staaten immer noch weit davon entfernt, der Logik des Atomzeitalters zu folgen. Es mag seltsam klingen, aber immer noch gibt es einflußreiche Leute, die nachzuweisen versuchen, die Existenz dieser Waffen helfe tatsächlich den Frieden bewahren. Sie behaupten, Kernwaffen seien »die Hauptstütze des Friedens und der friedlichen Entwicklung«. Die Angst vor den Kernwaffen wird als »größter Segen für die Menschheit« dargestellt. Das ist schiere Heuchelei.

10. Kapitel

England und die Engländer

Den ersten Besuch in England umgibt blanke Neugier. Wie sieht London aus? Wie ist der berühmte Tower, die Westminster-Abtei, Buckingham Palace? Wo liegt Shakespeare begraben? Was für Leute sind die Engländer? Diese Fragen gingen mir durch den Kopf, als ich Ende 1945 zur ersten UNO-Generalversammlung in England ankam.

Der schlimmste Krieg der Menschheitsgeschichte war eben zu Ende gegangen. Europa war voll Trauer und Jubel zugleich. Es beweinte seine Toten, es frohlockte über den Sieg. Die Sowjetführung und Stalin persönlich waren zur Fortsetzung der Zusammenarbeit mit den Westalliierten einschließlich Englands entschlossen. Doch während der Potsdamer Konferenz hatte die britische politische Szene gewechselt. An die Stelle von Winston Churchills Kriegskabinett war Clement Attlees Labour-Regierung getreten, und die Briten selbst wußten anfänglich nicht recht, was dic Politik der neuen Regierung bedeuten werde.

Es zeigte sich, daß zwar einige kleinere soziale Veränderungen vorgenommen wurden, sich das Wesentliche jedoch nicht änderte; das Klassengesicht der Macht blieb dasselbe. Nach innen nagte nichts ernsthaft am gesellschaftspolitischen Fundament, wie es sich über die Jahrhunderte herausgebildet hatte. Auch nach außen blieb in den Monaten nach der Wahl alles beim alten; nichts hatte sich geändert.

Auf dem Weg zum Buckingham-Palast, wo ich der Königin von England mein Beglaubigungsschreiben als Botschafter der UdSSR übergeben werde, August 1952.

Indessen erhoffte sich die sowjetische Seite von der Attlee-Regierung eine objektivere Sicht der sowjetischen Position, jedenfalls in internationalen Fragen wie z.B. den Kolonien. In einigen Regionen erhob sich eine Woge nationaler Befreiungsbewegungen, über deren Zukunft dringend gesprochen werden mußte.

Im September/Oktober 1945 tagte in London ein Rat der Außenminister, der viele in Potsdam aufgeworfene Fragen behandeln sollte, insbesondere die Frage des italienischen Kolonialbesitzes in Afrika. Die UdSSR befürwortete ausdrücklich die Unabhängigkeit dieser Kolonien, und konkret schlug die sowjetische Delegation vor, zur Erleichterung der späteren Souveränität Libyens solle das UNO-Mandat über die ehemalige italienische Provinz Libyen der UdSSR übertragen werden.

Dieser Vorschlag stieß auf den wütenden Widerstand Londons wie Washingtons. Bevin gab sich besonders eifrig; jeder konservative Außenminister hätte ihn um seine kolonialistische Glut beneidet. Infolgedessen kam es zu schweren Zerwürfnissen, und einmal machte Bevin eine unverzeihlich grobe Bemerkung gegenüber Molotow.

Molotow verlangte sofort: »Herr Minister, ich ersuche Sie, das zurückzunehmen.« Als diese Aufforderung nichts fruchtete, erhob sich der sowjetische Minister und machte Miene, den Saal zu verlassen. »Unter diesen Umständen kann ich nicht länger an der Arbeit des Rates mitwirken.«

Zu Bevins Unbehagen erhob sich rund um den Tisch lauter Protest. Schnell sah er ein, was er angestellt hatte, und rief aus: »All right, ich nehme zurück, was ich gesagt habe.«

Aber entweder hörte Molotow das nicht, oder - wahrscheinlicher - er verstand die Bedeutung nicht und ging weiter auf die Tür zu. Wäre sie hinter ihm zugefallen, hätte das wahrscheinlich das Ende der Zusammenkunft bedeutet.

Ohne zu zögern, rief ich ihm auf russisch nach: »Bevin hat zurückgenommen, was er gesagt hat.«

Molotow war schon an der Tür, aber als er mich hörte, kehrte er an den Tisch zurück, und nach ein paar Minuten ging die

Sitzung weiter. Bevin und Molotow schauten sich aber kaum noch an.

Nun war Bevin sicher eine farbige Gestalt - er hielt sich nur nicht an die üblichen Verhaltensnormen. Als wichtiger Gewerkschaftsmann in der Labour Party und echtes Original dachte er wohl, da er aus kleinen Verhältnissen komme, dürfe er sich nach Belieben danebenbenehmen.

Einmal sagte er zu mir: »Ich verstehe mich gut mit Ihrem Botschafter Gussew. Wir haben guten Kontakt, und alles läuft wie geschmiert.«

In Wirklichkeit bestanden Gussews Gespräche mit Bevin hauptsächlich darin, daß ihn Bevin zu überfahren versuchte. Der Botschafter pflegte dem britischen Außenminister eine Frage zu stellen, eine Antwort zu erbitten und dann geduldig dazusitzen, während Bevin mit seiner schweren Baßstimme von allem und jedem dröhnte, was mit der anstehenden Frage überhaupt nichts zu tun hatte.

Aus meinen eigenen Unterhaltungen mit Bevin gewann ich den Eindruck, daß seine Geschichts- wie Wissenschaftskenntnisse höchst vage waren. Einmal gestand er: »Ich muß zwar eine Menge diplomatischer Arbeit machen, habe aber praktisch nie ein Buch darüber gelesen, und es sieht auch nicht so aus, als würde ich das nachholen.«

Solcher Freimut hatte auch etwas Gewinnendes an sich. Dagegen gefiel mir eine andere Seite an Bevin ganz und gar nicht. Unterhielt er sich mit anderen Delegierten oder Botschaftern - Unterschied wurde da keiner gemacht -, so benutzte er völlig unannehmbare Ausdrücke. Sein Wortschatz schien unleidig zwischen der feinen Oxforder Redeweise und schierem Gossengeschwätz angesiedelt.

In der sowjetischen Delegation witzelten wir, wenn man Bevins und Attlees Qualitäten zusammennehme, kriege man gerade die richtige Mischung. Attlee ging Bevins Ungehobeltheit ab, aber eben auch seine geradlinige Art. Er war ein Musterbeispiel englischer Schule. In einer Sitzung aber als erster sprechen zu müssen war ihm eine Qual, und so war es vielleicht ein günstiger Umstand, daß sein Aufenthalt in den Etagen der Macht nur kurz war.

Im Juni 1952 wurde ich zum Botschafter in London ernannt. Stalin rief mich zu einem Gespräch in den Kreml. Wie immer im Büro auf und ab gehend, betonte er die Bedeutung meines neuen Postens: »England hat jetzt die Chance, in internationalen Dingen eine wichtige Rolle zu spielen. Mir ist aber noch nicht klar, in welcher Richtung die Engländer mit ihrer ausgefeilten diplomatischen Erfahrung ihre Bemühungen orientieren werden.«

Er brach ab und stellte sich vor mich hin: »Deswegen brauchen wir Leute dort, die uns ihr Denken verständlich machen können.« Das war kurz und bündig. Es war die wichtigste Weisung für mich.

Mein Beglaubigungsschreiben übergab ich Königin Elisabeth II., die aber noch nicht gekrönt war. Zuvor schon hatte ich Anfang 1946 ihren Vater, Georg VI., kennengelernt, als er zu Ehren der Delegierten der ersten UNO-Generalversammlung ein Bankett gab. Als sich nach dem Mahl alle Gäste von dem mit massivgoldenem Besteck gedeckten Tisch erhoben und in einen großen Salon gingen, fand ich mich, offenbar nicht rein zufällig, unmittelbar neben dem König wieder. Plötzlich hörte ich ihn sagen: »Gehen wir für einen kleinen Plausch in die Raummitte.«

Aus eigenem Antrieb drängte der britische Souverän bei mir sehr ernst darauf, der Kriegskontakt zwischen der UdSSR und Großbritannien dürfe nicht verlorengehen. Natürlich unterstützte ich seine Auffassung. Unser Gespräch weckte die Aufmerksamkeit der übrigen Gäste, rief jedoch kein Erstaunen hervor. Schließlich waren die beiden Länder Kriegsverbündete. Ich will nicht verschweigen, daß die Konversation mit dem König auf mich einen guten Eindruck machte.

Meine zweite Begegnung mit dem König und seiner reizenden und hochgebildeten Frau, Königin Elisabeth, fand bei einem Empfang für die Delegierten derselben UNO-Versammlung statt. Ich weiß noch, wie höflich sie die sowjetischen Vertreter, aber auch die ukrainischen und weißrussischen Diplomaten behandelten. Ein paar Schritte weiter weg begrüßten die jetzige Königin Elisabeth II. und ihre Schwester, Prinzessin Margaret, ebenfalls Gäste. Ich führte mit den beiden Prinzessinnen ein kurzes, höfliches, aber auch äußerst freundschaftliches Gespräch. Prinzessin Elisabeth beeindruckte die sowjetische Delegation mit ihrer Ernsthaftigkeit und Höflichkeit. Ich erinnere mich an ihre zwar kurzen, aber doch interessanten Bemerkungen über russische Literatur und Kunst und über das Volk, dessen Tapferkeit die Engländer bewunderten.

Als Königin machte sie bei der Übergabe meines Beglaubigungsschreibens 1952 denselben Eindruck auf mich. Mir fiel ihr reifes Urteil über Fragen auf, die mit den Beziehungen zwischen der UdSSR und England zu tun hatten.

Die Zeremonie fand im Empfangssalon von Buckingham Palace statt. Wir Sowjetdelegierten merkten, wie elegant alles gearbeitet war, und dachten, mit ein paar Metern mehr Breite und einer viel höheren Decke könnte der Saal fast mit dem St.-Georgs-Saal im Kreml konkurrieren. Hinsichtlich der Farben und Möblierung ist Buckingham Palace alles in allem ziemlich düster, ganz nach angelsächsischem Geschmack.

1952 sah ich als Botschafter auch Churchill als Premierminister wieder. Ich stellte fest, daß er im Grunde nur über Stalin und Roosevelt während des Krieges reminiszieren und über die Konferenz der Großen Drei in Potsdam reden wollte. Er liebte die Reise in die Vergangenheit, und hätte ich ihn nicht unterbrochen, hätte er wohl nie aufgehört.

So war es auch 1953 bei meinem Abschiedsbesuch bei ihm vor meiner Rückkehr nach Moskau, wohin ich zur Übernahme des Amtes als Erster Stellvertretender Außenminister gerufen worden war. Stalin war eben gestorben.

Churchill redete über Roosevelt in Jalta. »Ich hatte Angst, der Präsident könnte es nicht durchstehen. Er war fast jeden Tag krank. Sein altes Leiden war wiedergekommen. Er stand auch unter ungeheurem Druck.«

Ich nickte: »Auch Stalin machte sich wegen der Gesundheit des Präsidenten ziemliche Sorgen. Er hat ihn sogar besucht, nachdem er ihn zuvor hatte wissen lassen, er solle auf keinen Fall aufstehen oder sonst irgendwelche Umstände machen. Und so war es dann auch. Stalin hat ihn nicht belastet, sondern ihm nur schnelle Genesung gewünscht. Ich war selber dabei, es war eine rührende Szene.«

Das Gespräch mit Churchill schloß mit einer positiven Note. Churchill begleitete mich bis zur Tür von Downing Street Number Ten, wo die Photographen warteten. Auf dem Photo unserer letzten Zusammenkunft ist er mit seiner unvermeidlichen Zigarre und seinem unnachahmlichen Churchill-Lächeln zu sehen. Zwei Tage danach schickte er mir über zwei Dutzend seiner kleinen Aquarelle, gebunden in einem Album.

Während meiner verschiedenen Englandbesuche bin ich vielen britischen Politikern begegnet, aber von allen möchte ich Anthony Eden hervorheben, der dreimal Außenminister – 1935–1938, 1940–1945, 1951–1955 – und von 1955 bis 1957 Premierminister war.

Irgendwann in meiner Jugend hatte ich mir beim Lesen der englischen Klassiker eine Vorstellung vom typischen Engländer zurechtgelegt: groß, hager, leicht phlegmatisch und fast immer in elegantem Schwarz gekleidet. Der erste lebende Engländer, den ich zu Gesicht bekam – unser Englischlehrer in Minsk 1933 – hatte zu meinem Bedauern jedoch deutliche Untergröße und war ganz und gar nicht elegant.

Als ich dann zur diplomatischen Arbeit ins Ausland ging, merkte ich bald, daß sich viele Engländer körperlich nur wenig von Sowjetmenschen slawischer Herkunft unterscheiden. Denkt man jedoch an den Intellektuellentypus, der beim berühmten Whisky mit seinem ausländischen Besucher gern über Politik plaudert, dann war Anthony Eden exakt mein typischer Engländer. Ich würde sogar sagen, er sei ein lebendiges Musterbeispiel des Untertans des britischen Weltreiches gewesen.

Er besaß die für einen Politiker beneidenswerte Gabe, unter

dem kleinsten Vorwand ein Gespräch in Gang zu bringen. Mir schien jedermann im Raum bereit, Edens charmantes Lächeln zu erwidern. Alles sah ganz selbstverständlich aus. Natürlich war ihm dabei der große Vorrat liebenswürdiger Phrasen behilflich, den Absolventen von Oxford oder anderer privilegierter Institute immer zur Hand haben. Ich kann mich nicht erinnern, daß er als Außenminister oder als Premierminister je auch nur die Stimme gehoben hätte. Es war einfach nicht seine Art.

Eden habe ich nicht etwa ausgewählt, weil er auch nur entfernt eine andere Position eingenommen hätte als die anderen führenden Konservativen der damaligen Zeit, sondern einzig deswegen, weil ihm die Fähigkeit zum Kompromiß angeboren war. Manchmal hatten Sitzungsteilnehmer den Eindruck, als sei jeder Ausweg versperrt, als stehe eine Mauer zwischen ihnen. Dann plötzlich, am nächsten Tag oder auch nur nach wenigen Stunden, pflegte Eden mit seinem jederzeit einschaltbaren Lächeln und einer genialen neuen Lösung aufzutauchen, die die Situation auch dann noch entspannte, wenn das, was er sagte, die Einigung nicht näher brachte. Er war also einerseits ein Politiker, der Krisen schuf – so etwa den Dreierangriff auf Ägypten 1956 –, andererseits jedoch wirkten seine Methoden bei Verhandlungen wie Rettungsringe.

Am häufigsten bin ich Eden bei alliierten Nachkriegskonferenzen und später in London begegnet, nachdem die Konservativen 1951 in der Wahl Labour geschlagen hatten. Wie immer war er höflich und bereit, über alles zu sprechen. Am meisten interessierte ihn das Thema der Beziehungen zwischen den Siegermächten angesichts der Lage in Europa. Oft machte er sich Sorgen über europäische Fragen, vor allem, was Deutschland betraf. Als wir uns damals begegneten, mußte ich bedauerlicherweise das Gefühl haben, er vertrete ein Land, das bereits mit den USA und den anderen NATO-Ländern gemeinsame Verpflichtungen eingegangen war. Obwohl er sagte, wir dürften keine Verschlechterung der sowjetisch-britischen Beziehungen zulassen, blieb doch der Eindruck, daß er es ohne Überzeugung sagte. Truman und Dulles waren schon am Werk, mit den

Beziehungen zwischen den Alliierten ging es bergab, und den herrschenden Kreisen in England war ganz und gar nicht darum zu tun, den Verfall aufzuhalten.

Noch etwas anderes ist mir aus der Begegnung mit Eden in Erinnerung. Er war ernstlich krank. Er sagte mir, er habe Gelbsucht gehabt und fühle sich gar nicht wohl. Manchmal gehe es ihm besser, aber dann auch wieder schlechter. Der gewöhnlich so lebhafte und bewegliche Eden, der auch gerne mal scherzte, sah jetzt steif und abgespannt aus, obwohl er geistig so rege war wie immer. Immer noch war er der interessante Mann, mit dem ich mich in Berlin, Genf und San Francisco gerne unterhalten hatte.

Seine politische Laufbahn nahm mit der englisch-französisch-israelischen Aggression gegen Ägypten ein jähes Ende; er trat im Januar 1957 zurück und wurde durch Harold Macmillan ersetzt.

Macmillan hatte in der Konservativen Partei seit Beginn des Zweiten Weltkrieges eine wichtige Rolle gespielt und verschiedene Ministerposten innegehabt. Als Premierminister beruhten seine außenpolitischen Auffassungen auf der Stärkung der Bande zu den USA innerhalb der NATO. Er befürwortete die Wiederbewaffnung Deutschlands und die politische und wirtschaftliche Integration Westeuropas.

Macmillans Amtszeit als Premierminister war vom kalten Krieg charakterisiert. Während seines Besuchs in der Sowjetunion im Februar/März 1959 führte er Gespräche mit dem sowjetischen Regierungschef N.S. Chruschtschow, an denen ich als Außenminister teilnahm. Als Hauptfragen standen natürlich die Lage in Europa, die Beziehungen zwischen Ost- und Westdeutschland, die Remilitarisierung Westdeutschlands und die Ost-West-Beziehungen auf der Tagesordnung. In fast jedem Gespräch wurde auch über das Wettrüsten und die Abrüstung gesprochen, und die von Macmillan dargelegte britische Haltung schloß selbst die kleinste Verständigung oder Bewegung aus.

Chruschtschow war nicht gerade gut beraten, als er Mac-

Mit Nikita Chruschtschow bei der 15. Sitzung der UN-Generalversammlung; unmittelbar nach der »Schuh-Episode« *(oben).*

Mit Präsident Eisenhower im Weißen Haus zur Zeit der Suez-Krise, 1956 *(unten).*

millan zu Gesprächen in »Stalins abgelegener Hütte« einlud, einem hübschen Haus außerhalb Moskaus, das seinen Namen daher bezog, daß es für Stalin gebaut worden war.

Dennoch war die Atmosphäre sachlich; niemand schlug auf den Tisch, es herrschte ein ruhiger Ton. Aber es kam nichts dabei heraus. Alles in allem erschöpfte sich das Ergebnis des Besuches darin, daß ein hoher Gast tatsächlich gekommen war und eine Zusammenkunft tatsächlich stattgefunden hatte. Mehr nicht.

Eine zweite Episode spielte während der XV. Sitzungsperiode der UNO-Generalversammlung im Herbst 1960. Die sowjetische Delegation wurde von Chruschtschow, die britische von Macmillan angeführt. Manchmal kam es zu hitzigen Debatten. In allen Debatten der Generalversammlung und ihrer zahlreichen Ausschüsse und Unterausschüsse standen sich die Sowjetunion und die führenden NATO-Staaten unablässig feindselig gegenüber.

Ich weiß noch, wie Macmillan am 28. September eine besonders scharfe Rede über Grundfragen des Ost-West-Verhältnisses hielt. Die Delegierten hörten ihm aufmerksam zu. Plötzlich, als Macmillan besonders barsche Worte an die Adresse der Sowjetunion und ihrer Freunde richtete, bückte sich Chruschtschow, zog einen Schuh aus und hämmerte damit auf den Pultdeckel, so daß der Klang des Schuhs auf dem bloßen Holz im Saale widerhallte, während er schrie: »Die Sowjetunion ist für weltweite Abrüstung bei weltweiter Überwachung, und das wird von den Westmächten sabotiert!«

Es war ein einmaliges Ereignis in der Geschichte der UNO. Man muß Macmillan Gerechtigkeit widerfahren lassen: Er fuhr in seiner Rede fort, als sei nichts geschehen. Sowjetische und amerikanische Sicherheitsleute bildeten sofort einen Kreis um die sowjetische Delegation. Ich saß rechts von Chruschtschow, der sowjetische Ständige Delegierte W.A. Sorin links von ihm, und unmittelbar vor uns saß die spanische Delegation, die wegtauchte für den Fall, daß sich der Schuhbesitzer zu einer Zugabe entschließen sollte.

Die Atmosphäre war gespannt. Ein Spanier im Botschafterrang stand auf, trat außer Reichweite des Schuhs, drehte sich um und schrie Chruschtschow an: »Ve do not like you! Ve do not like you!« (»Wirr möggen Sie nicht!«)

Das erstaunte niemanden, denn unsere Beziehungen mit Spanien waren damals herzlich schlecht, diplomatisch inexistent, denn das Land wurde immer noch von Franco regiert.

Heute wirkt das komisch, aber damals lachte niemand, weder bei den Delegierten noch auf den Tribünen. Sie waren alle viel zu überrascht. Einem der Hauptakteure war an diesem Tag der Kragen geplatzt. Schade, aber das passiert nun mal.

Führende Engländer behaupteten damals oft, Macmillan sei hochmütig und eitel. Ich persönlich beobachtete das auch, allerdings nicht mehr als bei anderen Stützen der Konservativen Partei. Im Oktober 1963 schied Macmillan aus der Politik aus und kehrte in seinen Verlag zurück. Premierminister und Verleger - eine interessante Kombination.

Auf Macmillan folgte Alec Douglas-Home, blieb aber nicht lange Premierminister. Die Konservativen verloren 1964 die Wahl, und Labour kam an die Macht. Als die Konservativen dann 1970 zurückkehrten, wurde Douglas-Home im Kabinett von Edward Heath Außenminister.

Beiden bin ich oft begegnet. Sie sagten zwar beide, es sei wichtig, die Zusammenarbeit zwischen der UdSSR und England zu entwickeln, aber in der Praxis verhärtete sich die Haltung der konservativen Regierung gegenüber der UdSSR. Im Herbst 1971 provozierte die Regierung sogar die UdSSR aufs gröbste, indem sie sowjetischem Personal in England »unzulässige Aktivitäten« vorwarf und es zwang, das Land zu verlassen. Die Beschuldigungen waren falsch, und die sowjetische Regierung protestierte lebhaft.

Eine Zeitlang stagnierten die sowjetisch-britischen Beziehungen, bis dann 1973 die Umstände für einen Besuch von Außenminister Douglas-Home reif waren, der im Dezember stattfand.

An Douglas-Home erinnere ich mich sehr lebhaft. Er war ein

Mann der sanften Manieren; laute Töne waren nicht seine Sache, schon gar nicht einem Ausländer gegenüber. Das muß man aber etwas qualifizieren. Unterhielt man sich länger mit ihm, dann merkte man, daß irgend etwas nicht mit seinen zurückhaltenden Manieren übereinstimmte. Er verlagerte das Gewicht bald aufs eine, bald aufs andere Bein und bestand darauf - ganz ruhig, natürlich -, seine Gedanken ohne Unterbrechung bis zum bitteren Ende vortragen zu können. Mußte er seinem Gesprächspartner mal wohl oder übel eine Chance geben, dann wartete er ganz einfach, bis er wieder dran war. In meinen Begegnungen mit Douglas-Home gab es keine plötzlichen, geschweige denn brillanten Durchbrüche, aber jede hinterließ wenigstens einen zivilen Eindruck, der die nächste leichter machte.

Welches Urteil die Geschichte über die Rolle von Lord Home fällen wird, ist schwer zu sagen. Er gab der britischen Außenpolitik Schärfe. Er war auch gerne etwas voreilig. Kaum hatte sich seine Regierung zu einer Entscheidung durchgerungen, erzählte Alec Douglas-Home sie auch schon weiter. Aus seinen Äußerungen auf internationalen Konferenzen konnte man immer eindeutig schließen, welche Richtung die britische Politik einschlagen würde. Seine ausgeklügelte Argumentation und Begründung war allerdings stets darauf bedacht, der amerikanischen Politik nur ja nicht zu widersprechen. Deshalb wurde er in Washington immer geschätzt, und bis zur Wiederkehr von Labour im Jahre 1974 gab es kaum wirkliche Fortschritte in den sowjetisch-britischen Beziehungen.

Vor Harold Wilson hatte Hugh Gaitskell die Führung der Labour Party in der Opposition inne. Den ersten Kontakt hatten wir während meiner Botschafterzeit 1952/1953 geknüpft, und ich erinnere mich an ein Gespräch mit ihm in der sowjetischen Botschaft. Auf seine Bitte unterhielten wir uns unter vier Augen. Sein Kommentar zu allgemeinpolitischen Fragen war nicht besonders originell; er enthielt eine wohlberechnete Dosis Kritik an den USA und eine ebenso bemessene Betonung der

Notwendigkeit einer Verbesserung der sowjetisch-britischen Beziehungen.

Es lag ihm offenkundig nichts an einer eingehenderen Erörterung seiner Auffassungen zur Ost-West-Zusammenarbeit, und sprach er sich auch für die friedliche Koexistenz mit Ländern anderer Gesellschaftsstruktur aus, so unterstützte er doch fest die NATO und die Bündnisbande mit Washington. Des guten Anscheins willen wollte Gaitskell durchaus auch mal Washington kritisieren, aber wenn es um praktische Politik ging, hatte sich sein Ärger schnell gelegt.

Tatsächlich trifft die Labour Party ein gerüttelt Maß an Verantwortung dafür, daß die englische Außenpolitik nach dem Kriege mehr und mehr auf die amerikanische Linie einschwenkte. Die Geschichte wird über die Labour Party wegen ihrer Solidarität mit Washington und des Mangels an einer eigenständigen außenpolitischen Linie während ihrer Regierungszeit ein hartes Urteil sprechen.

An einem Punkt unserer Unterhaltung streckte Gaitskell die Hand nach mir aus und ich die meine nach ihm. Dann mußten wir beide wegen dieser spontanen Geste plötzlich lachen, stellten aber fest, daß es zwar komisch aussah, aber doch nicht bedeutungslos war.

Gaitskell sagte: »Schließlich und letztlich ist Labour ja eine sozialistische Partei, nicht wahr?«

»Das wissen Sie besser als ich«, erwiderte ich.

Wieder lachten wir beide.

Ich griff auf, was er eben gesagt hatte, und fragte ihn: »Könnten Sie mir als Führer von Labour erläutern, in welche Richtung Ihre Partei das Land führen möchte? Bislang hat Labour nicht viel unternommen, um die Wirtschaft oder die Sozialstruktur neuzugestalten. Niemand nimmt die bloße Verstaatlichung als Mittel zur Aushöhlung des Privateigentums ernst.«

Gaitskell erklärte: »Labour bekennt sich natürlich nicht zu den Lehren von Marx. Wir halten sie für völlig unpassend für England.« Er fügte hinzu: »Sicher tritt Labour für eine soziale

Umgestaltung ein - aber nicht für die radikalen Veränderungen, wie Marx sie diktiert.«

Ich fragte: »Wenn der Marxismus der Labour Party nicht paßt, welches ist dann Ihre Leitphilosophie? Keine ernsthafte Partei kommt ohne ein paar Grundprinzipien aus. Welches sind Ihre?«

Er erwiderte: »Die Labour Party folgt den Lehren der Fabianer. Das sind die Leute, die die britischen Sozialisten am meisten respektieren.«

Damit versuchte Gaitskell den Eindruck zu erwecken, in seiner Partei gebe es keine abweichenden Meinungen. Tatsächlich gehörte er aber zu ihrem rechten Flügel, dessen theoretisches Credo irgendein »demokratischer Sozialismus« war. Als er dies näher zu erklären versuchte, wollte er natürlich nur allzugern den Nachweis führen, es sei etwas völlig anderes, als was den Konservativen vorschwebe, aber das mißlang ihm gründlich. So akzeptierte er beispielsweise nicht das Konzept der Klassenideologie, doch sobald er ins Detail kam, stellte sich - abgesehen von ein paar Propagandasprüchen aus der Wahlkampagne - heraus, daß das ideologische Fundament der politischen Tätigkeit von Labour die Ideologie der herrschenden Klasse, der Bourgeoisie, war mit ein paar kleinbürgerlichen Zusätzen.

Wirklich, die britische Mittelschicht hat das ganze Erziehungssystem so eingerichtet, daß die Sozialwissenschaften immer zu ihren Gunsten wirken. Das gilt für die Philosophie, für die politische Ökonomie und alle Zweige der Geschichte. Hinzuzufügen ist, daß nach meiner Erfahrung alle englischen Politiker, seien sie nun Labour oder konservativ, alle Stützen der Gesellschaft, Diplomaten wie Kirchenmänner, nur eine sehr blasse Ahnung von den menschlichen Wissenschaften haben. Im Grunde sind sie selektiv, pragmatisch, auf gröbste Weise dickschädlig. Bischof Berkeley selbst würde ihnen in der Beherrschung seines subjektiven Idealismus die besten Noten ausstellen. Es braucht nicht erwähnt zu werden, daß es in England Leute gibt, die meilenweit über den eben erwähnten stehen, aber meist handelt es sich um Leute (einschließlich Kommunisten), die ihre Kenntnisse außerhalb der Mauern der etablierten Universitäten erworben haben.

Gaitskells Nachfolger als Chef der Labour Party war Harold Wilson, ein Mann, der die Geschichte seines Landes nachhaltig geprägt hat. In der ersten Labour-Regierung Handelsminister, war Wilson zusammen mit dem Führer des linken Flügels, Aneurin Bevan, aus Protest gegen die Verringerung von Sozialleistungen aus Attlees Kabinett ausgetreten.

Als Labour 1964 nach dreizehnjähriger Abstinenz wieder an die Regierung kam, wurde Wilson Premierminister. Die Innenpolitik seiner Regierung führte zu wirklichen Reformen im wirtschaftlichen und sozialen Leben und zu Gewinnen für die Gewerkschaften. In der Außenpolitik jedoch befürwortete die Regierung eine aktive Beteiligung Englands an der NATO und die Zusammenarbeit mit den USA in mehreren wichtigen Fragen, z.B. Vietnam, Nahost, europäische Sicherheit und Abrüstung. Wachsende Unzufriedenheit mit der Labour-Politik führte zur Wahlniederlage von 1970; Labour kehrte für weitere vier Jahre auf die Oppositionsbänke zurück.

Ein zweites Mal wurde Wilson 1974 Premierminister. Im In- und Ausland ging ihm der Ruf eines gewieften Taktikers, eines erfahrenen und geschickten Politikers voraus, der eine Chance zu nutzen wußte. Ich kann persönlich bestätigen, daß dieser Ruf wohlverdient war, denn im Februar 1975 kam Wilson in die Sowjetunion. Die Gespräche auf höchster Ebene führten zu einer gegenseitig vorteilhaften Zusammenarbeit zwischen der UdSSR und England. Ein Protokoll wurde unterzeichnet, das die Vertiefung der politischen Konsultationen über internationale Probleme sowie Fragen des bilateralen Verhältnisses vorsah. Desgleichen wurden eine gemeinsame Erklärung über die Nichtverbreitung von Kernwaffen sowie je ein langfristiges Programm über wirtschaftliche und industrielle Zusammenarbeit und über die Zusammenarbeit in Wissenschaft und Technik unterzeichnet. In der gemeinsamen Erklärung bekundeten beide Seiten ihre Absicht, bei der Ausweitung der Entspannung auf alle Regionen der Welt zusammenzuarbeiten.

Im März 1976 begab ich mich zu Gesprächen mit Premierminister Wilson und Außenminister Callaghan nach London. Es war meine letzte Zusammenkunft mit Wilson, der schon seinen Rücktritt sowohl als Premierminister als auch als Führer von Labour beschlossen hatte. Danach nahm Callaghan die Zügel in die Hand. Mir wurde sofort klar, daß sich Wilson mit Bedauern aus dem aktiven politischen Leben zurückzog, und er tat alles, um das Treffen so entspannt und freundlich wie möglich zu machen.

Betonen möchte ich, daß Wilson der Sowjetunion gegenüber positiv eingestellt war, nicht hinsichtlich unserer grundlegenden sozialistischen Philosophie, aber doch insoweit, als er besser als andere erkannte, daß die UdSSR und England in Frieden miteinander leben lernen und zusammenarbeiten müssen, um Krieg zu verhindern. Seine häufigen Moskaubesuche bezeugen das, und es war kennzeichnend für ihn, daß er nach seinem Rücktritt Ehrenpräsident der britisch-sowjetischen Vereinigung wurde.

Der neue Labour-Führer James Callaghan tendierte zum rechten Parteiflügel. Er wollte enge Bindungen zwischen England und den USA. Er glaubte, indem England fest auf dem Boden von NATO und EWG stehe, könne es sich als Brückenbauer und Bindeglied zwischen den Commonwealth-Ländern und den USA sowie zwischen Amerika und den Ländern des Gemeinsamen Marktes betätigen. Immerhin hielt während Callaghans erster Amtszeit die positive Tendenz in den britisch-sowjetischen Beziehungen an. Der Handel wuchs, desgleichen die wissenschaftliche, technische und kulturelle Zusammenarbeit.

Ich kannte Callaghan ein paar Dutzend Jahre, und seine Art hat sich nie verändert. Wenn man ihn das erste Mal sah, konnte man ihn für einen Russen halten. Seine offenen, freundlichen Augen und das leichte Lächeln deuteten Gesprächsbereitschaft an. Nie wirkte er angespannt oder gezwungen, sondern man dachte immer, gleich klopfe er einem auf die Schulter.

Wilson und Callaghan waren ein interessantes Paar. Sie schienen zur Arbeit miteinander geradezu geboren und haben einiges Gute für Großbritannien getan.

Callaghan war weniger sprunghaft als Wilson. Anstatt geradeheraus zu sagen: »Ich bin anderer Ansicht«, meinte er lieber vorsichtig: »Vielleicht könnte man es so formulieren«, und gab dann seine Version zum besten. Ich muß sagen, Callaghan war mir lieb und wert. Er machte nicht viele Worte, aber was er sagte, hatte immer Gewicht. Oft milderte er seine Position ab, indem er sagte: »Ich höre mit Vergnügen, was Sie mir sagen werden«, und hinzufügte: »Übereilen wir's nicht. Die Sowjetunion und England wird es auch morgen noch geben.«

Ich unterhielt mich gerne mit Callaghan und Leuten wie ihm und Wilson. Ein nicht unbeträchtlicher Teil von Labour ist in ebendemselben Geist aufgewachsen.

Wie sieht es heute in Großbritannien politisch aus? Die konservative Regierung hat sich für eine bedingungslose Unterstützung Amerikas entschieden. Der alte britische Löwe ist senil geworden. Länder, die einst zum großen britischen Empire gehörten - bescheidener heißt das Commonwealth -, zeigen London verständlicherweise mehr die Zähne. Oft stimmen sie gegen England in den Vereinten Nationen, vor allem aus Protest gegen die Zusammenarbeit Londons mit dem rassistischen Regime in Südafrika.

Dennoch hat die Sowjetunion versucht, die positiven Gewinne in den Beziehungen der früheren Jahre zu bewahren. Wir zeigen die Gefahren auf, die die Tory-Politik für Europa und die Welt heraufbeschwört. Gorbatschow hat darüber mit Margaret Thatcher persönlich bei seinem Englandbesuch im Dezember 1984 und wieder bei dem Treffen im Kreml 1985 gesprochen.

Das England von heute ist ein Produkt des Englands von gestern. Die Beschlüsse des Parlaments sind ein vielschichtiges Gewebe aus tausend Fäden, über die von der Bourgeoisie, die das Land wirklich beherrscht, auf die Gesetzgeber Einfluß genommen wird. Irgendwie kriegt sie ihre Wünsche immer erfüllt. Die unterschiedlichsten Themen können im Parlament tage- und wochenlang diskutiert, verworfen, verändert und umgerührt werden. Letzten Endes kommen sie als glattpolierte Beschlüsse heraus, elegant, ausgebügelt, ohne jede Behinderung für die herrschende Klasse und ihre Macht.

Manchmal gibt es schnelle Wahlen, und schon glaubt man, es geschehe etwas Ungewöhnliches, aber nach jeder Wahl ist die Bourgeoisie immer noch an der Macht. Und darauf allein kommt es an.

Die beiden Hauptparteien, Konservative und Labour, lösen sich in Regierung und Opposition ab. Sie wissen genau, auch wenn sie in einer Wahl eine noch so hohe Mehrheit erringen, daß sie irgendwann wieder in die Minderheit kommen. Das schweißt sie zusammen, sichtbar und unsichtbar.

Betrachtet man das Parlament, die Streitkräfte und die Beamtenschaft, dann sieht man, daß sie sich aus sich selbst heraus regenerieren. Tatsächlich ist England ein lebendes Beispiel der marxistisch-leninistischen Theorie von Basis und Überbau.

Nimmt man überdies zur Kenntnis, daß das britische Kapital eng mit dem amerikanischen verwoben ist und die Multis in der internationalen Arena einen bösartigen Einfluß ausüben, dann tritt das Wesen des britischen Machtsystems mit seinen offenen und geheimen Fluren noch klarer zutage.

Ausnahmsweise konnte ich's der Presse einmal heimzahlen, Helsinki 1957.

11. Kapitel

Im kalten Krieg an der Front

Als ich im April 1953 London verließ, um in Moskau meinen neuen Posten als Erster Stellvertretender Außenminister anzutreten, empfand ich die gleiche Erregung wie schon 1948 bei der Heimkehr aus den USA nach acht Jahren. Die Jahre waren vergangen, und unseligerweise war der kalte Krieg ausgebrochen. Der Schaffung der Nordatlantikpakt-Organisation (NATO) im April 1949 war eine lautstarke Propagandakampagne vorausgegangen, bei der Politiker, Historiker, Wirtschaftler und Journalisten nur das Wort von der »kommunistischen Bedrohung« im Munde führten und behaupteten, der künftige Militärblock sei »rein defensiv«. Ein Hauptbetreiber dieser Propaganda war Walter Lippmann, dessen Artikel über die Notwendigkeit eines Militärbündnisses in allen wichtigen Massenmedien erschienen. In jedem Artikel fand sich eine gehörige Dosis feindseliger Aussagen gegen die UdSSR.

Unter den Förderern der NATO-Idee und der Ideologie vom kalten Krieg stand Dean Acheson, von 1949 bis 1953 Außenminister, an erster Stelle. Auch die Truman-Doktrin und der Marshallplan trugen seine Handschrift. Acheson unternahm planmäßig und ausdauernd alles nur Erdenkliche, um die NATO zustande zu bringen. Helfershelfer dazu fand er problemlos. Man brauchte nur jedem, der zu sagen bereit war, was die Reaktionäre hören wollten, ein paar Dollars in die Hand zu drücken.

Zu den schlimmsten Beispielen amerikanischen Aggressionsverhaltens im internationalen Bereich gehörte der Koreakrieg. Aber die moralische und materielle Hilfe der Sowjetunion stärkte der Demokratischen Volksrepublik Korea den Rücken, und die UdSSR trug viel zum Zustandekommen der Waffenstillstandsverhandlungen bei, die 1953 erfolgreich abgeschlossen wurden.

Nur weil Washington weiterhin das Marionettenregime in Seoul finanziert, ist die Lage auf der koreanischen Halbinsel immer noch ungelöst, und die Situation in Fernost bleibt weiterhin labil. Die UdSSR unterstützt den nordkoreanischen Vorschlag, die amerikanischen Truppen sollen aus Südkorea abgezogen werden, damit das Land ohne Einmischung von außen auf solider Grundlage wiedervereinigt werden kann.

Ebenso hat die UdSSR die Unterzeichnung der Genfer Indochina-Abkommen sehr erleichtert, mit denen der blutige Krieg ein Ende nahm, den die Franzosen gegen das Volk dieser Region vom Zaun gebrochen hatten.

1953 wurde Truman - Churchills Partner beim Ingangsetzen des kalten Krieges - als Präsident durch Dwight D. Eisenhower abgelöst.

Es gibt in der Geschichte zahllose Beispiele, wie während großer Ereignisse, die meist mit Kriegen verbunden sind, bislang unbekannte Gestalten ins Rampenlicht treten. Eisenhower gehört dazu. Binnen kaum zehn Jahren machte der 1941 praktisch noch unbekannte Generalstabsoffizier den Sprung zum Oberbefehlshaber der Alliierten Streitkräfte in Europa (1943) und von da zum Präsidenten der Vereinigten Staaten (1953).

Besondere Fähigkeiten besaß er keine. Er verdankte seine Karriere vor allem den Umständen. Als Amerika in den Krieg eintrat, mußte Roosevelt eiligst ein paar Spitzenmilitärs auftreiben, und so fiel Eisenhower die Leiter hinauf. Als man einen Oberbefehlshaber für die Alliierten Streitkräfte brauchte, suchte man nach einem amerikanischen General, der gute Stabsarbeit leistete und mit den Leuten umgehen konnte - wiederum Eisenhower. Als er dann 1952 in der Präsidentenwahl kandidierte, verdankte er seinen Sieg den großen Rüstungskonzernen. Für Finanz- und Industriemonopolmagnaten wie Rockefeller, Morgan, Dupont, Mellon und andere Milliardäre vertrat Eisenhower genau die richtige Politik, weshalb sie alle Mittel einsetzten und ihnen nichts zu teuer war, ihn bei den Wahlen von 1956 erneut als Kandidaten der Republikaner durchzusetzen.

Eisenhowers achtjährige Amtszeit im Weißen Haus kennzeichnete ein Aufschwung reaktionärer Innenpolitik. Die Rüstungsproduktion schwoll ständig an. Die Stichworte Wettrüsten und kalter Krieg erfaßten sämtliche Aspekte der amerikanischen Innen- und Außenpolitik.

Der Koreakrieg endete während Eisenhowers erster Amtszeit als Präsident. Sodann unterzeichneten beide Seiten das Indochina-Abkommen in Genf, und es sah so aus, als wolle sich die Ost-West-Spannung endlich legen. Aber Washington hatte anderes im Sinn.

1955 kam es in Genf zum Gipfeltreffen zwischen der UdSSR, den USA, England und Frankreich. Scharfe Wortwechsel offenbarten ernste Differenzen zwischen den einstigen Alliierten. Eisenhower, Eden und Edgar Faure argumentierten lautstark, die NATO sei, insbesondere in Europa, eine friedenserhaltende Kraft; in Wirklichkeit jedoch planten sie, Ostdeutschland durch Westdeutschland aufsaugen zu lassen, und deckten die Remilitarisierung Westdeutschlands mit propagandistischen Friedensbeteuerungen zu.

Um den drei Westmächten bei der Behauptung, die Sowjetunion trage nicht ihr Teil zur Festigung des Friedens bei, den Wind aus den Segeln zu nehmen, verkündete die sowjetische Delegation - bestehend aus Chruschtschow, Bulganin, Molotow, Marschall Schukow und mir -, die Sowjetunion sei bereit, der NATO beizutreten. Unser Argument lautete, wenn die NATO der Sache des Friedens verpflichtet sei, könne sie gar nicht umhin, die UdSSR aufzunehmen.

Welche Wirkung diese Ankündigung durch Bulganin als Vorsitzender des Ministerrates auf die westlichen Delegationen hatte, ist nur schwer zu beschreiben. Sie waren so vor den Kopf geschlagen, daß minutenlang keiner ein Wort hervorbrachte. Eisenhowers übliches, wählergewinnendes Lächeln war wie weggeblasen. Er lehnte sich zu Dulles hinüber, um sich mit ihm zu besprechen; aber wir erhielten keine Antwort auf unseren Vorschlag.

Nach der Sitzung kam Dulles im Korridor zu mir gelaufen und fragte: »Hat die Sowjetunion das wirklich ernst gemeint?«

Ich erwiderte: »Die Sowjetunion macht keine nicht ernstgemeinten Vorschläge, schon gar nicht auf einem so wichtigem Forum wie diesem.«

Dulles wollte gerade noch etwas sagen, als auch schon Eisenhower hinzutrat. Jetzt huschte wieder ein Lächeln über sein Gesicht, als er sagte: »Wir müssen Ihnen sagen, Mr. Gromyko, daß wir den sowjetischen Vorschlag sorgfältig prüfen werden, denn es geht um eine sehr ernste Sache.«

Bei den weiteren Sitzungen der Vier Mächte wurde jedoch offenbar, daß die westlichen Delegationen unseren Vorschlag nicht weiter besprechen wollten; sie hielten sich bedeckt und begnügten sich mit einem geheimnisvollen, orakelhaften Lächeln, wann immer er erwähnt wurde. De facto wußte die NATO einfach nicht, wie sie sich verhalten sollte, und schwieg deshalb den Vorschlag einfach tot. Ich habe späteren amerikanischen Regierungsmitgliedern gegenüber noch oft von dem Vorschlag gesprochen; nur den wenigsten war auch nur die Tatsache bekannt.

Auf unsere Anregung hin suchte Schukow Eisenhower auf. Schukow berichtete, Eisenhower habe sich in sein Schneckenhaus zurückgezogen und lediglich ein paar Platitüden gemurmelt. Schukow war sichtlich bestürzt und bemerkte auf dem Heimweg, die Sowjetunion müsse »ihr Pulver trocken halten«, eine Meinung, die auch die übrigen Delegationsmitglieder teilten.

Ich habe, vor allem als Außenminister, oft mit Marschall

Schukow zu tun gehabt. Er war damals Verteidigungsminister. Zwei Begegnungen sind mir besonders lebhaft im Gedächtnis. Die erste ereignete sich auf unserer gemeinsamen Bukarestreise im April 1957 zur Unterzeichnung des sowjetisch-rumänischen Vertrages über den Rechtsstatus der vorübergehend in Rumänien stationierten sowjetischen Streitkräfte. Wir saßen im Flugzeug nebeneinander und kamen bald ins Gespräch; ich stellte fest, daß er entspannter war, wenn Chruschtschow nicht dabei war.

Auf dem Flug nach Rumänien sagte Schukow im Gespräch über den Krieg: »Der Sieg hing weitgehend von der Entschlossenheit der Truppe und der Offiziere ab. Die Siegesgewißheit beflügelte jeden, vom Gemeinen bis zum General.« Der Marschall spielte damit auf die wichtige Rolle der gegen Kriegsende eingeführten strengen Maßnahmen zur Stärkung der Disziplin bei der Truppe an; er war persönlich mit diesen harten Maßnahmen in Verbindung gebracht worden.

Mit sichtlichem Vergnügen sprach Schukow von den neuen Raketen, die jetzt an die Armee ausgeliefert wurden. Noch gab es keine Interkontinentalraketen, aber die Großmächte hatten bedeutende ballistische Waffen entwickelt, und Schukow freute sich über die Reichweiten, über die die unsrigen erfolgreich erprobt worden waren.

Desgleichen sagte er einiges Wichtige über Stalin. Obwohl Stalin schon tot war und Chruschtschow bereits auf dem XX. Parteitag von 1956 seine berühmte Rede über ihn gehalten hatte, sagte Schukow ungeniert: »Ich anerkenne voll und ganz Stalins unermeßliche Verdienste als oberster Befehlshaber.«

Dagegen sagte er kein Wort über Chruschtschows Rolle bei der Vorbereitung oder Durchführung irgendwelcher militärischer Operationen. Chruschtschow andererseits erinnerte gern an seine Fahrten an die Front und seine Kontakte mit verschiedenen Militärs.

Neuerdings hat es in sowjetischen Quellen Berichte gegeben, Schukow habe zugegeben, die Schuld dafür, daß unsere Streitkräfte dem Ansturm des vollgerüsteten Nazi-Aggressors unvorbereitet hätten gegenübertreten müssen, trage die sowjetische Militärführung. Ich selbst habe diesen Eindruck nie von ihm gewonnen, weiß aber noch, daß er einmal sagte: »Vor dem Krieg wurde die politische Entscheidung zur Aufrüstung erst sehr spät getroffen, und das war das Hauptproblem.«

Zwar äußerte er in Anwesenheit früherer Politbüromitglieder nie solche Gedanken, doch sprach er auch mit Bitterkeit von dem gewaltigen Schaden, den Stalin mit seinem Massaker an der obersten Armeeführung dem Land zugefügt habe. »Natürlich halte ich sie für unschuldige Opfer«, sagte er. »Ein besonders schwerer Verlust für Armee und Staat war Tuchatschewski.«

Viele Leute, vor allem Journalisten, haben auf Schukows hartes Durchgreifen im Kriege verwiesen und zu verstehen gegeben, er sei unbeherrscht. Vielleicht war er an der Front streng, vor allem während des Kampfes, aber nach meiner Erfahrung verlor er nie die Selbstbeherrschung. Ich kenne ihn als einen Mann mit Grundsätzen. Es ist völlig unsinnig, behaupten zu wollen, er habe seine eigene Rolle während des Krieges übertrieben. Überhaupt, wie hätte er seine Rolle denn überbetonen können? Sein Dienst am Vaterland funkelt als Juwel in der Krone des größten Sieges des Sowjetvolkes.

Ein weiterer sowjetischer Militärführer, von dem ich seit jeher die höchste Meinung habe, ist der Chef des Verteidigungsministeriums in den sechziger und siebziger Jahren, Marschall Andrej Antonowitsch Gretschko. Die Außenpolitik eines Landes braucht das solide Fundament einer effizienten Wirtschaft und einer verläßlichen Verteidigungsstreitmacht. Andererseits wirkt sich die Außenpolitik zwangsläufig auch auf die Streitkräfte eines Staates aus. Deshalb stand ich in systematischem Arbeitskontakt mit Gretschko, und es verging kaum ein Tag, an dem wir nicht das eine oder andere Problem besprachen, bei dem sich Verteidigungs- und Außenpolitik überschnitten. Infolgedessen wurden unsere Vorschläge gewöhnlich von uns beiden unterzeichnet und gemeinsam dem Politbüro vorgelegt, und Breschnew unterstützte unsere Arbeit.

Richtig kennengelernt habe ich Gretschko als Oberbefehlshaber der sowjetischen Armeegruppe in Deutschland 1955, und schnell stellte ich fest, daß er mehr war als ein bloßer Militärsachverständiger. Er wußte Bescheid über die amerikanische Außenpolitik, die ganze NATO sowie die Politik anderer Staaten. Er war ein guter Zuhörer und scheute sich nicht, seine Meinung zu ändern, wenn er sein eigenes Urteil für unbefriedigend hielt. War er auch nicht gerade ein großer Redner, so war er im kleinen Freundeskreis doch wie verwandelt: Er konnte Informationen analysieren, seine Argumente bereitlegen und brillante Schlußfolgerungen ziehen. Ich denke, unsere Militärhistoriker werden immer anerkennen, wieviel wir ihm als Armeechef, Patrioten und Kommunisten verdanken.

Schon bald nach dem Genfer Vierergipfel schlug Washington den Kurs ein, der 1957 offiziell als Eisenhower-Doktrin verkündet wurde, mit der die USA den Anspruch erhoben, dem Nahen Osten ihren Willen mit Hilfe ihrer Streitkräfte aufzuzwingen. Die Doktrin, die offen und insgeheim auf breiter Front verfolgt wurde, sah die Bekämpfung nationaler Befreiungsbewegungen und die Einmischung in die inneren Angelegenheiten anderer Länder in der Region unter dem Deckmantel des Widerstands gegen die »kommunistische Bedrohung« vor. Sie war eine himmelschreiende Verletzung des Völkerrechts und der UNO-Charta.

Wiederholt verwies die Sowjetunion auf die Gefahren für den Frieden, die mit der Eisenhower-Doktrin einhergingen. Sie zeigten sich in den gegen die Unabhängigkeit Syriens ausgeheckten Komplotts und dem aggressiven Vorgehen der USA in Libanon 1958, woraus sich die heutige amerikanische Nahostpolitik entwickelt hat. Aber unsere Proteste wurden in den Wind geschlagen.

Im September 1959 suchte jedoch Eisenhower den politischen Kontakt mit der UdSSR und lud Chruschtschow zu einem offiziellen Besuch in die USA ein. Die Gespräche umfaßten viele Themen, vor allem die Situation in und um Berlin. Die sowjetische Seite betonte, diese Probleme müßten auf der Grundlage eines deutschen Friedensvertrages und der Normalisierung der Lage in und um West-Berlin geregelt werden. Die amerikanische Haltung machte eine solche Vorgehensweise unmöglich. Man verständigte sich jedoch dahingehend, daß die Verhandlungen über West-Berlin weitergehen und sich die Vier Mächte im Mai 1960 erneut treffen sollten.

Während des ganzen Besuchs zeigte sich Eisenhower der sowjetischen Delegation gegenüber entgegenkommend. Er versuchte, eine angenehme Atmosphäre zu schaffen, und verhielt sich überhaupt so, als wünsche er ein konstruktives Verhältnis. Als Zeichen dafür lud er Chruschtschow und weitere Mitglieder der sowjetischen Delegation auf den Landsitz des Präsidenten in Camp David auf den waldigen Hügeln rund 70 Kilometer vor Washington ein. Die Wohngelegenheiten bestehen aus einer Reihe grünbemalter Holzbaracken, das Hauptgebäude ist ein einfaches, eingeschossiges Haus mit einem bescheidenen Wohnraum, in dem ein riesiger Kamin steht, sowie einigen Schlafzimmern.

Roosevelt hatte anfangs des Krieges den Landsitz als erster benutzt. Er nannte ihn Shangri-La (nach dem Land der ewigen Jugend in James Hiltons *Lost Horizon*) und benutzte ihn oft als Wochenendsitz auf dem Lande. Truman ging seltener hin. Aber Eisenhower nahm die Gewohnheit wieder auf und taufte den Platz nach seinem Enkel in Camp David um. Die Amerikaner geben einem Ort gerne einen hochtrabenden Namen. Was wir als Bauernhütte ansehen würden, hieße in Amerika vielleicht Golden Rock, bloß weil irgendwo in der Nähe ein brauner, vielleicht nur zwei Meter hoher Felsbrocken steht.

Die amerikanischen Präsidenten laden höhere ausländische Gäste oft nach Camp David ein; der Platz eignet sich, wie ich mehrmals feststellen konnte, ideal für derlei Zusammenkünfte.

Chruschtschows Ankunft war eine seltsame kleine Unterhaltung vorausgegangen. Kurz bevor er kam, trat Eisenhower zu einem Gespräch hinzu, das ich gerade mit Dulles hatte.

Der Präsident sah deutlich müde aus. Er klagte: »Meine Gesundheit ist nicht in Ordnung. Mein Herz macht mir Kummer, und ich muß aufpassen.«

Dulles und ich hörten mitfühlend zu. Eisenhower fuhr fort: »Offenbar ist das beste Mittel dagegen ein Schluck Cognac vor dem Schlafengehen. Hätte ich das getan, hätte ich den Herzanfall, den ich kürzlich erlitt, vermeiden können.« Er lächelte, wollte aber zeigen, daß es ihm ernst war, weshalb er sagte: »Das ist nicht etwa meine Meinung, sondern die meines Arztes, des berühmten Kardiologen Professor White.«

Tatsächlich konnte Professor White eine Zeitlang Eisenhower helfen, aber schließlich führte seine Herzkrankheit dann doch zum Tode.

Chruschtschow lud, bevor er Washington verließ, Eisenhower und einige seiner Kabinettskollegen zu einem offiziellen Abschiedsessen in die sowjetische Botschaft ein. Meine Tischnachbarin war die Frau des Präsidenten - liebevoll »Mamie« genannt. Sie äußerte sich positiv über das sowjetische Volk.

»Sie haben soviel durchgemacht. Wir wissen, wie schlimm es im Krieg war. Wir wissen, was Sie verloren haben.« Dennoch fühlte sie sich verpflichtet, der Mode folgend hinzuzufügen: »Aber jetzt will die Sowjetunion scheint's ihr System anderen Ländern aufzwingen. Darüber wird viel geschrieben. Viele Leute hier meinen das. Stimmt es denn?«

Ich sagte zu ihr: »Glauben Sie doch nicht alles, was Sie hören«, und fügte hinzu, wir hielten uns streng an den Grundsatz der Nichteinmischung in die Angelegenheiten anderer Länder.

Mamies Antwort war typisch für sie. Mit entwaffnender Spontaneität sagte sie: »Davon sagt hier niemand etwas, ich weiß nicht, warum. Auch in der Bibel habe ich es nicht gefunden. Und die Bibel ist mein Handbuch.«

Ich mußte an mich halten, stimmte ihr jedoch problemlos zu: »Das ist richtig, in der Bibel steht nichts davon.«

Letztlich wurde aus dem Chruschtschow-Besuch kaum mehr als eine Routineangelegenheit ohne wirkliche Veränderung der Auffassungen, und das schlug sich auch im gemeinsamen Kommuniqué nieder.

Bald jedoch kam es zu einem Zwischenfall, der die sowjetisch-amerikanischen Beziehungen noch schwieriger machte: der Einbruch in den sowjetischen Luftraum am 1. Mai 1960 durch ein amerikanisches Spionageflugzeug vom Typ U2, das über Swerdlowsk mit sowjetischen Raketen abgeschossen wurde. Daß dieser Überfall geplant war, lag klar auf der Hand und wurde vom Piloten Gary Powers selbst bestätigt. Aber Washington plusterte sich auf und versuchte, das Offenkundige zu leugnen. Die Sowjetunion verlangte deshalb von der amerikanischen Regierung eine Entschuldigung und brachte das Thema im vorbereitenden Vierertreffen in Paris am 16. Mai vor dem im Vorjahr festgelegten Gipfeltermin im selben Monat zur Sprache.

Die allgemeine Spannung war sofort aus den Umständen des Treffens zu erkennen. Die Delegationschefs versammelten sich im Saal, Chruschtschow betrat ihn als erster, gefolgt von Verteidigungsminister Malinowski und mir. Wir gingen sofort an unseren Platz und standen am Tisch und warteten auf die anderen. Zwei oder drei Minuten später kam Eisenhower mit seinen Mitarbeitern. Schon wollte er auf Chruschtschow zugehen und ihn begrüßen, aber als er dessen eiskalten Blick sah, begriff er die Lage und blieb, wo er war. Es gab keine Begrüßung. Die beiden Chefs schüttelten sich nicht mal die Hand. Staatspräsident de Gaulle und Premierminister Macmillan verhielten sich normal und gaben den anderen Delegierten die Hand.

Diese etwas ungewöhnliche Ouvertüre verhieß nichts Gutes. Nachdem de Gaulle ein paar Worte gesagt hatte, ergriff Chruschtschow das Wort: »Die Sitzung kann mit der Arbeit beginnen, wenn sich Präsident Eisenhower bei der Sowjetunion für die von Gary Powers begangene Provokation entschuldigt.«

Kaum hörbar antwortete Eisenhower: »Ich habe nicht die Absicht, eine solche Entschuldigung auszusprechen, denn ich habe mich für nichts zu entschuldigen.«

Jedermann wußte, wenn man jetzt sitzen bliebe, käme es zu einem Wettstreit, wer das ausdauerndere Sitzfleisch habe. Deswegen erhoben sich alle ohne ein weiteres Wort und verließen den Saal. Die USA verweigerten der UdSSR die verdiente Entschuldigung, und die Sitzung, die sonst zum Abbau der Spannung in der Welt hätte beitragen können, wurde abgebrochen.

Der französische Staatspräsident versuchte, die Lage zu retten, indem er zu Chruschtschow sagte, zwar sei Eisenhower im Prinzip im Unrecht, aber man solle ihm verzeihen, doch das führte zu nichts.

Dennoch verdient Eisenhower wenigstens für eine Feststellung in seiner Abschiedsrede vom Januar 1961 Anerkennung, als er vor dem Einfluß »der Kombination aus einer riesigen militärischen Einrichtung und einer großen Rüstungsindustrie« warnte. Er sagte: »Wir müssen uns davor hüten, daß der militärindustrielle Komplex gewollt oder ungewollt unzulässigen Einfluß gewinnt.«

Amerikaner, die sich in der politischen Szene auskannten, pflegten oft zu sagen: »Wenn es Dulles nicht gäbe, müßte man ihn erfinden.« Daran war etwas Wahres. Der treue Diener, überzeugt und beharrlich und auf seine Weise zur Verteidigung der Interessen des militärindustriellen Komplexes fähig - das war Dulles.

Der 1888 in Washington als Sohn eines Religionslehrers geborene John Foster Dulles, Enkel eines Außenministers und Neffe eines weiteren, gehörte schon 1907 der amerikanischen Delegation beim Haager Friedenskonvent an, war Berater der US-Delegation auf der Versailler Friedenskonferenz von 1919 und führte in den folgenden Jahren viele diplomatische Aufträge durch.

Dulles war eng mit dem Großkapital verflochten, saß in einer

Reihe von Aufsichtsräten und leitete die mächtige Rechtsanwaltsfirma Sullivan und Cromwell, deren Dienste von 60 Gesellschaften in Anspruch genommen wurden, die einen repräsentativen Teil der amerikanischen Industrie darstellten. Sullivan und Cromwell waren Mitglieder des profaschistischen America First Committee gewesen, in dem sich Dulles und seine Frau persönlich eifrig betätigten. 1941 wurde Dulles zum Präsidenten der auswärtigen Kommission des Amerikanischen Nationalen Kirchenrates ernannt und stand an dessen äußerstem rechten, reaktionären Flügel. 1944 wurde er Vizepräsident der Vereinigung der New Yorker Rechtsanwälte und Vorsitzender ihrer Sektion für Völkerrecht. Kreuz und Schwert schienen bei ihm gut zusammenzupassen. Nachdem er selbst Millionär geworden war, verteidigte er eifrig die Interessen des Großkapitals und den zunehmenden Expansionsdrang der amerikanischen Außenpolitik.

Ich begegnete Dulles zum ersten Mal 1945 in San Francisco im Lenkungsausschuß der Konferenz und beobachtete ihn danach rund 15 Jahre lang. Stets blieb er sich selbst treu. Niemals paßte er sich dem Mann im Weißen Haus an, um wen es sich auch handeln mochte. Weder Roosevelt noch Truman behandelten ihn als Laufburschen. Mit der Bibel in der Hand vertrat er unbeirrt rechtsgerichtete Positionen.

Obwohl kantig und scharf, war er doch kein geborener Redner. Er sprach langsam, ruhig und leise, aber seine Worte hatten immer Gewicht. Alle Welt wußte, daß aus ihm das Monopolkapital sprach, das in Amerika den Ton angab, und als Teilnehmer an den Außenministerkonferenzen von 1945 in London, 1946 in New York und 1947 in Moskau übte er starken Einfluß auf die Haltung der amerikanischen Regierung aus.

In den frühen fünfziger Jahren hatte er mehrere Posten inne und wurde praktisch ständiger Berater, konnte aber nicht höher steigen. In der Wahlkampagne von 1952 beteiligte er sich aktiv als Förderer Eisenhowers und Verfasser der außenpolitischen Plattform der Republikaner. Die letzte Leitersprosse erklomm er dann im Januar 1953 mit der Ernennung zum Außenminister, und danach trug jeder Aspekt der amerikanischen Außenpolitik und diplomatischen Aktivität, zumal in den sowjetisch-amerikanischen Beziehungen, deutlich seine Handschrift.

Dulles erfand den Begriff des »brinkmanship« (der Fähigkeit, am Rande des Abgrunds zu wandeln), worin er die richtige Art der Außenpolitik erblickte und dem er bis zu seinem Lebensende anhing. Sein Name ist eng mit dem militanten Kurs der amerikanischen Politik und der Feindseligkeit gegenüber der UdSSR verbunden, worin es ihm kaum ein anderer amerikanischer Politiker gleichtat.

Was soll man über ihn als Menschen sagen? Das ist nicht leicht, denn man kann sich ihn kaum außerhalb der von ihm vertretenen Politik vorstellen. Mein Eindruck aus Gesprächen unter vier Augen mit ihm ist, daß er zwar nicht gerade konfus war, aber doch oft zögernd ansetzte, als suche er noch nach der richtigen Wellenlänge. Desgleichen hielt er kaum einen Augenblick still; unablässig trat er von einem Fuß auf den andern und blickte einem nur sehr selten in die Augen.

War er gebildet? Nach westlichen Maßstäben sicherlich, denn dort werden Geisteswissenschaften streng konform den Erfordernissen der herrschenden Klasse gelehrt. Bei einem meiner Washingtonbesuche lud er mich in sein Haus ein, zusammen mit dem sowjetischen Botschafter Menschikow. Er empfing uns in einem Raum, der Wohnzimmer und Bibliothek zugleich war, und zeigte stolz auf seine große Büchersammlung, darunter ein paar bibliophile Drucke.

Offenbar um uns zu beeindrucken, führte er uns an ein Bücherbord mit den in den USA veröffentlichten Werken Lenins und Stalins.

»Hier ist Lenin, und da ist Stalin«, sagte er, »ihre ausgewählten Werke. Derzeit arbeite ich gerade an der Diktatur des Proletariats und schaue nach, was darüber geschrieben worden ist und was es eigentlich bedeutet.«

Er zeigte uns ein paar Seiten, auf denen er einige Sätze unterstrichen und mit Glossen und Ausrufezeichen versehen hatte; offenbar nahm er seine Lesetätigkeit ernst. Ich konnte mir ein paar seiner Randnotizen ansehen, die zwar banal waren, aber doch zeigten, daß er alles, was er las, sehr kritisch beurteilte. Der Botschafter und ich bedankten uns für seine Gastfreundschaft und wünschten ihm viel Glück beim weiteren Studium des Marxismus-Leninismus. Dulles lachte laut, wir ebenfalls. Wir hatten einander verstanden.

Im Sommer 1959, als die Außenminister der Vier Mächte in Genf über das Thema Deutschland berieten, wurde plötzlich eine Unterbrechung angesagt: John Foster Dulles war gestorben. Erst wenige Monate zuvor hatte er seinen Posten als Außenminister krankheitshalber aufgegeben und war Sonderberater des Präsidenten geworden. Jetzt mußten wir alle zu seiner Beisetzung nach Washington.

Wir flogen alle in derselben Maschine. Etwas vor mir saß der neue amerikanische Außenminister, Christian Herter. Er war halb gelähmt und bewegte sich an Krücken vorwärts, weshalb wir ihm immer den Vortritt ließen.

Irgendwo über dem Atlantik kam der amerikanische Verteidigungsminister Neil McElroy zu mir herüber und fragte: »Darf ich mich zu Ihnen setzen, Mr. Gromyko? Ich würde gerne mit Ihnen über ein paar Dinge reden.«

»Sie sind willkommen«, erwiderte ich.

Ich wußte sehr wohl, daß kein Verteidigungsminister je etwas aus eigenem Antrieb dem sowjetischen Außenminister sagen würde, besonders, wenn der Außenamtskollege im selben Flugzeug saß.

McElroy begann das Gespräch mit dem, was er die »gelbe Gefahr« nannte, womit er China meinte. »Die gelbe Gefahr ist inzwischen so groß«, sagte er, »daß man darüber nicht einfach zur Tagesordnung übergehen kann. Und es ist nicht bloß eine Sache, die man berücksichtigen muß, sondern man muß sie angehen.«

Obwohl ich mir denken konnte, worauf er hinauswollte, sagte ich nichts und ließ ihn weiterreden.

»Wir sollten uns gegen China zusammentun.« Er hielt inne und wollte sehen, wie das auf mich wirkte.

Nun waren damals die sowjetisch-chinesischen Beziehungen gelinde gesagt schwierig; an unseren Grenzen kam es zu bewaffneten Zusammenstößen.

Zur Erwiderung sagte ich: »Sie und ich - also, die USA und die UdSSR - haben die viel wichtigere Aufgabe, für die Schwierigkeiten in Europa eine Lösung zu finden und die sowjetisch-amerikanischen Beziehungen zu verbessern.«

»Trotzdem«, insistierte er, »dies ist ein großes Problem, über das wir beide nachdenken sollten.«

Damit endete das Gespräch.

Ich begriff natürlich - und so war es wohl gedacht -, daß in Wirklichkeit der Außenminister und nicht der Verteidigungsminister gesprochen hatte.

Bei meiner Rückkehr nach Moskau erzählte ich Chruschtschow von McElroys Ouvertüre. Er sagte, ich hätte die richtige Antwort gegeben. Das Thema wurde nicht wieder angesprochen, weder von uns noch von den USA.

Im Februar 1957 wurde ich Außenminister. Die aggressiven Intrigen des Imperialismus riefen weiterhin in mehreren Teilen der Welt schwere Krisen hervor, und im April 1961 fielen amerikanische Söldner auf Kuba in der Schweinebucht ein. Die Aktion, die mit einem schmählichen Fehlschlag endete, hatte die Vertagung zuvor vereinbarter sowjetisch-amerikanischer Gipfelbegegnungen zur Folge.

Zweck des Wiener Treffens am 3. und 4. Juni zwischen Chruschtschow und dem neuen Präsidenten John F. Kennedy war es deshalb, den Kontakt zwischen den beiden Staatsmännern herzustellen und die Grundfragen der sowjetisch-amerikanischen Beziehungen zu erörtern. Zu unserer Enttäuschung führte das Gespräch, das zwar freimütig geführt wurde und länger als geplant dauerte, nicht zu einem Erfolg.

Inzwischen hatte die amerikanische Außenpolitik neue Spannung hervorgerufen, deren Schwerpunkt in Kuba lag. Selbst nach der Niederlage der amerikanischen Söldner in der Schweinebucht hatte Washington seinen Kubakurs nicht verändert.

Vielmehr kam unter dem Vorwand, Kuba solle zu einem »Stützpunkt für das kommunistische Eindringen in Amerika« ausgebaut werden, eine lautstarke Propagandakampagne zugunsten eines »sowjetischen Rückzugs« aus der Region in Gang. Präsident Kennedy gab am 4. September 1962 eine Erklärung ab, in der er die Legitimität der Maßnahmen in Zweifel zog, die die kubanische Regierung zur Verteidigung ihres Landes ergriffen hatte. Die Erklärung enthielt direkte Drohungen an die Adresse Kubas, wenn es sich nicht beugte. Am 11. September rief die sowjetische Regierung die Vereinigten Staaten auf, »nicht die Selbstbeherrschung zu verlieren und nüchtern einzuschätzen, wohin ihr Vorgehen führen könnte«, und zeigte einen möglichen Weg zu einer Normalisierung der Lage in der Karibik auf.

Die Vorbereitungen für eine imperialistische Einmischung gingen jedoch weiter, weshalb sich die sowjetische und kubanische Regierung auf eine weitere Verstärkung der Verteidigung Kubas verständigten. Die entsprechenden Waffen wurden aufgestellt, darunter auch Raketen. Das war eine rein defensive Maßnahme. Gleichzeitig wies Kuba darauf hin, zur Verstärkung seiner Verteidigung bestünde kein Anlaß, wenn die USA wirksame Garantien gäben, daß sie keine bewaffnete Invasion Kubas durchführen und auch anderen Ländern nicht bei einer Invasion helfen würden.

Angesichts der heraufziehenden internationalen Krise entfaltete die UdSSR eine aktive diplomatische Tätigkeit zugunsten einer friedlichen Beilegung. Am 18. Oktober traf ich auf Weisung der sowjetischen Führung mit Präsident Kennedy im Weißen Haus zusammen. Verständlicherweise galt der größte Teil des Gesprächs dem Kubaproblem, während andere internationale Fragen wie Deutschland und West-Berlin nur am Rande zur Sprache kamen.

Ich teilte dem Präsidenten die sowjetische Position mit. »Ich möchte Ihre Aufmerksamkeit auf die gefährliche Entwicklung der Ereignisse im Zusammenhang mit der Haltung der US-Regierung gegenüber Kuba lenken«, sagte ich. »Seit beträchtlicher Zeit führt die amerikanische Seite eine ungehemmte kubafeindliche Kampagne und versucht, den Handel Kubas mit anderen Staaten zu blockieren. In den Vereinigten Staaten werden Aufrufe zu einer Aggression gegen dieses Land laut. Dieser Kurs kann für die ganze Welt ernste Folgen haben.«

Kennedy entgegnete: »Es geht einfach darum, daß das derzeitige Regime in Kuba den Vereinigten Staaten nicht behagt. Es wäre besser, wenn ein anderes dort wäre.«

Ich fragte ihn: »Aber was berechtigt die amerikanische Führung zu der Annahme, die Kubaner müßten ihre inneren Angelegenheiten nach den Wünschen Washingtons gestalten? Kuba gehört dem kubanischen Volk, und weder Amerika noch irgendein anderer Staat hat das Recht, sich in seine inneren Angelegenheiten einzumischen. Alle Erklärungen des Präsidenten oder anderer Regierungsvertreter, Kuba stelle eine Bedrohung der amerikanischen Sicherheit dar, sind haltlos. Man braucht nur die Größe und Möglichkeiten der beiden Länder zu vergleichen, das eine ein Gigant, das andere ein Zwerg, um zu erkennen, daß die Anschuldigungen gegen Kuba offenkundig falsch sind.«

Sodann betonte ich meinen Hauptpunkt: »Die kubanische Führung und Fidel Castro persönlich haben vor aller Welt mehr als einmal erklärt, daß Kuba nicht beabsichtigt, sein System irgend jemandem aufzuzwingen, daß es den Grundsatz der Nichteinmischung von Staaten in die inneren Angelegenheiten vertritt und sämtliche offenen Fragen in Verhandlungen mit der amerikanischen Regierung beizulegen versucht. Aber obwohl diese Erklärungen durch Taten untermauert werden, bezeichnen diejenigen, die zur Aggression gegen Kuba aufrufen, sie als unzureichend.« Ich fügte hinzu: »Der einzige Weg zur Lösung der überwältigenden Mehrheit der internationalen Probleme führt über Verhandlungen zwischen den Staaten und über Erklärungen, in denen die Regierungen ihre Position darlegen.«

Damit gab ich dem Präsidenten klar zu verstehen, daß die USA, wenn sie gegen Kuba oder die UdSSR irgendwelche Ansprüche zu haben glaubten, diese mit friedlichen Mitteln beilegen sollten. Für Drohung und Erpressung sei kein Platz.

Sodann sagte ich namens der sowjetischen Führung zu Kennedy: »Sollten die USA gegen Kuba oder gegen Staaten, die mit ihm gute Beziehungen unterhalten und seine Unabhängigkeit achten und ihm in schwierigen Zeiten helfen, feindselig vorgehen, dann kann die Sowjetunion nicht einfach zusehen. Wir befinden uns in den sechziger Jahren des 20. Jahrhunderts und nicht mehr in der Mitte des 19. Jahrhunderts, es ist nicht mehr die Zeit, da die Welt in Kolonien aufgeteilt war, und auch nicht mehr die Zeit, wo die Schreie der Opfer einer Aggression erst Wochen später zu hören waren. Die UdSSR ist eine Großmacht und wird kein bloßer Zuschauer sein, wenn im Zusammenhang mit der Kubafrage - oder auch mit einem anderen Teil der Welt - die Gefahr eines großen Krieges droht.«

Kennedy stellte fest: »Meine Regierung plant keinen Angriff auf Kuba, und die Sowjetunion kann davon ausgehen, daß keine Bedrohung Kubas existiert.«

Sodann machte er ein wichtiges Eingeständnis: »Die Aktion in der Schweinebucht war ein Fehler. Ich bestreite nicht, daß das Kubaproblem ernst ist, aber ich halte jene zurück, die für ein Vorgehen sind, das zum Krieg führen kann, solange derartige Aktionen nicht von der anderen Seite provoziert werden.«

Kennedy behauptete, die Aufstellung von Waffen auf Kuba durch die Sowjetunion habe die Situation verschlimmert. Sodann las er eine förmliche Erklärung vor, mit der er den amerikanischen Plan einer Blockade um Kuba preisgab: »Wir sagen lediglich, daß wir das Beladen von Schiffen, die Lieferungen nach Kuba vorgenommen haben, in amerikanischen Häfen verhindern werden.«

Wieder war ich gezwungen, namens der sowjetischen Führung zu erklären: »Die Sowjetunion fordert die amerikanische Regierung und den Präsidenten persönlich nachdrücklich auf, keinen Schritt zuzulassen, der mit den Interessen von Frieden und Ordnung und mit der UNO-Charta unvereinbar ist.«

Entgegen späteren Behauptungen im Westen warf Kennedy während unserer ganzen Unterhaltung kein einziges Mal die Frage der Anwesenheit sowjetischer Raketen auf Kuba auf; folglich bestand für mich auch keine Notwendigkeit zu sagen, ob es dort welche gab oder nicht.

Zudem sagte ich zum Präsidenten: »Die sowjetische Hilfe für Kuba gilt lediglich der Stärkung seiner Verteidigungskraft und der Entwicklung seiner friedlichen Wirtschaft. Den Einsatz sowjetischer Ausbilder, die den Kubanern beibringen, wie sie mit defensiven Waffen umgehen sollen, kann niemand als Bedrohung empfinden. Die UdSSR hat auf Kubas Hilferuf reagiert, denn der Ruf war nichts anderes als die Reaktion auf unmittelbar drohende Gefahr.« Ich schloß: »Herr Präsident, lassen Sie mich die Hoffnung aussprechen, daß die Vereinigten Staaten nunmehr die sowjetische Haltung in der Kubafrage sowie unsere Einschätzung des amerikanischen Vorgehens in bezug auf dieses Land klar verstanden haben.«

Am Ende der Zusammenkunft führte ich eine weitere Weisung aus Moskau aus: »Ich bin gebeten worden, einen Vorschlag der sowjetischen Führung für ein sowjetisch-amerikanisches Treffen auf höchster Ebene zu übermitteln, bei dem verzwickte internationale Fragen beigelegt und Differenzen zwischen der Sowjetunion und den Vereinigten Staaten geprüft werden sollen.«

Obwohl Kennedy während des Gesprächs auf diesen Vorschlag positiv reagierte, wurde mir später am selben Tag mitgeteilt, die amerikanische Seite sei der Meinung, falls ein solches Treffen noch 1962 stattfinden sollte, wäre es ungenügend vorbereitet und könnte kaum fruchtbar sein. Mithin verwarf Washington zwar nicht die Möglichkeit eines Gipfels, verschob ihn aber auf den Sankt-Nimmerleins-Tag.

Ich sollte hinzufügen, daß die Unterhaltung mit scharfen Wendungen und plötzlichen Abbrüchen gespickt war. Kennedy war nervös, auch wenn er es zu verbergen suchte, und widersprach sich ständig. Hatte er gerade Drohungen gegen Kuba ausgestoßen, so erklärte er gleich darauf, Washington hege keine aggressiven Absichten gegen das Land. Wie sich später herausstellte, hatte der Präsident unmittelbar zuvor mit einer Gruppe seiner engsten Mitarbeiter - Vizepräsident Johnson, Außenminister Rusk, Verteidigungsminister McNamara, Justizminister Robert Kennedy, General Taylor sowie weiterer Mitarbeiter und Berater des Präsidenten - unter höchster Geheimhaltung verschiedene Möglichkeiten für eine Landung amerikanischer Invasionstruppen auf Kuba erwogen.

Am selben Tag, an dem ich mit Kennedy gesprochen hatte, traf ich auch mit Dean Rusk zusammen. Im Verlauf unseres Gesprächs sagte der Außenminister: »Die USA beabsichtigen keineswegs eine bewaffnete Invasion auf Kuba, obwohl die Insel zum Brückenkopf für einen Angriff auf die Vereinigten Staaten ausgebaut wird. Das kubanische Regime paßt sich nicht in die Sicherheitsinteressen der westlichen Hemisphäre ein.«

Rusk äußerte seine besondere Mißbilligung über das Auftauchen sowjetischer Waffen auf Kuba, fragte aber - wie Kennedy - nicht konkret nach unseren Raketen.

Wir antworteten darauf: »Kuba ist gezwungen, aus dem Invasionsversuch von 1961 Schlüsse zu ziehen. Er wurde von Amerikanern auf amerikanischem Hoheitsgebiet ausgeheckt und mit amerikanischem Geld ausgerüstet. Wenn Washington gegenüber Kuba irgendwelche Ansprüche, beispielsweise materieller Art, hat, dann haben die Vereinigten Staaten jedes Recht, zur Regelung mit den Kubanern Verhandlungen aufzunehmen.«

Rusk gab darauf keine Antwort.

Es schloß sich eine bemerkenswerte Diskussion der Frage der amerikanischen Stützpunkte außerhalb amerikanischen Hoheitsgebiets und nahe der sowjetischen Grenze an.

Ich sagte: »Sie wollen sicher die Anwesenheit amerikanischer Militärstützpunkte und zahlreicher militärischer Berater in der Türkei und Japan nicht leugnen, ganz zu schweigen von Großbritannien, Italien und anderen westeuropäischen Staaten sowie Asien und Afrika. Die USA dürfen also in diesen

Mit Chou En-lai in China, 1957; zwischen uns Flugzeugkonstrukteur Tupolew *(oben links).*

Mit Jack und Jackie Kennedy, 1962 in Washington *(oben rechts).*

Im Weißen Haus, Oktober 1962. *Von links nach rechts:* Dolmetscher Viktor Suchodrew, der sowjetische Botschafter Anatoli Dobrynin, neben mir John F. Kennedy – wie immer in seinem Schaukelstuhl *(unten).*

Ländern Stützpunkte unterhalten und mit ihnen Militärverträge schließen, aber Sie meinen nicht, daß die Sowjetunion das Recht hat, Kuba bei der Entwicklung seiner Wirtschaft und der Stärkung seiner Verteidigungsfähigkeit - und ich meine genau das: Verteidigungsfähigkeit - zu helfen.«

Demonstrativ einer Antwort auf die Hauptfrage ausweichend, sagte er: »Die Sowjetunion übertreibt die Bedeutung der amerikanischen Stützpunkte im Ausland.«

Aus meinen Gesprächen mit Kennedy und Rusk wurde deutlich, daß die amerikanische Regierung weder eine objektive Analyse der Lage vornehmen noch das Problem mit friedlicher Diplomatie beilegen wollte. Das alles war die Folge der damals in den führenden US-Kreisen herrschenden Verwirrung und Aufregung. Präsident Kennedy stand unter dem Druck der Falken, die auf einer Kraftprobe bestanden. Daß sich schließlich doch wieder der gesunde Menschenverstand durchsetzte, zeigt, daß Kennedy, der sichtlich aus dem Gleichgewicht geraten war, im Grunde ein hervorragender, intelligenter und integrer Staatsmann war. Mein Gespräch mit ihm war wohl das schwierigste, das ich je mit einem der neun Präsidenten führte, mit denen ich in den 49 Jahren meiner Dienstzeit zu tun hatte.

Einige Tage später, am 22. Oktober, verhängte der Präsident in einer Rede an das amerikanische Volk die Seeblockade gegen Kuba, die er mir gegenüber erwähnt hatte. Desgleichen sandte er eine persönliche Botschaft an die sowjetische Führung. Am 23. Oktober antwortete die sowjetische Regierung, die amerikanische Blockade müsse als »beispielloser Akt der Aggression« angesehen werden, und machte andere Länder darauf aufmerksam, daß Washington dabei sei, »die Welt an den Abgrund einer bewaffneten Katastrophe zu treiben«. In der sowjetischen Erklärung wurde betont, wenn der Aggressor einen Krieg anzettele, werde die Sowjetunion angemessen reagieren.

Während der Kubakrise spielte sich über die diplomatischen Kanäle eine intensive Korrespondenz ab. Auf der Suche nach einer friedlichen Lösung legte die sowjetische Seite am 27. Oktober offizielle Kompromißvorschläge vor, die dann auch die Basis für eine Lösung bildeten. Die UdSSR erklärte sich darin bereit, die von den USA als offensiv gewerteten Raketen unter der Bedingung abzuziehen, daß die USA ihrerseits die Unverletzlichkeit der Grenzen Kubas respektierten und sich verpflichteten, keine Aggression gegen Kuba vorzunehmen. Desgleichen verlangte die UdSSR als Gegenleistung von den USA den Abzug ihrer Raketen aus der Türkei.

In seiner Antwort sicherte der Präsident zu, daß keine Invasion stattfinden werde, und versprach, die Seeblockade aufzuheben. Von der scharfen Auseinandersetzung in den politischen Kreisen Amerikas aufgehetzt, gab das Weiße Haus jedoch am 27. Oktober 1962 eine Erklärung heraus, in der es nachzuweisen suchte, zwischen den Problemen der Sicherheit der westlichen Hemisphäre und Europas bestehe keinerlei Verbindung, und bevor ein anderes Problem in Angriff genommen werden könne, müsse erst die Kubakrise beigelegt sein.

Trotz dieser öffentlichen Feststellung wurde die Frage vertraulich weiter erörtert, und der Präsident beschloß tatsächlich im Grundsatz den Abzug der amerikanischen Raketen aus der Türkei - und ebendas geschah schließlich auch. Als Ergebnis dieses diplomatischen Ringens wurden die Hauptprobleme der Kubakrise beigelegt, und Präsident Kennedy verkündete auf einer Pressekonferenz vom 20. November die Aufhebung der Seeblockade.

Am 7. Januar 1963 sandten der Erste Stellvertretende Außenminister W.W. Kusnezow und der amerikanische Ständige Vertreter bei den Vereinten Nationen, Adlai Stevenson, ein gemeinsames Schreiben an Generalsekretär U Thant mit der Mitteilung, »obwohl die beiden Regierungen nicht alle ihre Probleme gelöst« hätten, seien sie der Meinung, das mittlerweile erreichte Einvernehmen mache es unnötig, die Kubakrise auf die Tagesordnung des Sicherheitsrates zu setzen.

In dem Brief hieß es weiter: »Die Regierung der Vereinigten Staaten und der Sowjetunion äußern die Hoffnung, daß die zur Abwendung der Kriegsgefahr im Zusammenhang mit dieser

Krise getroffenen Maßnahmen zur Beilegung weiterer Differenzen zwischen ihnen und zu einer allgemeinen Verringerung der Spannung führen werden.«

Der gesunde Menschenverstand und das Verantwortungsbewußtsein hatten sich durchgesetzt.

Erstmalig war ich John F. Kennedy 1945 auf der Konferenz von San Francisco begegnet, wo er als Sonderkorrespondent tätig war. Er bat mich um ein Interview, das ich ihm im St. Francis Hotel gewährte, wo die sowjetische Delegation wohnte. Bis heute erinnere ich mich an seine eingehenden Fragen, die zumeist der Charta der neuen Organisation galten; man merkte sofort, daß er sich in außenpolitischen Fragen auskannte, und er äußerte sich positiv über Roosevelts Meinungen. Fast in keiner substantiellen Frage der UNO-Charta nahm er eine andere Position als wir ein. Sogar dort, wo Amerikaner und Sowjets eine entgegengesetzte Haltung einnahmen, hörte Kennedy aufmerksam meinen Ausführungen zu und deutete sogar Verständnis für unsere Beweggründe an. Nur jemand, der Zugang zum Weißen Haus oder dem Präsidenten Nahestehenden hatte, konnte so sprechen wie er.

Halb scherzend sagte ich: »Hatten Sie etwa bei der Ausarbeitung der Vorschläge von Präsident Roosevelt zur UNO auf der Jalta-Konferenz die Hand im Spiel?«

Er antwortete: »Nein, das nicht, aber ich habe guten Kontakt mit Leuten aus der Umgebung des Präsidenten, und mein Vater ist mit ihm befreundet.«

Das erklärte vieles.

Als wir nach seiner Wahl zum ersten Mal im Weißen Haus zusammenkamen, erinnerte er sich noch an unsere Begegnung in San Francisco.

Ich bemerkte: »Wissen Sie, Herr Präsident, ich hielt Sie damals nicht für einen gewöhnlichen Zeitungsmenschen.«

Er lachte.

Während meines Besuchs stellte er mich seiner Frau und den beiden Kindern vor. Das war auf dem gepflegten Rasen vor dem Weißen Haus, noch vor dem Gespräch, zu dem A. F. Dobrynin und G. Kornijenko hinzukamen.

In den USA und im Ausland galt es in der öffentlichen Meinung als kühner Schritt, als Kennedy in seiner Rede vor der Universität in Washington am 10. Juni 1963 das amerikanische Volk unmittelbar aufrief, auf einen Teil der Stereotypen des kalten Krieges zu verzichten und ihm bei der Zähmung des militärindustriellen Komplexes beizustehen. Diese Rede zeigte, daß Kennedy weiter blickte als die Kapitäne der Rüstungsindustrie und das Pentagon; sie konnte sogar als die vorzüglichste Tat seines Präsidentenlebens gelten.

Mein letztes Zusammentreffen mit ihm hat sich mir tief eingeprägt. Es war zwei Monate vor seiner Ermordung.

Als er sein Arbeitszimmer betrat, lächelte er und war wie üblich aufgeräumter Stimmung. Er sagte: »Warum gehen wir nicht auf die Terrasse und unterhalten uns ohne Dolmetscher unter vier Augen?«

Natürlich war ich einverstanden, und wir gingen hinaus.

Sofort fing er an, über die innere Lage in den USA zu sprechen: »Es gibt nun mal zwei Gruppen in der amerikanischen Bevölkerung, denen es nicht immer gefällt, wenn sich das Verhältnis zwischen unseren beiden Ländern entspannt. Da sind einmal die Leute, die aus ideologischen Gründen immer gegen eine Verbesserung sind. Sie bilden ein recht stabiles Kontingent. Die andere Gruppe sind Leute ›einer besonderen Nationalität‹ [er meinte die jüdische Lobby], die meinen, der Kreml werde immer und unter allen Umständen die Araber unterstützen und ein Feind Israels sein. Diese Gruppe besitzt wirksame Mittel, um eine Verbesserung zwischen unseren Ländern sehr zu erschweren.« Er schloß mit wenigen Worten: »So steht es in Wirklichkeit. Aber ich halte dennoch eine Verbesserung der Beziehungen für möglich und möchte, daß Moskau das weiß.« Er hielt inne und wartete offenbar auf meine Antwort.

Ich erwiderte: »Ich möchte zunächst betonen, daß wir sehr wohl wissen, daß die von Ihnen erwähnten zwei Gruppen nicht die Meinung Ihres ganzen Landes darstellen. Das gewöhnliche Volk ist doch gewiß nicht für Spannung zwischen der UdSSR und den USA? Es will gute Beziehungen, und das beweisen viele Tatsachen. Nicht nur das sowjetische, sondern auch das amerikanische Volk war für die Einigung in der Kubakrise. Und der Beitrag, den der Präsident zur Einigung leistete, ist sehr wohl bekannt.«

Ich unterbrach und schaute ihn an. Er wartete offenbar auf eine Fortsetzung.

Also fuhr ich fort: »Was nun den Nahen Osten angeht - hat nicht die Sowjetunion in der Vergangenheit die Errichtung von zwei unabhängigen Staaten auf dem einstigen Gebiet Palästinas gefordert, eines arabischen und eines jüdischen? Unsere beiden Länder haben ganz ähnliche Vorschläge gemacht. Daran sollte man alle erinnern. Deswegen besteht für den von Ihnen erwähnten Teil der Bevölkerung kein Grund, sich über uns zu beschweren.«

Am Ende des Gesprächs sagte Kennedy: »Ich wollte Sie lediglich wissen lassen, mit welchen Schwierigkeiten der Präsident der Vereinigten Staaten zu kämpfen hat, wenn es um Fragen der sowjetisch-amerikanischen Beziehungen geht.«

Das Gespräch wurde dann im Arbeitszimmer des Präsidenten in Gegenwart der anderen fortgesetzt.

Ich weiß nicht, warum, aber als ich über TASS von Kennedys Ermordung erfuhr, kam mir das Gespräch auf der Terrasse des Weißen Hauses in den Sinn - was er über die Gegner seiner Politik gesagt hatte.

Es ist jetzt über ein Vierteljahrhundert her, daß Fidel Castro das Ruder in Kuba übernommen hat. Nur wenigen ist es gegeben, noch zu Lebzeiten zur Legende zu werden, aber meine Zusammenkünfte mit Castro in Moskau und häufig in Havanna haben mich davon überzeugt, daß er in Geist und Herz und in seinem Dienst an seinem Volk ein Gigant ist.

Einmal erzählte er mir, schon als Student habe er das *Kommunistische Manifest* gelesen: »Ich erkannte, daß es den wahren

Weg zur nationalen und sozialen Befreiung meines Landes enthielt.«

Leute, die Fidel als Kind und Jugendlichen kannten, sagen, seine Fähigkeiten zur Führung einer kollektiven Gruppe seien schon früh erkennbar gewesen - in der Schule, der Universität und dann in seiner revolutionären Tätigkeit in Partei und Staat. Das erklärt sich vor allem aus seinem Intellekt, seiner dynamischen Persönlichkeit und seiner beneidenswerten Körperkraft.

Schon in frühesten Revolutionstagen setzte sich Castro mit Eifer für die körperliche Ertüchtigung und den Sport in seinem Land ein. Bis heute versäumt er kaum einmal ein größeres internationales Baseballspiel, einen Boxkampf oder ein Volleyballspiel in Kuba. Oft lädt er dazu ausländische Gäste ein. Zu seinen größten Vergnügungen gehört das Sporttauchen. »Die Farbenpracht unter Wasser begeistert mich. Sie vermittelt mir eine Art Seelenfrieden.«

Engster Mitstreiter Castros war Che Guevara. Gäbe es ein Weltpantheon für Leute, die den Freiheitskampf namens der sozialen Gerechtigkeit am tiefsten geprägt haben, dann müßte Che Guevara darin ruhen.

Einmal erzählte er mir, wie er 1959 zum Leiter der kubanischen Nationalbank ernannt worden war. »Als Batista gestürzt war und die Macht an das Volk überging«, sagte er, »trafen wir führenden Aktivisten mit Fidel zusammen, damit er die Verantwortlichkeiten verteilen konnte. Als wir zu der Frage kamen, wer die Wirtschaft übernehmen sollte, fragte Fidel: ›Sagt, Freunde, wer von euch ist *economista*?‹«

Che machte eine Pause. »Ich hatte geglaubt, er habe gefragt, wer *communista* sei, und so sagte ich kurzerhand ›ich‹, woraufhin er sagte: ›O. K., du übernimmst die Wirtschaft.‹«

Ich lachte laut, und Che fuhr fort: »Als das Mißverständnis geklärt wurde, war es schon zu spät - es war kein Posten mehr übrig.«

Später wurde Che Minister für Nationale Industrie; den Posten hatte er von 1961 bis 1965 inne.

Che kam häufig nach Moskau zu Gesprächen über die wirt-

Mit Lyndon B. Johnson, 1965 *(oben)*.
Mit Fidel Castro in Havanna, 1980 *(unten)*.

schaftliche Zusammenarbeit, an denen auch ich teilnahm, und deutlich war zu erkennen, daß er die Nöte Kubas sehr gut überschaute; im allgemeinen war er ein sachkundiger Gesprächspartner, der seine Auffassungen fest verteidigte, gleichzeitig aber taktvoll war.

Che Guevara nahm auch an der Generalversammlung der Vereinten Nationen teil. Als Leiter der Delegation seines Landes sprach er am 11. Dezember 1964 über die Position Kubas in internationalen Fragen, verurteilte den Imperialismus und die amerikanische Einmischung in die inneren Angelegenheiten Kubas und die amerikanische Blockade – die übrigens praktisch bis heute fortbesteht. Die Versammlung war bis auf den letzten Platz gefüllt, und die Delegierten applaudierten Ches Rede.

So groß war der Haß der kubanischen Konterrevolutionäre auf Che Guevara, daß sie während seiner Rede eine Bazooka auf das UNO-Gebäude abfeuerten. Zum Glück waren sie schlechte Schützen, und so fiel das Geschoß in den Fluß. UNO-Sicherheitsleute nahmen eine Frau namens Perez fest, eine kubanische Konterrevolutionärin, die ein Messer bei sich hatte, mit dem sie, wie sie selbst sagte, »Che Guevara umbringen« wollte.

Vor Ches Abreise aus New York gab die sowjetische Delegation ein Abendessen zu seinen Ehren, zu dem wir die Delegationschefs der anderen sozialistischen Staaten einluden. Die sowjetische Seite wurde von drei Delegationen vertreten – UdSSR, Ukrainische und Weißrussische Republik. Der Anlaß ist wegen seiner Wärme und Herzlichkeit erinnerungswürdig, und alle brachten Trinksprüche auf die UNO-Rede unseres kubanischen Genossen aus.

Nach dem Essen hatten Che und ich noch ein Gespräch unter vier Augen. Er sagte zu mir: »Ich gehe von New York aus sofort in ein fernes Land, um dem Volk dort in seinem Kampf um ein Leben in Würde und Freiheit zu helfen.«

1967 verbreitete sich wie ein Lauffeuer die Nachricht, daß Che Guevara im bolivianischen Dschungel von Feinden des Volkes und der Freiheit Boliviens ermordet worden war.

Die internationale Politik der USA hatte Anfang 1965 mit dem bewaffneten Eingreifen Washingtons in Vietnam ihr wahres Gesicht gezeigt.

Präsident war damals Lyndon Johnson. Nach der Ermordung John Kennedys hatte er 1963 als Vizepräsident das Amt übernommen, hatte den Amtseid im Flugzeug auf dem Rückflug von Dallas nach Washington geleistet, und in den Wahlen von 1964 gelang es ihm, das Amt zu behalten, wobei ihm teilweise die Beliebtheit des toten Präsidenten zugute kam, dessen Erbe er zu wahren versprochen hatte. Die Ergebnisse der Politik Johnsons sind bekannt. Sie führten zu einer Verschärfung des sozialen und rassischen Konflikts im Innern und zu schweren Fehlern im Ausland, deren schlimmster der Vietnamkrieg war. Es überraschte daher nicht, daß Johnson, als er 1968 kurz vor der nächsten Wahl erklärte, er werde nicht wieder kandidieren, eine Träne vergoß - aber für Tränen war es längst zu spät.

Trotz der zahlreichen Zusammenkünfte, die ich und meine Kollegen mit unseren amerikanischen Partnern wegen Vietnam hatten, redeten wir wie zu einer Wand. Gegen Ende der sechziger Jahre sah aber alle Welt ein, sogar das Weiße Haus, daß sich die amerikanische Interventionsarmee von über einer halben Million Mann hoffnungslos im vietnamesischen Dschungel verrannt hatte. Weder die Bombardierung Nordvietnams noch Bombeneinsätze über Laos und Kambodscha hatten erbracht, was sich die US-Strategen im »schmutzigen Krieg«, wie ihn die Amerikaner selber nannten, erhofft hatten. Vielmehr verursachte der Krieg ernste Störungen der amerikanischen Wirtschaft, leerte die Staatskassen und traf den Steuerzahler schwer.

Die Johnson-Regierung ersuchte die Sowjetunion um Hilfe bei der Suche nach einem Weg aus der vietnamesischen Sackgasse, aber daraus wurde nichts, denn offenkundig wollte Washington das Unmögliche - aus Vietnam herauskommen und dennoch drinbleiben.

1966 hatte der XXIII. Parteitag der KPdSU erklärt, die UdSSR und die anderen sozialistischen Länder würden Vietnam die erforderliche Unterstützung gewähren, und diese Erklärung hätte ernst genommen werden müssen.

Der Zusammenbruch des Washingtoner Abenteuers wurde zur Tatsache. Die USA waren gezwungen, den Krieg zu beenden und das Pariser Vietnam-Abkommen zu schließen. Alles in allem hatten die Vereinigten Staaten 60 000 Tote und über 300 000 Verwundete zu beklagen, und die Regierung hat die Riesensumme von über 100 Milliarden Dollar ausgegeben.

Im Gefolge des Sieges des vietnamesischen Volkes entstand die Sozialistische Republik Vietnam, die Volksdemokratische Republik Laos trat in die sozialistische Staatenfamilie ein, und Kamputschea, das die schweren Qualen des Krieges und die Schrecken des blutigen Pol-Pot-Regimes durchgemacht hatte, errang ebenfalls die Freiheit.

12. Kapitel

Europafragen: Frankreich und Deutschland

Europa wird oft »alt« genannt, aber wenn es auch alt sein mag, so bleibt es doch ewig jung. Haben nicht die fortschrittlichsten Ideen ihren Weg in die Welt von Europa aus angetreten - Freiheit, Gleichheit, Brüderlichkeit? Mag auch das gute halbe Jahrhundert, von dem in meinem Buch die Rede ist, von ungeheurem Interesse sein, so liefert doch schon ein Scheibchen europäischer Geschichte dem Historiker wahre Schätze.

Seit dem Ende des Zweiten Weltkriegs beschäftigt die europäischen Regierungen unablässig die Frage, wie ein neuer Krieg verhindert und die Voraussetzungen für friedliche Zusammenarbeit geschaffen werden können. Wie kann sich Europa mit seiner überreichen Kultur und seiner großen politischen Erfahrung gegen eine bewaffnete Auseinandersetzung schützen? Diktiert nicht schon der gesunde Menschenverstand, daß ein sicherer Friede nur auf der Achtung der auf dem Kontinent als Folge des Krieges entstandenen politisch-territorialen Realitäten beruhen kann? Dies ist für die Sowjetunion seit jeher der Ausgangspunkt.

Bekanntlich wurden bei Kriegsende die Grenzen mehrerer europäischer Staaten neu gezogen, und diese Grenzen sind gerecht. Die Stabilität dieser in Jalta und Potsdam vereinbarten Grenzen ist das Kernstück der Sicherheit Europas. Mit der Haltung, die ein Staat zu dieser Frage einnimmt, gibt er seine

Europapolitik zu erkennen und zeigt, ob seine Friedensbeteuerungen seinen wirklichen Absichten entsprechen. Die Sowjetunion und ihre Verbündeten im Warschauer Pakt sind der Auffassung, daß Europas Grenzen - im Norden, Süden, Osten wie Westen - unverletzlich sind.

Sicherheit läßt sich nur in gemeinsamer Anstrengung der sozialistischen und kapitalistischen Länder gewährleisten, und ebendieser Gemeinsamkeitsgedanke schlug sich im Vorschlag der Sowjetunion und der anderen sozialistischen Staaten nieder, eine gesamteuropäische Konferenz über Sicherheit und Zusammenarbeit abzuhalten. Trotz aller Schwierigkeiten wurde dieser Gedanke am 1. August 1975 in Helsinki erfolgreich verwirklicht, als 33 europäische Länder sowie die Vereinigten Staaten und Kanada die Schlußakte unterzeichneten.

Die Konferenz zog den Schlußstrich unter den Zweiten Weltkrieg, bekräftigte die Grenzen in Europa und legte die Grundprinzipien für friedliche Beziehungen zwischen den Staaten fest. Die Folgekonferenzen in Belgrad und Madrid waren ebenfalls eine große Leistung auf dem Weg zur Minderung der Spannung vermittels des Dialogs.

In Europa stehen sich zwei mächtige Staatengruppen gegenüber - der Warschauer Pakt und die NATO. Die UdSSR und ihre Verbündeten zielten darum mit ihren europapolitischen Initiativen auf eine Begrenzung der Zahl der Teilnehmer an diesen Staatengruppen und die schließliche Auflösung dieser Organisationen. Besondere Erwähnung verdient der gemeinsame Vorschlag der sozialistischen Länder, mit Hilfe eines Nichtangriffspaktes viel Angst und Mißtrauen zu beseitigen.

In der sowjetischen Europa- und Weltpolitik nehmen die Beziehungen mit Frankreich seit jeher einen hervorragenden Platz ein. In den zwanziger und dreißiger Jahren hatte Frankreich gewissermaßen den Takt angegeben und das Orchester der Staaten dirigiert, die eine sowjetfeindliche Politik betrieben. Die Lehren des Krieges forderten jedoch eine vernünftigere

Basis für die französisch-sowjetischen Beziehungen und veranlaßten beide Länder zur Zusammenarbeit.

Eine meiner enttäuschendsten Zusammenkünfte als Botschafter war 1945 die Begegnung in Washington mit Léon Blum, der zwischen 1936 und 1938 die Volksfrontregierung in Frankreich geführt und sich dabei als wahrer Sozialist des rechten Flügels entpuppt hatte. Seine Inkonsequenz, sein politischer Opportunismus und seine Feigheit vor Nazi-Deutschland hatten zweifellos Hitlers Eroberung Frankreichs im Jahre 1940 beträchtlich erleichtert. Blum war von den Nazis interniert und nach Deutschland in ein Lager verbracht worden, und nun saß er mir in unserer Washingtoner Botschaft gegenüber.

Er sagte: »Zunächst möchte ich der großen Heimat Lenins meinen Respekt erweisen, dem Land, das Hitlerdeutschland widerstanden und besiegt hat.« Ich dankte ihm, und er fragte: »Ist Ihnen bewußt, vor welchen gewaltigen Aufgaben Europa und mithin unsere beiden Länder stehen?«

Er gab selber die Antwort auf seine Frage, erwähnte die Rolle der USA nur nebenbei, wiederholte aber mehrfach: »Wir brauchen freundschaftliche französisch-sowjetische Beziehungen. Darum geht es für Europa in erster Linie.«

Ich selber sagte: »Die Sowjetunion ist seit jeher um gute Beziehungen mit Frankreich bemüht, auch wenn wir dafür manchmal nur blanken Undank ernteten. Wissen Sie das noch?«

Blum sagte nichts. Offenbar erinnerte er sich nur ungern an die Vorkriegszeit.

Dennoch schieden wir freundschaftlich und äußerten die Hoffnung auf ein baldiges Wiedersehen.

Nachdem er gegangen war, zog ich bei mir den Schluß, nicht was er gesagt hatte, sei wichtig, sondern was er unausgesprochen hatte andeuten wollen.

Etwa ein Jahr später stand Blum wiederum an der Spitze der französischen Regierung, wenn auch nur ein paar Wochen lang. Wenn von dieser Regierung überhaupt etwas im Gedächtnis geblieben ist, so, daß sie in Indochina bei dem vergeblichen Versuch, die dortigen Kolonien Frankreichs zu bewahren, einen blutigen Krieg vom Zaun gebrochen hat. Es war, als walte über Blum ein böses Fatum, dem er sich nicht entziehen konnte.

Etwas Seltsames geschah einige Zeit später, als Blum schon gestorben war. Ich hatte eben mein Amt als Erster Stellvertretender Außenminister angetreten, als ich mich auf einem Diplomatenempfang plötzlich niemand anderem gegenübersah als ... Blum! Er sagte etwas zu mir, und in meiner Verwirrung brachte ich nur heraus: »Verzeihung, aber mit wem habe ich die Ehre?«

Ich dachte bei mir: War die Nachricht von Blums Tod etwa falsch? Steht er hier vor mir?

Der Mann sah meine Verwirrung und erläuterte ungerührt: »Herr Gromyko, Sie sind nicht der erste, der mich für Léon Blum hält. Das passiert mir unentwegt. Ich bin aber nicht Blum, ich sehe ihm nur so ähnlich. Mein Name ist Bischoff. Ich bin der österreichische Botschafter in Moskau.«

Tatsächlich sah er Blum zwar bemerkenswert ähnlich, war aber ein bewundernswert genauer und entschlossener Mann, der die Notwendigkeit guter Beziehungen ausgezeichnet begriffen und einen erheblichen Beitrag dazu geleistet hat.

Die für Frankreichs Außenpolitik Verantwortlichen gelangten ebenfalls schnell zu dem Schluß, gute Beziehungen mit der Sowjetunion seien unbedingt nötig. Das war die Haltung jenes hervorragenden Franzosen, Charles de Gaulle. In den Kriegsjahren hatte de Gaulle vom Exil aus die französischen Widerstandskräfte angeführt, und unter seiner Führung schloß Frankreich im Dezember 1944 mit der Sowjetunion einen Bündnisvertrag über gegenseitige Hilfe, der leider in der Folgezeit durch die französische Politik praktisch null und nichtig wurde.

Bei seinem Moskaubesuch im Dezember 1944 traf de Gaulle mit Stalin zusammen, und später führte er in Moskau und in Paris Gespräche mit anderen Sowjetführern, darunter auch

Mit Cyrus Vance, Genf 1988 *(oben links)*.
Mit General de Gaulle, 1966 *(oben rechts)*.

Dean Rusk weiß einen Scherz zu schätzen, New York 1965 *(unten)*.

Breschnew. De Gaulle war nicht nur ein vorzüglicher Staatsmann, er war auch einer der weitblickendsten Politiker im Westen und spielte bei der Schaffung und Entwicklung des Entspannungsprozesses eine große Rolle.

Mit »Brise der Entspannung« hatte ich 1965 bei einem Parisbesuch als Außenminister die Beziehungen zwischen der UdSSR und Frankreich charakterisiert. In den Folgejahren frischte diese »Brise« auf und wurde zu einem kräftigen Wind über Europa, der sich mit den Kontakten auf höchster Ebene weiter verstärkte; während jener Zeit wurden bilaterale Probleme bereinigt und Schlüsselfragen der Weltpolitik diskutiert. Bilaterale Dokumente wie das französisch-sowjetische Protokoll von 1970 und die Prinzipien der Zusammenarbeit zwischen der Sowjetunion und Frankreich (1971) sowie weitere Vereinbarungen bildeten eine solide Basis der Beziehungen.

In den letzten zwei Jahrzehnten bin ich häufig in Frankreich gewesen, habe praktisch an allen Gesprächen auf höchster Ebene teilgenommen sowie französische Außenminister in Moskau begrüßt.

De Gaulle bin ich mehrfach begegnet. Er dominierte das politische Leben seines Landes fast 20 Jahre lang so sehr, daß mir oft in den Sinn kam, was die Franzosen gelegentlich sagten: Es gibt in Frankreich zwei Türme - den Eiffelturm und de Gaulle. Seine Gesellschaftspolitik war natürlich nicht fortschrittlich, und in der Außenpolitik betrieb er in den Nachkriegsjahren einen Kurs, der Frankreich in die NATO brachte. Aber selbst innerhalb der NATO bewahrte er doch seine eigene Identität, die er mehr als einmal auf seine unnachahmliche Weise behauptete.

Während meiner Parisbesuche als Außenminister pflegte er mich jedesmal im Palais de l'Elysée zu empfangen, und meist waren unsere Unterhaltungen offen und wohlgesinnt. Er verstand es, Schärfen im Gespräch zu vermeiden, besaß er doch die beneidenswerte Fähigkeit, eine allzu kitzlige Frage einfach unbeantwortet zu lassen. Andererseits führte er die Diskussion immer so, daß er zwar an seiner Position festhielt, dem Gesprächspartner aber dennoch den Eindruck vermittelte, als neige er ihm zu. Selbst wenn, wie häufig der Fall, überhaupt keine Einigung möglich schien, hatte de Gaulle die beruhigende Formel: »Alles ist möglich.«

Er war ein großartiger Redner. Bei Banketten und Essen sprach er fließend und fast immer frei. Er hatte ein phänomenales Gedächtnis und nutzte es wirkungsvoll.

Der Name de Gaulle gehört zu den großen Namen Frankreichs, und dennoch steht sein Grab auf einem bescheidenen Friedhof etwa 250 Kilometer von der Hauptstadt entfernt in dem Dorf Colombey-les-Deux-Eglises im Departement Champagne. Hierhin hatte sich der General zum Schluß zurückgezogen. Er bewohnte mit seiner Familie ein kleines, zweigeschossiges Haus, an das er einen sechseckigen Turm hatte anbauen lassen. In dem Turm befand sich sein Arbeitszimmer, in dem er viele Stunden verbrachte, nachdenklich seine Memoiren schreibend. Im Gegensatz zu Churchill, der ein ganzes Heer von Assistenten und Schreibgehilfen anheuerte und in schneller Folge Band um Band von *Der Zweite Weltkrieg* produzierte, scheute de Gaulle nicht die Mühe, seine Erinnerungen selbst von Hand zu schreiben und immer wieder zu korrigieren. Sie sollten nicht nur ein politisches, sondern auch ein literarisches Werk sein, und das ist ihm auch gelungen. Manchmal wurde er gefragt, wie er, der doch kein Schriftsteller sei, das geschafft habe, worauf er zu erwidern pflegte: »Es war eine Qual. Drei qualvolle Entwurfsseiten ergaben mit Mühe eine endgültige Seite. Meine Tochter Elisabeth schrieb sie dann auf der Maschine, und dann bearbeitete ich den Text weitere drei Male. Glauben Sie mir, es kostete schreckliche Mühe.«

Erwähnenswert ist auch de Gaulles Kampfgefährte André Malraux. In de Gaulles erster Regierung (1944–1946) war er für die Propagandadienste der gaullistischen Partei zuständig, und von 1959 bis 1969 war er Kultusminister. Es kommt nicht oft vor, daß man einen führenden Intellektuellen zugleich einen Politiker nennen kann, aber Malraux gehörte zweifellos zu den wenigen Ausnahmen. Der berühmte Schriftsteller, aktiver

Kämpfer gegen den Faschismus, Führer einer freiwilligen Fliegerstaffel auf seiten der Republikaner in Spanien und Brigadekommandeur des französischen Widerstandes im Zweiten Weltkrieg, übernahm den Ministerposten, weil er der festen Überzeugung war, als Politiker mehr für sein Land tun zu können als mit bloßer Schriftstellerei.

Ich erinnere mich an ein Gespräch mit Malraux während meines offiziellen Frankreichbesuchs. Als erstes fiel mir seine Bescheidenheit auf. Obwohl als Schriftsteller berühmt und einer der gebildetsten Männer in Frankreich, sprach er nur von anderen, nur über Politik und die Lage in der Welt, über kulturelle Dinge und die französisch-sowjetischen Kulturbeziehungen. Er war die Verkörperung der Hochintelligenz, und zu jeder Frage, die ich ihm stellte, äußerte er sich ausführlich und wohlüberlegt zugleich. Natürlich war die sogenannte deutsche Frage nicht zu umgehen, was er auch gar nicht erwartete.

Ich fragte ihn: »Glauben Sie, daß die, die im nordatlantischen Block das Sagen haben, die Wiedergeburt des Militarismus in Westdeutschland, wo es noch viele Nazis gibt, verhindern werden?«

Malraux antwortete: »Frankreich wird seine Pflicht tun. Sie können General de Gaulle vertrauen.«

»Wird General de Gaulle allein die NATO-Politik bestimmen?«

»Nein, natürlich nicht allein«, erwiderte Malraux. »Aber de Gaulle hat seine ganz eigene Meinung über die Deutschen, an der niemand rütteln können wird.«

Dann fragte ich ihn: »Wie verknüpfen Sie Ihre Aufgaben als Minister mit Ihrer schöpferischen Arbeit?«

Er lächelte. »Ich dachte schon, daß Sie mich das fragen würden. Nun, ich kann es so zusammenfassen: Fürs Schreiben bleibt mir praktisch keine Zeit. Meine öffentliche Tätigkeit verschlingt meine ganze Aufmerksamkeit.«

Wir standen in einem geräumigen Saal und hielten die obligate Tasse Kaffee aller diplomatischen Empfänge in der Hand.

Malraux sagte: »Ich glaube, Künstler aller Art können ihrem

Land einen guten Dienst leisten, wenn sie ihre Begabung und ihre geistigen Kräfte der Sache des Friedens widmen.«

Nach de Gaulles Rücktritt wurde seine auf gute Beziehungen zwischen Frankreich und der UdSSR bedachte Politik von Georges Pompidou alles in allem weitergeführt. Über Pompidous Innenpolitik will ich mir kein Urteil erlauben, sondern nur außenpolitisch einiges bemerken. Er erbte das unter de Gaulle in Frankreich angesammelte politische Kapital und versuchte, in den siebziger Jahren mit Hilfe von Gipfelbegegnungen mit Breschnew darauf weiterzubauen. Zwei Themen standen im Vordergrund dieser Treffen: erstens, daß die UdSSR und Frankreich alles unternehmen mußten, um einen neuen Krieg zu verhüten, und zweitens, daß es galt, im Einklang mit den Belangen der Entspannung praktische Beziehungen aufzubauen.

Bei jeder Zusammenkunft kam die Rede stets auf die deutsche Frage, und generell waren die Franzosen mit uns der Meinung, daß Westdeutschland eine friedensorientierte Politik betreiben müsse. Wiesen wir jedoch darauf hin, daß die NATO-Verpflichtungen Westdeutschlands kaum mit einer solchen Politik vereinbar seien, dann ergingen sich die Franzosen in so verklausulierten, gekünstelten Rokoko-Antworten, daß man hoffnungslos den roten Faden verlor.

Diese Begegnungen hinterließen bei uns immer einen unangenehmen Nachgeschmack. Wir fragten uns: Haben die Franzosen wirklich alles so schnell vergessen? Warum bewerten sie rein taktische Erwägungen höher als die grundlegende Notwendigkeit, nie mehr einen Krieg zuzulassen?

In einem meiner Gespräche mit Pompidou sagte dieser zu Recht: »Es kommt darauf an, daß wir die französisch-sowjetischen Wirtschaftsbeziehungen entwickeln.«

Ich stimmte ihm zu, wies jedoch darauf hin, erfolgreiche französisch-sowjetische Wirtschaftskontakte kämen nicht ohne praktische Unterstützung seitens der französischen Regierung aus.

Pompidou nahm das zwar zur Kenntnis, aber die Fakten zeigen, daß die Unterstützung der französischen Regierung bestenfalls halbherzig war. Wir wiederholten unser Argument, als Giscard d'Estaing Staatspräsident geworden war, und es besitzt heute noch Gültigkeit.

Hingegen hinterließ Pompidous letztes Zusammentreffen mit Breschnew im März 1974 in Pizunda im Kaukasus bei mir einen traurigen Eindruck. Pompidou war damals schwer krank. Auf dem Adler-Flughafen bei Sotschi begrüßten sich Pompidou und Breschnew sowie ich und Außenminister Michel Jobert herzlich. Lächelnd und in aufgeräumtester Weise winkend, verhielt sich Pompidou als echter Franzose. Aber uns alle erschreckte sein wächsernes Gesicht. Er hatte Ärzte dabei, aber nichts konnte darüber hinwegtäuschen, daß die letzten Wochen, wenn nicht Tage, des Staatspräsidenten angebrochen waren.

Wir flogen vom Adler-Flughafen im Hubschrauber nach Pizunda. Der Präsident war offenkundig müde. Wegen seines Gesundheitszustandes wurde das Gesprächsprogramm möglichst wenig anstrengend gehalten, aber dennoch war ihm hin und wieder anzumerken, daß er ungewöhnlich nach innen gekehrt war, als gelte sein Blick, auch wenn er aufmerksam zuhörte, einer ganz anderen Richtung. Doch Pompidous Intellekt war so wach wie eh und je. Er brachte seine Gedanken in knappe, klare Worte, und die Gespräche verliefen in der gewohnten freundschaftlichen und sachlichen Atmosphäre.

Wir alle begleiteten Pompidou und seine Delegation bei der Abreise von Pizunda zum Adler-Flughafen. Es war betrüblich, mitanzusehen, wie mühsam der Präsident den Wagen bestieg; trotz aller Anstrengung, sich nichts anmerken zu lassen, verriet sein Gesicht doch seine Schmerzen.

Das war mein letzter Eindruck von ihm. Drei Wochen später war er tot. Er war ein hervorragender französischer Staatsmann, und es ist nur recht und billig, daß das neue Kulturzentrum der Hauptstadt nach ihm benannt wurde.

Glücklicher sind meine Erinnerungen an die Zusammenkünfte mit Giscard d'Estaing, sowohl als Minister und dann als Staatspräsident, obwohl ich mich auch hier mit seiner Außenpolitik und meinen Eindrücken von ihm als Person begnügen möchte.

Giscards politischer Zentrismus färbte unvermeidlich auf seine außenpolitischen Auffassungen ab, einschließlich des Bereichs, für den er als Finanz- und Wirtschaftsminister Verantwortung trug, d.h. die Wirtschaftsbeziehungen mit anderen Ländern. Dennoch verhielt sich Giscard, als er nach Pompidous Tod Staatspräsident wurde, wie alle seine Vorgänger und versuchte, seine Treue gegenüber den westlichen Verbündeten unter Beweis zu stellen - obwohl Frankreich schon seit 1966 nicht mehr der militärischen Organisation der NATO angehörte und sich um die Wahrung seines nationalen Selbstverständnisses bemühte.

Nach Amtsantritt erklärte Giscard, er wolle die Politik de Gaulles und Pompidous fortsetzen, die sich wie folgt zusammenfassen ließ: Im Interesse der Entspannung und des Friedens sollten die UdSSR und Frankreich nicht nur zusammenarbeiten, sondern sie *müßten* es. Was nun die Wahrung des Bildes von Frankreich als unabhängigem Staat anlangte, so stand dem natürlich Frankreichs NATO-Treue in militärischen Fragen im Wege, worauf wir die französische Regierung und den Staatspräsidenten immer wieder hinwiesen.

Beide Seiten bemühten sich jedoch, auf den außenpolitischen Gemeinsamkeiten aufzubauen, d.h. auf dem Anliegen, zwischen den Staaten eine friedliche Zusammenarbeit zu ermöglichen. Anfang Dezember 1974 weilte Breschnew zu einem Arbeitsbesuch in Frankreich. Er traf dabei zum ersten Mal mit Giscard als Staatspräsidenten zusammen, doch kannten wir letzteren schon aus Gesprächen auf anderen Ebenen.

Ich merkte schnell, daß Giscard die Grundprobleme solide im Griff hatte, selbst wenn er eine der meinen diametral entgegengesetzte Meinung vertrat, wie bei der Erörterung der Kernwaffen, des NATO-Blocks und der Ereignisse in Afghanistan.

Giscard war stets gut auf die Gespräche vorbereitet. In der Regel brachte er faktische Argumente vor; Impulsivität oder Hast habe ich bei ihm nie bemerkt. Auch ums Protokoll kümmerte er sich wenig. Das beeindruckte mich sehr; schließlich sollen die Formalitäten den Gedankenaustausch erleichtern, nicht erschweren.

Über Giscard gibt es eine Reihe amüsanter Geschichten. Ein Vorfall - es war während Breschnews Frankreichbesuch - überraschte mich besonders. Die sowjetische Delegation war außerhalb von Paris in Schloß Rambouillet untergebracht, wo auch die Gespräche stattfanden. Die französische Delegation kam im Wagen aus der Hauptstadt angefahren, und wir alle warteten in dem kleinen Vestibül auf die Ankunft ihres Chefs.

Plötzlich dröhnte über dem Schloß ein Motor, und auf dem Rasen landete ein kleiner Hubschrauber. Heraus kam Giscard. Ein Franzose bemerkte: »Der Präsident hat ihn selber geflogen.«

Die sowjetischen Delegierten hielten das für einen Scherz, aber als wir nach dem Gespräch auf den Rasen gingen, um unseren Gastgeber zu verabschieden, setzte er sich zu unserem Erstaunen selbst an den Steuerknüppel, hob den Hubschrauber sanft in die Luft, zog eine Schleife über dem Schloß, winkte uns zu und flog ab nach Paris.

Wir ließen uns auch sagen: »Trotz seiner amtlichen Position läßt der Präsident keine Gelegenheit aus, seinen Wagen selbst zu steuern. Die Sicherheitsleute im Elysee drehen durch.«

Etwas später erfuhren wir, daß der Präsident nach einem kleinen Verkehrsunfall mit seinem Wagen dann doch Vernunft annahm.

Eine weitere amüsante Episode fällt mir ein. Während unseres Besuches stieg der Ölpreis auf dem Weltmarkt, worauf der Präsident selbst eine Energiesparkampagne in Frankreich in Gang setzte und sogar befahl, die Heizung im Elysee auf Holz umzustellen.

In Rambouillet brannte ebenfalls in allen Kaminen Feuer, aber sie qualmten alle fürchterlich - ob aus Unerfahrenheit der

Bediensteten oder weil sie zu selten benutzt wurden, weiß ich nicht. Das ganze Schloß war voller Rauch, so daß alle Fenster und Türen aufgerissen werden mußten - dabei war es Dezember. Das Kamin-Experiment mußte also abgebrochen werden, die Heizkörper wurden wieder aufgedreht, und die Gespräche konnten ihren normalen Fortgang nehmen.

Giscard d'Estaing unterlag 1981 bei der Wahl, und an seine Stelle trat der Führer der französischen Sozialisten, François Mitterrand. Dieses Wahlergebnis war zwar kein Schock für das Land, aber es kam doch zu einer deutlichen Polarisierung zuungunsten der Bourgeoisie. Die Sozialisten, Kommunisten und Linksradikalen gewannen die Oberhand, woraufhin in die im Juni 1981 gebildete Regierung auch Kommunisten aufgenommen wurden.

Bald nach diesem Linksruck hatte ich Gelegenheit zu einer Zusammenkunft mit Außenminister Claude Cheysson während der UNO-Generalversammlung in New York.

Er erklärte: »Das neue Regime wird das Land auf den Weg der sozialistischen Veränderung führen.«

Er war erregt und gefühlsbetont, aber ich und andere Mitglieder der sowjetischen Delegation meinten, das sei zu schön, um wahr zu sein - und so war es denn auch. Tatsächlich gab es keinen Versuch, noch nicht einmal als Experiment, wirklich ernsthafte sozialistische Veränderungen in Frankreich einzuführen.

Immerhin brachte der UdSSR-Besuch Mitterrands im Juni 1984 erkennbare Fortschritte in den französisch-sowjetischen Beziehungen, desgleichen die Besuche 1985 und 1986. Alle diese Treffen, vor allem auch die mit Gorbatschow, waren eine Bereicherung der französisch-sowjetischen Beziehungen. In gewissem Sinn wurde ein Geist echter Zusammenarbeit geboren. Die konkreten Ergebnisse des Besuchs von 1986 zeigten sich in den Reden Gorbatschows und Mitterrands sowie in den während des Besuchs und an dessen Ende veröffentlichten Dokumenten.

Als ich den Staatspräsidenten zum Flughafen brachte, sagte er: »Ich werte diesen Besuch in Moskau sehr hoch, sowohl bilateral als auch international.«

Auch für die Sowjetunion hatte es sich um einen sehr bedeutsamen Besuch gehandelt wie überhaupt für diejenigen Länder, deren Außenpolitik auf den Frieden gerichtet war.

In Westdeutschland bin ich mehrfach gewesen, und jedesmal bedrückte mich der Gedanke, welche Not und welches Elend die Nazis unserem Volk zugefügt hatten. Nun hat ja die Geschichte bereits den raubgierigen deutschen Imperialismus als das Unheil erkannt, das das Gemüt des deutschen Volkes vergiftet hat, und selbst die reaktionärsten westdeutschen Politiker hängen heute nicht mehr den Ideen an, die im Dritten Reich herrschten. Aber die für die heutige westdeutsche Politik Verantwortlichen dürfen niemals vergessen, daß 20 Millionen Menschen in der Sowjetunion und Millionen andere in der Anti-Hitler-Koalition ihr Leben dafür gegeben haben, damit von Deutschland niemals mehr eine Kriegsdrohung ausgehe.

Die Voraussetzungen für normale Beziehungen zwischen der Sowjetunion und Westdeutschland zu schaffen war alles andere als leicht. Zu tief steckt Hitlers Aggression dem Sowjetvolk in den Knochen. Außerdem entstammte die westdeutsche Nachkriegsführung derselben Klasse, die Hitler und seine Bande am Busen genährt hatte.

Doch im Lauf der Zeit merkte das Volk, was in Potsdam erreicht worden war. Die Frage der Aufnahme von Beziehungen mußte in Angriff genommen werden. Der westdeutsche Regierungschef Adenauer gelangte zum selben Schluß.

Man könnte sagen, die Zeit selbst habe diesen reaktionären Superpedanten in Leben und Politik gezwungen, den Osten mit anderen Augen zu sehen, zumal im östlichen Teil des alten Deutschlands ein Staat mit einer neuen Gesellschaftsordnung entstanden war. So entstieg 1955 auf dem Moskauer Flughafen Wnuwoko ein großgewachsener Mann mit strengen Gesichtszügen einem Flugzeug. Die Aufgabe, die vor ihm lag, war nicht einfach. Nach viel gewichtiger Überlegung war Adenauer nach Moskau gekommen, um die diplomatischen Beziehungen aufzunehmen, und so kam es zu einem großen Ereignis in der europäischen Nachkriegsgeschichte.

Ich erinnere mich während Adenauers Besuch in der sowjetischen Hauptstadt an eine typische, versöhnliche Geste. Zu jener Zeit wurden in Westdeutschland zahlreiche Aufklärungsballone gestartet, die die Sowjetunion ausspähen sollten. Diesem Thema galt eine Ausstellung im Hof des Hauses in der Alexej-Tolstoi-Straße, wo die Gespräche stattfanden, und sie wurde Adenauer gezeigt.

Er zuckte mit den Achseln. »Anscheinend benutzen die Westmächte westdeutsches Gebiet zu dem Zweck, ohne mich zu fragen.«

Die Gespräche waren nicht einfach, zumal Adenauer nicht auf seinen alten Traum verzichten wollte, Ostdeutschland zu verschlingen, aber der gesunde Menschenverstand setzte sich durch, und die diplomatischen Beziehungen wurden aufgenommen. Hätte sich der Westen an die Potsdamer Grundsätze gehalten und sich nicht zur Teilung Deutschlands entschlossen, wären die Dinge möglicherweise anders verlaufen, aber niemand kann die Uhr zurückdrehen. In Europa gibt es zwei Deutschlands, und die Tatsachen zeigen die sowjetische Position deutlich genug.

Am 10. März 1952 hatte die sowjetische Regierung den Entwurf eines Friedensvertrages mit Deutschland vorgelegt, in dem die Wiederherstellung Deutschlands als geeinter souveräner Staat zusammen mit einer Garantie für einen gleichberechtigten Platz unter den anderen europäischen Staaten vorgeschlagen wurde. Deutschland sollte das Recht auf Streitkräfte für seine nationale Verteidigung sowie auf die Herstellung von Waffen und Technik zu diesem Zweck haben, nicht jedoch das Recht zu Koalitionen oder Bündnissen, die sich gegen irgendeinen Staat richteten, der gegen Hitler gekämpft hatte. Wir schlugen die rasche Bildung einer gesamtdeutschen Regierung und freie Wahlen im ganzen Lande vor.

Die Westmächte zeigten keine Begeisterung. In Bonn jedoch verließen die letzten Reste des gesunden Menschenverstandes Adenauer und seinen Kreis. Die sowjetischen Vorschläge wurden zu einem Propagandaobjekt, und in dem Getümmel ging die Wiedervereinigung Deutschlands verloren.

Keine andere europäische Regierung der Nachkriegszeit hat eine so eklatante Fehlentscheidung getroffen. Kein Zweifel: Adenauer hat eine historische Chance verpaßt. Zudem wurde die Bundesrepublik Teil des sowjetfeindlichen westlichen Militärblocks - zu einer Zeit, als sich die UdSSR und Deutschland technisch gesehen noch im Kriegszustand befanden. Dieser wurde erst am 25. Januar 1955 auf Anordnung des Obersten Sowjets der UdSSR beendet.

Adenauer fuhr in seiner Politik der verpaßten Chancen fort. 1957 verwarf er einen ostdeutschen Vorschlag für eine deutsche Konföderation. Er war taub für die Stimme der Vernunft; als Westdeutschland erst einmal in den westlichen Militärblock hineingezogen war, war es, als sei für Adenauer die Bundesrepublik wichtiger als der Gedanke der Wiedervereinigung.

Das letzte Mal sah ich Adenauer 1959 unter etwas ungewöhnlichen Umständen. Er kam gerade die Stufen des Weißen Hauses herunter, als ich mit meinen Kollegen, dem britischen und dem französischen Außenminister, dieselben Stufen hinaufging. Wir waren gerade von der Genfer Konferenz zu Dulles' Begräbnis gekommen und wollten eben Eisenhower aufsuchen.

Adenauer sah mich und blieb stehen: »Ich habe einen Freund verloren«, sagte er.

Ich konnte ihm nicht widersprechen. Er hatte wirklich einen Freund verloren. Alle Welt wußte, daß Adenauer und Dulles politische Brüder waren.

Tatsächlich hat Adenauer seine Vorstellung von einem vereinigten Deutschland erst in der Nacht des 13. August 1961 aufgegeben, als Maßnahmen zur Stärkung der Staatsgrenzen und der Souveränität der Deutschen Demokratischen Republik getroffen wurden.

Die Westmächte hatten keine Bereitschaft gezeigt, das deutsche Problem zu lösen oder die Position West-Berlins zu regeln. Sie hatten die sowjetischen Vorschläge abgelehnt und dafür ihr Militärpotential erhöht, und sie hielten sich nicht an internationale Vereinbarungen über die Verhütung des deutschen Militarismus. Die Regierungen der Länder des Warschauer Pakts appellierten an Regierung und Arbeiter Ostdeutschlands, an der Grenze zu West-Berlin verläßliche Vorkehrungen zu treffen, die den Weg zu subversiven Tätigkeiten gegen die Staaten der sozialistischen Gemeinschaft blockierten, und das gesamte Gebiet West-Berlins einschließlich der Grenze nach Ost-Berlin mit zuverlässiger Sicherheit und effektiven Kontrollen zu umgeben. Infolgedessen verabschiedete der ostdeutsche Ministerrat einen Beschluß über Maßnahmen zur Verteidigung des Staates und insbesondere seiner Hauptstadt Berlin. In der denkwürdigen Nacht vom 12. zum 13. August 1961 wurde die Grenze zwischen West- und Ost-Berlin hermetisch geschlossen.

Dieser Schritt war so wirksam, daß binnen zwei Jahren Adenauer, der geistige Vater der militaristischen Ambitionen Westdeutschlands, von seinem Amt zurücktrat. Sein Nachfolger Ludwig Erhard versuchte, dieselbe bankrotte Politik der Nichtanerkennung Ostdeutschlands weiterzuführen, blieb aber nicht lange im Amt; sein Nachfolger wurde der Sozialdemokrat Willy Brandt.

In Moskau kannten wir Brandt schon gut. Aus meinen Begegnungen mit ihm kann ich sagen, daß er zu den herausragendsten Staatsmännern in Westdeutschland gehört. Den Krieg verbrachte er im schwedischen Exil, denn lieber wollte er seine Heimat verlassen als sich dem Hakenkreuz beugen, und dafür gebührt ihm Anerkennung.

1969 hatte Brandt überdies erkannt, daß das Festhalten der Sowjetunion und der anderen sozialistischen Staaten an der Anerkennung der territorialen Realitäten in Europa endlich die Voraussetzungen für einen Vertrag zwischen der UdSSR und der Bundesrepublik geschaffen hatte. Jetzt wollten beide Seiten den Vertrag. Geleitet von mir und Außenminister Walter

Mit Walter Scheel in Kronberg/Ts., 1970 *(oben)*.
Mit Willy Brandt in Bonn, 1983 *(unten)*.

Scheel und mit Geduld und wohlüberlegten Argumenten gewappnet, traten die Delegationen in die Verhandlungen ein.

Unsere Arbeit ging ganz gut vonstatten. Obgleich die westdeutschen Abgesandten hart für ihre Positionen kämpften, beherrschten doch Brandts Auffassungen die Verhandlungen. Trotz vieler Auseinandersetzungen, vielem Hin und Her, vieler Sackgassen und nervöser Ausbrüche verloren die Unterhändler doch nie das Hauptziel aus den Augen, so daß schließlich eine Verständigung erreicht wurde. Gegner des Vertrages, die lieber zurück als nach vorne blickten, legten uns viele Steine in den Weg. Letztlich führte Brandt - dank seiner umfassenden Sicht der Dinge und seines Wirklichkeitssinnes - die westdeutsche Seite mit fester Hand zum erfolgreichen Abschluß und schließlich zur Ratifizierung des Vertrages. Es heißt, das habe ihn manche schlaflose Nacht gekostet.

Etwas über Brandt zu sagen fällt leicht und schwer zugleich - leicht, weil er als Bundeskanzler mit seiner Meinung nicht hinter dem Berg hielt; schwer, weil er ein Mann mit mehreren Rollen ist. Ehe er die Staatsführung in Bonn übernahm, war er einige Jahre Bürgermeister von West-Berlin gewesen. In dieser delikaten und schwierigen Position hatte er beträchtliche Erfahrung gesammelt, die ihm später nützlich war. Genauso wichtig war jedoch, daß er, an der Grenze zwischen der sozialistischen und der kapitalistischen Welt stehend, stets mit seinen ostdeutschen Partnern und der sowjetischen Botschaft Kontakt hielt. Die sowjetischen Diplomaten und ich selbst merkten, wie oft Bürgermeister Brandt sogar während der Diskussion reiner Routinefragen Gelegenheit nahm, seine Meinung über die sowjetisch-deutschen Beziehungen zu äußern. Stets blickte er über den Augenblick hinaus und urteilte differenziert über die Beziehungen zwischen Ost und West als Ganzes. Schon sondierte er das Terrain, auf dem sich die Beziehungen zwischen der UdSSR und Westdeutschland errichten ließen. Er machte den Gedanken der friedlichen Koexistenz zur Grundlage der sowjetisch-deutschen Beziehungen und formulierte in diesem Bereich eine angemessen praktikable Politik.

Die UdSSR trat unablässig für einen Vertrag mit der Bundesrepublik ein und war natürlich weitgehend für seinen wesentlichen Inhalt verantwortlich. Von Anfang an hielt es die Sowjetunion für nötig, daß beide Seiten die Voraussetzungen für Frieden schaffen mußten. Folglich mußten die von den Drei Mächten in Potsdam vereinbarten Nachkriegsgrenzen einschließlich der Oder-Neiße-Linie unzweideutig akzeptiert und die Deutsche Demokratische Republik als souveräner Staat anerkannt werden sowie Einvernehmen bestehen, daß beiderseits vorteilhafte sowjetisch-westdeutsche Wirtschaftsbeziehungen sowie Kontakte in anderen Bereichen entwickelt werden sollten. Über alle diese Punkte, desgleichen über andere, die sich anläßlich der Erörterung der Schlüsselthemen ergaben, fand ein Meinungsaustausch in einer Detailliertheit statt, wie sie weder ich noch meine Kollegen wohl je bei offiziellen Verhandlungen erlebt hatten.

Wie erwartet, erwiesen sich die Grenzfragen als überaus sperrig. Die Frage der Anerkennung Ostdeutschlands als souveränem Staat wurde sofort zu einer Frage der Grenzen zwischen den beiden deutschen Staaten. Ständig versuchten unsere Verhandlungspartner, völlige Klarheit in dieser Sache zu vermeiden und die endgültige Definition der Grenze der Zukunft zu überlassen. Zudem blieb der Begriff eines »vereinten Deutschlands« - genauer: das Aufgehen Ostdeutschlands in Westdeutschland - bis zum Schluß ein Stolperstein.

Nach langer und schwieriger Diskussion konnten sich schließlich auch die Westdeutschen nicht mehr der Logik der historischen Gerechtigkeit verschließen. Sie zogen ihre Forderungen zurück und begnügten sich mit einem Brief an den Obersten Sowjet der UdSSR, in dem sie ihre Auffassung zu der Frage darlegten. Infolgedessen ist der Vertrag in dieser Hauptfrage denkbar präzise. In Artikel 3 heißt es: »Die Union der Sozialistischen Sowjetrepubliken und die Bundesrepublik Deutschland stimmen in der Erkenntnis überein, daß der Friede in Europa nur erhalten werden kann, wenn niemand die gegenwärtigen Grenzen antastet. Sie erklären, daß sie keine

Gebietsansprüche gegen irgend jemand haben und solche in Zukunft auch nicht erheben werden; sie betrachten heute und künftig die Grenzen aller Staaten in Europa als unverletzlich, wie sie am Tage der Unterzeichnung dieses Vertrages verlaufen, einschließlich der Oder-Neiße-Linie, die die Westgrenze der Volksrepublik Polen bildet, und der Grenze zwischen der Bundesrepublik Deutschland und der Deutschen Demokratischen Republik.«

Rückblickend kann ich sagen, daß die Hauptarbeit bei der Formulierung der Vertragsklauseln in meinen Gesprächen mit Egon Bahr, Staatssekretär im Bundeskanzleramt, geleistet wurde. Dort kam der Gedanke einer »Absichtserklärung« auf. Damit sollten die zur Stärkung der territorialen Realitäten in Europa getroffenen Maßnahmen gestaltet und gesündere politische Bedingungen herbeigeführt werden.

Heute weiß ich, daß wir ohne das Engagement und Verständnis beider Seiten keinen Erfolg gehabt hätten und die Aussichten düster geblieben wären.

Die Vertragsunterzeichnung fand am 12. August 1970 im Kreml statt. Die sowjetische Seite wurde von A.N. Kossygin und mir, die westdeutsche Seite von Willy Brandt und Walter Scheel vertreten. Ich muß die wichtige Rolle Brandts betonen, der mutig und entschlossen diese wichtigste Verhandlung seiner Amtszeit als Bundeskanzler führte. Die Unterzeichnung und Ratifizierung wurden in Europa und der ganzen Welt begeistert und erleichtert begrüßt.

Den Geist des Vertrages bildet der Grundsatz der Unverletzlichkeit der europäischen Grenzen, und diesen Geist atmen auch die Folgeverträge Westdeutschlands mit Polen, Ostdeutschland und der Tschechoslowakei sowie das Viermächteabkommen über West-Berlin, das ab Anfang 1971 zwischen dem sowjetischen Botschafter in der Deutschen Demokratischen Republik und den Botschaftern der USA, Englands und Frankreichs in der Bundesrepublik Deutschland im früheren Kontrollratsgebäude in der Potsdamer Straße 196 in West-Berlin ausgehandelt wurde. Das Verhandlungsthema verursachte sofort Schwierigkeiten: Die Westmächte beharrten darauf, sie sprächen über »Berlin als Ganzes«, was nun keineswegs der tatsächlichen Lage entsprach, während die Sowjetunion die Formel »West-Berlin« durchzusetzen versuchte. Schließlich einigten wir uns auf »die Westsektoren Berlins«.

Viel Streit gab es auch wegen der amtlichen Bezeichnung der Deutschen Demokratischen Republik, ohne die es keinen endgültigen Text geben konnte. Sobald die Initialen der DDR angesprochen wurden, blieben sie unseren westlichen Partnern im Halse stecken, und es dauerte sechs Monate, bis sie sich dazu durchringen konnten, diese einfachen drei Buchstaben auszusprechen. Schließlich aber setzten am 3. September 1971 alle Vertragsparteien ihre Unterschrift unter das Viermächteabkommen, mit der ein Sitzungsmarathon von 33 Sitzungen erfolgreich abgeschlossen wurde.

Das unterzeichnete Abkommen markierte eine wichtige Phase in der Geschichte der Stadt und setzte den Schlußpunkt hinter 22 Jahre Krise um West-Berlin, indem es seinen völkerrechtlichen Status als unabhängiges politisches Gebilde festschrieb. Das Dokument stellt fest, daß die Westsektoren »so wie bisher kein Bestandteil (konstitutiver Teil) der Bundesrepublik Deutschland sind und auch weiterhin nicht von ihr regiert werden«. Damit erleichterte das Viermächteabkommen die Normalisierung dieser Gefahrenregion und bildete einen wichtigen Schritt auf dem Wege zur Sicherung des Friedens in Europa. Seit der Unterzeichnung hat sich der Umfang des Handels zwischen der UdSSR und West-Berlin verfünfzehnfacht und betrug 1985 über 400 Millionen Rubel. Manche Leute im Westen möchten das Abkommen kündigen und West-Berlin zu einem Teil Westdeutschlands machen, aber damit entstünde nur die vorherige explosive Situation erneut. Strikte Einhaltung des Abkommens ist der einzige Weg zur Reduzierung der Spannung und Wahrung des Friedens in der Region.

So kommentierte der sowjetische Diplomat W.S. Semjonow, der die komplizierten Bewegungen der damaligen westdeutschen Politik sehr genau untersucht hat: »Die Zeit wird zeigen, ob jene in Westdeutschland, die den politischen Kurs des Landes bestimmen, ernsthaft begriffen haben, daß es bei der Grenzfrage im Grunde um Krieg oder Frieden geht. Mit anderen Worten, wie sehr sich die Bundesrepublik vom Revanchedenken freimacht, das in den Reihen der Bonner Politiker noch bei weitem nicht verschwunden ist.«

Kurz nach der Unterzeichnung traf ich mit Außenminister Scheel zusammen, der mir in einem freien Augenblick sagte: »Wissen Sie, Herr Gromyko, unsere Familie hat Zuwachs bekommen. Wir haben eine Tochter, und wir werden sie Ihnen zu Ehren Andrea nennen. Meine Frau und ich haben uns darauf geeinigt.«

Ich muß gestehen, daß ich mich etwas ungemütlich fühlte und deshalb die Sache ins Scherzhafte wandte: »Diese Entscheidung, das ist Ihnen sicher klar, haben allein Sie und Ihre Frau zu verantworten. Darin genießen Sie hundertprozentige Souveränität. Die Nachricht freut mich aber sehr.«

Als ich Hans-Dietrich Genscher zum ersten Mal traf, war er in Willy Brandts Regierung Innenminister. Später war er Außenminister unter Helmut Schmidt und danach unter Helmut Kohl. Wir haben viele Gespräche über die sowjetisch-westdeutschen Beziehungen und das Verhältnis zwischen den Ländern des Warschauer Pakts und der NATO geführt.

Genscher liebte Gespräche ohne Hast, so als ruderten wir gemächlich über einen ruhigen See, aber seine Fakten und Zahlen mußte man stets parat haben, denn immer war er gut vorbereitet und in der Lage, die Position seines Landes ins günstigste Licht zu rücken. Mein Eindruck, den die Berichte unserer Leute in Bonn bestätigten, war, daß er die Politik verfolgte, die Dinge mit Washington im reinen zu halten, gleichzeitig aber sorgfältig darauf zu achten, daß die Beziehungen mit der Sowjetunion im Lot blieben.

Alles in allem läßt sich sagen, daß Genscher zwar ein schwieriger Partner war, unsere Gespräche aber gewöhnlich sachlich verliefen und insgesamt positive Ergebnisse zeitigten. Auch seine späteren Zusammenkünfte mit E.A. Schewardnadse waren nützlichen Inhalts und wurden auf hohem politischem Niveau geführt.

Zu den bedeutsamsten Gestalten Westdeutschlands gehört ein Mann, der in den siebziger Jahren die internationalen Angelegenheiten prägte, der Sozialdemokrat Helmut Schmidt. Während des Krieges diente er als Offizier in der Wehrmacht bei einer Einheit in Sawidowo im Südosten des Verwaltungsgebiets Kalinin, so daß er zweifellos die von Hitlers Leuten in den Städten und Dörfern unseres Landes begangenen Verbrechen gesehen haben mußte.

Als er mir einmal von seiner Zeit in Sawidowo erzählte, sagte er bezeichnenderweise: »Ich gehörte zu der Gruppe der Offiziere, die glaubten, daß Hitlers Abenteuer gegen das sowjetische Volk zum Scheitern verurteilt ist«, und ich bin geneigt, ihm zu glauben. Es hat im Offizierskorps des Nazi-Militärs solche Leute gegeben. Dennoch führten die meisten von ihnen ihre Befehle buchstabengetreu aus, ungeachtet des Elends, das sie zur Folge hatten.

In meinen Gesprächen mit Schmidt, sowohl als Verteidigungsminister in der Regierung Brandt als auch nachher als Bundeskanzler, habe ich mir eine eindeutige Meinung gebildet: Er war zwar fähig und hatte einen starken Willen, hat sich aber nie von der Sicht eines deutschen Wehrmachtoffiziers völlig frei machen können. Sicher war Schmidt für den Abschluß und die Durchführung der westdeutschen »Ostverträge«. Des weiteren unterstützte er das strategische Gleichgewicht zwischen NATO und Warschauer Pakt. Dennoch ging es ihm in allen meinen Gesprächen mit ihm als Bundeskanzler stets darum, die ständige Aufrüstung der NATO zu rechtfertigen. Irgendwie brachte er es fertig, die Statistiken, die wir über die Streitkräfte der beiden Blöcke vorlegten, jedesmal zu übersehen und zu überhören.

Während eines Bonnbesuchs zeigte ich ihm eine Karte, in die die in Europa stationierten Atomraketen beider Staatengruppen eingezeichnet waren. Ich wartete auf seinen Kommentar.

Er sagte: »Wenn Sie können, lassen Sie mir diese Karte da – ich möchte sie etwas eingehender studieren.«

Wir gaben ihm die Möglichkeit dazu. Aber alles, was er dann sagte, war: »Mir gefallen diese sowjetischen SS-20 nicht.«

Die Logik war einfach: Ihm gefielen die auf die UdSSR gerichteten amerikanischen Raketen, und die auf Westeuropa zielenden sowjetischen Raketen mißfielen ihm.

Die Regierung, der Schmidt bis zum Herbst 1982 vorstand, war dafür verantwortlich, daß sie das Land für neue amerikanische Pershing-II-Raketen öffnete, und das haftet auf ihrem Gewissen. Soviel hatte nicht einmal Adenauer 1957 riskiert, als die Amerikaner vergeblich die Mittelstreckenraketen Thor und Jupiter auf westdeutschem Boden zu stationieren suchten. Die Sicherheit Westdeutschlands ist durch die Stationierung der Mittelstreckenraketen nicht größer geworden, und viele westdeutsche Politiker wissen das auch.

Schmidt bezeichnete sich immer als Pragmatiker und führte gerne den Nachweis, daß er zu schnellen Entschlüssen fähig sei. Er hat dieses Image sorgfältig gepflegt. Aber man braucht nur einmal zu vergleichen, was er in seinen theoretischen Abhandlungen geschrieben hat und wofür er als Bundeskanzler stand, um einen seltsamen Unterschied zu gewahren. Ein gutes Beispiel ist seine Haltung in der Frage der Raketenstationierung. In seinen Schriften über strategische Angelegenheiten sagte er, kein verantwortlicher Politiker werde in Westdeutschland Raketen zulassen, denn diese zögen die Kernwaffen der anderen Seite geradezu magnetisch an; der Ort für solche Raketen seien also Gegenden wie Alaska, Labrador, Grönland usw., nicht aber das dichtbesiedelte Europa. Das schrieb er, aber gehandelt hat er anders. Nach seinem Rücktritt gab er seine Irrtümer zu, aber da war es schon zu spät.

Auch in seiner Beurteilung der Wirtschaft hat Schmidt manchen Fehler gemacht. Er war es, der den Amerikanern zu einer Stärkung des Dollars riet. In Washington lachte man über ihn

Gespräche in Bonn: mit Helmut Schmidt 1979 *(oben)* und Hans-Dietrich Genscher 1983 *(unten)*.

und nannte ihn »Schmidt Napoleon«. Als jedoch Reagan ans Ruder kam, wurden die Zinssätze angehoben, und die USA erhielten milliardenweise Dollars zur Finanzierung ihrer Militärprogramme, was Westdeutschland und das übrige Westeuropa teuer zu stehen gekommen ist.

Schmidts Kollegen in der SPD sagten über ihn: »Im Grunde ist Schmidt weniger ein Sozialdemokrat als ein konservativ gesinnter preußischer Offizier.«

Gerechterweise muß man Schmidt dennoch zugute halten, daß er etwas für die Entwicklung der sowjetisch-deutschen Wirtschaftsbeziehungen getan hat. Sogar er hatte begriffen, daß sich das Leben an den westdeutschen Politikern rächt, die sich weigern, die Grundwahrheit zur Kenntnis zu nehmen, daß trotz aller Unterschiede in Staats- und Gesellschaftsstruktur und in der Ideologie ihr Land und die UdSSR durch ein großes gemeinsames Interesse verbunden sind wegen so unwandelbarer Faktoren wie z.B. der geographischen Nähe, des beiderseitigen Wirtschaftspotentials, des Bedürfnisses kulturellen Austauschs und vor allem: des Wunsches beider Völker, in Frieden miteinander zu leben.

Bundeskanzler Helmut Kohl ist in der westdeutschen Politik eine umstrittene Erscheinung. Die eine Seite der öffentlichen Meinung behauptet, er sei innen- wie außenpolitisch nicht sehr tüchtig, während die andere meint, er sei genau der Mann, den das Land in schwierigen Zeiten brauche.

Ich kann mich nur zu der von ihm und seiner Regierung betriebenen Außenpolitik äußern. Zweifellos hat Kohl viele Wahnsinnsideen der Vergangenheit fortgeschrieben; vieles an seiner Politik gemahnt an Adenauer, um nicht zu sagen Schmidt, insbesondere in der Abrüstung, zumal der Kernwaffen. Was recht ist, muß aber auch recht bleiben, und so muß man sagen, daß auch die westdeutsche Regierung ihre Bande mit der UdSSR, die internationale Lage insgesamt und die eigene Rolle in den Weltangelegenheiten objektiver betrachtete, als sich die sowjetisch-amerikanischen Beziehungen zu entspannen anfingen. Zweifellos hat die westdeutsche Regierung sehr viel dazu beigetragen, daß die Fragen im Zusammenhang mit dem sowjetisch-amerikanischen Vertrag über die Vernichtung von Raketen mittlerer und kürzerer Reichweite gelöst werden konnten.

13. Kapitel

Mehr über Europa: Bündnis und Neutralität

Als ich noch zur Schule ging, fiel mir einmal De Amicis' Erzählung *Herz* in die Hände, und seit jenem Tag fasziniert mich Italien. Das Büchlein ist für mich gewissermaßen Italien in Kurzfassung.

Als Student und auch später noch schlugen mich die stürmischen Ereignisse des Römischen Reiches, seine majestätische Strenge und das wechselvolle Leben seiner Feldherren und Staatsmänner in ihren Bann. Meine Vorstellung von Italien litt jedoch wie die der meisten Sowjetmenschen darunter, daß hier der Faschismus zur Macht gelangt war. Ich konnte einfach nicht glauben, daß das Land der großen Dichter, Maler und Bildhauer von unzivilisierten Ungeheuern regiert wurde, daß Schwarzhemden durch Rom marschierten und hochmütig durch Venedig und Florenz stolzierten.

Doch Italien überlebte diese Zeit, und dafür müssen wir unter anderem den Veteranen im Kampf gegen den Faschismus danken, die aktiv im Widerstand tätig waren. Jeder ehrliche Mensch wird zugeben, daß die italienische Widerstandsbewegung ganz Sache der Kommunisten war, und die Geschichte der KPI ist eng mit dem Namen ihres jahrzehntelangen Chefs Palmiro Togliatti verbunden. Er war ein bemerkenswerter Führer und unermüdlicher Kämpfer, wie nicht nur jeder, der ihn persönlich gekannt hat, sondern sogar Gegner des Sozialismus bestätigen werden.

Ich bin Togliatti nur zweimal begegnet. Das erste Mal trafen wir uns in Moskau Ende der fünfziger Jahre, als ich bereits Außenminister war. Das ZK hatte mich unterrichtet, Togliatti wolle mich sprechen, und ich solle zusagen. Ich suchte Togliatti in seinem Hotelzimmer im *Sowjetskaja* auf. Nach herzlicher Begrüßung kam er sofort zum Thema: »Ich habe um das Gespräch mit Ihnen gebeten, weil mich einige internationale Fragen beunruhigen.«

Damals war der kalte Krieg in vollem Gang, und so war ich gern zu einem Gespräch über die Lage bereit.

Er fing an: »Ich frage mich oft, worauf der Westen eigentlich hinauswill, vor allem England und die USA. Wir italienischen Kommunisten können es nicht recht glauben, wenn ihre Spitzenpolitiker behaupten, sie wollten die Ost-West-Beziehungen verbessern. Sagen Sie mir bitte, sind unsere Zweifel berechtigt, oder übersehen wir etwas?«

Ich antwortete: »Ihre Zweifel sind völlig berechtigt, zwei einfache Tatsachen beweisen das. Erstens haben die Amerikaner in verschiedenen Teilen der Welt Militärstützpunkte errichtet, die gegen die UdSSR gerichtet sind, und sie bauen immer noch weitere. Zweitens: Als die UdSSR 1955 auf der Viermächte-Konferenz in Genf erklärte, da der Westen die NATO als Verteidigungsbündnis ansehe, sei die UdSSR ihrerseits zum Beitritt bereit, brachte die amerikanische, britische und französische Führung nicht einmal eine vernünftige Antwort über die Lippen. Ich war selbst dabei und erinnere mich sehr gut daran. Am aufschlußreichsten war es, Eisenhower und Dulles zu beobachten. Eisenhower war einfach sprachlos.«

Togliatti lächelte: »Das hätte ich liebend gerne miterlebt. Natürlich kann die NATO nicht derselben Gruppierung angehören wie die Sowjetunion - die Zielsetzungen der UdSSR und ihrer Freunde stehen in diametralem Gegensatz zu denen der NATO. Und die Klassenschranke ist ohnehin unüberwindlich.«

Dann fragte er: »Wie sehen Sie die westdeutsche Frage? Alle - Amerikaner, Briten, sogar die Franzosen - scheinen zur Remilitarisierung zu drängen. Wir italienischen Kommunisten weisen unablässig darauf hin, was diese Politik bedeutet, aber selbst Italien wird immer mehr in die militärischen Pläne der NATO hineingezogen. Die Lage ist sehr schwierig.«

Ich stimmte ihm zu. »Die Remilitarisierung Westdeutschlands ist tatsächlich eine der wichtigsten Fragen in Europa, so wie die Japans im Osten. Sieht es auch so aus, als werde Abrüstungsfragen immer mehr Aufmerksamkeit zuteil, so muß man doch einmal erlebt haben, wie die USA und ihre Verbündeten im westlichen Block sämtliche sowjetischen Vorschläge für eine Rüstungsverminderung verwerfen.«

Togliatti erwiderte: »Die italienischen Kommunisten sehen eine Hauptaufgabe darin, die Sowjetunion in der Abrüstungsfrage zu unterstützen, einschließlich des Verbots von Kernwaffen.«

Zur innenpolitischen Lage in Italien und zur Stimmung in der Bourgeoisie machte er eine interessante Bemerkung: »Sie sind mehr und mehr für die Zusammenarbeit mit den USA, zum Schaden der nationalen Interessen Italiens.«

Er schien bei ausgezeichneter Gesundheit, reagierte prompt auf Fragen und war über internationale Angelegenheiten bestens im Bilde.

Als ich ihn Anfang 1964 zum zweiten Mal traf, war er krank und sollte bald sterben. Es war ein trauriger Anblick, einer verlöschenden Kerze gleich. Sein Geist war immer noch lebhaft, aber er konnte kaum noch sprechen. Er starb in der Sowjetunion, der Heimat des Sozialismus, für den er ein Leben lang gekämpft hatte.

Nach kummervollem Abschied von Togliatti im August 1964 wählten die italienischen Kommunisten Luigi Longo zum Parteiführer. Auch er war seit den frühen zwanziger Jahren sehr bekannt, als er 1922 als Delegierter zum 4. Weltkongreß der kommunistischen Internationale nach Moskau gekommen war und dort noch Lenin hatte sprechen hören.

Ich bin mehrfach mit Longo zusammengekommen, aber meine glücklichste Erinnerung stammt von der Krim, wo er

Mitte der fünfziger Jahre mit seiner Frau in derselben Datscha wie meine Frau und ich Urlaub machte und wir fast täglich über allerlei Themen sprachen. Sein Arzt hatte ihm zu dem trockenen, warmen Klima und dem Baden im Meer geraten. Natürlich hat auch Italien ein gutes Klima, aber er meinte: »Wirklich ausspannen kann ich nur in der Sowjetunion, im Lande Lenins, wo die Luft lieblicher ist.«

Longo besaß großen persönlichen Charme; zudem hatte sein Leben im Kampf gegen die Ausbeutung der Arbeiterklasse in ihm die tiefe Überzeugung eines Kommunisten gefestigt. Er war ein guter Gesellschafter und fand immer wieder neue Gesprächsthemen. Besonders genoß ich es, wenn er vom Komintern-Weltkongreß von 1922 erzählte.

»Es war der 13. November«, sagte er, »als Lenin seine Rede vor dem Kongreß hielt. Als Titel hatte er gewählt: ›Fünf Jahre russische Revolution und die Aussichten für eine Weltrevolution‹ - ein grandioser Titel, wobei er eigentlich nur einen kleinen Teil des Themas behandelte, die Neue Ökonomische Politik. Zuerst aber verkündete er, Wladiwostok sei genommen worden, was bedeutete, daß die Rote Armee die letzten japanischen Streitkräfte ins Meer geworfen hatte und das sowjetische Gebiet von allen Eindringlingen gesäubert war. Der donnernde Applaus ließ das Dach erzittern.«

Longo erinnerte sich in allen Einzelheiten an diese Begebenheit, und offensichtlich hatte er die Geschichte schon mehrfach erzählt.

»Danach skizzierte Lenin seine Pläne für den wirtschaftlichen Wiederaufbau. Er sagte, der Rubel sei nicht nur deshalb bedeutungsschwer, weil es davon jetzt über eine Quadrillion gebe. Das brachte einen Lacher. Aber ein paar Nullen könne man immer wegstreichen, fuhr er fort und deutete damit an, daß die Sowjetunion drastische Maßnahmen zur Stabilisierung der Währung und des Wirtschaftschaos beabsichtigte. Auch das brachte einen Lacherfolg.«

Ich war hingerissen. Jeder Leninist hört liebend gerne Erinnerungen an Lenin, besonders persönliche.

Longo fuhr fort: »Um böswilligen Kritikern sofort den Wind aus den Segeln zu nehmen, gestand Lenin unumwunden ein, daß auch Fehler gemacht würden. ›Wir haben gerade erst angefangen zu lernen‹, sagte er, ›aber wir sind entschlossen, alles recht zu machen. Und überhaupt - machen unsere Kritiker etwa nie einen Fehler?‹ Lenin sprach leidenschaftlich. Das wichtigste war ihm aber stets die Idee und ihre Weiterentwicklung. Seine Zuhörer sollten genau verstehen, was er vorschlug. Damit nahm er sein Publikum für sich ein.«

Dann erzählte Longo vom italienischen Widerstand während des Krieges, wobei er seine herausragende Rolle herunterspielte. Vor allem wollte er klarmachen, daß die Kommunisten die Seele des Widerstandes gewesen waren: »Sie wußten, daß viele von ihnen sterben würden, aber sie brachten dieses Opfer bereitwillig. Es gab im italienischen Widerstand auch sowjetische Männer und Frauen, und die Italiener werden sie nie vergessen.«

Er führte mir eindringlich vor Augen, wie der italienische Widerstand den hinterhältigen Mussolini gejagt, dann verurteilt und exekutiert hatte. »Natürlich gab es auch Mitglieder anderer Parteien, die die Faschisten bekämpften, vor allem Sozialisten. Das stellte den Widerstand auf eine breitere Grundlage und stärkte ihn.«

Er schloß: »Auf diese Weise hat das italienische Volk eine der schwärzesten Seiten seiner Geschichte getilgt.«

Die Sowjetunion nahm im März 1944 die diplomatischen Beziehungen zu Italien wieder auf; bald folgten Kontakte und Begegnungen. Jedesmal, wenn ich in Rom landete und vom Flughafen in die Stadt fuhr, kam mir der faszinierende Gedanke, daß ich jetzt über die alte Via Appia fahre, über das von römischen Sklaven gelegte Pflaster. Und dann erwarteten mich noch so viele Ruinen und Denkmäler!

Das politische Leben Italiens nach dem Kriege war auch dadurch gekennzeichnet, daß es keine öffentlich anerkannte Einzelpersönlichkeit à la de Gaulle oder Adenauer gab. Vielmehr wechselte sich ein Kreis von Politikern an der Spitze ab. In welcher Reihenfolge ich sie anspreche, dürfte deshalb gleichgültig sein.

Wenn man mich fragt, welchen italienischen Politiker ich am besten gekannt habe, dann nenne ich ohne zu zögern Aldo Moro.

Zwar war Moro ein Vertreter des Kapitalismus, aber er glaubte trotzdem, daß Differenzen zwischen Staaten mit friedlichen Mitteln beigelegt werden sollten. Desgleichen sollten Unterschiede zwischen Gesellschaftssystemen, und seien sie noch so extrem, nicht zum Einsatz von Gewalt führen.

Als ich Moro das erste Mal begegnete, schien er ein etwas langsam denkender Mensch zu sein, aber seine präzise Ausdrucksweise und konzentrierte Argumentation korrigierten diesen Eindruck schnell. Häufig sahen wir uns bei der UNO-Generalversammlung, desgleichen in der letzten Phase der KSZE-Konferenz in Helsinki. Zwar verteidigte er die Position der NATO-Länder, aber er vergaß nie, daß Ost und West, wenn sie in Frieden miteinander leben wollen, den Dialog pflegen und stets das Interesse des anderen berücksichtigen müssen.

Die sowjetische Führung beschloß, zunächst eine Sondierung vorzunehmen, bevor sie den beteiligten Regierungen den Vorschlag einer gesamteuropäischen Sicherheitskonferenz offiziell unterbreitete. Kein NATO-Land wußte noch von dem Gedanken, den wir als erstes in Italien ausprobieren wollten. Im April 1966 flog ich nach Rom, um zu sehen, wie Ministerpräsident Moro reagieren würde.

Er und der ebenfalls anwesende Außenminister Amintore Fanfani dachten lange Zeit darüber nach, und ich wurde immer ungeduldiger. Moro bat sogar um weitere Erläuterungen.

Dann endlich hub er an: »Die europäischen Staaten, die USA und Kanada haben bestimmt einen Punkt erreicht, an dem sie sich zur Diskussion von Fragen der europäischen Sicherheit mit der UdSSR zusammensetzen sollten. Nur so sind Lösungen möglich, die sowohl für die Länder des Warschauer Pakts als auch der NATO akzeptabel sind.« Nach einigen weiteren Fragen, die ich beantwortete, sagte Moro: »Dieser Gedanke einer gesamteuropäischen Konferenz wird von der italienischen Regierung begrüßt werden.«

Die Italiener blieben bei dieser Haltung, wir konsultierten die anderen Regierungen, und während der gesamten Verhandlungen von Helsinki waren die Italiener stets hilfreich. In der Schlußphase führte Moro die italienische Delegation an und unterschrieb die Schlußakte namens seines Landes. Er war stets ruhig und gesammelt, nie erschien er nervös, aber wenn jemand versuchte, seine Darlegung der italienischen Position zu stören, dann kannte Moro keine Gnade.

Als wir ihn einmal nach einem Gespräch verließen, sagte ich zu unserem Botschafter in Italien, N.S. Ryshow: »Moro erinnert mich an den jungen Römer Scaevola, der die Hand ins Feuer legte, um zu beweisen, daß er weder Schmerz noch Tod fürchtete!«

Moro war auch bescheiden, kümmerte sich nie darum, ob seine Reden oder sein Bild in der Presse erschienen, und er besaß die seltene Gabe, liebevoll und objektiv zugleich über seine Landsleute zu sprechen. Einmal fragte er mich plötzlich: »Worin unterscheiden sich die Italiener von den Russen?«

Ich erwiderte: »Als ich Ihr Land durch Bücher und Gemälde kennenlernte, dachte ich, entweder sängen und tanzten die Italiener, oder sie lachten und weinten, es sei denn, sie führen gerade mit der Gondel einen Kanal entlang. Daß sie auch arbeiten könnten, kam mir nicht in den Sinn.«

Moro war gar nicht überrascht. »So denken die meisten Ausländer über die Italiener. Aber wie sieht die Wirklichkeit aus? Die Italiener sind im Grunde nicht anders als andere. Sie arbeiten, und die Arbeit macht alle Menschen gleich.« Er lächelte. »Man sollte die jungen Italiener nicht nach ihrem Gondel-Verhalten beurteilen.«

Ich bemerkte: »Herr Fanfani hat mir oft gesagt, solange ich seine Geburtsstadt Venedig nicht gesehen habe, kennte ich Italien überhaupt nicht. Als ich dann aber in diese zauberhafte Stadt kam, war weit und breit keine Gondel zu sehen, und es regnete volle zwei Tage lang. Wir sagten zu unserem Fremdenführer, irgendwie müsse der CIA die Hand im Spiel gehabt haben!«

Das erinnerte Moro an einen eigenen Venedigbesuch. »Es war während der berühmten Gondelprozession. Ein Mädchen fiel ins Wasser, und alle Gondolieri schlugen Alarm. Das Mädchen war schon dem Ertrinken nahe, als mehrere Männer ins Wasser sprangen und die Signorina herausholten. Es war höchst heldenhaft.« Dann meinte er: »Vielleicht war das Ganze inszeniert. Zunächst sah es alles recht wirklichkeitsgetreu aus, aber dann - uns Italienern fällt die Unterscheidung von Wirklichkeit und Phantasie manchmal schwer. In gewisser Weise sind wir geborene Schauspieler. Insoweit unterscheiden wir uns wohl von den Russen.« Er fügte hinzu: »Das gilt natürlich nicht für die ernsthafte Politik.«

Dieses Gespräch fiel mir wieder ein, als ich 1978 las, in einer Straße der Ewigen Stadt sei Moros Leichnam im Kofferraum eines Wagens aufgefunden worden. Sein von Terroristen verursachter Tod fügt der langen Märtyrerliste der zweieinhalbtausendjährigen Geschichte Roms einen weiteren Namen hinzu.

Unter den italienischen Politikern, die sich durch die Fähigkeit auszeichnen, das innenpolitische Auf und Ab stets zu überleben, gebührt der erste Preis dem Christdemokraten Amintore Fanfani. Er war Ministerpräsident, Senatspräsident, Außenminister sowie Chef diverser anderer Ressorts. Der stets dynamische, energiegeladene Fanfani hält sich streng an die Anschauungen der herrschenden bürgerlichen Partei. Im Gegensatz zu vielen anderen italienischen Politikern ist er jedoch ein Meister der Taktik und hat seine außenpolitischen Gaben oft unter Beweis gestellt.

Fanfani war ein ernst zu nehmender Verhandlungspartner, der sich stets gründlich vorbereitete. Ging er auch nie von den Grundkonzepten der NATO ab, so vermied er doch die Klischees anderer NATO-Vertreter und verhandelte geschickt, wobei er auch die Hintergründe des sowjetischen Verhaltens zu verstehen suchte. Nie ließ er sich wie andere westliche Politiker dazu herab, bloß eingängige Schlagzeilen zu zitieren, und stets legte er sowjetischen Gästen gegenüber ausgesuchte Gastfreundschaft an den Tag.

Freimut und der aufrichtige Wunsch, Meinungsunterschiede möglichst zu bereinigen, rufen auch dann Anerkennung hervor, wenn der Partner ein völlig anderes Gesellschaftsethos vertritt. Zu denen, die diese Qualitäten besitzen, möchte ich Giulio Andreotti zählen, auch er eine führende politische Gestalt in Italien. 1972 kam er als Vorsitzender des Ministerrats zur Unterzeichnung des sowjetisch-italienischen Konsultationsprotokolls zu einem offiziellen Besuch in die UdSSR; in dem Dokument kommt der Wunsch beider Seiten zum Ausdruck, auf ein allgemein engeres Verhältnis hinzuwirken. Der Unterzeichnung ging ein Gespräch über viele Themen voraus.

Damals und danach in Rom, Madrid, Stockholm und wiederum Moskau führte ich ernste und sachliche Gespräche mit Andreotti. Auf welchem Posten auch immer, vertrat er zwar die Meinung seines Landes, versuchte aber stets, die Position seines Gesprächspartners zu verstehen und Anknüpfungspunkte zu finden.

Ab 1963 hatte ich häufig - insgesamt achtmal - mit dem Haupt der römisch-katholischen Kirche und des Vatikanstaates, dem Papst also, zu tun: einmal mit Johannes XXIII. (1963); fünfmal mit Paul VI. (1965, 1966, 1970, 1974, 1975) und zweimal mit Johannes Paul II. (1979, 1985). Das Treffen von 1965 fand in New York statt, alle übrigen im Vatikan.

In jedem Einzelfall war die Initiative vom Vatikan ausgegangen. Wir erhielten zwar nicht gerade eine offizielle Einladung, doch wurde uns zu verstehen gegeben, der Papst wünsche einen Gedankenaustausch mit dem sowjetischen Außenminister. Das reimte sich im allgemeinen gut mit unseren eigenen Wünschen, wußten wir doch, daß der Vatikan der Weltpolitik keineswegs fernstand.

Hauptthema meiner Gespräche mit Paul VI. waren Fragen

von Krieg und Frieden. Bei unserer letzten Begegnung, 1975, äußerte sich der Papst anerkennend über die Außenpolitik der UdSSR, unsere Arbeit im Interesse der gegenseitigen Verständigung und Einigung unter den Völkern. Vor dem Termin im Vatikan bat uns einer der Priester, auf das Alter und den Gesundheitszustand des Heiligen Vaters Rücksicht zu nehmen, denn jedes Gespräch bedeute für ihn eine große Anstrengung; die Warnung erwies sich als zutreffend. Während der Unterhaltung sprach der Papst langsam und offenbar mit Schwierigkeiten, wie es meist bei Kranken zu beobachten ist.

Ich gab ihm mehrmals zu verstehen, ich könne gerne aufhören, aber jedesmal schüttelte der Papst würdevoll den Kopf und sagte: »Nein, dazu ist es noch zu früh. Machen wir weiter.«

Meine Begegnung mit Papst Johannes Paul II. (dem früheren polnischen Kardinal Karol Woytila) im Januar 1979 fand im Anschluß an einen kurzen Rundgang durch den Vatikan mit unserem Botschafter N.S. Ryshow im Audienzsaal statt, in dem der Papst gewöhnlich ausländische Besucher empfängt. Der Saal ist so riesig, daß man sich wie ein Zwerg vorkommt. Hinter einem Tisch am anderen Ende sitzt der Papst, hat einen Dolmetscher neben sich und etwas weiter weg ein, zwei Kardinäle. Bei meinem Besuch war der für auswärtige Angelegenheiten zuständige Bischof (und spätere Kardinal) Casaroli zugegen und hörte aufmerksam zu.

Johannes Paul begrüßte uns und bemerkte: »Ich möchte die Bedeutung von Kontakten betonen, die zur Sicherung des Friedens auf Erden beitragen können.«

Natürlich pflichtete ich ihm bei und fuhr mit der Darstellung einiger wichtigerer sowjetischer Initiativen fort, die ebendiesem Ziele galten.

»Soweit ich es beurteilen kann«, schloß ich, »mißt die katholische Kirche der Stärkung des Friedens, der Abrüstung und der Beseitigung der Massenvernichtungswaffen große Bedeutung bei. Die sowjetische Regierung hält diese Position für sehr wertvoll. Ideologische und religiöse Differenzen dürfen der Zusammenarbeit für dieses hehre Ziel nicht im Wege stehen.«

Audienzen im Vatikan: bei Papst Paul VI., 1979 *(oben);*
bei Papst Johannes Paul II., mit Bischof Casaroli, 1985 *(unten).*

Der Papst kam dann auf die Frage des religiösen Glaubens zu sprechen. »Es kann sein, daß die Behinderungen der Religionsfreiheit nicht überall beseitigt sind.« Er machte eine Pause. »Nach einigen Quellen soll das auch für die UdSSR gelten.«

Diese Anschuldigung war für uns nicht neu. Ich entgegnete: »Nicht jedes Gerücht verdient Aufmerksamkeit. Der Westen verbreitet allerlei Falschinformationen über den Zustand der Kirche in der Sowjetunion, aber die Wahrheit lautet, daß der sowjetische Staat seit dem ersten Tag seiner Existenz die Freiheit des religiösen Bekenntnisses garantiert hat. Schließlich stand in den dunklen Kriegstagen die russisch-orthodoxe Kirche auf der Seite des sowjetischen Staates und hat den Faschismus auf ihre Weise bekämpft. Wäre das möglich gewesen, wenn die Kirche in unserem Land nicht frei gewesen wäre? Es gibt bei uns religiöse Menschen, aber das schafft weder für sie noch für die sowjetische Gesellschaft irgendwelche Probleme.«

Der Papst und Casaroli hörten nachdenklich zu. Dann sagte der Papst: »Das dachten wir mehr oder weniger auch.«

Über das Thema wurde nicht weiter gesprochen.

In seiner Redeweise machte sich Johannes Paul II. einen Tonfall und eine Art des Formulierens zu eigen, die man als halbekklesiastisch bezeichnen könnte, so als wolle er, was er sagte, säkular klingen lassen, und tatsächlich entstand der Eindruck, unser Gespräch werde nicht im Vatikan, umgeben von den Büsten und Porträts der Heiligen Väter, geführt, sondern im kleinen Besprechungszimmer bei den Vereinten Nationen.

Diese erste Begegnung mit Johannes Paul II. fand vor den Ereignissen Anfang der achtziger Jahre in Polen statt, bei denen der Vatikan eine Haltung einnahm, die die Schwelle zwischen Politik und Religion deutlich überschritt. Es war daher nicht überraschend, daß bei unserer nächsten Zusammenkunft die Sprache darauf kam.

Als wir während eines offiziellen Rombesuchs in Begleitung des Stellvertretenden Außenministers N.S. Ryshow und des sowjetischen Botschafters in Italien, N.M. Lunkow, am 27. März 1985 zum geplanten Gespräch in den Vatikan kamen, wurden wir mit außergewöhnlicher Höflichkeit empfangen. Ich stellte fest, daß wir dieselben endlosen Korridore durchschritten wie das letzte Mal; hatten wir damals jedoch kaum Aufmerksamkeit erregt, so wurden wir diesmal genauestens beobachtet. Je näher wir dem Audienzsaal kamen, desto farbenprächtiger und großartiger waren die Kleriker der vatikanischen Hierarchie, die unseren Weg säumten, bis dann an der Tür zum Papst zwei sehr ehrwürdige Bischöfe standen, die ich von früheren Besuchen her kannte.

Wir betraten den Raum und sahen, wie Johannes Paul II. mit energischen Schritten auf uns zukam. Wir begrüßten uns, als seien wir alte Bekannte. Dann äußerte der Papst folgende Bitte: »Bitte erläutern Sie die Auffassung Ihres Landes von der internationalen Situation und was getan werden sollte, um eine nukleare Katastrophe zu verhindern.«

Natürlich entsprach ich dieser Bitte kurz und freimütig und schloß: »Uns scheint, daß der Vatikan seinen Einfluß im Kampf um den Frieden nicht uneingeschränkt zur Geltung bringt. Wir wissen zwar, daß von einer Mobilisierung der römisch-katholischen Gläubigen für den Kampf die Rede war, aber den Reden ist in den vergangenen Jahren nicht viel an Taten gefolgt.« Dann fügte ich hinzu: »Ich verstehe ja, daß Ihre Gläubigen nur Gutes vom Himmel erwarten. Aber es gibt in gewissen Ländern Männer, die den Himmel zu einer Quelle erschreckenden Leids und Todes machen wollen. Jedermann weiß, welches Land das Wettrüsten auf den Weltraum ausweiten will.«

Ich beobachtete den Papst und die beiden Bischöfe genau. Keiner äußerte zu meinen Ausführungen irgendwelche Vorbehalte. Im Gegenteil, der Papst sagte zu mir: »Wir teilen Ihre Sorgen. Der Vatikan holt zu diesem Thema Informationen ein und wird zu gegebener Zeit eine deutliche öffentliche Erklärung dazu abgeben.«

Dann fragte er mich: »Erleiden nicht die Katholiken in der UdSSR gewisse Beschränkungen ihrer Bürgerrechte? Ist das nicht so?«

Ich erwiderte: »Religiöse Führer in der UdSSR, welchen Glaubensbekenntnisses immer, sollten sich nicht in Aktivitäten einlassen, die ihren Kompetenzbereich überschreiten. Mit anderen Worten: Ihre religiösen Rechte sind in keiner Weise eingeengt, aber sie sollten sich aus Staatsangelegenheiten heraushalten.«

Der Papst schien unsere Erklärung zu akzeptieren, und wir kamen nicht mehr auf dieses Thema zurück.

Wie stets in meinen Gesprächen im Vatikan versuchte ich, die Motive des Papstes herauszufinden, wenn er über Krieg und Frieden sprach. Dem Vatikan sind eindeutig die katastrophalen Folgen bewußt, die ein Atomkrieg auslösen würde, aber dennoch tut er nicht alles in seiner Macht Stehende, um das Wettrüsten zu beenden und die Politik und Philosophie derer zu verurteilen, die einen Weltkrieg vorbereiten. Tatsächlich ist die praktische Aktivität des Vatikans immer insoweit einseitig, als er Mißtrauen gegen die sozialistischen Länder sät und sich in gewissem Maße sogar in deren innere Angelegenheiten einmischt.

Der Vatikan hat viele Möglichkeiten zur Beeinflussung seiner Herde, und man könnte sagen, auf Umwegen und durch Hintertüren ermutige er insgeheim zur ideologischen Einheit mit der Ausbeuterklasse. Alle Ausflüchte von Kirchenführern – beispielsweise, die Katholiken sympathisierten mit den herrschenden Klassen nur in Fragen des religiösen Bekenntnisses – sind alles andere als stichhaltig, denn genau diese Klassen schmieden ja die Waffen. Insoweit veranlaßt der Vatikan häufig seine Gläubigen zur Sympathie mit ebenden Kräften, die für die steigende Spannung in der Welt die Hauptschuld tragen.

Wollte der Vatikan dieser Wahrheit wirklich ins Gesicht blicken, dann müßte er auf die Einheit *aller* Völker hinwirken, ungeachtet ihrer ideologischen oder religiösen Unterschiede, im Interesse des Friedens und des Kampfes gegen den Krieg und die nukleare Bedrohung.

Mein Leben lang sind mir die Nachrichten aus Spanien Ende der dreißiger Jahre im Gedächtnis geblieben, jene Jahre, in denen der spanische Faschismus die Macht des Volkes zertreten wollte. Zuerst waren die Nachrichten ermutigend, dann aber wurden sie immer niederschmetternder. Die Solidarität zwischen Franco, Hitler und Mussolini tat ihr blutiges Werk. Der Zorn des sowjetischen Volkes wurde erregt, die Sowjetunion gewährte dem Kampf gegen Franco erhebliche Hilfe, und sowjetische Internationalisten gingen zum Kampf um die Verteidigung der Republik nach Spanien, später fanden viele republikanische Kämpfer in der Sowjetunion Zuflucht.

Im Zweiten Weltkrieg war Spanien unter Franco und seiner Clique praktisch Hitlers Verbündeter; die sogenannte Blaue Division kämpfte mit den Nazi-Truppen gegen die UdSSR. Nach der Niederlage des Hitlerreiches befand sich Spanien lange Zeit hindurch in politischer Wirrnis, bis dann nach dem Tode des Diktators im Jahre 1975 das Land wieder freier atmen konnte. Ein reaktionärer Putschversuch der Militärs schlug 1981 fehl. Seit Franco hatte sich die Atmosphäre verändert.

Mit der Wiederaufnahme der diplomatischen Beziehungen zu Spanien trugen wir 1977 der Tatsache Rechnung, daß es in der Politik einer Nation immer Licht und Schatten gibt. Ein Brückenbau zwischen der Sowjetunion und Spanien mußte von beiden Seiten ausgehen, und beide Seiten wußten, daß dies seine Zeit brauchen würde. Heute können wir unsere Beziehungen endlich als normal bezeichnen.

Als ich bei meinem ersten Besuch in Spanien aus dem Flugzeug stieg, durchfuhr mich eine gewisse Erregung. Schließlich betrat ich den Boden eines Landes, das Unschätzbares zur Weltkultur beigetragen hatte, das Land, in dem die Helden der spanischen Literatur gelebt hatten, ein Land, durch das Hannibals Heer auf dem schreckengesäumten Weg in die Ewige Stadt Rom gezogen war.

Mein offizieller Spanienbesuch fand 1979 statt. Meine Begegnung mit König Juan Carlos I. ist mir in sehr angenehmer Erinnerung. Ich gewann den Eindruck, daß er seine Rolle voll und ganz begriffen hat, die darin besteht, das Land aus der franquistischen Vergangenheit herauszuführen. Unser Gespräch war von großer Freundschaft geprägt und schloß mit der Feststellung des Königs: »Ich möchte der sowjetischen Führung für die Einladung zum Besuch der UdSSR danken. Seit langem träume ich davon, Ihr großes Land sehen zu dürfen.«

Nach dem Bankett mit dem König hatte ich Sachgespräche mit Ministerpräsident Adolfo Suarez und Außenminister Marcelino Oreja, die beide betonten, Spanien müsse seine Handelsbeziehungen und kulturellen Bande mit uns ausbauen.

Erneut Gelegenheit zu einem Gespräch mit dem König und seiner Regierung bot sich mir im September 1983, als ich während der letzten Phase der KSZE-Folgekonferenz in Madrid war. Als Gastgeber trug Spanien viel zu den positiven Ergebnissen der Konferenz bei.

Im März 1985 führte mich eine weitere Reise nach Spanien, während der sich beide Seiten befriedigt über die Ausweitung unserer wirtschaftlichen, wissenschaftlichen, technischen und kulturellen Zusammenarbeit äußerten, und im Mai 1986 stattete Ministerpräsident Felipe González der UdSSR einen Staatsbesuch ab. Mit Generalsekretär Gorbatschow besprach er die Vertiefung der sowjetisch-spanischen Zusammenarbeit bei der Lösung internationaler Probleme, desgleichen mit Ministerpräsident Ryschkow. Als Ergebnis wurde ein Protokoll über den Ausbau der wirtschaftlichen und industriellen Zusammenarbeit unterzeichnet.

In der Begegnung mit mir in meiner neuen Eigenschaft als Vorsitzender des Präsidiums des Obersten Sowjets - ich hatte dieses Amt im März 1985 übernommen - versuchte González darzutun, die UdSSR und die USA trügen gleichermaßen Verantwortung für die heutige Weltlage. Wir konnten anhand von Beispielen nachweisen, daß diese Behauptung nicht stimmte.

Als wesentliches Ergebnis der zahlreichen Zusammenkünfte mit Vertretern Spaniens seit Franco kann man festhalten, Moskau und Madrid hätten miteinander reden gelernt, und das ist eine ziemliche Leistung. In der Frage der Kernwaffen hat sich sogar erwiesen, daß wir mit den Spaniern leichter zu einer gemeinsamen Sprache fanden als mit vielen anderen westeuropäischen Regierungen.

Die Politik sämtlicher spanischer Regierungen nach Franco enthielt natürlich immer auch Solidarität mit gewissen Teilen der NATO, aber diese Solidarität hat Klassencharakter. Letzten Endes ist Spanien ein kapitalistisches Land. Immerhin gestehen die spanischen Politiker ein, keinesfalls durfe das Land in den Flammen eines Atomkrieges untergehen auch nicht in den Armen seiner ausländischen Klassenbrüder.

Viele Jahre lang war in Finnland Urho Kaleva Kekkonen eine eindrucksvolle Gestalt, nicht nur im politischen Leben Finnlands, sondern auch international. Als Außenminister traf ich ihn viele Male in Moskau wie Helsinki sowie ganz persönlich bei seinen Jagdbesuchen in Sawidowo bei Moskau.

Kekkonens Name ist in der UdSSR sehr bekannt. Schon die Tatsache, daß er über 25 Jahre lang finnischer Staatspräsident und davor schon fünf Jahre lang Ministerpräsident gewesen war, spricht für sich. Doch die Zahl der Jahre ist weniger wichtig als die Tatsache, daß während seiner Amtszeit die sowjetisch-finnischen Beziehungen mit Riesenschritten vorangekommen sind.

Im September 1944 hatte Finnlands Anteil an der Hitler-Aggression gegen die UdSSR ein Ende genommen. Unter J.K. Paasikivi zogen die Verantwortlichen des Landes die Lehren aus der Vergangenheit und erkannten, daß der einzig realistische Kurs Frieden mit dem großen Nachbarn im Osten heißen mußte; sie stimmten daher dem sowjetischen Vorschlag eines Vertrages über Freundschaft, Zusammenarbeit und gegenseitige Hilfe zu.

Zu den Finnen, die zur Verhandlung über diese Fragen nach Moskau kamen, gehörte auch Kekkonen, der Paasikivis Nachfolge als Präsident antreten sollte und schon während des Krieges für eine Neugestaltung der sowjetisch-finnischen Beziehungen in dem Sinne eingetreten war, daß gute Nachbarschaft an die Stelle der Feindseligkeit treten sollte. Er war aktiv am Erfolg der Verhandlungen beteiligt und erleichterte die Vertragsunterzeichnung im Jahre 1948. Kekkonen hat gezeigt, daß gute Beziehungen im Interesse beider Länder lagen, und er hat nicht nur die einmal begonnene Arbeit fortgesetzt, sondern zu vielen Aspekten der sowjetisch-finnischen Freundschaft aktiv beigetragen.

Vor gar nicht so langer Zeit hätte ein frühmorgendlicher Passant auf den Moskauer Leninhügeln drei Jogger im Trainingsanzug bemerken können, einen Mann mittleren Alters im leichten Vorsprung vor zwei starken, jüngeren Männern. Niemand hätte besonders darauf geachtet, denn die Moskowiter sind den Anblick von Joggern gewohnt, morgens, mittags und abends, aber nach einem etwa einstündigen Lauf pflegte das Trio in ein bestimmtes Gebäude einzulaufen, an dessen Toren die wachhabende Miliz schneidig salutierte.

So fing Staatspräsident Kekkonen seinen Tag an, wenn er in der Sowjetunion war. Zu Fuß lief er nur, bis der Schnee kam, danach legte er die Langlaufskier an. Sicher lag hierin das Geheimnis seines langen und aktiven Lebens.

Der aus einer Bauernfamilie stammende Kekkonen arbeitete sich vom Journalisten zum Rechtsanwalt und danach zum Politiker hoch. Dieser unglaublich gescheite und erfahrene Mann war humorvoll, unkompliziert und zugänglich. Er war der Identität und den Traditionen seines Landes treu, interessierte sich aber auch für die Sowjetunion und reiste in den Kaukasus, nach Mittelasien, Sibirien und sogar nach Sachalin. Er genoß großes Ansehen in Finnland und weit über dessen Grenzen hinaus, und seine Außenpolitik brachte Finnland die Bewunderung der Welt ein.

Ich weiß noch gut, wie ich 1975 in Helsinki bei der KSZE-Konferenz mit Kekkonen zusammentraf. Inzwischen hatte er den Status des klugen älteren Staatsmannes erworben und war als Gastgeber der Staats- und Regierungschefs der 33 europäischen Länder, der USA und Kanadas genau der richtige Mann.

Desgleichen erinnere ich mich an seinen letzten offiziellen Besuch in der UdSSR im November 1980. In einer Feier im Swerdlow-Saal des Kreml wurde ihm für die Stärkung des Friedens unter den Völkern der internationale Leninpreis überreicht.

Bei Entgegennahme dieser hohen Ehrung sagte Kekkonen: »Die Finnen erinnern sich dankbar an die Anerkennung der Unabhängigkeit Finnlands durch die sowjetische Regierung unter Lenin, wodurch die Voraussetzungen für gegenseitige Freundschaft und Zusammenarbeit unserer beiden Länder geschaffen wurden.« Von der Tribüne aus forderte er das sowjetische Volk auf: »Wahren wir gemeinsam dieses Erbe.«

Die sowjetische Führung hat viel getan, um die gutnachbarschaftlichen Beziehungen zu wahren. Urho Kekkonen seinerseits hat bis zu seinem Tod am 31. August 1986 unermüdlich auf dieses Ziel hingewirkt.

Das erste Stückchen Schweden erblickte ich 1948 im Hafen von New York. Es war das schwedische Passagierschiff *Gripsholm*. In gewissem Sinn hat dieses Schiff mein Leben und das meiner Familie gerettet. Wir hatten mit dem sowjetischen Dampfer *Pobeda* nach Hause zurückkehren wollen, der nach Odessa fuhr, aber das hätte unsere Reise erheblich verzögert, und da meine Mutter schwer krank in Moskau lag, hatten meine Frau und ich uns für das schnellere schwedische Schiff entschlossen. Wenige Wochen später geriet die *Pobeda* unglücklicherweise im Schwarzen Meer in Brand, viele Menschen starben, darunter auch einige Freunde meiner Familie, die aus Amerika zurückkehrten.

Die Reise auf dem schwedischen Schiff gab uns Gelegenheit, etwas über Land und Leute zu erfahren. So waren im Restaurant alle Vorspeisen gratis und im Überfluß vorhanden; man zahlte nur für die warmen Gerichte. Die Speisen waren erstklassig; folglich waren die Schweden, die ja einiges von Wirtschaft verstehen, dahintergekommen, daß sich mit der Schwedentafel, ihrem »smörgåsbord«, ein hübsches Geschäft machen ließ. Heutzutage findet man sie überall auf der Welt, nicht nur auf dem Schiff. In vielen Washingtoner Restaurants gibt es sie, und sie ist sehr beliebt.

Wir stiegen in Göteborg aus, blieben einen Tag in Stockholm und fuhren dann über Finnland weiter.

Etwas substantieller lernte ich Schweden dann 1964 bei einem offiziellen Besuch kennen. Unsere Gastgeber machten uns ausgiebig mit der schwedischen Hauptstadt bekannt, und alle, von Ministerpräsident Tage Erlander bis zu den Beamten im Außenministerium, versicherten uns, die Schweden und ihre Regierung begrüßten die mittlerweile zwischen den beiden Ländern entstandenen guten Beziehungen, insbesondere im Handel.

Sie unterstrichen die Erfolge Schwedens bei der Lösung der sozialen Probleme. Der Lebensstandard lag über dem Durchschnitt anderer kapitalistischer Industrieländer, und die Schweden behaupteten, bald werde er den höchsten Stand in der Welt erreicht haben. Vermutlich hatten sie recht. Ihr heutiger Wohlstand erklärt sich weitgehend aus der langen Neutralität Schwedens.

Seit 1814 war Schweden in keinen Krieg mehr verwickelt. Seine Außen- und weitgehend auch seine Innenpolitik kennzeichnet relative Stabilität. Weder Schweden noch seine Königsfamilie mußten das harte Schicksal der meisten übrigen europäischen Länder durchstehen, und dies hat den Boden für die traditionelle schwedische Neutralität bereitet.

Besonders beeindruckte mich mein Gespräch mit König Gustav Adolf, dem Großvater des heutigen Königs Karl Gustav XVI. Im königlichen Schloß empfing mich ein hochgewachsener Mann mittleren Alters, einer der wenigen europäischen Monarchen, die fest auf dem Thron saßen. Er war ein gebildeter Mann, sein Hauptinteresse galt der Archäologie, in der er sich, wie er sagte, immer auf dem neuesten Stand halten wollte.

»Besonders liebe ich archäologische Werke, auch auf russisch«, sagte er. »Vielleicht schicken Sie mir einmal ein paar Neuerscheinungen?«

Wir schickten ihm dann einige Bücher aus Moskau.

Die skandinavischen Könige greifen nicht in die praktischen Staatsangelegenheiten ein, sondern stehen irgendwie darüber. Wie das funktioniert, können nur die Schweden wirklich verstehen; Ausländer tun sich da sehr schwer. Eines ist jedoch klar: Vom Monarchen wird erwartet, daß er viele Pflichten im Zusammenhang mit den auswärtigen Kontakten wahrnimmt.

1978 empfing Moskau den jungen König Karl Gustav XVI. Sein Besuch war ein Meilenstein in den sowjetisch-schwedischen Beziehungen, zeigte er doch, daß Schweden wirklich an der Entwicklung eines sachlichen Verhältnisses mit dem Nachbarn im Osten lag.

Als ich dann anläßlich meines Stockholmbesuches zur Eröffnung der Konferenz über vertrauens- und sicherheitsbildende Maßnahmen und Abrüstung in Europa im Januar 1984 wieder mit dem König sprach, äußerte er sich dazu sehr dezidiert: »Ich befürworte ein sachliches Verhältnis zwischen unseren Ländern und bin für seine Verbesserung.«

Er entzog sich auch nicht der Diskussion politischer Themen. Wurden sie von unserer Seite angesprochen, dann reagierte er sehr interessiert. Ich hatte den Eindruck, daß die Beschränkungen, denen der schwedische Monarch diesbezüglich unterlag, weniger streng gehandhabt wurden - wenn nicht in der Verfassung, so doch de facto.

Meine Gespräche mit Ministerpräsident Olof Palme waren nicht weniger gehaltvoll als die mit dem König, und sie folgten derselben Linie. Natürlich gibt es in Schweden auch Kreise, die es offenbar nicht ertragen können, wenn es keine Vorfälle zwischen uns gibt, die ernsthafte Streitigkeiten hervorrufen, und deshalb wichen weder der Ministerpräsident noch ich selbst einigen strittigeren Fragen aus. Tatsächlich ist die diplomatische Lage weiterhin schwierig: Anscheinend braucht es noch Zeit, bis sich in Stockholm in den Beziehungen mit der Sowjetunion der gesunde Menschenverstand durchsetzt.

Wenn wir jetzt von Olof Palme sprechen, müssen wir leider die Vergangenheitsform verwenden. Am 28. Februar 1986 wurde er von einem Terroristen ermordet, der vermutlich von denselben Kräften angeheuert worden ist, denen die liberalen Ansichten des Ministerpräsidenten, seine Neigung zu guten Beziehungen mit der Sowjetunion und seine Rolle als Initiator einer Gruppe von Persönlichkeiten aus sechs Staaten – Argentinien, Griechenland, Indien, Mexiko, Tansania und Schweden –, die sich für Frieden, Abrüstung und internationale Zusammenarbeit einsetzte, ein Dorn im Auge war.

Nach Dänemark, Schwedens Nachbarn im Süden, kam ich zum ersten Mal bei einem offiziellen Besuch im Jahre 1964. Unsere Gespräche mit den Vertretern des dänischen Staates waren ganz ähnlich denen, die wir in Stockholm geführt hatten, allerdings mit einem Unterschied: Dänemark ist NATO-Mitglied, und deshalb kam das Problem der Verteidigung bei jeder Gelegenheit hoch.

In den Gesprächen fragten wir die Dänen oft ganz unverblümt: »Was bringt die NATO-Mitgliedschaft Dänemark ein?«

Die Antwort war meist simpel: »Dänemark gehört zur westlichen Welt, und deshalb ist es natürlich, daß es dem Bündnis der Weststaaten angehört.«

Wir pflegten zu fragen: »Wie steht es mit den militärischen Tätigkeiten und Verpflichtungen, die Dänemark mit dem Beitritt übernommen hat?«

Die Antwort: »Die NATO ist ein Verteidigungsbündnis, alle ihre Aktivitäten sind rein defensiver Natur.«

Wie andere NATO-Mitglieder weigern sich auch die Dänen meist, derlei Fragen näher zu untersuchen. Vertreter der kleinen NATO-Staaten nehmen dabei häufig zu Klischees Zuflucht. Dabei wissen die dänischen Politiker und auch die dänische Öffentlichkeit insgesamt sehr wohl, daß die UdSSR keine Bedrohung für Dänemark darstellt. Sobald sich das Gespräch jedoch den traditionell guten und beiderseits vorteilhaften Handels- und Wirtschaftsbeziehungen zuwandte, verbesserte sich die Atmosphäre radikal.

Ich habe Dänemark zwei offizielle Besuche abgestattet, wobei ich hauptsächlich mit dem jeweiligen Außenminister und Ministerpräsidenten zu tun hatte. Ich bin auch König Frederick IX. begegnet, in Anwesenheit seiner Tochter, Prinzessin Margarete. Der König sagte, Dänemark wolle die Wirtschafts- und Handelsbeziehungen mit uns ausweiten. Ich bemerkte das Interesse der Prinzessin an politischen Fragen; nachdem sie als Margarete II. Königin geworden war, besuchte sie 1975 mit ihrem Gemahl die UdSSR. Der gute Eindruck, den sie aus ihren Gesprächen mit L.I. Breschnew und der Reise durch die Sowjetunion gewann, war für die sowjetisch-dänischen Beziehungen nützlich.

Mein erster Eindruck in Norwegen war, daß die Menschen dort sehr viel naturverbundener sind als in anderen wirtschaftlich entwickelten Ländern des Westens. Städte und Industriezentren sind so mit ihrer natürlichen Umgebung verwachsen, daß sie eher wie große, dichtbevölkerte Dörfer wirken. Sogar die Hauptstadt ist von Feldern und Wäldern umgeben.

Während des Zweiten Weltkriegs entwickelte sich zwischen dem sowjetischen Volk und den Norwegern aus dem gemeinsamen Kampf gegen die Nazis eine enge Freundschaft. Nachdem die Rote Armee den erbitterten deutschen Widerstand gebrochen hatte, befreite sie die Bevölkerung von Finnmark oberhalb des Polarkreises schon sechs Monate vor der Befreiung des übrigen Landes. Über 12 000 sowjetische Soldaten haben für die Befreiung Norwegens ihr Leben gelassen, und ich erinnere mich an ein Telegramm König Haakons VII. an Kalinin vom 9. November 1944, in dem er die sowjetischen Streitkräfte beglückwünschte, »deren tapferer Kampf für Norwegen lebenswichtig ist«. In der gemeinsamen Anstrengung sehe er »die Basis für beständige herzliche Beziehungen zwischen unseren Völkern«.

Zehn Jahre später sagte Ministerpräsident Einar Gerhardsen: »Nie wird das norwegische Volk den Beitrag des sowjetischen Volkes im Zweiten Weltkrieg vergessen, vor allem bei der Befreiung des norwegischen Volkes.«

Auf Denkmälern in ganz Norwegen sind Worte des Dankes an die sowjetischen Truppen zu lesen. Umgekehrt haben Hunderte von Norwegern der Roten Armee geholfen und den Sieg näher gebracht; 80 davon wurden mit sowjetischen Orden und Medaillen ausgezeichnet.

Norwegens geographische Nähe zur Sowjetunion bringt viele Verpflichtungen mit sich - vor allem die Pflicht zur guten Nachbarschaft. Vertreter des norwegischen und des sowjetischen Staates sind häufig und auf verschiedensten Ebenen - einschließlich der höchsten - zusammengekommen. Nützliche Gespräche führte ich mit dem früheren Ministerpräsidenten Gerhardsen, denn wir wußten beide, daß trotz der NATO-Mitgliedschaft Norwegens unsere beiden Länder einfach gut miteinander auskommen mußten. Welche positive Aktionen auch zum Bau eines tragfähigen Fundaments für gute sowjetisch-norwegische Beziehungen in den letzten Jahrzehnten beigetragen haben mögen - immer waren sie das Ergebnis der Bemühungen beider Seiten, und es liegt im Interesse beider Länder, dieses Verhältnis zu bewahren.

Seit jeher achtet die Sowjetunion auf ihr Verhältnis mit Belgien und Holland, und die Unterschiede der jeweiligen Gesellschaftssysteme haben nicht verhindern können, daß viel echte Zusammenarbeit stattgefunden hat. Sind sie auch nach Größe und Bevölkerung klein, so darf die Bedeutung dieser Länder in der internationalen Politik doch keinesfalls unterschätzt werden. In beiden Weltkriegen marschierten deutsche Eroberer durch Belgien, und im Zweiten Weltkrieg wurde Holland von den Nazis besetzt. Stets sah die Sowjetunion in Belgien und Holland schuldlose Opfer der faschistischen Aggression - schon das schuf eine Basis für gegenseitige Freundschaft.

Gleichgültig, welche Regierung an der Macht war: Die Belgier haben sich stets für die Freundschaft mit der UdSSR ausgesprochen. Das sagten mir so hervorragende Politiker wie Paul-Henri Spaak, Pierre Harmel, Leo Tindemans und bei seinem Staatsbesuch in Moskau im Juni 1975 auch König

Baudouin. Sie alle sagten es mit großem Ernst, wußten sie doch, daß ein Krieg - insbesondere ein Atomkrieg - für ihr Land das Aus bedeuten würde.

Ein Gespräch mit dem König in Brüssel im Oktober 1976 kommt mir in den Sinn. Auf seine Bitte hatte ich meine Frau mitgebracht, und wir wurden vom König und der Königin empfangen.

Das Gespräch atmete freundschaftliche Atmosphäre, und alles, was der König sagte, faßte er leitmotivisch so zusammen: »Wir müssen den Frieden gewährleisten. Belgien ist ein kleines, aber wirtschaftlich hochentwickeltes Land. Es kann in vielerlei Bereichen mit der UdSSR Handel treiben. Was die Kultur und kulturellen Bande angeht, so schätzt Belgien die Kultur des sowjetischen Volkes hoch und möchte die kulturellen Beziehungen verstärken.«

Die Königin unterstützte den Gedanken nachdrücklich.

Die belgische Regierung war schlecht beraten, als sie beschloß, Washington das Recht einzuräumen, in ihrem Land Atomraketen zu stationieren. Aus der öffentlichen Reaktion darauf ist ersichtlich, wie alarmiert die belgische Bevölkerung ist. Auch viele Politiker wissen, daß die Zukunft Belgiens nur durch eine Stärkung des Friedens und nicht durch einen Rüstungswettlauf gesichert werden kann.

In meinen Unterhaltungen mit belgischen Politikern betonte ich immer wieder: »Wer sich mit dem Wettrüsten abfindet, vergißt, daß in der Politik dasselbe gilt wie im Sportstadion: Gewinnt ein Läufer Vorsprung vor den andern, dann versuchen diese alles, ihm wieder den Rang abzulaufen.«

Auch in Holland gilt das Sehnen der Menschen dem Frieden, aber wiederum laufen die NATO-Verpflichtungen diesem ehrlichen und natürlichen Streben zuwider. Schließlich fühlen sich die Völker Rußlands und Hollands seit langem zueinander hingezogen. Beispielsweise begab sich Ende des 17. Jahrhunderts Zar Peter der Große eigens zu den Werften von Zaandam, wo er als Zimmermann den Schiffsbau bei den berühmten holländischen Meistern erlernte. Es ist bemerkenswert, daß die beiden Länder nie gegeneinander im Krieg gestanden haben.

Die Oktoberrevolution hatte einen mächtigen Eindruck auf die Herzen und Gemüter der Holländer gemacht. Wir erinnern uns daran, daß die holländischen Arbeiter gegen die Intervention des Westens in Sowjetrußland protestierten und die Lieferung von Waffen aus Rotterdam boykottierten, und während der Hungersnot im Wolgagebiet halfen sie mit Nahrung. Doch leider muß gesagt werden, daß die Beziehungen nicht immer ungetrübt blieben. Gewisse Kreise in Holland verhinderten die Anerkennung der Sowjetunion bis in den Juli 1942 hinein.

1945 sandte dann Königin Wilhelmina an den Vorsitzenden des Obersten Sowjets ein Telegramm, in dem es hieß: »In der Stunde der völligen Befreiung meines Volkes möchte ich auch meine hohe Bewunderung und die tiefe Dankbarkeit meines Volkes aussprechen für den wesentlichen Beitrag, den die großartigen Siege der herrlichen russischen Heere zum Triumph der gerechten Sache und der Befreiung der Niederlande geleistet haben.«

Dennoch bedurfte es langer Zeit und zäher Arbeit, bis eine nennenswerte sowjetisch-niederländische Zusammenarbeit zustande kam. Erst in den sechziger Jahren kam der Durchbruch, als sich die internationalen Beziehungen allmählich vom kalten Krieg ab- und der Entspannung zuwandten.

Gerne denke ich an die freundschaftlichen Begegnungen mit Königin Juliana und der heutigen Königin Beatrix zurück. Während meines offiziellen Besuches 1972 luden Königin Juliana und ihr Gemahl, Prinz Bernhard, meine Frau und mich ins königliche Schloß ein; 1973 traf ich in Moskau die damalige Kronprinzessin und jetzige Königin Beatrix und ihren Mann, Prinz Claus.

Verschiedentlich hatte ich mit Ministerpräsident Barend Biesheuvel, den Außenministern Wilhelmus Schmeltzer, Max van der Stul und Hans van den Bruk sowie weiteren niederländischen Persönlichkeiten zu tun. Trotz verständlicher Unterschiede in der Betrachtungsweise einiger internationaler Probleme waren sie sich alle einig, daß friedliche Koexistenz not tue.

Die Ausweitung des politischen Dialogs hat sich positiv auf alle Bereiche der sowjetisch-niederländischen Beziehungen ausgewirkt. Bilaterale Dokumente, wie das Abkommen über Luftverkehr und Handelsschiffahrt, über die Entwicklung der wirtschaftlichen, industriellen und technischen Zusammenarbeit sowie über kulturelle Zusammenarbeit, gaben eine solide Basis dafür ab. Holland gehört zu den wichtigsten Exportpartnern der UdSSR in Westeuropa.

Die »immerwährende Neutralität« der Schweiz steht seit langem fest. Sie wurde in einer Erklärung verkündet und garantiert, die 1815 auf dem Wiener Kongreß unterzeichnet wurde. Über ein Jahrhundert danach war die Schweiz Zufluchtsort für politische Emigranten aus Italien, Frankreich und anderswo, und auch mehrere Generationen russischer Revolutionäre fanden in ihr einen sicheren Hafen. Lenin verbrachte alles in allem sieben Jahre dort.

Es ist, als sei die Schweiz eigens erschaffen worden, um der Welt zu zeigen, daß in ihren majestätischen Bergen und weiten Tälern, inmitten ihres Schnees und ihrer Blumen alle Kämpfer gegen die Tyrannei Zuflucht finden und die Luft der Freiheit atmen können. Die Schweizer Verantwortlichen wissen sehr wohl um diese attraktiven Aspekte ihrer Geschichte und sind Komplimente zur Vergangenheit ihres Landes gewohnt. Über die Gegenwart dieses Landes muß jedoch gesagt werden, daß die Neutralität der Schweiz nach dem Kriege zu wünschen übrigließ.

Warum schielt die Schweiz unablässig auf die NATO? Als neutrales Land braucht sich die Schweiz mit keiner Staatengruppierung abzugeben und sollte sich aus allen Konflikten zwischen NATO und Warschauer Pakt heraushalten.

Das Internationale Rote Kreuz hat sich einen guten Ruf erworben und ist faktisch ein Schweizer Gremium. Als neutraler, objektiver Mittler dient es seit jeher in erster Linie der humanitären Hilfe. Urteilt man jedoch nach seinem Vorgehen in neuerer Zeit, so scheint seiner Führung, wann immer aus dem einen oder anderen Grund ein Sowjetbürger in seinen Gesichtskreis tritt, die Objektivität abhanden gekommen zu sein. Wir haben die Schweizer freundschaftlich darauf hingewiesen, unter anderem in Madrid und Stockholm, aber bislang keine überzeugende Erklärung bekommen.

Wurde die Sowjetunion auf verschiedenen Tagungen wegen der Menschenrechte angegriffen, so hat das Rote Kreuz noch nicht ein einziges Mal erklärt: »Worauf wollen Sie hinaus, meine Herren? Die Sowjetunion ist ein souveräner Staat, und niemand hat das Recht, sich in ihre inneren Angelegenheiten zu mischen.«

Kritisierte hingegen jemand die Schweiz wegen ihrer inneren Gesetzgebung, dann würde die Sowjetunion als erste protestieren, aus purer Achtung des Souveränitätsprinzips.

Verständlicherweise möchte die Schweiz ein Platz für internationale Begegnungen und mehrere internationale Organisationen einschließlich der europäischen Sektion der Vereinten Nationen bleiben. Man kann nur hoffen, daß sie ihren Ruf als neutrales Land so erfolgreich verteidigt, wie ihre Uhren die Zeit ansagen. Vor 45 Jahren erwarb ich meine erste Schweizer Uhr, und sie geht immer noch genau.

Welches andere Land in Mitteleuropa kann man als Pfeiler der Neutralität bezeichnen? Die Antwort muß heißen: Österreich, das im Wiener Staatsvertrag, den die UdSSR, die USA, Großbritannien, Frankreich und Österreich am 15. Mai 1955 unterzeichneten, neutralen Status bekam. Bei der Feier des 30. Jahrestages des Staatsvertrages stellte Österreich seine Neutralität voll unter Beweis.

Österreich ist als Staat 1918 aus dem Zerfall von Österreich-Ungarn hervorgegangen, welches zwar oft das Schwert gegen andere Länder in Europa gezogen hatte, aber im März 1938 im schändlichen Anschluß dem deutschen Faschismus zum Opfer fiel. Als der Sieg über Hitler dem österreichischen Volk die

Freiheit bescherte, stand der Weg zur unabhängigen Entwicklung offen.

Ich bin viele Male in Österreich gewesen und mit seinen Staatsmännern zusammengetroffen, angefangen mit Bundeskanzler Julius Raab und Außenminister Leopold Figl bis hin zur heutigen Generation. Ich kannte Bundespräsident Kurt Waldheim als Generalsekretär der Vereinten Nationen. Alle diese Persönlichkeiten waren der Meinung, Österreich müsse an seiner neutralen Politik festhalten.

Jenseits des Atlantiks gibt es Leute, denen Österreichs Neutralität mißfällt, die sie als »unmoralisch« bezeichnen; das ist völlig falsch. Die Beziehungen der Sowjetunion mit Österreich sind ein zwingendes Beispiel ausgewogener Zusammenarbeit zwischen Staaten unterschiedlicher Gesellschaftsordnung. Wenn etwas unmoralisch ist, dann der Versuch, Österreich die Neutralität auszureden.

Wien, Hauptstadt eines neutralen Landes, ist ein führender internationaler Platz, der so wichtige Gremien wie zum Beispiel die Atomenergie-Organisation beherbergt. Desgleichen ist es Tagungsort großer internationaler Konferenzen. So wurde beispielsweise in Wien am 18. Juni 1979 der Vertrag über die Begrenzung strategischer Offensivwaffen - SALT II - durch die UdSSR und die USA unterzeichnet.

Man möchte, daß die Zukunft für Österreich keine unerfreulichen Überraschungen birgt. Europa braucht ein neutrales Österreich und das österreichische Volk nicht minder.

14. Kapitel

Freunde und Nachbarn

Der Begriff der geographischen Nähe von Staaten hat sich in diesem Jahrhundert erheblich verändert. Es gibt Staaten, die durch die wissenschaftliche und technische Revolution des Luft-, See- und Landverkehrs und der Kommunikationsmittel praktisch Nachbarn geworden sind. Besonders gilt das für die UdSSR und Kanada, die sich gewissermaßen über den Nordpol hinweg betrachten. Beide Länder wissen, daß sie aufgrund ihrer geographischen Lage gemeinsame Interessen in der Arktis haben.

Am deutlichsten sprach dies Ministerpräsident Pierre Trudeau aus, der Führer der Liberalen Partei Kanadas. Kein anderer kanadischer Politiker hat je klarer gemacht, daß Kanada und die UdSSR in den bilateralen Beziehungen und den Handelsverbindungen zu einer gemeinsamen Sprache finden müßten. Das heißt nun keineswegs, unter Trudeau seien die sowjetisch-kanadischen Beziehungen stets problemlos gewesen, aber seine Regierung fand in der Regel Mittel und Wege zu einer Milderung von Spannungen.

Kanada und die UdSSR fühlen sich auch dadurch zueinander hingezogen, daß es nirgends in der kapitalistischen Welt so große Kolonien von Russen und Ukrainern gibt, die sich ihre Sprache und Kultur bewahrt haben.

Es gibt etwa 30 000 Kanadier russischer Abstammung, fast sämtlich Nachkommen der Duchoborzen, einer religiösen Gemeinschaft, die in der zweiten Hälfte des 18. Jahrhunderts in Rußland entstand, die orthodoxen Riten, Sakramente und priesterliche Gewalt ablehnte und den Wehrdienst verweigerte. Als sie von den Behörden verfolgt wurden, wanderten sie Ende des 19. Jahrhunderts nach Kanada aus. Dort leben sie in Kolonien im Umkreis der Städte Trail und Vancouver in der Provinz Britisch-Kolumbien, und ihre Wirtschaft beruht weitgehend auf dem Kollektiveigentum.

Die Kanadier ukrainischer Abstammung zählen über eine halbe Million. Hierbei handelt es sich um die Nachfahren von Bauern, die um die Jahrhundertwende der schiere Hunger in Scharen über den Ozean trieb; sie leben über ganz Kanada verstreut, hauptsächlich jedoch in der Provinz Manitoba, deren Prärien sehr an die Steppen bei Kachowka und Cherson erinnern. Vor dem Provinzparlament in Winnipeg, der Hauptstadt Manitobas, stehen neben den Statuen von Louis Riel und Robert Burns auch die Denkmäler der beiden großen ukrainischen Dichter Taras Schewtschenko und Iwan Franko.

Persönlich habe ich Ministerpräsident Pierre Trudeau mehrfach getroffen, und 1971 empfing ihn L.I. Breschnew zu seinem ersten Besuch in der UdSSR. Trudeau war ein sehr fähiger und taktvoller Mann. Nie redete er um den heißen Brei, sondern sagte gleich seine Meinung, und auch wenn er gegen seine politischen Opponenten stets genug Pfeile im Köcher hatte, beleidigte er doch nie jemanden persönlich. Diese Charaktereigenschaft kannte alle Welt. Sogar bei der Scheidung verhielt er sich gegenüber seiner Frau ritterlich.

Nie scheute sich Trudeau, sich kritisch über den südlichen Nachbarn Kanadas zu äußern, wo man ihm mit gewissem Mißtrauen begegnete. In internationalen Fragen war er stets gut informiert, und wenn gelegentlich seine Bewertung schieflag, dann wohl aus NATO-Solidarität, denn seine Informationen aus Washington waren oft entweder hoffnungslos subjektiv gefärbt oder ganz einfach falsch. Es gereicht ihm zur Ehre, daß er dann den Erläuterungen der sowjetischen Seite stets aufgeschlossen zuhörte.

Bekanntlich war Trudeau als Ministerpräsident ein Meister der innenpolitischen Taktik. Immer wieder sah es so aus, als gehe er im politischen Ozean unter, aber er legte eine bemerkenswerte Zählebigkeit zum Wohle seines Landes an den Tag, vielleicht getrieben von der Einsicht, daß seine politischen Hauptgegner sein Anliegen, innerhalb des NATO-Blocks mehr Unabhängigkeit für Kanada zu erringen, nicht teilten. Nach den Septemberwahlen 1984 kam in Kanada die bisherige Opposition aus Progressiven und Konservativen an die Regierung, und Brian Mulroney wurde Ministerpräsident.

Alles in allem würde ich Pierre Trudeau so charakterisieren: Natürlich war er ein bürgerlicher Politiker, und seine ideologischen Auffassungen entstammten seiner Klasse. Dennoch überragte er in internationalen Dingen die Politiker anderer NATO-Staaten um Haupteslänge, macht doch letztere die Feindschaft gegen den Sozialismus blind. Sie können oder wollen der Wirklichkeit nicht ins Auge blicken. Länder mit unterschiedlichen Gesellschaftssystemen müssen ihre Differenzen mit friedlichen Mitteln bereinigen; es gibt keinen anderen vernünftigen Weg.

Die brüderlichen Gefühle unseres Volkes für die Serben, schon zur Zeit des Ersten Weltkriegs, sind mir gut in Erinnerung. Bekanntlich eilte Rußland Serbien zu Hilfe, als es von Deutschland und Österreich-Ungarn angegriffen wurde. Diese Sympathie blieb auch in der Zeit zwischen den beiden Weltkriegen erhalten und überstand sogar die Schwierigkeiten in den sowjetisch-jugoslawischen Beziehungen nach dem Zweiten Weltkrieg.

Als Mitglied der sowjetischen Delegation bei den Verhandlungen in der jugoslawischen Hauptstadt, die 1955 zur Belgrader Erklärung führten, war ich von Anfang an am Normalisierungsprozeß beteiligt. In dieser Erklärung wurde die wesentliche Grundlage der Beziehungen zwischen unseren beiden Ländern gelegt, die dann in der 1956 in Moskau unterzeichneten gemeinsamen Ankündigung noch verstärkt wurde.

Mit Präsident Josip Broz Tito traf ich in Moskau wie in Belgrad zusammen, und unsere Gespräche waren freundschaftlich.

Die Verbesserung der sowjetisch-jugoslawischen Beziehungen ergab sich aus der beiderseitigen Erkenntnis, daß wir sonst nur unseren Feinden in die Hand spielen würden. Die Folgeereignisse unterstrichen denn auch die Bedeutung der in Belgrad von Chruschtschow und Tito unterzeichneten Erklärung.

Es war ein trauriger Anlaß, als ich Titos Beisetzung beiwohnen mußte. Das sowjetische Volk bewahrt die Erinnerung an ihn als den mutigen Kämpfer gegen den Faschismus und Anführer des heroischen Partisanenkampfes gegen die Nazi-Besatzer.

Ich bin gebeten worden, etwas über die Ereignisse von 1956 in Ungarn zu sagen. Ich war damals noch nicht Außenminister, wußte aber, daß es in einem befreundeten Land, das den Weg zum Sozialismus beschritten hatte, zu Unruhen gekommen war.

Ich muß mit allem Nachdruck betonen, daß die von der Sowjetunion den Ungarn gewährte Hilfe voll und ganz gerechtfertigt war. Die Kräfte, die sich anschickten, die ungarische Führung zu stürzen, wollten die Gesellschaftsordnung liquidieren und das einstige System wiederherstellen, das Ungarn zu einem Brückenkopf für die Hitler-Aggression gegen die Sowjetunion und viele andere Länder gemacht hatte.

Die Kräfte im Innern, die dem neuen Nachkriegsungarn feindselig gegenüberstanden, erhielten Hilfe von außen. Das war von dem Augenblick an klar, als sie zur Gewalt griffen und alle Errungenschaften in dem Land in Blut zu ertränken suchten, das die Sowjetarmee um einen beiden Völkern wohlbekannten Preis befreit hatte. Die Kreise im Ausland, die das sowjetische Vorgehen verurteilen, stellen seit jeher die Fakten verzerrt dar. Sie tun so, als wüßten sie nichts davon, daß die Sowjetunion aufgrund zahlreicher und dringender Hilfeersuchen seitens gesellschaftlicher Gruppen in Ungarn handelte, angefangen mit den demokratischen Gremien einschließlich des Teils der Führung, der patriotisch für die Verteidigung der Gesellschaftsordnung Ungarns einstand. Dank dieses Vorgehens ist Ungarn ein unabhängiger, der Sache des Friedens und der Freundschaft zwischen den Völkern verpflichteter Staat inmitten der sozialistischen Länder geblieben.

Bei der Bewertung der Ereignisse von 1956 haben die Sowjetunion und das Volk Ungarns ein reines Gewissen.

Die Sowjetunion und die Tschechoslowakei erinnern sich gut an die Krise, die dieses Land 1968 durchlief. Dies geschah in der neuen Tschechoslowakei, in der das Volk triumphiert und den Pfad sozialistischer Verwandlung und des Friedens beschritten hatte. Viele Söhne des sowjetischen Volkes hatten bei der Befreiung der Tschechoslowakei von den Nazi-Aggressoren das Leben gelassen.

1968 genoß das Land eine stabile Position unter den Bruderländern, und das Volk hatte sich fähig gezeigt, die Wunden des Krieges und der Nazi-Besetzung zu heilen und sowohl in der wirtschaftlichen Entwicklung als auch bei der Stärkung der Gesellschaftsordnung unter Führung der kommunistischen Partei Fortschritte zu erzielen.

Aber die Kräfte, die mit der früheren Ordnung handelseinig waren, als die Macht in den Händen von Politikern gelegen hatte, denen weder am Wohlergehen des Volkes noch an den wirklichen nationalen Interessen gelegen war, beschlossen plötzlich, die Uhr zurückzudrehen, und zwar mit dem Gewehr in der Hand und ohne Rücksicht auf Verluste. Mit anderen Worten: Sie beschlossen einen Staatsstreich und bedienten sich dabei einiger Leute, denen es gelungen war, sich in den Staatsapparat einzuschleichen. Natürlich erhielten auch die Feinde der neuen Tschechoslowakei Hilfe von außen, ganz ähnlich wie schon Ungarn 1956.

Als erstes ging in Prag und im ganzen Land wie ein Lauffeuer die Kunde von Vorgängen in der tschechischen Hauptstadt um, die darauf abzielten, sich der staatlichen Einrichtungen mit Gewalt zu bemächtigen, kurzum: auf eine Machtergreifung.

Mit dem tschechoslowakischen Parteiführer Gustav Husak in Prag 1975, nach der Verleihung des Ordens vom Weißen Löwen *(oben)*.

Zwischen Breschnew und Tschernenko bei einer KSZE-Sitzung in Helsinki, 1975 *(unten)*.

Erstes Ziel waren die Parteikomitees. Zur vorbestimmten, meist nächtlichen Stunde wurden Hausnummern, in einigen Fällen sogar Straßennamen geändert. Das bewies, daß die Feinde der neuen Tschechoslowakei nach einem sorgfältig ausgeklügelten Plan vorgingen.

Aber sie hatten sich verrechnet. Hilferufe wie an die Sowjetunion ergingen auch an die Hauptstädte der anderen sozialistischen Länder mit der Bitte, sich der Gegenrevolution in den Weg zu stellen. Die Bruderländer gewährten sofort wirksame Unterstützung.

Als die Ereignisse in die richtigen Bahnen gelenkt waren und der Zusammenbruch der Gegenrevolution feststand, mußten die inneren Kräfte des Landes gestärkt werden. Mit weniger hätte sich das Volk keinesfalls zufriedengegeben.

Ich weiß noch, wie die vom damaligen Ersten Sekretär des ZK der KSČ, Dubček, angeführte offizielle Delegation nach Moskau kam. Ihr zu Ehren wurde im Kreml ein Bankett angesetzt. Dubčeks Rede im Namen der Delegation hinterließ einen seltsamen Eindruck. Er verurteilte die Gegenrevolution, wußte aber zu der Frage, wie man mit der Situation fertig werden solle, nichts Vernünftiges zu sagen. Die Rede steckte voller Anzüglichkeiten und ließ jeden Wirklichkeitssinn vermissen. Natürlich blieb Dubček nicht im Amt, da es ihm im Lande an der notwendigen Autorität mangelte.

Die Tschechoslowakei und ihr Volk hatten die Gewähr, daß ihr Land auf dem sicheren Weg des sozialistischen Aufbaus und der festen Freundschaft mit der Sowjetunion und den anderen sozialistischen Ländern weiterschreiten und in seiner Außenpolitik weiter für den Frieden kämpfen werde.

Fragt man einen Sowjetbürger nach der Türkei, so wird er in 99 von 100 Fällen sagen: »Sie ist ein Nachbarland, mit dem das zaristische Rußland mindestens 200 Jahre lang immer wieder im Krieg gelegen hat.«

In der Geschichte haben das Christentum und der Islam oft dem Kriegsgott gedient. Die Priester der Christen pflegten ihre

Herde mit dem Kreuzeszeichen zu segnen, wenn sie sich auf den Weg begaben, andere Christen zu töten, und ebenso riefen die moslemischen Mullahs Allah an, ihnen in ihren Kriegen gegen andere Moslems beizustehen. Von 1979 bis 1988 wütete ein Krieg der iranischen gegen die irakischen Moslems und vernichtete sinnlos die Blüte beider Nationen.

Bekennen sich die Kriegsparteien jedoch zu unterschiedlichen Religionen, so nimmt die Grausamkeit nur noch zu. Die Literatur und Malerei, die sich mit den Kriegen zwischen dem christlichen Rußland und der moslemischen Türkei beschäftigt, quillt über von blutrünstigen Szenen, und es hat Jahrhunderte gedauert, ehe der erbarmungslose Gang der Geschichte die ottomanischen Eroberer zum Stillstand zwang, sich die Lage an der russisch-türkischen Grenze stabilisierte und die Balkanvölker mit russischer Hilfe zur Unabhängigkeit gelangten.

Natürlich ist die heutige Türkei nicht für die einstigen Angriffskriege gegen Rußland oder andere Völker verantwortlich. Die Oktoberrevolution bildete den Wendepunkt in unseren Beziehungen und fand zu einem Zeitpunkt der türkischen Geschichte statt, da einige weitblickende Männer dort aufstanden, darunter Kemal Atatürk.

Der Briefwechsel zwischen Lenin und Atatürk wird noch lange jene inspirieren, denen an guten Beziehungen zwischen den Ländern gelegen ist. Für Lenin war Atatürk eine Gestalt, die über den kleinlichen Interessen der türkischen Bourgeoisie und der Oberschicht der Großgrundbesitzer stand. Für Atatürk lag die Zukunft seines Volkes nicht mehr im Weltbild des dunklen Mittelalters, von feindseligen Nachbarn umringt, sondern im langsamen, aber stetigen Fortschritt.

Ein herausragender Nachfolger Atatürks war Ismet Inönü. Er erfreute sich breiter Achtung im Lande, war von 1938 bis 1950 Staatspräsident und von 1961 bis 1965 Ministerpräsident. Zugegeben, Inönü diente den Interessen der Bourgeoisie und Großgrundbesitzer und hatte es mit sozialen Reformen nicht gerade eilig, aber dennoch blieben die Traditionen der volksrepublikanischen Partei, Atatürks Partei also, erhalten und trieben das Land nach vorn. In den letzten Jahren mußte die Partei allerdings Niederlagen einstecken. Als sich Inönü aus dem politischen Leben zurückzog, wurden die von Atatürk gesteckten Ziele schwerer erreichbar, und der NATO-Beitritt der Türkei erschwerte das noch mehr.

Ich habe der Türkei 1965 einen offiziellen Besuch abgestattet. Inönü hatte schon keine amtliche Position mehr inne, bat mich aber dennoch zu sich. Schon die Tatsache, daß er ein Mitstreiter Atatürks gewesen war, gebot Achtung. Gewiß hatte nicht alles, was seine Regierung getan hatte, den Zielen Atatürks hinsichtlich der sowjetisch-türkischen Beziehungen entsprochen, aber das ließen wir beiseite.

Da Inönü jetzt in der Opposition war, konnte er sich frei dazu äußern, und ich war hoch erstaunt über seine Klarheit des Denkens, obwohl er schon fast 90 war. Im Verlauf unseres Gesprächs betonte er mehrfach ein bestimmtes Thema: »Nicht alles, was in der Türkei geschieht, findet meine Zustimmung – weit gefehlt. Noch weniger entspricht es den Lehren meines verstorbenen Mentors. Aber ich halte an dem Glauben fest, daß die Türkei Beziehungen mit ihrem mächtigen Nachbarn im Norden aufbauen kann und muß, die auf den Grundlagen beruhen, die Lenin und Atatürk so gut begriffen haben.«

Spricht man mit den Türken über internationale Probleme, so kommt das Gespräch unweigerlich auf die Zypernfrage. Wir erklären den türkischen Politikern freimütig, die Sowjetunion unterstütze das Recht des zyprischen Volkes, sein Schicksal unter Berücksichtigung der legitimen Rechte der griechischen wie der türkischen Volksgemeinschaft selbst zu gestalten.

Seit dem Kriege hat sich die Lage in Zypern mehr als einmal erhitzt, und es ist sowohl innerhalb Zyperns als auch zwischen Zypern und seinen Nachbarn zu Krisen gekommen. In jedem Einzelfall hat sich die Richtigkeit der sowjetischen Position erwiesen, beruht sie doch auf der Notwendigkeit, den Frieden in der Region zu gewährleisten.

Ich habe oft Zypern überflogen, wenn ich beispielsweise nach Ägypten oder Syrien unterwegs war. Wenn ich dann auf die Insel hinabblickte, die man bei klarem Wetter als Ganzes so klar vor Augen hat wie die eigene Hand, kam mir jedesmal der Gedanke: Da unten liegen britische Stützpunkte - NATO-Stützpunkte also. Und weiter: Dieses herrliche, das ganze Jahr über grüne Stückchen Erde war einst der Mittelpunkt der modernen Zivilisation, voll der feinsten und wertvollsten Schätze. Hätten die griechische und die türkische Gemeinschaft nicht schon längst eine gemeinsame Sprache gefunden, wenn Zyperns Unabhängigkeit von den führenden NATO-Mächten anerkannt worden wäre?

Die Sowjetunion versteht die Probleme, die sich der zyprischen Führung stellen. Von 1959 bis 1977 hatte Erzbischof Makarios, der tapfere Streiter gegen die britische Herrschaft, an ihrer Spitze gestanden und seinem Volk treu und gerecht gedient. Man hätte ein Herz aus Stein haben müssen, um Makarios' Argumentation ungerührt zuzuhören, und gleiches gilt auch heute noch. Dennoch bleiben Washington, London und andere NATO-Hauptstädte erbarmungslos; weder UNO-Charta noch Völkerrecht können sie von ihrem Standpunkt abbringen.

Ich möchte das anhand einer Episode veranschaulichen, die sich im Mai 1974 ereignete. Wir hatten uns dahingehend abgesprochen, daß einer meiner Besuche in Kairo zeitlich mit einem Nahostbesuch des damaligen Nixon-Außenministers Henry Kissinger zusammenfallen sollte. Wir trafen uns in der zyprischen Hauptstadt Nikosia zur Erörterung einer Reihe von Themen, darunter auch des Schicksals Zyperns.

Nachdem ich gehört hatte, was Kissinger zur amerikanischen Haltung zu sagen hatte, war ich wieder einmal von der Unerschöpflichkeit der amerikanischen Heuchelei überzeugt. Ich fragte ihn ohne Umschweife: »Unterstützt die amerikanische Regierung die Unabhängigkeit und territoriale Unversehrtheit Zyperns nun oder nicht?«

Er machte Ausflüchte, aber letztlich bedeutete seine Anwort das Eingeständnis, daß Washington im Grunde eine Teilung der Insel in einen griechischen und einen türkischen Teil begrüßen würde - d.h. die Schaffung zweier getrennter Staaten. Desgleichen äußerte er sich sarkastisch über Makarios. Unterließ er auch direkte Angriffe, so ging aus seinen verhüllten und zuckersüßen Andeutungen doch hervor, daß er persönlich und die amerikanische Regierung Makarios als Anomalie betrachteten, als einen Kirchenmann, der besser bei Kirchenfragen geblieben wäre.

Hätte jemand meine Unterhaltung mit Kissinger über Zypern mithören können, wäre er höchst erstaunt gewesen. Da saß ich also, der Vertreter eines sozialistischen Staates mit vorherrschend atheistischer Ideologie, und unterstützte einen Erzbischof als zyprischen Regierungschef, während der Vertreter eines kapitalistischen Staates angeblich christlicher Grundhaltung denselben Erzbischof mit beleidigenden Äußerungen bedachte.

Wieder einmal legte Washington seine Gleichgültigkeit gegenüber dem Prinzip der Nichteinmischung in die Angelegenheiten anderer Staaten an den Tag, das gegenüber den wirtschaftlichen und strategischen Interessen der USA und der NATO zur Bedeutungslosigkeit schrumpfte.

Kissinger und ich führten getrennte Gespräche mit Makarios. Die meinigen waren von äußerster Freundschaft getragen, denn wieder einmal stellte sich die sowjetische Haltung gegenüber Zypern als konsequent und human heraus.

Viele Jahre sind seitdem vergangen, aber immer noch ist das Problem ungelöst, und im Sommer 1974 spitzte sich die Lage sogar sehr zu, als die Türkei im Zusammenhang mit einem Putsch der Athener Militärjunta Truppen auf der Insel unter dem Vorwand landete, sie müsse die zyprisch-türkische Bevölkerung schützen. Seither ist die Insel in zwei völlig getrennte Teile gespalten (*pax Kissingeriana*).

All das geschah trotz der Entschließungen der UNO-Generalversammlung und des Sicherheitsrats. Dennoch protestiert die Sowjetunion weiterhin gegen alle Versuche, das Zypern-Problem nach dem Geschmack der NATO und gegen den Willen der zyprischen Bevölkerung zu lösen. Nach unserer Auffassung muß die Insel von ausländischer Militärpräsenz frei bleiben. Der sowjetische Vorschlag einer repräsentativen internationalen Zypern-Konferenz im Rahmen der UNO ist der einzige Weg zu einer gerechten Lösung des Problems.

Ehe ich auf die neuere Geschichte Irans zu sprechen komme, möchte ich etwas erzählen, was Tausende Kilometer entfernt und einige Zeit vor meiner ersten Begegnung mit dem Schah geschah.

Es war in New York. Die UNO hatte gerade zu arbeiten begonnen, aber das heutige UNO-Gebäude gab es noch nicht; die Büros waren über ganz New York verstreut. Der Sicherheitsrat, in dem ich die Sowjetunion vertrat, tagte in der Bronx.

Damals standen in Nordiran noch einige sowjetische Truppen; während des Krieges waren sie zur Grenzsicherung dorthin verlegt worden, da die Nazis ihr Auge auch auf Iran geworfen hatten, und bei Kriegsende war die UdSSR der Meinung, sie könne diese Truppen erst abziehen, wenn eine Reihe von Fragen gelöst sei - vor allem der Fortbestand britischer Stützpunkte in Irak und Indien und die große Zahl amerikanischer Stützpunkte im Umkreis unserer Grenzen, ganz zu schweigen von den britischen Seestreitkräften im Persischen Golf. Deshalb erklärte die UdSSR, sie werde ihre Truppen vorläufig im Iran belassen.

Sofort entstand eine Schmutzwelle sowjetfeindlicher Gefühle, und im Sicherheitsrat wurde eine Anfrage auf die Tagesordnung gesetzt - genau, was Washington und London beabsichtigt hatten. Ich erhielt folgende Weisung aus Moskau: »Wenn diese Frage zur Sprache kommt, erklären Sie, unsere Truppen blieben wegen unvorhersehbarer Umstände in Iran.«

Als die Initiatoren der Diskussion unsere Erklärung gehört hatten, fragten Sie: »Würden Sie uns bitte näher erklären, um welche unvorhersehbaren Umstände es sich handelt?«

Ich erwiderte: »Unvorhersehbare Umstände sind unvorhersehbar, weil man sie nicht vorhersehen kann.«

Das brachte mir großen Beifall aus dem Auditorium ein, den ich nicht erwartet hatte. Dennoch setzten die Westmächte ihre Abstimmungsmaschinerie in Gang, und die Sachdiskussion über das Thema begann. Ich stand auf und verließ den Saal, das erste Mal in der Geschichte der Vereinten Nationen, daß ein Vertreter eines mächtigen Landes den Saal aus Protest verließ.

In den Folgejahren erlebte Moskau mehrfach den Besuch eines kleinen, dunklen, gebildeten Mannes, des Schahs Mohammed Resa Pahlawi, der jahrzehntelang die Innen- und Außenpolitik Irans bestimmte. Er hatte nach Abdankung seiner Vaters Resa Schah Pahlawi im September 1941 den Thron bestiegen. Resa Schah, einst Befehlshaber eines zaristischen russischen Kosakenregiments in Persien, war nach einer inneren Revolte 1925 auf den Thron erhoben worden und hatte eine bürgerlich-großgrundbesitzerische Diktatur errichtet.

Was ist - abgesehen von seinem ruhmlosen Ende - über den Schah zu sagen? Er und seine Umgebung hatten erkannt, daß Iran einen Nachbarn im Norden hatte, mit dem man gute Beziehungen pflegen mußte. Infolgedessen stattete der Schah Moskau diplomatische Besuche ab. Man hätte sie dahingehend charakterisieren können, daß sie vorsichtiges, gutnachbarschaftliches Verhalten mit einem guten Schuß Mißtrauen verbanden.

Besonders schwierig waren die Gespräche anläßlich des Moskaubesuchs des Schahs im Jahre 1974. Mittlerweile hatte sich herausgestellt, daß sich der Schah eindrucksvolle Mengen von schweren Waffen wie Panzer und Flugzeuge aus dem Ausland beschaffte, vor allem aus den USA. Wir beschlossen deshalb, das Thema bei den offiziellen Gesprächen mit dem Schah im Kreml zur Sprache zu bringen.

Breschnew äußerte unsere Beunruhigung in Form einer Frage: »Wozu braucht Iran so viele Waffen? Es gibt niemanden, mit dem er zu kämpfen hätte. Sein Nachbar, die Sowjetunion, will gutnachbarschaftliche Beziehungen. Überdies verpflichtet der sowjetisch-iranische Vertrag von 1921 beide Seiten zum Zusammenleben in Frieden und guter Nachbarschaft.«

Die Antwort des Schahs läßt sich wie folgt zusammenfassen:

»Die iranische Regierung und der Schah persönlich hegen gegen den Nachbarn im Norden gute Absichten; Iran hat nichts gegen die Sowjetunion.«

Unzweifelhaft aber zeigten sich der Schah und seine Clique gegenüber dem Vertrag von 1921, den Lenin vorgeschlagen hatte und der die Grundlage guter Beziehungen bildete, alles andere als vertragstreu. Tatsächlich waren im Zweiten Weltkrieg die Sowjettruppen aufgrund des Artikels 6 des Vertrages in Iran stationiert worden. Diese Klausel besagte, im Falle aggressiver Versuche eines dritten Landes gegen den Iran oder dessen Benutzung als Brückenkopf für eine Aggression gegen die Sowjetunion seien sich beide Seiten einig, falls die iranische Regierung selbst die Gefahr nicht abwenden könne, habe »die sowjetische Regierung das Recht, eigene Truppen auf persisches Gebiet zu schicken, um die im Interesse der Selbstverteidigung notwendigen militärischen Maßnahmen zu ergreifen«.

Ich erinnere mich, wie der Schah nach seinem Besuch 1974 das Flugzeug bestieg. Er wandte sich zu mir um und sagte: »Und wann kommen Sie zu einem offiziellen Besuch zu uns, Herr Gromyko?« Tadelnd fügte er hinzu: »Schließlich haben wir Sie schon mehrfach darum gebeten.«

Ich antwortete: »Ich fürchte, ich kann die Frage in diesem Augenblick nicht beantworten. Wir müssen über ein Datum nachdenken.«

Unter den Umständen war dies die passende Antwort, zumal bei Berücksichtigung der nachfolgenden Ereignisse.

Weder ich noch die Sowjetunion bedauern es im geringsten, daß der Träger der Schahkrone jäh über die Grenze fliehen und seine Tage im Exil beschließen mußte. Wir begrüßten die Revolution im Iran und haben nie mit der Tatsache hinter dem Berg gehalten, daß wir mit der neuen iranischen Regierung nichts anderes als rein freundschaftliche Beziehungen wollen.

Bald nach der Oktoberrevolution 1917 nahmen die Sowjetrepublik und ihr Nachbar Afghanistan diplomatische Beziehungen auf. Die politische und materielle sowjetische Unterstützung trug entscheidend zum Sieg Afghanistans in seinem fast hundertjährigen Unabhängigkeitskampf gegen die britischen Kolonisatoren bei. So überrascht es nicht, daß die sowjetisch-afghanischen Beziehungen lange Zeit hindurch freundschaftlich waren.

Als ich mich fragte, was ich in meinen Memoiren über Afghanistan sagen wollte, war ich etwas ratlos. Nicht, weil es mir etwa aus meinen Begegnungen mit afghanischen Vertretern in 40 Jahren an Tatsachenmaterial gefehlt hätte oder aus Mangel an Problemen in bezug auf Afghanistan in den letzten Jahren. Die Schwierigkeit war anderer Art. Aus dieser Menge an Material mußte ich genug bisher noch nicht allzu Bekanntes hinsichtlich der wesentlichen Veränderungen in diesem Land heraussuchen.

Ich befinde mich also jetzt, einige Zeit vor der afghanischen Revolution, in Kabul. Ort der Handlung ist der Königspalast, wo der König, Sahir Schah, in seinem luxuriösen Arbeitszimmer am Schreibtisch sitzt. Dieser interessante und gebildete Mann versteht es ausgezeichnet, ein Gespräch mit einem fremden Besucher zu beginnen. Nach gegenseitiger Begrüßung wird der Hauptpunkt betont, daß nämlich die sowjetisch-afghanischen Beziehungen vom Grundsatz der strikten Nichteinmischung in die gegenseitigen inneren Angelegenheiten ausgehen müssen.

Der König sprach hauptsächlich über die sowjetische Außenpolitik, deren friedenserhaltende Absicht er anerkannte. Ich muß hervorheben, daß der König die innenpolitische Lage seines Landes noch nicht einmal erwähnte. Das überraschte nicht, denn weder er noch seine Regierung achteten im geringsten auf so praxisnahe innere Dinge wie Wirtschaft, Industrie oder Landwirtschaft. Die sozialen Probleme von Millionen Landsleuten ignorierten sie einfach; jedenfalls hielten Stammesorganisation und Mangel an Mitteln sie wohl davon ab, irgendwelche wirtschaftlich bedeutsamen Maßnahmen zu ergreifen.

Zahlreiche spätere Begegnungen mit afghanischen Vertretern in Moskau hinterließen in etwa denselben Eindruck, obwohl mittlerweile die Sowjetunion dem Land beträchtliche Hilfe leistete. Während sämtlicher Gespräche auf allen Ebenen dominierte ein Grundprinzip, daß nämlich die Haltung der sowjetischen Führung in vollem Einklang mit der UNO-Charta und dem afghanischen Unabhängigkeitsstreben stand. Behaupten darum westliche Politiker heute, zehn Jahre nach der afghanischen Revolution, die Sowjetunion wolle Afghanistan an sich reißen, dann täuschen sie ihr eigenes Volk ebenso wie die Afghanen. Dieses Täuschungsmanöver ist natürlich nötig, damit sie in ihrer groben Einmischung in die inneren Angelegenheiten Afghanistans fortfahren können.

Die das Regime in Kabul mit Waffen bekämpfen, sind unmittelbar auf die Unterstützung der imperialistischen Kreise angewiesen, die schon das Militärregime in Pakistan unterstützten, und bei der Zusammenkunft im Kreml im November 1982 wies Generalsekretär Gorbatschow den pakistanischen Präsidenten Zia ul-Haq unumwunden auf die Gefahren einer solchen Politik hin.

Die Zusammenkünfte westlicher und pakistanischer Verantwortlicher lassen sich kaum noch zählen, die alle dem Ziel dienten, eine Lösung des Afghanistan-Problems auf der Basis der von der afghanischen Regierung vorgeschlagenen nationalen Aussöhnung zu verhindern. Bei diesen Zusammenkünften nehmen die westlichen Vertreter stets gegenüber der afghanischen Regierung eine unfreundliche, um nicht zu sagen: offen feindselige Haltung ein.

Ihre Argumentation ist primitiv. Sie behaupten, ihre Unterstützung der Regierungsgegner erst einstellen zu können, wenn sämtliche sowjetischen Truppen Afghanistan verlassen hätten, wo doch alle Welt weiß, daß diese Truppen überhaupt nur als Nachbarschaftshilfe eines Landes für das andere dorthin gelangt sind.

Es ist gut, daß Länder wie die Sowjetunion und Indien geographisch nah beisammenliegen. Beide beseelt wahre Friedens-

Mit Indira Gandhi in Delhi, 1980 *(oben)*.
Mit dem jugoslawischen Präsidenten Tito, 1976 *(unten links)*.
Mit Jawaharlal Nehru, 1960 *(unten rechts)*.

liebe, und das allein wirkt sich gewaltig auf die internationale Bühne aus.

Als unmittelbare Folge der beiderseitigen Bemühungen sind die Sowjetunion und Indien zu gegenseitig vorteilhaften Beziehungen gelangt. Dieser Wunsch nach Austausch und Zusammenarbeit zwischen Nachbarn reicht weit in die Vergangenheit zurück. Seit Urzeiten fühlen sich die Russen zu Indien und seinem Volk hingezogen; schon in den mittelalterlichen Rus-Chroniken wird Indien erwähnt. Umgekehrt haben sich die Inder seit jeher für das soziale und kulturelle Leben in Rußland interessiert. Deshalb lag den Führern der nationalen indischen Befreiungsbewegung, Tilak und Gandhi, seit jeher viel an einer Kenntnis des russischen Denkens.

Der Briefwechsel Tolstois und Mahatma Gandhis ist voll gegenseitiger Achtung. Das erinnert mich an eine Begebenheit anläßlich meines ersten Indienbesuchs 1955. Als sie mich ins Hotel brachten, fragte ich meine Gastgeber: »Ob Sie mir wohl ein paar hiesige Bücher bringen könnten, in die ich in einer freien Minute hineinschauen könnte?«

Sie brachten mir einiges, darunter auch Gandhis Selbstbiographie. In den wenigen freien Augenblicken, die ich hatte, blätterte ich durch die Seiten, und dabei fiel mein Blick auf ein aufschlußreiches Detail. Der Autor beschreibt, wie er einmal im Zug saß und in Tolstois Werken las. Plötzlich sei ihm der Gedanke gekommen: Warum es nicht Tolstoi nachmachen, der das russische Volk aufrief, dem Bösen gewaltlos zu widerstehen? Tolstoi also war es, der den Anstoß zu Gandhis Philosophie des gewaltlosen Widerstands gegeben hat, und Gandhi sagt das frank und frei in seinem Buch.

Die Oktoberrevolution gab den nationalen Befreiungsbewegungen der Kolonien und abhängigen Länder gewaltigen Auftrieb, so auch in Indien, dessen demokratische Kreise sich durch unseren Erfolg ermutigt fühlten. In steter Solidarität mit dem Freiheitskampf des indischen Volkes begrüßte die Sowjetunion 1947 die indische Unabhängigkeit und nahm noch im selben Jahr die diplomatischen Beziehungen auf.

Schon während ihres Entstehens wurde die Außenpolitik Indiens sehr stark von mächtigen Säulen der Unabhängigkeitsbewegung wie Mahatma Gandhi und Jawaharlal Nehru beeinflußt. Zwar bin ich Gandhi nie persönlich begegnet, doch hatte ich das Privileg, 1948 im Sicherheitsrat auf Weisung aus Moskau unsere Anteilnahme nach der Ermordung Gandhis auszusprechen.

Nehru hingegen bin ich unzählige Male begegnet - in Delhi, in Moskau und in New York bei den Vereinten Nationen. Ich halte ihn für einen hervorragenden Staatsmann. Dieser große Mann des Geistes war zugleich ein ausgezeichneter Politiker, Historiker und Philosoph. Vor allem fiel seine Belesenheit auf, doch zeigte er auch unerschöpflichen Haß auf den Kolonialismus, und dies prägte weitgehend seine gesamte Einschätzung der internationalen Lage.

Ergriff er das Wort, so gewann er seine Zuhörer nicht etwa durch das Volumen oder den Klang seiner Stimme oder durch seine Gestik, sondern mit der Logik und dem Tiefgang seiner Gedanken. Ich war bei einer Versammlung von Hunderttausenden Indern in Delhi dabei. Nehrus Rede war eine flammende Verurteilung des Imperialismus und ein einziger Aufruf zur Freundschaft mit der Sowjetunion; seine Worte waren sorgfältig überlegt, und er äußerte sich in eleganten, klar gegliederten Sätzen. Er betonte, die Zukunft Indiens liege auf dem Pfad des Friedens und der friedlichen Zusammenarbeit mit anderen Ländern, und seine gewaltige Zuhörerschaft reagierte mit Beifallsstürmen.

Die Unterhaltung mit Nehru war immer entspannt, doch merkte man schnell, daß man es nicht mit jemandem zu tun hatte, der sich mit Nebensächlichkeiten zufriedengab, denn alles, was er sagte, war durch und durch überlegt, als handle es sich um die Quintessenz eines ganzen Lebens. Nehru benutzte nie ein vorbereitetes Manuskript - jedenfalls habe ich das nie gesehen. Er improvisierte, fand schnell die richtigen Worte, um seinen Gedanken Ausdruck zu geben, aber solcher Improvisation war nur ein Politiker seines Kalibers fähig.

Nehru hatte in langen Jahren britischer Einzelhaft Probleme zu durchdenken gelernt. Vielleicht auch hat er in den über zehn Jahren im Gefängnis die ungewöhnliche Gewohnheit entwickelt, im Gespräch unvermittelt innezuhalten und reglos mit festgeschlossenen Augen dazusitzen, als sei sein Blick nach innen gerichtet. Aus seiner Erfahrung unter der britischen Herrschaft gewann Nehru inneren Frieden und eine asketische Lebensführung. Nach der Unabhängigkeit übernahm er in Indien die Führung, und nach dem tragischen Tod seines Mentors Gandhi ehrte und liebte ihn das Volk noch mehr.

Mir fiel auch auf, daß er im Gespräch nicht den konkreten Fragen auswich, über die hohe Politiker meist lieber nicht sprechen; vielmehr interessierte ihn gerade das Detail. So wollte er beispielsweise wissen, wie die UNO strukturiert war, wie ihre Beschlüsse zustande kamen, welches ihre zahlreichen Unterorganisationen waren und worin sie sich unterschieden. Gleichzeitig ließ er keinen Zweifel daran, daß die UNO und ihr Apparat gut angelegt seien. Er wußte, welche Rolle die UdSSR darin spielte, und schätzte sie.

Als die Atombombe auftauchte, erkannte Nehru sofort die schlimmen Rückwirkungen für die Welt. Er dachte ähnlich wie die Sowjetunion, die bald nach dem Kriege das Verbot dieser Waffe auf immer forderte.

Ich erinnere mich an Nehrus Worte in einem Gespräch im November 1955 in Delhi mit einer sowjetischen Delegation, die von Bulganin und Chruschtschow geführt wurde und zu der ich ebenfalls gehörte.

Chruschtschow sprach von den Ergebnissen der eben in Genf beendeten Gipfelkonferenz der UdSSR, der USA, Englands und Frankreichs und sagte: »Der kalte Krieg gehört jetzt der Vergangenheit an.«

Nehru war nachdenklich: »Ich warne vor übermäßigem Optimismus.« Mit einem traurigen Lächeln fügte er hinzu: »Wir werden noch vom kalten Krieg hören.«

Bei der Verteidigung der Freiheit und Unabhängigkeit der

Völker wog Nehrus Stimme und Autorität in der UNO-Generalversammlung von 1960 schwer, als der sowjetische Vorschlag zur Liquidierung des Kolonialismus debattiert wurde. Schließlich nahm die Versammlung die Erklärung über die Gewährung der Unabhängigkeit an die Kolonialländer und -völker an. Dieser historische Beschluß geht auf eine Initiative unseres Landes zurück.

Nehru ist in die Geschichte eingegangen als einer der Begründer der Politik der Blockfreiheit, deren fundamentale Grundsätze das Bekenntnis zur Sache des Friedens, zur politischen wie wirtschaftlichen Gleichberechtigung aller Staaten und zur Ablehnung aller Formen des Kolonialismus und Rassismus beinhalten.

Gandhis und Nehrus Mitstreiter Krischna Menon hatte seit Indiens Unabhängigkeit mehrere wichtige Regierungsämter inne. Von 1947 bis 1952 war er indischer Hochkommissar in London, 1956 wurde er Minister ohne Portefeuille, und von 1957 bis 1962 war er Verteidigungsminister.

Häufig leitete er die indische Delegation bei der UNO-Generalversammlung, vertrat Indien wirksam und verteidigte seine Belange gut. Erstmals lernte ich ihn bei der UNO-Debatte über Kaschmir kennen. Da die Kaschmir-Frage monatelang ungelöst blieb, trafen wir uns viele Dutzend Male.

Schnell merkten meine sowjetischen Kollegen und ich, daß Menon zutiefst von der Rechtmäßigkeit der Einstellung Indiens überzeugt war. Fest stand auch, daß er persönlich der Sowjetunion freundschaftlich gesinnt war. So sagte er erregt zu mir: »Sie können sich nicht vorstellen, welcher Haß auf die Kolonialisten, die Briten, das indische Volk beseelte und beseelt.«

Mit leuchtenden Augen fuhr er fort: »Kolonialismus und Imperialismus sind Zwillingsbrüder. Es ist kein Zufall, daß die größten Imperialisten auch Kolonialisten sind.«

Heftig verwarf er die Vorstellung, die USA seien keine Kolonialmacht. »Schauen Sie sich doch Puerto Rico oder die Philippinen an, die das koloniale Joch Amerikas noch nicht abgeschüttelt haben.« Und fügte hinzu: »Vielleicht sind die Methoden, mit denen das amerikanische Kapital die rückständigen Länder ausbeutet, weniger direkt, aber keinesfalls weniger hart.«

Die westlichen Regierungen und Diplomaten wußten genau, wie Menon dachte, und sie ließen keine Gelegenheit aus, um sich an ihm zu rächen. Besonders eifrig gab sich in dieser Beziehung die Presse, die allerlei groteske Geschichten über ihn erfand.

In dieser Atmosphäre fiel Menon die Fortführung seiner Arbeit schwer, aber er hielt durch. Seine Reden vor der UNO waren meist lang und strengten ihn sehr an. Einmal brach er nach einer solchen Rede erschöpft zusammen und mußte auf einer Bahre weggetragen werden.

In den europäischen Angelegenheiten äußerte sich Menon im Namen seiner Regierung dezidiert gegen die Wiederbewaffnung Westdeutschlands - eine nüchterne und kühne Haltung, die dem unabhängigen Indien zur Ehre gereichte. Was immer Menon in internationalen Zusammenkünften zu sagen hatte, war ein bedeutsamer Beitrag zur Politik, die Indien als einflußreichster Staat der Bewegung der Blockfreien bis heute verfolgt. Auch wenn John Foster Dulles die Blockfreiheit einmal »unmoralisch« schalt, hat diese Politik breiten Widerhall gefunden und wird heute von hundert Ländern praktiziert.

Über Menon waren viele Geschichten im Umlauf. So habe ich mir beispielsweise sagen lassen, um sich abzuhärten, schlafe er ohne Matratze, Kissen und Decken. Bei einer Tasse Tee fragte ich ihn einmal, ob das wahr sei.

»Natürlich«, lachte er, »in Indien schlafen Millionen so.« Lächelnd fuhr er fort: »Besonders schwer fällt es mir, wenn ich auf Reisen in amerikanischen Hotels wohnen muß. Ich komme ins Zimmer und sage: ›Nehmen Sie alles vom Bett.‹ Aber nie versteht man, was ich sagen will, und so muß ich im Zimmer selber das Oberste zuunterst kehren, was das Hotelpersonal noch mehr in Staunen versetzt.«

Ich denke gerne an meine Gespräche mit Menon zurück, der gut argumentierte und gerne scherzte. Seit einigen Jahren hat er kein Regierungsamt mehr inne, ist aber noch als Präsident des Gesamtindischen Friedensrates tätig.

Für das sowjetische Volk war Indira Gandhi die Verkörperung Indiens - weise durch jahrtausendealte Erfahrung und dennoch der Zukunft zugewandt, matriarchalisch und doch ewig jung, immer auf der Suche nach dem Guten und stets dem Bösen und der Unterdrückung abhold.

Frau Gandhi genoß in der Sowjetunion große Beliebtheit und Sympathie, wie die große Zahl sowjetischer Babys mit dem ungewöhnlichen Namen Indira bezeugt. Bei den vielen Gelegenheiten, bei denen ich ihr begegnete, hat sie auch auf mich einen nachhaltigen Eindruck gemacht. Schlank und leichtfüßig, mit offenem, sanftem Lächeln, großen, lebhaften Augen und silbergrauem Haar war sie ein Musterbeispiel für Integrität, klares Denken und große Charakterstärke. Im privaten Gespräch verstand sie es, den Gesprächspartner in den Bann ihres Charmes zu ziehen, ihn sich geneigt zu machen, und bei großen Veranstaltungen rührte sie den Zuhörern ans Herz.

Nehru, Indiens erster Ministerpräsident, übte einen starken Einfluß auf seine Tochter Indira aus. Er war zwar selbst nicht Marxist-Leninist, gab aber gerne zu, das Studium von Marx und Lenin habe ihn die moderne Welt in einem anderen Licht erblicken lassen. Er verband die Verwirklichung seiner hohen philanthropischen Ideale mit dem Kampf um die soziale und politische Freiheit des einzelnen und des Volkes und zugleich mit der Entwicklung der nationalen Befreiungsbewegung, und diese Weltsicht versuchte er, seiner Tochter weiterzuvermachen, so daß auch sie ihre Vorstellungen mit denen der russischen Revolution verband. Sie war wenige Tage nach diesem Ereignis am 19. November 1917 zur Welt gekommen und sah sich gerne als Altersgenossin der Revolution.

Wie ihr Vater zeigte auch sie keine Emotionen. Vielleicht auch war ihre Zurückhaltung Teil der den indischen Frauen angeborenen Bescheidenheit. Ohne Gefahr der Übertreibung kann man sagen, daß sich Indira in den rund zehn Jahren ihrer Herrschaft einen Ehrenplatz in der indischen Geschichte erworben hat. Sie hat alles in ihren Kräften Stehende getan, ihr Land stark zu machen, so daß es auf eigenen Beinen stehen kann, zugleich aber sein reiches Kulturerbe zu wahren und es aus Armut, Rückständigkeit, überholten Institutionen und Traditionen herauszuführen. Dank ihrer Politik ist Indien zur autonomen Nahrungsmittelversorgung durchgestoßen, und die industrielle Erzeugung hat sich dramatisch verstärkt; dennoch gehört Indien heute zu den wenigen Entwicklungsländern mit einem ganz minimalen Anteil von Fremdkapital bei der Finanzierung des nationalen Aufbaus.

In der Entwicklung der sowjetisch-indischen Beziehungen hat Indira stets Freundschaft und Zusammenarbeit unterstützt. Schon im Zweiten Weltkrieg war sie aktives Mitglied der Freunde der Sowjetunion. Nach ihrem ersten Besuch in der UdSSR 1953 kam sie noch oft zu uns, und ihr Name ist eng verknüpft mit dem Vertrag über Frieden und Zusammenarbeit zwischen unseren beiden Ländern, der 1971 unterzeichnet wurde. Zusammenarbeit mit der Sowjetunion bedeutete für Indira Gandhi mehr als einen bloßen Teilaspekt der internationalen Beziehungen; wiederholt hat sie betont, die Sowjetunion habe in schwierigen Augenblicken stets auf der Seite Indiens gestanden.

Nach ihrer Ermordung 1984 folgte ihr Sohn Rajiv ihr als Regierungschef, der schon in seiner ersten Erklärung sagte: »Die Republik Indien wird stets dem Kurs der Unabhängigkeit und Friedensliebe treu bleiben, auf den Jawaharlal Nehru und Indira Gandhi sie geführt haben.« Er betonte: »Indien schätzt die freundschaftlichen Beziehungen mit der Sowjetunion hoch, die auch von den politischen Kräften des Landes und vom ganzen Volk mitgetragen werden. So werden wir der weiteren Stärkung der Beziehungen zur Sowjetunion große Aufmerksamkeit widmen.«

Rajiv Gandhis offizieller UdSSR-Besuch im Mai 1985 war ein

Ereignis großer internationaler Tragweite. Bei diesem Besuch wurde ein Abkommen über allgemeine wirtschaftliche, industrielle, wissenschaftliche und technische Zusammenarbeit bis zum Jahre 2000 sowie ein Abkommen über sowjetisch-indische Zusammenarbeit beim Bau mehrerer konkreter Großprojekte in Indien unterzeichnet.

Die Gespräche von Generalsekretär Gorbatschow mit Rajiv Gandhi beim Indienbesuch im November 1986 führten zur Erklärung von Delhi, die »eine atomfreie und gewaltlose Welt« fordert, ein neuer politischer Begriff, der seitdem in das internationale Alltagsvokabular eingegangen ist. Kontakte zwischen der Führung der UdSSR und Indiens führen eindeutig zur Stärkung von Freundschaft und Vertrauen.

Die Teilung des Subkontinents in Indien und Pakistan nach der Unabhängigkeit bescherte beiden Ländern ein schweres Erbe.

Als sich im Herbst 1965 die Lage wegen indischer und pakistanischer militärischer Aktionen plötzlich verschärfte, erklärte sich die sowjetische Regierung bereit, sich um eine baldige Beendigung des Konflikts zu bemühen. Unser Vorschlag wurde positiv aufgenommen, und so trafen sich vom 4. bis 10. Januar 1966 in Taschkent die indische Delegation unter Lal Bahadur Shastri und die pakistanische Delegation unter Ayub Khan in Anwesenheit von A.N. Kossygin und der Außenminister aller drei Staaten. Es gelang trotz der fundamentalen Gegensätze, doch die Mauer aus Mißtrauen und beiderseitigem Nationalhaß einzureißen.

Die letzte Gesprächsphase wurde leider vom tragischen Tod des Ministerpräsidenten Shastri überschattet. Es war am späten Abend nach dem Abschiedsempfang, auf dem Shastri eine kleine Rede hielt. Gegen ein Uhr in der Früh brachte man mir die Nachricht, irgend etwas stimme nicht, woraufhin ich mich sofort in seine Residenz begab. Er lag im Bett, und neben ihm saß der sehr besorgt dreinblickende Kossygin, der zwei Minuten vor mir eingetroffen war. Außer den indischen hohen Beamten war bei meinem Eintreffen ein sowjetischer Arzt anwesend und versorgte den Patienten mit künstlicher Beatmung. Kossygin und ich beobachteten seine Bemühungen nicht ohne Sorge, denn Shastri gab kein Lebenszeichen von sich. Der Arzt und seine Helfer taten ihr möglichstes, aber es nützte nichts.

Dennoch wurde in Taschkent eine Erklärung unterzeichnet, in der sich die beiden Länder verpflichteten, nachbarschaftliche Beziehungen herzustellen.

Bis heute ist ihr Verhältnis jedoch schlecht geblieben. Daran war nicht zuletzt die Tatsache schuld, daß Pakistan fast sofort nach seiner Unabhängigkeit in ein verhängnisvolles Gespinst hineingezogen wurde. Um Pakistan nur ja im eigenen Dunstkreis zu halten, machten der Westen und vor allem die USA mit einer Reihe politischer, wirtschaftlicher und militärischer Maßnahmen Druck auf Pakistan, das sich bis heute nicht aus dieser Verstrickung hat lösen können, sondern eher noch tiefer hineingeraten ist. Trotzdem tut die Sowjetunion alles, um mit Pakistan gute Beziehungen zu unterhalten, und hat vor den Afghanistan-Problemen sogar Pakistan bei der Überwindung seiner wirtschaftlichen Rückständigkeit zu helfen versucht.

Es war am 15. November 1982 im Katharinensaal des Großen Kremlpalastes. Auf der einen Seite des Tisches saßen J. W. Andropow und ich als Außenminister, auf der anderen Seite General Zia ul-Haq, der nach der Machtübernahme durch die Militärs 1977 an die Spitze der Militärregierung getreten und inzwischen Präsident geworden war. Neben ihm saß Außenminister Yakub Khan.

Die sowjetische Seite erläuterte dem General ihre Einschätzung sämtlicher Aktionen, die bewaffnete Gruppen ausgehend von pakistanischem Gebiet in Afghanistan vorgenommen hatten. Wir sagten ihm: »Jeder Versuch, vorzugeben, daß Pakistan mit dem, was um Afghanistan vorgeht, nichts zu tun habe, ist sinnlos. Pakistan ist ein Partner im Krieg gegen Afghanistan. Sie müssen begreifen, daß die Sowjetunion auf der Seite Afghanistans stehen wird, mit dem sie seit langem enge Bande unterhält, die nach der Aprilrevolution in einen Vertrag über Freundschaft und Zusammenarbeit eingeflossen sind. Die Sowjetunion gewährt dem afghanischen Volk Hilfe in verschiedenster Form und wird das auch weiterhin tun. Es ist völlig falsch, wenn Pakistan gegenüber Afghanistan eine feindselige Politik betreibt und damit die sowjetisch-pakistanischen Beziehungen gefährlich untergräbt.«

Zia ul-Haq versicherte uns: »Pakistan wünscht aufrichtig freundschaftliche Beziehungen mit Afghanistan und der Sowjetunion und strebt eine friedliche politische Lösung des afghanischen Problems an.«

Aber es waren bloße Worte. Seine betonte Höflichkeit und ausgesuchte Liebenswürdigkeit hätten vielleicht unter anderen Begleitumständen überzeugen können, aber alles, was er sagte, stand in scharfem Gegensatz zur eigentlichen pakistanischen Politik, und die pakistanische Regierung handelte genau entgegengesetzt.

Oft denke ich an Zias Vorgänger, die gegenüber den Nachbarn und der UdSSR eine viel rationalere Politik betrieben haben. Jetzt ist es noch ein langer Weg zu erneuten guten Beziehungen mit Pakistan, und aus unseren häufigen Kontakten mit der pakistanischen Führung haben wir erfahren müssen, daß die unrealistische Haltung der führenden Kreise in Pakistan das Haupthindernis darstellt. Es ist schon erstaunlich, daß sie sich als Werkzeug in einem Konflikt, der ihren nationalen Interessen nur schädlich sein kann, von anderen manipulieren lassen.

Kein vernünftiger Mensch wird leugnen, daß die Beziehungen zwischen der Sowjetunion und China in den letzten 30 Jahren eine Anomalie darstellen. Die Entwicklung guter chinesisch-sowjetischer Beziehungen auf der Grundlage gegenseitiger Achtung der beiderseitigen Interessen und natürlich ohne Nachteil für das jeweils andere Land würde die politische Atmosphäre in der ganzen Welt verbessern helfen.

Über die Innenpolitik Mao Zedongs will ich mich nicht auslassen. Seine Tätigkeit hat Chinas innere Lage ganz beträchtlich geformt und ist von der KPdSU und den Bruderparteien vielfach beurteilt worden. Weniger indes wurde über Maos internationalen Einfluß geschrieben; dabei stand Chinas Außenpolitik mehrere Jahrzehnte lang ganz im Zeichen seiner Vorstellungen und Philosophie. Insoweit mag einiges interessieren, was er in meiner Anwesenheit oder unmittelbar zu mir gesagt hat.

Zum ersten Mal traf ich Mao im Dezember 1949 bei seinem Besuch in der UdSSR zwischen Dezember 1949 und Februar 1950. China feierte den Sieg seiner Arbeiterschaft. Unter Führung der kommunistischen Partei hatte das Volk der Bourgeoisie und den Großgrundbesitzern die Macht entrissen. Tschiang Kai-scheks Heere waren in die Flucht geschlagen worden, und das Land frohlockte über die Chance, einen unabhängigen Staat aufbauen zu können, der in seinem Wirtschafts- und Sozialleben den Weg der sozialistischen Umwandlung beschritt.

Stalin und die übrigen Sowjetführer begrüßten Mao in Moskau aufs freundschaftlichste. Neben der formellen Bezeugung gegenseitiger Sympathie wollten Gast und Gastgeber ihre Freundschaft auch mit einem politischen Vertrag besiegeln.

Am 14. Februar 1950 wurde der vorbereitete Dreißigjahresvertrag mit großem Zeremoniell unterzeichnet, und die beiden Staaten wurden nominell zu Verbündeten. Der Vertrag stellte mithin einen wichtigen Schritt auf dem Wege zur Sicherheit nicht nur für die Sowjetunion und China, sondern für ganz Fernost, Asien und die ganze Welt dar - auch wenn China leider nach Ablauf der 30 Jahre gegenüber der UdSSR eine andere Haltung angenommen hatte und eine Vertragserneuerung ablehnte.

Das von Stalin und der Sowjetführung gegebene Bankett, mit dem die Vertragsunterzeichnung im Metropol-Hotel gefeiert wurde, war äußerst herzlich. Dennoch bemerkte nicht nur ich, daß die Unterhaltung zwischen den beiden Staatschefs, die während des Essens nebeneinandersaßen, gelinde gesagt, alles andere als fließend war. Sie wechselten ein paar Worte, natürlich immer über den Dolmetscher, und dann folgte eine endlos scheinende Pause. Ich saß den beiden gegenüber und tat mein

Bestes, um das Gespräch in Gang zu halten, aber ohne viel Erfolg. Mein Haupteindruck war, daß sie persönlich zuwenig gemeinsam hatten, um in Kontakt zu kommen.

Ein Psychologe hätte sicherlich die Situation präziser darstellen können. Spricht man jedoch von Stalin und Mao, so bedarf es mehr als der psychologischen Standardsprüche, um die Lage auch nur zur Hälfte zu charakterisieren.

Als wir den Raum verließen, flüsterte meine Frau, die neben den beiden gesessen hatte, mir zu: »Stalin und Mao sagten einander wohl nicht viel.«

Ich flüsterte zurück: »Den Eindruck hatte ich auch.«

Am nächsten Tag meinten auch andere Genossen, zwischen den zwei Großen sei es wohl am Vorabend nicht allzu herzlich zugegangen. Auch in den folgenden Tagen änderte sich die Atmosphäre kaum.

Erneut bin ich Mao 1957 begegnet, und da hatte sich das Verhältnis zwischen den beiden Staaten schon zu verschlechtern begonnen.

Bald nach Bildung der Volksrepublik China hatten die Chinesen der UdSSR Verhandlungen über die Schaffung zweier gemeinsamer Firmen angeboten, der Sowkitneft (Sowjetisch-Chinesisch Öl) und Sowkitmetal (Sowjetisch-Chinesisch Metall), die beide in Nordwestchina in der Provinz Xinjiang gebaut werden sollten. Das Ganze mußte nur noch zu Papier gebracht werden.

Die beiden Seiten vereinbarten, die Verhandlungen durch eigens ernannte Delegationen führen zu lassen. Ich wurde mit der Leitung der sowjetischen Delegation beauftragt, während der chinesischen Delegation der Vertreter von Xinjiang, Saifuddin, vorstehen sollte. Nach einigen Sitzungen in Moskau stellte sich jedoch heraus, daß die Chinesen ihre Meinung geändert hatten, und als ich davon im Politbüro berichtete, ließ Stalin seinen Gefühlen in dieser Frage freien Lauf. Es kam zum Abbruch der Verhandlungen; das war den Beziehungen zwischen der UdSSR und China wenig zuträglich und hinterließ bei der sowjetischen Führung einen bitteren Geschmack.

Als Mao zum zweiten Mal, im November 1957, nach Moskau kam, wurde mir gesagt, er wolle mit mir über Fragen der internationalen Politik sprechen. Die Zusammenkunft fand im Kreml statt.

Mao war entgegenkommend und versicherte mir: »China wird niemals eine Verschlechterung der Beziehungen mit der Sowjetunion verursachen, und wir werden im Kampf um den Frieden Schulter an Schulter mit Ihnen marschieren.«

Hauptsächlich interessierten ihn die folgenden Fragen: »Ist es vernünftig, die amerikanische Politik, genauer: die Politik der Regierung Eisenhower, als aggressiv darzustellen?«, und: »Sind die USA wirtschaftlich so stark, daß es schwerfallen würde, einen Krieg gegen sie zu gewinnen?«

Die Unterhaltung rankte sich um diese beiden Fragen, und meine Antwort enthielt Bekanntes: »Die Bildung des NATO-Militärblocks und die zahllosen Stützpunkte auf der ganzen Welt lassen den Schluß zu, daß die USA alles andere als friedliebend sind. Das zeigt sich auch in der Ablehnung aller sowjetischen Vorschläge zur Abrüstung und zum Verbot der Kernwaffen durch die USA.«

»Was Amerikas Wirtschaftspotential anbelangt«, fuhr ich fort, »so ist zu bedenken, daß ein Großteil seiner Industrieanlagen während des Krieges erneuert worden ist und es viele Labors aus Westdeutschland zu sich herübergeholt hat. Damit hat sich sein Produktions- und Wirtschaftspotential natürlich vergrößert. Aber das bedeutet überhaupt nicht, daß die USA uneinnehmbar sind oder man mit ihnen nicht konkurrieren kann. Die Amerikaner reden gerne über ihr Wirtschaftspotential, aber sie werden ganz still, wenn sie von dem alten, aber furchtgebietenden Gespenst - der Wirtschaftskrise - heimgesucht werden. Der Sozialismus muß dann lediglich seinen Platz einnehmen, und das wird er zu gegebener Zeit auch tun.«

Mao sagte Ähnliches, aber auf seine Weise. Besonders gern benutzte er die Formel, »der amerikanische Imperialismus ist ein Papiertiger«. Desgleichen sprach er energisch von der Unvermeidlichkeit von Wirtschaftskrisen. Offenbar kannte er die

Mit Chruschtschow in Peking, 1959 *(oben)*.
Mit Woroschilow *(Mitte)* bei Ho Tschi Minh, 1957 *(unten)*.

Passagen in Marx' *Kapital* über Wirtschaftskrisen und wollte mir klarmachen, wie gut er darin Bescheid wußte.

Nach der Unterhaltung stellte ich mir wie gewöhnlich die Frage: Was war das Wesentliche, was Mao gesagt hat, und was versuchte er, uns klarzumachen?

Ich kam zu dem Schluß, daß er tatsächlich laut über Chinas Chancen als Großmacht hatte nachdenken wollen, vor allem in wirtschaftlicher Hinsicht. Desgleichen hatte er wissen wollen, inwieweit man den amerikanischen Imperialismus daran hindern konnte, anderen seinen Willen aufzuzwingen, insbesondere China.

Im August 1958 beschloß meine Regierung dann, ich solle als Außenminister in die chinesische Hauptstadt reisen und mit Mao über einige Probleme sprechen, insbesondere im Zusammenhang mit der gespannten Lage, die zwischen China und den USA wegen der Inseln vor der Küste entstanden war. Die chinesische Führung stimmte meinem Besuch eifrig zu, der inkognito, d.h. ohne Unterrichtung der Massenmedien, stattfinden sollte.

Im August/September 1958 war es in Fernost zu einer Krise gekommen, bei der die USA China unverhüllt drohten. Am 4. September erklärte Dulles in aller Öffentlichkeit, zur Wahrung der »Sicherheit« Amerikas und zum Schutze der Position Tschiang Kai-scheks (und mithin Amerikas) auf Taiwan und den dem Festland vorgelagerten Inseln sei der Präsident »fest zu zeitgerechten und wirksamen Maßnahmen entschlossen«. Das war schiere bewaffnete Erpressung, um das chinesische Volk einzuschüchtern.

In einer Botschaft vom 7. September warnte Chruschtschow Eisenhower eindeutig vor den Folgen des Vorgehens Washingtons. Dieses Vorgehen bedeute eine Einmischung in die inneren Angelegenheiten Chinas und sei darum völkerrechtlich nicht zu rechtfertigen. Gleichzeitig äußerte die Sowjetunion ihre Bereitschaft, bei einer friedlichen Lösung des Taiwan-Problems und der Wiederherstellung der legitimen Rechte Chinas in den Vereinten Nationen mitzuwirken.

Mein Gespräch mit Mao drehte sich hauptsächlich um dieses Problem sowie um die Koordinierung des sowjetischen und chinesischen Vorgehens auf politischer Ebene. Generell lief Maos Haltung darauf hinaus, man dürfe den Amerikanern nicht nachgeben, und wir müßten Gewalt mit Gewalt beantworten.

Er sagte: »Ich nehme an, die Amerikaner könnten sogar gegen China in den Krieg ziehen. China muß mit dieser Möglichkeit rechnen, und das tun wir auch. Aber kapitulieren werden wir nicht! Falls die USA mit Kernwaffen angreifen, müssen sich die chinesischen Armeen von der Grenze ins Innere zurückziehen. Sie müssen den Feind so tief ins Land locken, daß sie ihn in die Zange nehmen können.«

Er führte diese Gedanken weiter aus, betonte die Bedeutung einer Koordinierung zwischen den Verbündeten Sowjetunion und China und erging sich dann in Ratschlägen, was die sowjetische Seite unternehmen solle: »Im Falle eines Krieges sollte die Sowjetunion zunächst keine militärischen Maßnahmen gegen die Amerikaner ergreifen. Vielmehr sollten Sie sie tief ins Gebiet des chinesischen Riesen eindringen lassen. Erst wenn die Amerikaner mitten in den Zentralprovinzen stehen, sollten Sie ihnen Saures geben.«

Mir blieb die Spucke weg. Vor dieser Begegnung hatte ich viele Aussagen Maos über Krieg und Frieden und den amerikanischen Imperialismus vernommen, aber hier hörte ich zum ersten Mal aus seinem eigenen Munde Äußerungen, die eine Bereitschaft erkennen ließen, die Möglichkeit eines amerikanischen Nuklearangriffs auf China ins Auge zu fassen und darüber zu sprechen, womit man ihn bekämpfen könnte.

Ich sah mich gezwungen, ihm in angemessener Form zu sagen: »Auf einen derartigen Vorschlag würden wir nicht positiv reagieren. Das kann ich jetzt schon sagen.«

Damit war unsere strategische Diskussion beendet. Sie zeigte jedoch, wie weit seine Auffassung und Politik von der der sozialistischen Staaten im Warschauer Pakt und der Mehrheit der Bruderparteien entfernt war.

Im Oktober 1959 reiste eine sowjetische Delegation, bestehend aus Chruschtschow, ZK-Sekretär M.A. Suslow, Gewerkschaftssekretär T.N. Nikolajew und mir als Außenminister, zu Gesprächen mit Mao und anderen Mitgliedern der chinesischen Führung nach Peking. Wieder zeigten sich tiefe Differenzen zwischen uns.

Die sowjetische Seite betonte ein weiteres Mal, sie wolle keine Verschlechterung der Beziehungen und möchte alles Erdenkliche tun, um das bisher Erreichte zu bewahren. Aber es war klar, daß die andere Seite eine Linie verfolgte, die auf eine Störung dieser Beziehungen hinauslief.

Über Mao selbst möchte ich hinzufügen, daß er - ließ man seine theoretischen Ziele, philosophischen Konzepte und seltsamen politischen Auffassungen beiseite - alles in allem ein netter und auch höflicher Mann war. Er liebte einen guten Witz und erzählte auch selber welche. Er hatte altchinesische Philosophie studiert und redete sehr gern darüber.

Mao mochte Leute, mit denen er sich ordentlich streiten konnte, aber wenn eine schwierige politische Frage hochkam, versteinerte sich sein Gesicht, und er wurde ein völlig anderer, absolut ferner Mensch. In Peking habe ich mit eigenen Augen gesehen, wie er während eines ganzen Essens dasaß und zu seinem Hauptgast, Chruschtschow, kaum mehr als ein paar Förmlichkeiten sagte. Da halfen weder meine Bemühungen noch die des chinesischen Ministers Chen Yi etwas.

Desgleichen hatte ich Gelegenheit, chinesische Partei- und Staatsfunktionäre wie Liu Shaoqi und Chou En-lai, die beide viele Jahre lang wichtige Positionen innehatten und als Hauptstützen Maos galten, aus der Nähe zu beobachten.

Chou En-lai war vom Augenblick der Bildung der Volksrepublik China im Jahre 1949 bis zu seinem Tode im Januar 1976 ohne Unterbrechung Ministerpräsident. Er kam mit Mao nach Moskau, nahm an den chinesisch-sowjetischen Verhandlungen im Januar/Februar 1950 teil und unterzeichnete den Vertrag im Namen seiner Regierung. Ich traf ihn häufig, insbesondere auch 1954 auf der Indochina-Konferenz in Genf, sodann während der chinesisch-sowjetischen Verhandlungen 1959 in Peking anläßlich der Zehnjahresfeier der Volksrepublik China und erneut 1964 in Moskau, als Chou der Siebenundvierzigjahrfeier der Oktoberrevolution beiwohnte.

Sowjetischerseits unterstützen wir die Schaffung freundschaftlicher Beziehungen zu China, die im Interesse der UdSSR, Chinas, des Sozialismus und des Friedens in der ganzen Welt wären. Dies habe ich bei zwei Gelegenheiten mit dem chinesischen Außenminister Wu Xueqiang besprochen, als wir beide anläßlich der UNO-Generalversammlung im September 1984 in New York weilten.

Für die sowjetische Seite erklärte ich: »Wir meinen, daß wir die Zukunft der chinesisch-sowjetischen Beziehungen ständig im Auge haben müssen. Offenkundig ist die derzeitige internationale Lage schwierig. Die Kräfte des Imperialismus streben nach militärischer Überlegenheit und wollen anderen Ländern ihren Willen aufzwingen. Sie haben dem Sozialismus den heiligen Krieg erklärt und versuchen insbesondere, die sozialistischen Länder gegeneinander auszuspielen. Angesichts all dessen ist es um so wichtiger, die sozialistische Einigkeit zu stärken; das politische Klima ließe sich leichter bessern, und die Fundamente des Friedens ließen sich leichter stärken, wenn zwischen der UdSSR und China mehr gegenseitiges Verständnis bestünde.«

Wu Xueqiang interpretierte die Ursachen der Spannung in der Welt anders. »Sie sind die Folge der sowjetischen und amerikanischen Bemühungen, sich gegenseitig militärisch zu übertrumpfen«, behauptete er.

Er versicherte zwar, die Normalisierung der Beziehungen sei ein politisches Hauptziel der gegenwärtigen chinesischen Führung, wiederholte jedoch im Grunde nur die Auffassungen, die die chinesische Seite schon in den Vorjahren vertreten hatte, wonach diese Normalisierung davon abhing, daß die UdSSR den Vorschlägen Chinas beipflichtete, insbesondere hinsichtlich der Interessen Vietnams, Kamputscheas, Afghanistans und der Mongolei.

Zu diesen und anderen Themen gab ich Wu Xueqiang die passende, feste Antwort, fügte aber hinzu: »Wir halten es für wichtig, daß die Kommunikation zwischen uns nicht abreißt.«

Er stimmte zu.

Neuerdings hat es in den chinesisch-sowjetischen Beziehungen ein paar Verbesserungen gegeben. In einer Rede am 28. Juli 1986 in Wladiwostok hat sich Generalsekretär Gorbatschow über die merkliche Anhebung der wirtschaftlichen Verbindungen ausgelassen. Beide Seiten diskutieren die gemeinsame Nutzung der großen natürlichen Hilfsquellen im Amurbecken und den Bau einer Eisenbahn von Xinjiang über die uigurische Provinz nach Kasachstan. Die Verhandlungen über Grenzfragen werden in sachlicher und angenehmer Atmosphäre geführt; desgleichen haben die Chinesen eine Zusammenarbeit in der Raumfahrt vorgeschlagen.

Ich bin überzeugt, daß alles, was zwischen der Sowjetunion und China geschieht, von historischer Bedeutung ist. Länder dieser Größenordnung mit ihren riesigen Naturschätzen, ihrer reichen Kultur und der Tradition guter Beziehungen in jüngster Vergangenheit können einfach nicht daran vorbei, daß gute Nachbarschaft und Freundschaft unerläßlich sind.

15. Kapitel

Weitere Freunde und Nachbarn

Auf einer Konferenz in San Francisco vom 4. bis 8. September 1951 legte Washington einen Plan für einen Friedensvertrag mit Japan vor, der eindeutig zugunsten der USA war. Die sowjetische Delegation, die ich leitete, hielt dagegen einen Vertrag für notwendig, der weitergespannten Interessen des Friedens diente, aber die Truman-Regierung wollte nicht einlenken. Die Sowjetunion verweigerte deshalb die Unterschrift.

»Dieser Vertrag«, sagte ich, »widerspricht den Absprachen unter den Alliierten. Er garantiert nicht die Sicherheit der Länder, die unter der japanischen Aggression gelitten haben, er ignoriert ihre legitimen Forderungen, und er schafft die Voraussetzungen für ein Wiedererstehen des japanischen Militarismus mit sehr ernsten, weltweiten Folgen.«

Bei der Ausarbeitung hatten Dean Acheson und der mittlerweile zum Außenminister aufgestiegene John Foster Dulles aktiv mitgewirkt. Beide betätigten sich emsig und brachten den Vertrag schließlich gegen die Einwände der UdSSR auf der Konferenz durch. Aber selbst sie kamen nicht an der sowjetischen Forderung vorbei, daß Japan keinerlei Rechtsansprüche auf das südliche Sachalin und die Kurilen geltend machen konnte, denn so war es während Roosevelts Amtszeit zwischen den USA und der UdSSR vereinbart worden. Trotzdem fehlt im Vertrag von San Francisco – entgegen den von Amerika und England in Jalta eingegangenen Verpflichtungen – jeglicher

Hinweis, daß diese Inseln ureigenes Territorium der Sowjetunion sind. Der Vertrag verlangt lediglich deren Abtretung an die UdSSR durch Japan. Diese Tatsache zeigt auf elegante Art die Feindseligkeit Präsident Trumans und seiner Umgebung gegenüber der Sowjetunion.

Überdies schlossen die USA und Japan bald nach Vertragsunterzeichnung einen Sicherheitsvertrag, der den USA für viele Jahre das Recht auf militärische Präsenz in Japan einräumte, womit dieses Land zum strategischen Brückenkopf der USA in Fernost wurde.

Es ist kein Geheimnis, daß sich die sowjetischen Beziehungen zu Japan nach dem Kriege ungleichmäßig entwickelt haben. Über die Jahre hat es Phasen relativer Herzlichkeit gegeben, denen lange Zeiten der Stagnation oder gar eindeutiger Antipathie folgten. Das lag ganz und gar nicht an uns. Die Ungleichmäßigkeit unseres Verhältnisses ist eine Folge der japanischen Zickzackpolitik. Tokio schwankte in seiner Politik zwischen Vernunft und Heuchelei, mit wachsender Tendenz zu letzterer.

In den fünfziger Jahren beunruhigte das die öffentliche Meinung in Japan, und so betätigte sich die Bewegung für die Verbesserung der Beziehungen zur UdSSR besonders aktiv in den Jahren 1954 bis 1956, als Ministerpräsident Itiro Hatoyama die Wiederherstellung der diplomatischen Beziehungen mit uns anstrebte. Nach fast zweijährigen Gesprächen wurde am 19. Oktober 1956 in Moskau eine Erklärung über die Beendigung des Kriegszustands und die Aufnahme diplomatischer und konsularischer Beziehungen unterzeichnet. Sie enthält fast alles, was in einen Friedensvertrag gehört, aber dessen Ratifizierung durch Tokio steht immer noch aus, und daran ist die unrealistische Betrachtungsweise der Japaner schuld, die immer noch nicht die bei Kriegsende vorherrschenden Zustände akzeptieren wollen.

Die bloße Unterzeichnung der Erklärung zeigte jedoch deutlich den Weitblick Hatoyamas als Staatsmann, der sich hier ernstlich um eine unabhängige Außenpolitik bemühte. Dieser

Unabhängigkeitsdrang ließ indessen im Laufe der Zeit wieder nach und ordnete sich den weltweiten Interessen Amerikas unter. Tokio suchte nach Ausreden, um die im Verhältnis zur Sowjetunion gemachten Fortschritte zu verlangsamen oder gar rückgängig zu machen. Oft wurden unsere Verhandlungen durch plötzliche sowjetfeindliche Ausbrüche in Japan unterbrochen, und viele Fragen der bilateralen Zusammenarbeit wurden dadurch behindert, daß die Japaner völlig künstliche Barrieren errichteten.

Ich selbst habe Japan dreimal besucht - 1966, 1972 und 1976 -, habe dreimal den Fujiyama bewundert und mich dreimal von der Riesenstadt hinreißen lassen. Die Straßen Tokios sind eng und tagsüber völlig von Reklame zugedeckt, aber bei Nacht ist die Stadt ein riesiges, leuchtendes, farbstrahlendes Juwel.

Unter den japanischen Politikern, denen ich begegnet bin, muß ich jetzt Eisako Sato, von November 1964 bis Juli 1972 Ministerpräsident, besonders erwähnen.

Eine Episode während meines Besuches von 1972 ist erwähnenswert. Nach einem Ausflug mit meiner Frau in verschiedene Städte begab ich mich in Begleitung unseres Botschafters, O.A. Trojanowski, wie abgemacht zu Sato. Als wir das Arbeitszimmer des Ministerpräsidenten betraten, blickte er sehr besorgt drein. Äußerst höflich und aufmerksam sagte er: »Bevor wir die beiderseits interessierenden Fragen erörtern, Herr Minister, möchte ich mich für die Bombe entschuldigen, die bei Ihrer Rückfahrt vom Bahnhof auf der Straße vor Ihrem Wagen explodierte. Zum Glück wurden weder Sie noch jemand in Ihrer Begleitung verletzt, aber ich bin völlig durcheinander und möchte mich für den Vorfall entschuldigen.«

Ich erwiderte: »Meine Frau und ich haben tatsächlich ein ungewöhnliches Geräusch gehört, als wir an einer Menge vorbeifuhren, die sich wegen irgend etwas zu erregen schien. Einige Polizisten gaben sich mit einem Mann in Zivilkleidung ab.«

Im Wagen hatten meine Frau und ich nichts gesagt, und der stellvertretende japanische Außenminister, der uns begleitete,

Nach der Tee-Zeremonie in Kyoto, 1966 *(oben)*.
Mit Kossygin und U Thant im Kreml, 1971 *(unten)*.

sowie der Fahrer hatten versucht auszusehen, als sei nichts geschehen.

Der Ministerpräsident entschuldigte sich immer noch, worauf ich sagte: »Herr Sato, machen Sie sich keine Gedanken, es ist alles in Ordnung.«

Er war erleichtert, und unser Gespräch konnte beginnen.

Nach der Rückkehr sagte Breschnew in Moskau: »Die ausländischen Nachrichtenagenturen brachten alarmierende Berichte, dem Wagen des sowjetischen Ministers sei etwas passiert. Danach wurde alles berichtigt.«

Nach dem Kriege wechselten die japanischen Ministerpräsidenten in schneller Folge, meist alle zwei bis drei Jahre. Insoweit war Sato eine ziemliche Ausnahme, und dies erklärt seinen politischen Einfluß.

Ich stellte fest, daß Sato so ziemlich als einziger Ministerpräsident die Bedeutung guter Beziehungen mit der UdSSR begriffen hatte, und während seiner Amtszeit kam es zur Unterzeichnung einer Reihe von Abkommen - so z.B. des Konsularabkommens und der Vereinbarung über Direktflüge -, die die offizielle Basis unseres Verhältnisses in gewisser Weise bestärkten. Natürlich sprach Sato auch das Problem der in San Francisco so unbefriedigend geregelten nördlichen Territorien an, wußte aber, daß Appetit und Essen zwei Paar Schuhe sind. Je eher die japanischen Verantwortlichen diesen Anachronismus fallenlassen, desto besser wird es für Japan und die Welt sein.

Indessen konnte Sato zuhören. Seine Art, ein Gespräch zu führen, erheischte Achtung. 1972 sagte er einmal: »Japan hat mit dem Militarismus gebrochen. Sehen Sie sich unsere Verfassung und die seither verabschiedeten Gesetze an - es ist nicht mehr wie früher.«

Bei solchen Gelegenheiten wagte ich auf eine anhaltende, realistischere Einstellung zu unseren Beziehungen zu hoffen, aber bislang gibt es in Japan leider noch nicht genug richtige Politiker dafür.

Die Geschichte hat uns gelehrt, den Erklärungen guter Absichten seitens japanischer Politiker vorsichtig zu begegnen. 1904 brachen die Japaner ein Abkommen und griffen Port Arthur an, womit der Russisch-Japanische Krieg seinen Anfang nahm. Dann gab es 1937 die Ereignisse am Chassan-See und 1939 am Chalchin-Fluß, als japanische Militaristen plötzlich die Wehrhaftigkeit der sowjetischen Grenze auf die Probe stellen wollten. Desgleichen gab es den Überfall auf Pearl Harbor. Und schließlich haben uns die amerikanischen Militärbasen, die die Japaner in den letzten Jahrzehnten auf ihrem Territorium zugelassen haben, wachsam sein lassen.

Nach der Niederlage gab Japan praktisch nichts für Rüstung aus; fast seine gesamte Erzeugung diente friedlichen Zwecken, deshalb konnte es einen großen wirtschaftlichen und technischen Sprung nach vorne tun. Darum stellt sich die Frage: Würden andere Länder, die aus verschiedenen Gründen kolossale Beträge für die Rüstungsproduktion ausgegeben haben, auch dann so weit hinter Japan herhinken, wenn sie sich wie dieses auf die friedliche Entwicklung konzentriert hätten? Ich wage zu behaupten, sie würden überhaupt nicht nachhinken.

Die Lehre für Japan lautet also, wenn es sich weiterhin erfolgreich entwickeln will, darf es sich nicht auf den Weg der Militarisierung begeben, sei es allein, sei es im Verein mit anderen Staaten. Unserer Meinung nach liegt die historische Aufgabe Japans darin, nicht zuzulassen, daß sich die Schlinge seiner Militärverträge mit den USA um seinen Hals zuzieht und seine Unabhängigkeit erwürgt, und das habe ich als Außenminister den Japanern auf allen Ebenen im Namen der sowjetischen Führung gesagt. Desgleichen haben die sowjetischen Vertreter aller einschlägigen Organisationen stets betont, wie wichtig die Ausweitung der wirtschaftlichen Zusammenarbeit beider Länder ist - zumal in der Fischerei. Wir haben sie wissen lassen, daß eine solche Zusammenarbeit sehr zur allgemeinen Erwärmung unserer Beziehungen beitragen würde.

Diese Sicht entspricht der der japanischen Geschäftskreise, deren Interesse an einem Ausbau der Beziehungen mit uns nie erlahmt ist. Doch hat sich Japan auch wirtschaftlich sowie in Wissenschaft und Technik schnell entwickelt, so verpesten die schlechten politischen Beziehungen weiterhin unsere Wirtschafts- und Handelsbeziehungen. Durch seine Anpassung an die NATO-Strategie hat sich Japan mehr und mehr in den alten Morast des Expansionismus hineinziehen lassen.

Da Japan nicht zum Abschluß eines Friedensvertrages mit der UdSSR ohne unannehmbare Bedingungen bereit ist, haben wir den Vorschlag gemacht, unbeschadet künftiger Vereinbarungen schon einmal über einen Freundschafts- und Nachbarschaftsvertrag zu sprechen, um für unsere Beziehungen eine stabile Basis zu gewinnen, aber auch für diesen Vorschlag haben sich die Japaner bislang nicht erwärmen können. Desgleichen liegt immer noch unser Vorschlag über den Nichteinsatz von Kernwaffen gegen Japan, das seinerseits seinen atomwaffenfreien Status beibehalten würde, auf dem Tisch.

Im April 1976 traf ich bei meinem offiziellen Besuch mit Ministerpräsident Yasuhiro Nakasone zusammen, der damals kein Regierungsamt innehatte, sondern als Generalsekretär der Liberaldemokraten zweiter Mann in der Partei war. Unsere Zusammenkunft ging auf seine Initiative zurück. Unter den japanischen Politikern zeichnete er sich dadurch aus, daß er dem Gedanken wirklicher Freundschaft mit der Sowjetunion besonders aufgeschlossen gegenüberstand. Außerdem hatte sich die internationale Lage gerade beträchtlich verbessert, so daß solide Gründe auf Fortschritte in den sowjetisch-japanischen Beziehungen hoffen ließen.

Ich sagte also zu Nakasone: »Schon ein kurzer Blick auf die Landkarte zeigt, daß Japan und die Sowjetunion in Frieden leben müssen. Ebendas wünscht die Sowjetunion. Das ist keine Eintagsfliege, sondern die Basis unserer Betrachtungsweise.«

Nakasone entgegnete unzweideutig: »Wir sind für den Ausbau der sowjetisch-japanischen Beziehungen, deren Bedeutung für den Frieden in Fernost ich ausdrücklich unterstreichen möchte.« Er fügte hinzu: »Ich teile die Auffassung der japanischen Politiker, die den Versuch, die Differenzen zwischen der UdSSR und China auszunutzen, für sinnlos und letztlich sogar den japanischen Interessen abträglich halten.«

Damals sah es so aus, als denke Nakasone realistisch und begreife die Wichtigkeit guter Beziehungen mit der UdSSR. In der Liberaldemokratischen Partei hatte er sich allerdings den Ruf eines Konservativen erworben und sich kräftig für eine Erhöhung des japanischen Militärpotentials ausgesprochen. Er soll gesagt haben: »Japan muß ein nicht versenkbarer Flugzeugträger werden.« Aber ein ehrlicher Mann, der sich um das Wohl seines Volkes sorgt, gibt seine Fehler zu und hilft seinem Land auf dem Weg zum Frieden weiter. Ich möchte immer noch glauben, daß sich bei den japanischen Politikern letzten Endes die Vernunft und der Wirklichkeitssinn durchsetzen werden.

Nakasone wurde 1982 Ministerpräsident. Leider sind seine Reden inkonsequent; einerseits hält er Zusammenarbeit für notwendig, andererseits erhebt er wieder die grundlosen Territorialansprüche gegen uns.

Am 14. März 1985 empfing Generalsekretär Gorbatschow Nakasone im Kreml und führte mit ihm in meinem Beisein ein kurzes Gespräch über ein paar Schlüsselfragen. Gorbatschow bekräftigte die sowjetische Bereitschaft zu beiderseits nützlichen Kontakten mit Japan, worauf Nakasone seine alten Territorialforderungen wieder vorbrachte, wenn auch etwas taktvoller als zu Hause.

Nakasones Stil ist ungewöhnlich. Bei Beginn eines Gesprächs nimmt er eine bestimmte Körperhaltung ein und bleibt dann reglos sitzen, wobei sein Gesicht undurchdringlich bleibt. Seine Selbstbeherrschung ist phänomenal. Damit will ich nichts Nachteiliges gesagt haben. Jeder soll dem Stil folgen, bei dem er sich am wohlsten fühlt, solange er die Grenzen des Anstands einhält. Ich erwähne es nur, weil ein solches Verhalten nicht gerade alltäglich ist.

Die heutigen sowjetisch-japanischen Beziehungen zeigen sonnenklar, daß gutnachbarschaftliche Beziehungen beiden

Ländern Vorteile bringen. Bedauerlicherweise liegt diese Betrachtungsweise den heute für die Wirtschaft Japans Verantwortlichen fern. Vielmehr hat sich die derzeitige japanische Führung der Erhöhung des Militärpotentials verschrieben, das sie in die globale Konfrontationsstrategie einzupassen sucht.

In einem freimütig geführten Sachgespräch mit Außenminister Abe anläßlich der UNO-Generalversammlung im September 1984 sagte ich ihm, meiner Meinung nach führe die Außenpolitik Tokios zu einem Verlust an persönlicher Identität in internationalen Angelegenheiten und unterhöhle so seine Autorität. Offenbar gierten gewisse Kreise in Japan nach Panzern, Kriegsschiffen und riesigen Waffenlagern. Sie sehnten sich nach der Rückkehr in die Vergangenheit, die dem japanischen Volk so viel Leid beschert habe, und das müsse einfach auf die sowjetisch-japanischen Beziehungen Schatten werfen.

Dann versicherte ich Abe: »Entschließt sich Tokio zur guten Nachbarschaft, dann wird unser Land ein Partner Japans im Kampf um die Verringerung der Spannung in der Welt sein. Zugegeben, die japanische Führung spricht sich für eine Verbesserung der Beziehungen zur UdSSR aus - aber läßt sich das Verhalten Tokios wirklich als Schritt in diese Richtung bezeichnen? Um auch nur eine Spur davon zu entdecken, bräuchte man ein sehr starkes Vergrößerungsglas.«

Weiteren Auftrieb erhielten unsere Beziehungen mit den Vorschlägen Gorbatschows in Wladiwostok am 28. Juli 1986 für eine Ausweitung der wirtschaftlichen Zusammenarbeit in den Küstengebieten, die Schaffung gemeinsamer Unternehmungen in beiden Ländern nahe liegenden Gebieten, die Zusammenarbeit bei der Langzeiterforschung der Meeresressourcen und die Kombination von Programmen für die friedliche Erforschung und Nutzung des Weltraums. Auf diese Weise könne die »Wirtschaftsdiplomatie«, die den Japanern so sehr liege, auch der sowjetisch-japanischen Zusammenarbeit zugute kommen. Mit der Wladiwostok-Rede wurde die sowjetische Position in allen Grundfragen der Politik im Pazifik bekräftigt. Sie stellt eine breite Plattform für die Zusammenarbeit im

Interesse des Weltfriedens und der Sicherheit dar und vermeidet gleichzeitig die verengte Sicht auf die bloßen Interessen eines bestimmten Landes.

Ich bin überzeugt, daß die sowjetisch-japanischen Beziehungen eine große Zukunft haben können. Der Sowjetunion liegt eindeutig an einem Ausbau der Beziehungen mit dem Land der aufgehenden Sonne, doch sind in den letzten Jahrzehnten leider kaum mehr als ein paar wirtschaftliche Abmachungen möglich gewesen. Politisch denken die Japaner immer noch in Kategorien des kalten Krieges, und das ist sehr schade. Es steht ganz und gar nicht im Einklang mit der heutigen Wirklichkeit und behindert die Einrichtung neuer Beziehungen auf der Grundlage eines politischen Denkens, das dem Ende des 20. Jahrhunderts gemäß wäre. Moskaus Position ist absolut klar: Die Lage hat sich qualitativ verändert und bietet Chancen für große Durchbrüche; es ist an der Zeit, daß wir uns geradewegs ins Auge blicken und uns daranbegeben, eine Basis der Zusammenarbeit zu errichten, die zwei so großen Staaten geziemt.

Als Menschen des 20. Jahrhunderts können wir die phantastischen Möglichkeiten, die sich vor uns auftun, noch kaum erahnen. In gewisser Weise tragen wir die Scheuklappen alter Stereotype und waren entweder nicht fähig oder nicht willens, sie abzulegen. Die Japaner haben ein Sprichwort: »Die Zeit vergeht pfeilschnell«, und damit haben sie recht. Doch die Klugheit verleiht dem Menschen Schwingen und hilft ihm, der Zeit voranzueilen.

Der Umbau der sowjetischen Wirtschaft ist auf gutem Weg und wird bald eine breitentwickelte Region schaffen in dem, was wir den Fernen Osten und die Japaner den Nahen Nordwesten nennen. Wissenschaft, Technik und die Ressourcen beider Länder können für sowjetisch-japanische Beziehungen eines neuen Typus die wirtschaftliche Basis abgeben. Menschen mit glänzenden und erhebenden Zukunftsideen können in der Gegenwart Beachtliches leisten.

Der Sieg über Deutschland und Japan bot der Sowjetunion weitgehend eine erstmalige Chance zum Ausbau ihrer Bande mit den Ländern Südostasiens und Ozeaniens.

Eines dieser Länder ist Indonesien. Als die Fahne der indonesischen Unabhängigkeit entfaltet wurde, gab es im unabhängigen Indonesien keinen einzigen Sowjetvertreter, und noch kein indonesischer Würdenträger hatte die UdSSR besucht. Dennoch hegte das indonesische Volk den wachsenden Wunsch nach Freundschaft mit der Sowjetunion, wußte es doch instinktiv, daß unser sozialistischer Staat durch seine bloße Existenz viel zum Zusammenbruch des kolonialen Unterdrückungssystems beigetragen hatte.

Begibt sich ein neu entstandener Staat auf den Weg zu seiner Entwicklung, so steht oft eine herausragende Gestalt auf und hinterläßt ihre Spur in seiner Geschichte. Solche Persönlichkeiten können manchmal auch zur Last werden und den Fortschritt einer Gesellschaft bremsen, aber es gibt viele andere Beispiele von Einzelpersonen, die ihr Schicksal edel mit dem ihres Volkes verwoben haben.

Ein solcher Mann war Sukarno, dem die Indonesier den Beinamen »Vater der Republik« gegeben haben. Unter der Kolonialherrschaft hatte Sukarno zwar die Anliegen des Volkes erkannt, bekannte sich aber nicht zum Sozialismus und begab sich nicht daran, Indonesien nach sozialistischem Vorbild zu verwandeln. Mit dem Banner der Unabhängigkeit in der Hand verteidigte er bei der Überwindung der wirtschaftlichen Rückständigkeit des Landes die Interessen der nationalen Bourgeoisie.

Meine Begegnung mit ihm als Staatsoberhaupt hinterließ einen lebhaften und farbenfrohen Eindruck. Als Außenminister gehörte ich zu einer von Chruschtschow geleiteten sowjetischen Delegation und konnte 1960 den indonesischen Präsidenten zwölf Tage lang beobachten. Er ließ uns kaum eine Stunde allein, und wir alle staunten über seine Tatkraft. Er konnte verhandeln, seine Gäste glänzend bewirten und zugleich den gesamten Regierungsapparat in Gang halten.

Er war ein Meister im Erbitten von Gunsterweisen, hauptsächlich wirtschaftlicher Art. Jeden Wunsch begleitete eine ausladende Erläuterung der wirtschaftlichen, politischen, historischen und psychologischen Hintergründe. Manchmal hatte man den Eindruck, gleich breche der Präsident in Tränen aus.

Das konnte man ihm unmöglich zum Vorwurf machen. Indonesien versuchte gerade, auf die Beine zu kommen. Es fehlte praktisch an allem, die Industrie befand sich noch in den Anfängen, die Landwirtschaft war primitiv, und der Handel und das gesamte Finanzwesen lagen in der Hand von Ausländern. Einige Jahre lang gab die Sowjetunion deshalb Indonesien beträchtliche Hilfe zur Entwicklung von Industrie und Landwirtschaft.

In Indonesien bestand auch ein akuter Mangel an Erfahrung in öffentlicher Verwaltung und Außenpolitik, und dies erklärt sicherlich zum Teil Sukarnos und seiner Regierung unschuldige Vorliebe für das öffentliche Zeremoniell. Nun hatte das Land endlich seine eigene Flagge und Nationalhymne, und so mußten sie auch ausgiebig gezeigt werden. Selbst beim kleinsten Anlaß wurde die Nationalhymne gespielt, manchmal gleich zweimal. Möglicherweise gefiel das der Bevölkerung, aber nach und nach muß sie sich wohl daran gewöhnt haben.

Als Staatsoberhaupt und beherrschende politische Figur zeigte Sukarno in Gespräch und Verhandlung, daß er wußte, was er wollte und was sein Land brauchte. Der gebildete und umgängliche Sukarno fiel mir als ein sehr fähiger Mann auf. Da ihn die Politik Indonesiens völlig absorbierte, interessierte ihn die Ideologie oder Weltanschauung anderer herzlich wenig. Er dachte gerne in klaren Kategorien - Kolonialismus und Unabhängigkeit, reich und arm, Sozialismus und Kapitalismus, Krieg und Frieden -, und das tat er meisterhaft und überzeugend.

Sukarno war ein hervorragender Redner und wußte genau, was sein Publikum hören wollte. Er liebte es, seinen Gästen Unterhaltung zu bieten, und hatte ein besonderes Faible für Tanz, den er in jedem freien Augenblick organisierte. Er selbst war ein ausgezeichneter Tänzer, seine indonesische Frau Hartini war ihm ebenbürtig, und es heißt, auch seiner zweiten Frau, einer Japanerin, habe er das Tanzen beigebracht.

Sukarnos politischer Sturz geschah 1967, einer tragischen Zeit in der Geschichte Indonesiens, in der viele unschuldige Köpfe rollten.

Doch die internationalen Ereignisse schreiten weiter. Mittlerweile haben die sowjetisch-indonesischen Beziehungen eine 30jährige Probezeit bestanden, und waren sie auch nicht immer makellos glatt, so hat sich doch eine umfängliche Erfahrung mit der Zusammenarbeit angehäuft, die weiter ausgebaut werden muß.

In Gesprächen mit dem indonesischen Außenminister Moktar Kasumaatmaja bei dessen offiziellem Besuch in der UdSSR im April 1984 stellten beide Seiten befriedigt fest, daß unsere Haltung in einer Reihe von internationalen Schlüsselfragen nahe beieinanderlag. Es gibt allerdings in Indonesien gewisse einflußreiche Gruppen, denen weniger daran gelegen ist, daß ihr Land eine demokratische Entwicklung verfolgt, und mehr daran, seine Unabhängigkeit zu gleich welchen militärischen Kosten zu stärken.

Nach dem Zweiten Weltkrieg begaben sich die Philippinen ebenfalls auf den Weg zur Unabhängigkeit. In den USA wurde viel darüber geschrieben und geredet, die Unabhängigkeit der Philippinen müsse geachtet werden, aber seitdem die amerikanische Spielart an die Stelle des spanischen Kolonialismus getreten ist, haben die USA die Philippinen in Wirklichkeit kaum anders denn als fernen »Hinterhof« betrachtet.

Viele Jahre lang beuteten amerikanische Monopole das philippinische Volk schamlos aus, doch konnten sie die Stellung nicht länger halten, als das britische Empire aus den Angeln fiel und dasselbe Schicksal auch die französischen, belgischen und niederländischen Kolonien ereilte. 1946 wurden die Philippinen deshalb für unabhängig erklärt. Doch der Unabhängigkeitsprozeß kann bis heute nicht als abgeschlossen gelten, denn immer noch gibt es dort amerikanische Stützpunkte mit allem, was das bedeutet.

1976 wurden zwischen der UdSSR und den Philippinen diplomatische Beziehungen aufgenommen, die sich seitdem normal entwickelt haben, vor allem in Handel und Kultur.

Präsident Marcos und seine Regierung vertraten die Interessen der privaten Großgrundbesitzer und der »Comprador-Bourgeoisie« - der Zwischenhändler, die an ausländische Käufer weiterverkaufen. Unter seiner Herrschaft wurde das Land immer mehr von den USA abhängig, die aus historischen Gründen im politischen und wirtschaftlichen Leben des Landes tiefe Wurzeln geschlagen haben. Immerhin kam Präsident Marcos im Juni 1986 zu einem Staatsbesuch in die UdSSR, und wie stets führten wir freundschaftliche Gespräche, bei denen beide Seiten die Notwendigkeit zur Vertiefung der Beziehungen betonten.

Seit der Veränderung der philippinischen Führung von 1986 steht die UdSSR weiterhin zum Ausbau der guten Beziehungen bereit, und wir hoffen, daß die neue Regierung unter Corazón Aquino alles bislang in unseren Beziehungen Erreichte bewahren und darauf aufbauen wird.

Afrika! So exotisch das klingt, so bitter ist die Realität, die von Wirtschaftskrisen, einem Kaleidoskop von Staatsstreichen der Armee und von der ständigen Hungersnot gekennzeichnet ist, die Jahr für Jahr Millionen dahinrafft, vor allem Kinder.

Das Leben in Nordafrika - Ägypten, Algerien, Tunesien und Marokko - konnte ich mit eigenen Augen sehen, nicht nur in der schweren Zeit des Zweiten Weltkrieges, sondern auch, als die Afrikaner für ihre Unabhängigkeit kämpften. Am meisten fielen mir die Armut, die armseligen Unterkünfte und eine völlige Apathie auf.

Afrika hat große Veränderungen durchgemacht. Blickt man aus dem späten 20. Jahrhundert auf seine Geschichte zurück, so lassen sich einige Schlußfolgerungen ziehen.

Längst ehe der Kolonialismus auftauchte, besaß Afrika schon

seine eigene Kultur. Hier, sagt die Wissenschaft, habe der erste Mensch seine ersten Schritte getan. Doch die uralten afrikanischen Staaten konnten dem Druck der Europäer nicht widerstehen, die in der einen Hand die Bibel, in der anderen das Gewehr hielten. Südlich der Sahara wurde die europäische Eroberung zudem durch das Analphabetentum und die Aufsplitterung und Schwäche der nach Stämmen und religiösem Kult gegliederten afrikanischen Gesellschaft erleichtert. Infolgedessen stießen die »zivilisierenden« Heere bis ins Herz des Kontinents vor.

Die wirtschaftliche Entwicklung des vom Sklavenhandel fatal geschwächten Kontinents wurde durch den Kolonialismus noch weiter aufgehalten. Die Menschen verloren das Zutrauen zu ihrem eigenen Können, die Landbebauungsmethoden stagnierten, und zu Ende des 19. Jahrhunderts befand sich das gesamte afrikanische Territorium mit seinem unendlichen Potential billiger Arbeitskräfte in der Hand der Kolonialisten.

Mit der vernichtenden Niederlage des Faschismus waren aber 1945 auch die Tage des Kolonialismus gezählt, und Anfang der achtziger Jahre hatte die überwältigende Mehrheit der afrikanischen Länder die Unabhängigkeit erlangt. Doch diese neue Freiheit wird weiterhin durch die wirtschaftliche Abhängigkeit von den europäischen Machtzentren der Wirtschaft eingeengt. Oft werden die Preise der afrikanischen Exporte gedrückt und die Kosten der Importfertigwaren aufgebläht; das alte Muster der wirtschaftlichen Unterdrückung wiederholt sich.

Andererseits haben die afrikanischen Politiker in den letzten 25 Jahren an Gewicht gewonnen, ihre eigenen Leistungen und Fehlschläge untersucht und ihr einstiges Unterlegenheitsgefühl abgelegt. Nun brauchen nur noch die gesunden Elemente in Afrika in Gang gesetzt, die lokale Kultur gestärkt und Hand in Hand damit Wissenschaft und Technik entwickelt zu werden.

Es stellt sich die Frage, ob die Afrikaner das aus eigener Kraft schaffen werden? Ich glaube nicht. Übersteigt der Bevölkerungszuwachs die Nahrungsmittelerzeugungsrate, dann ist es um die wirtschaftlichen Möglichkeiten für den Fortschritt grausam schlecht bestellt. Es obliegt also der Völkergemeinschaft, die richtige Hilfe zu gewähren, und es ist an der Zeit, daß die Länder, die einst in Afrika Kolonien unterhielten, diese Schuld begleichen.

Bei Kriegsende waren in Afrika nur Äthiopien, Ägypten, Liberia und die Südafrikanische Union unabhängig. Heute gibt es in den Vereinten Nationen über 50 unabhängige afrikanische Mitgliedstaaten, und bei der Unabhängigkeit jedes einzelnen hat die Sowjetunion konsequent eine Politik der Aufnahme der Beziehungen und Entwicklung der gegenseitig vorteilhaften Zusammenarbeit verfolgt.

Im Gegensatz dazu hatten sich die einstigen Kolonialmächte dazu entschlossen, »wegzugehen, um bleiben zu können«. Die tragischen Ereignisse von 1960 in Zaire, dem einstigen Belgisch-Kongo, sind insoweit erinnerungswürdig. Als am 30. Juli 1960 die Unabhängigkeit des Kongos ausgerufen wurde, entdeckten die Kolonialisten schnell, daß die neue Regierung unter Patrice Lumumba wirkliche Unabhängigkeit anstrebte. Also beschlossen sie, die wertvollste Kongoprovinz Katanga mit ihrem Kupfer, ihren Edelsteinen, Uranvorkommen und Goldminen abzuspalten. Die Ereignisse nahmen eine dramatische Wendung. Eine Revolte der Armee wurde angezettelt, damit die Kolonialisten unter ihrem beliebten Vorwand, »Menschenleben und Eigentum zu schützen«, schwere belgische Truppeneinheiten einschleusen konnten mit dem Ziel, in Katanga eine Marionettenregierung zu errichten.

Die Lumumba-Regierung war auch nicht nach dem Geschmack der USA, doch Washington beschloß, in noch größerem Maßstab vorzugehen und nicht bloß Katanga, sondern gleich das ganze Land in seine Gewalt zu bringen. Als Werkzeug dazu sollten direkter Terrorismus und subversive Tätigkeit zusammen mit einer Manipulation von UNO-Streitkräften dienen. Heute gibt es jedermann zugängliche, amtliche amerikanische Veröffentlichungen, die auf Tag und Stunde genau zeigen, wie Washington Lumumba loszuwerden gedachte, wie Präsident Eisenhower das Verbrechen sanktionierte, wie die CIA-Agenten und ihre Komplizen, die es auszuführen hatten, genau hießen und welche Mittel sie zur Auslöschung des Chefs der legitimen kongolesischen Regierung anwandten. Das von den USA ausgeheckte Komplott gegen einen hervorragenden Sohn Afrikas, das das Gebiet auf Jahre hin in Unruhen stürzte, ist ein unübersehbares Beispiel dafür, was sich hinter dem Washingtoner Anspruch auf »moralische Führung der Welt« tatsächlich verbirgt.

Als die UdSSR und Mexiko 1926 diplomatische Beziehungen aufnahmen, war Alexandra Kollontai unsere erste Botschafterin, mit der ich viele Jahre später Freundschaft schloß und die unseren Beziehungen eine seither anhaltende Vorwärtsrichtung gab.

Eine wichtige Schwelle in unseren Beziehungen wurde 1938 überschritten, als die Regierung unter Lázaro Cárdenas die Erdölindustrie des Landes verstaatlichte und damit der Herrschaft der amerikanischen Ölmonopole den Garaus machte. Die Mexikaner wußten, daß die UdSSR mit diesem Schritt sympathisierte, auch wenn er eine innere Angelegenheit war.

Die Beziehungen wurden 1940, als eine reaktionäre Regierung kam, vorübergehend abgebrochen, aber 1942 wiederaufgenommen, als Mexiko Nazi-Deutschland den Krieg erklärte. Während meiner Zeit in Washington bin ich oft mit mexikanischen Vertretern zusammengekommen, darunter auch mit Luis Quintanilla, der vor seiner Zeit als Botschafter in Moskau mexikanischer Gesandter in der amerikanischen Hauptstadt war. Die mexikanischen Diplomaten, die ich kennenlernte, hegten alles in allem gesunde politische Anschauungen und waren vor der amerikanischen Politik stets auf der Hut. Offenbar hatte die lange amerikanische Ausbeutung der Naturschätze Mexikos im nationalen Bewußtsein eine tiefe Narbe hinterlassen.

Ich weiß noch, wie der mexikanische Botschafter einmal das

Gespräch auf den damals in Mexiko im Exil lebenden Trotzki brachte.

Er sagte: »Dieser Emigrant ist für die Mexikaner von keinerlei Interesse. Wenn man durch die Straße fährt und an Trotzkis Haus vorbeifährt, kann man die Leute völlig gleichgültig sagen hören: ›Ach, hier wohnt übrigens irgend so ein Emigrant aus Rußland.‹ Für die Leute ist er ein ziemlich langweiliges Museumsstück.«

Ich sagte darauf: »Das kann ich schon verstehen.«

Ich gewann deutlich den Eindruck, daß – als dieser gewesene Politiker in die Vergessenheit abwanderte – die mexikanische Regierung erleichtert aufatmete.

16. Kapitel
Die nahöstlichen Scheidewege

Wieviel die Sowjetunion zur Regelung des Nahostproblems unternommen hat, ist allgemein bekannt. Zahllose Vorschläge und endlose Zusammenkünfte mit Vertretern fremder Mächte dienten diesem Zweck. In erster Linie unterstützt die Sowjetunion die legitimen Forderungen des arabischen Volkes.

Mit dem Angriff Israels auf Ägypten, Syrien und Jordanien erhielt 1967 die Frage neue Aktualität, ob man zulassen soll, daß ein Aggressor das von ihm besetzte Gebiet als politische Verhandlungsmasse benutzt, und ihn also für sein Verbrechen noch belohnen soll. Darf man hier Nachsicht vor Recht ergehen lassen? Vor diese Wahl sahen sich die Staaten durch die Ereignisse gestellt. Nach sowjetischer Auffassung muß alles für einen sofortigen Rückzug der Truppen getan werden. Unsere Unterstützung der arabischen Länder hat zwar dem israelischen Aggressor die Flügel nicht gerade wenig gestutzt, aber wegen der unaufhörlichen Intrigen Israels, seiner Komplizen und Beschützer ist die Lage im Nahen Osten weiterhin kritisch.

1973 verbuchten die sowjetische Diplomatie und die Bemühungen anderer rechtschaffener Länder mit der Einberufung der Nahost-Friedenskonferenz in Genf einen beachtlichen Erfolg.

Auf ihr erläuterte ich die sowjetische Haltung so: »Wir fordern den Rückzug der israelischen Truppen aus allen besetzten arabischen Gebieten und die Anerkennung des legitimen Rechtes der Palästinenser auf Errichtung eines eigenen Staates. Wir sehen wirksame Garantien für das unabhängige Existenzrecht aller Völker des Nahen Ostens, einschließlich Israels, unter friedlichen Bedingungen vor.«

Im Einklang mit dieser Linie verurteilten und verurteilen die UdSSR und viele andere Länder Israel wegen seiner aggressiven Handlungen.

Das Ausscheren Ägyptens aus dem arabischen Block versetzte den Belangen der gesamten arabischen Welt einen schweren Schlag. Das Unwahrscheinlichste war eingetroffen. Ägypten hatte sich bereit erklärt, mit dem israelischen Aggressor zu verhandeln, und Washington und Tel Aviv rieben sich die Hände.

Das alles geschah, nachdem Gamal Abdel Nasser von der Bühne abgetreten war, ohne dessen Erwähnung meine Erinnerungen an die Politiker und Staatsmänner der Welt um einiges ärmer wären, trat doch während seiner Regierungszeit die größte Verbesserung der sowjetisch-ägyptischen Beziehungen ein. Symbolhaft für jene Zeit steht das Licht, das Ägypten aus dem Assuan-Damm bezieht, der mit aktiver Beteiligung der Sowjetunion gebaut wurde. Er liefert den schlagenden Beweis, daß Freundschaft mit der UdSSR konkrete Vorteile bringt. Die Fortschritte in unseren Beziehungen waren weitgehend Nassers Erkenntnis zu verdanken, daß Ägypten vom Westen keine Hilfe zu gewärtigen hatte, weder bei der Entwicklung seiner Wirtschaft noch bei der Stärkung seines Verteidigungspotentials noch bei der Befreiung der von Israel eingenommenen arabischen Gebiete. Wie oft habe ich Nasser sagen hören, nie dürften die Araber vor Israel kapitulieren: »Alle von Israel besetzten arabischen Gebiete müssen befreit werden.«

Von der ersten bis zur letzten Begegnung war Nasser der UdSSR stets freundschaftlich gesinnt. Er schätzte die Hilfe, die wir für den Assuan-Damm gaben, als edle Geste unsererseits. Er glaubte an die UdSSR. Desgleichen unterhielt Ägypten unter Nasser freundschaftliche Beziehungen mit den anderen sozialistischen Staaten. Er gehörte zu den Vätern der Bewegung der Blockfreien und verhalf ihr zu weitgespannten Aktivitäten.

Gegenüber den imperialistischen Ländern - ganz zu schweigen von Israel - blieb Nasser kompromißlos. Konzessionen kamen für ihn überhaupt nicht in Frage. Mehr als einmal sagte er zu mir: »Man darf den Politikern der großen westlichen Länder nicht glauben. Sie täuschen die Araber, wo sie nur können.«

Nun darf man nicht meinen, Nasser habe sich sofort darangegeben, die elitäre Gesellschaftsstruktur Ägyptens zu verändern. Die Revolution von 1952, mit der die Monarchie gestürzt wurde, war unter Führung einer Offiziersgruppe von der Armee ausgelöst worden; sie besaß keinerlei theoretische Grundlagen für die künftige Entwicklung des Landes. Nasser selbst sagte das. Ihr Hauptziel war die Unabhängigkeit Ägyptens.

Aber das Los der arbeitenden Menschen, insbesondere der Fellachen, die 75 Prozent der Bevölkerung ausmachen, mußte verbessert werden, und ebendas sollte die Agrarreform von 1952 bewirken. Ägypten war das erste Land des Nahen Ostens und Afrikas, das eine derartige Reform in Angriff nahm, und niemand, nicht einmal Nasser, hätte erwartet, daß sie den Feudalismus so gründlich erschüttern würde. Auf das Leben der Subsistenzbauern wirkte sie sich vorteilhaft aus.

Langsam, aber sicher dämmerte Nasser, daß sich das Land nur dann erfolgreich entwickeln konnte, wenn auch die sozialen und wirtschaftlichen Probleme gelöst wurden. Daraufhin wandte er sich mehr den Sozialwissenschaften zu einschließlich des Marxismus-Leninismus, und sah sich die sowjetische Erfahrung näher an. Daraus ergab sich ganz natürlich, ja unvermeidlich, daß er die Wirtschaft nach einem bestimmten Plan entwickeln wollte, das Vorhandensein eines Klassenkampfes in der ägyptischen Gesellschaft erkannte und zur politischen Stützung des Regimes eine Partei wünschte.

Wann immer er mit uns zusammentraf, war Nasser stets aufmerksam. Mir gefiel seine Art der Gesprächsführung. Lan-

Mit Gamal Abdel Nasser traf ich mehrmals zusammen. Dieses Foto wurde 1969 im Präsidentenpalast in Kairo aufgenommen *(oben)*.

Mit Hafez Assad in Damaskus, 1980 *(unten)*.

ges Palaver war ihm zuwider, die Erörterung einer Tagesordnung hielt er für reine Zeitverschwendung. Meist lehnte er sich im Sessel zurück, nannte das zu behandelnde Thema und legte kurz seine Meinung dar. Ob er als erster oder als zweiter redete, war ihm gleichgültig.

Den Rückblick auf die Geschichte sparte er sich. Natürlich war er auf die Altertümer seines Landes stolz, aber mehr aus patriotischem Pflichtgefühl im Gespräch mit Ausländern. Bewunderte man die Pyramiden, dann pflegte Nasser zu scherzen, und einmal sagte er zu mir: »Wozu haben die exzentrischen Pharaonen sie bloß gebaut? Für das arbeitende Volk sind sie heute genauso nutzlos wie damals.«

Mag er auch nicht immer gewußt haben, was für die Zukunft am besten war, so betonte er doch unablässig: »Alles muß sich den Bedürfnissen des Volkes unterordnen.«

Nie habe ich erlebt, daß er die Stimme hob, nicht einmal, wenn er von Israel und vom Imperialismus sprach. Jegliche Emotionalität schien ihm fremd, aber das war natürlich eine Folge seiner bemerkenswerten Selbstbeherrschung. Oft sah und hörte ich ihn vor Versammlungen sprechen, meist anhand eines vorbereiteten Textes. Seine Stimme war ziemlich leise, klang aber überzeugend. Obwohl er auf Redekunst nicht weiter Wert legte, lösten seine Worte doch stets Begeisterung aus.

Nasser und seine Familie lebten bescheiden. Ihr Haus in Kairo, wo ich mehrfach Gast war, unterschied sich kaum von anderen Häusern und zeigte keinerlei Luxus. Für königliche Gemächer hatte er keine Zeit, und offenbar schätzte die Bevölkerung das. Er prahlte auch nie mit seiner Position oder Macht als Präsident, obwohl er gewaltige Autorität besaß.

Doch selbst für seine kräftige Konstitution war die Last der Verantwortung zu schwer, und er begann zu kränkeln. Nach einer Kur im Kaukasus ging es ihm etwas besser, aber er wäre nicht Nasser gewesen, hätte er nach seiner Rückkehr nach Kairo den Rat seiner Ärzte, darunter auch sowjetischer, befolgt und sich aus dem politischen Getümmel herausgehalten.

Einmal sagte er in Kairo zu mir: »Nach der Rückkehr aus

dem Kaukasus war ich zu 75 Prozent fit und zu 25 Prozent krank. Aber an den 25 Prozent bin ich selber schuld.«

Wenige Monate später, im September 1970, starb diese bemerkenswerte Gestalt.

Selbst auf die Gefahr einer Übertreibung der Rolle eines einzelnen in der Nahostgeschichte hin glaube ich sagen zu können, daß die dortige Lage heute viel besser aussähe, wenn er noch ein paar weitere Jahre gelebt hätte. Schließlich hatte Nasser schon zu Lebzeiten als mächtiger Katalysator für das Erwachen der Araber, ihr Selbstbewußtsein und die Wahrnehmung ihrer legitimen Rechte gewirkt, und allein das war eine historische Leistung.

Die Geschichte Ägyptens ist voll der plötzlichen Kehrtwendungen. Auf Nasser folgte Anwar as Sadat. War Nasser ein Vorkämpfer für Ägyptens Sicherheit und die legitimen Interessen der Araber gewesen, so legte Sadat eine wahrlich erstaunliche Gleichgültigkeit gegenüber beidem an den Tag.

Als Nasser noch am Ruder war, galt Sadat erstaunlicherweise als sein treuer Gefolgsmann. Doch wer Sadat näher kannte, nahm sich vor ihm stets in acht und vermutete, daß auch Nasser ihm nicht recht über den Weg traute. Der sowjetischen Führung jedenfalls waren über Sadat eindeutig negative Hintergrundinformationen zugegangen, und es ist zu vermuten, daß diese auch Nasser bekannt waren. Jedenfalls geht man davon aus, daß Nasser ihn selbst als Vizepräsident nicht in seine wichtigsten Pläne einweihte.

Sadats politische Geschichte ist sehr aufschlußreich. Zu seiner Zeit war er an terroristischen Anschlägen beteiligt, gehörte der Moslem-Bruderschaft an, sympathisierte mit Hitler und dessen rassistischer Philosophie, bewunderte Sozialdemokraten des rechten Flügels und erwies sich als tollwütiger Gegner der kommunistischen Ideologie. Es ist eine Ironie des Schicksals, daß er von ebenden Moslembrüdern getötet wurde, deren glühender Anhänger er einstmals gewesen war.

Ich erinnere mich an eine Fahrt nach Alexandria anläßlich eines Ägyptenbesuches einer von Chruschtschow geleiteten sowjetischen Delegation im Mai 1964. Nasser und Chruschtschow saßen im ersten Wagen der Kolonne, Sadat und ich im zweiten. Die Fahrt dauerte drei Stunden, so daß wir viel Zeit zur Unterhaltung hatten.

Tatsächlich erwies sich Sadat denn auch als sehr gesprächig. Ich hatte den Eindruck, daß er es sich zur Aufgabe gemacht hatte, ein und denselben Gedanken in unzähligen Variationen vorzutragen, nämlich: »Ägypten und die UdSSR sind von Natur aus Verbündete.«

»Ägypten und seine Führung sind der Freundschaft mit der Sowjetunion verpflichtet«, sagte er, »und wir bewundern Ihren Erfolg beim Aufbau des Sozialismus.«

Ich dachte, gleich bräche er in den Ruf aus: Es lebe der Sozialismus in Ägypten!

Das tat er aber nicht, sondern fuhr fort: »Die ägyptische Führung will eine Situation erreichen, in der wie in der UdSSR das Volk das Land regiert und nicht eine dünne Gesellschaftsschicht.«

Meinerseits bemerkte ich: »Selbstverständlich muß das Volk eines jeden Landes das Recht haben, sich das Gesellschaftssystem auszusuchen, unter dem es leben will. Natürlich freut es uns Sowjets, wenn wir sehen, daß sich der Sozialismus durchsetzt, denn wir sind überzeugt, daß die Zukunft der sozialistischen Umwandlung gehört.«

Sadat erwiderte: »Davor haben wir überhaupt keine Angst. Wir sind selbst bei etwas angelangt, was man in einem sozialistischen Land vielleicht als Umwandlung der Gesellschaft im Embryostadium bezeichnen würde.« Erläuternd fügte er hinzu: »Ich denke an Landwirtschaftsbetriebe, in denen Grund und Boden und die Produktionsmittel Staatseigentum und nicht Privateigentum sind.«

Einen solchen Betrieb, auf dem sowjetische Ausrüstung benutzt wurde, besichtigten wir denn auch in Nordägypten, aber aus allem, was wir sahen und hörten, ließ sich kaum schließen, inwieweit dieser und andere Betriebe diese Art sozialen Einflusses ausübten. Vermutlich handelte es sich lediglich um Versuchsobjekte in einem frühen Stadium.

Sadat und ich waren noch in unser Gespräch über die sowjetisch-ägyptische Freundschaft vertieft, als ich kurz vor Alexandria aus dem Wagenfenster blickte. Vor meinen Augen lag das Mittelmeer.

Ich sagte zu Sadat: »Schauen Sie, da ist das Meer!«

Er sagte ganz ruhig: »Bis zur Küste sind es noch 20 Kilometer.«

»Aber da ist es doch, vor unseren Augen«, insistierte ich.

Er erklärte: »Das ist nicht die Küste. Es handelt sich um eine echte Fata Morgana, wie man sie auf dieser Höhe häufig sieht.«

Das war das erste und einzige Mal, daß ich eine Fata Morgana erblickte.

Einige Zeit später - ich war gerade auf Urlaub in Moskau - kam die Nachricht, Nasser sei gestorben. Millionen Ägypter strömten nach Kairo, um ihm auf dem letzten Weg das Geleit zu geben.

Die Polizei versuchte, die Menge von der Lafette mit dem Sarg abzuwehren, aber Tausende kleiner Fetzen wurden von dem weißen Tuch gerissen, das den Sarg bedeckte.

Nun wurde Sadat Präsident Ägyptens. Anfänglich blieben die sowjetisch-ägyptischen Beziehungen aus reiner Trägheit unverändert, aber im Laufe der Monate zeigte sich immer deutlicher, daß Sadat die Linie Nassers aufgab. In unseren Verhandlungen über Militär- und Wirtschaftshilfe beispielsweise trieb er seine Forderungen systematisch nach oben. Desgleichen nahm er es kaum zur Kenntnis, wenn die sowjetische Seite anhand von Fakten und Zahlen wiederholt den Nachweis führte, daß Ägypten dank unserer Hilfe nicht nur mit Israel gleichgezogen hatte, sondern ihm in einer Reihe von Kategorien überlegen war.

Alle, die damals an den Verhandlungen mit Sadat teilnahmen, stellten fest, daß er jede erdenkliche Möglichkeit suchte, um Schwierigkeiten zu machen, und den sowjetischen Versuchen, das Gespräch wieder auf den Boden der Wirklichkeit zurückzuführen, blieb der Erfolg versagt. Tag für Tag zeigte sich deutlicher, daß Sadat eine Veränderung der sowjetisch-ägyptischen Beziehungen anstrebte, und als wir dann erfuhren, daß ihm Washington mit allerlei Betörungen und Versprechungen in den Ohren lag, merkten wir, daß eine Absprache zwischen Ägypten und den USA in der Luft lag. Ans Tageslicht kam das dann bei Sadats Reise nach Jerusalem im Oktober 1977 und bei der araberfeindlichen Abmachung mit Präsident Carter 1979 in Camp David.

Sadat wußte sehr wohl, was er tat; sein Vorgehen entsprach seiner aufrichtigen Überzeugung. Besonders bitteren Geschmack auf der Zunge hinterläßt die Verleihung des Friedensnobelpreises an Sadat und den israelischen Ministerpräsidenten Begin! Begin, dessen Hände seit jeher mit Araberblut befleckt sind, führte seine Aggressionspolitik gegen friedliche Araber fort, beispielsweise im Libanon, und Sadat, der die Belange der Palästinenser und aller Araber verraten hatte, überließ den USA ägyptisches Territorium zur Nutzung.

Sadat machte politisch total Bankrott. Man hat ihn nach der größten Sandwolke der Menschheitsgeschichte, die vor 3 500 Jahren nach dem Vulkanausbruch von Santorin über Ägypten niederging, die »ägyptische Finsternis« genannt.

Als Person war Sadat stets höflich. Empfing er die Vertreter einer Großmacht, so pflegte er zu fragen: »Möchten Sie lieber Kaffee oder Tee?« Er fragte sogar jeden einzelnen mehrfach und sagte auch zu seinen Dienern: »Bringt auch Fruchtsäfte mit.«

So gab sich Sadat bei sich zu Hause – er war ganz Entgegenkommen und Aufmerksamkeit. Er führte einen durchs Haus, zeigte auf seine Lieblingsphotos, so daß man all die Berühmtheiten sehen konnte, denen er begegnet war.

Im Gespräch verließ nie das Lächeln sein Gesicht. Manchmal dachte ich, er müsse wohl nur für diesen Zweck ein paar Gesichtszüge zusätzlich haben. Meist sprach er mit sanfter, verbindlicher Stimme, die nur für Freundlichkeiten geschaffen schien. Je nach Situation konnte er sie allerdings auch barscher werden lassen.

Ich hatte Gelegenheit, Sadat sowohl am Konferenztisch als auch bei Großveranstaltungen zu beobachten. Als Redner war er mittelmäßig. Bei einer Großversammlung habe ich ihn nie ohne ausführliche Notizen reden hören, aber am Konferenztisch konnte er stundenlang improvisieren. Wurde er nervös und äußerte Beunruhigung wegen etwas, dann widersprach er sich hoffnungslos. Er besaß die ungewöhnliche Fähigkeit, Tatsachen zu verzerren.

Sein Leben lang hat er unter Größenwahn gelitten, aber als er Präsident wurde, wuchs dieser ins Pathologische. Vielen Leuten war es ein Rätsel, warum er eine seiner zahlreichen Residenzen neben den Pyramiden von Gizeh erbaute. Sadat selbst gab des Rätsels Lösung: Er ließ sich in seiner Residenz photographieren, mit den Pyramiden im Hintergrund. Das Photo wurde weit gestreut, und wann immer er in der Residenz fremde Gäste empfing, saß er so, daß sie die Pyramiden immer nur mit ihm davor sehen konnten.

Als ich ihn im März 1974 besuchte, lud er mich zu Gesprächen über den Nahen Osten in diese Residenz ein. Ich war mehrere Stunden bei ihm. Schon war klar, daß er nach Westen tendierte.

Oft sagte er: »Sehen Sie, wie das Volk zu Tausenden zu meinen Gunsten demonstriert.«

Jedermann wußte, daß diese Demonstrationen von den Behörden organisiert und bezahlt wurden.

Bei Sadats Beisetzung bestand der Leichenzug aus ein paar engsten Mitarbeitern, drei früheren amerikanischen Präsidenten, dem israelischen Ministerpräsidenten Begin und einigen ausländischen Delegationen. Kein einziger prominenter Araberstaat war vertreten, und die Straßen Kairos waren wie leergefegt. So beurteilten ihn die Araber.

Im Gegensatz zu Ägypten vertritt Syrien, das andere einflußreiche arabische Land im Nahen Osten, seit langem die Auffassung, Israel müsse die besetzten arabischen Gebiete einschließlich der Golanhöhen freigeben, die es 1967 mit Gewalt genommen hat, und die nationalen Rechte des palästinensischen Volkes und seinen Anspruch auf einen eigenen Staat anerkennen.

Syriens Präsident Hafez Assad, der seit jeher zur israelischen Aggression einen klaren Standpunkt vertritt, verurteilte auch das Abkommen von Camp David. Dieser mächtige und weitschauende, in der arabischen Welt und weit darüber hinaus geachtete Führer weiß, wie wichtig die sowjetisch-arabische Freundschaft ist. In Moskau und bei meinen Reisen nach Damaskus habe ich festgestellt, daß er stets ernsthaft und gut informiert war. Schien der elegant gekleidete, gelegentlich ein Lächeln andeutende Assad auf den ersten Blick auch manchmal etwas wenig effektiv, so war er in Wirklichkeit ein beherrschter und beherzter Mann. Er pflegte dem Gedankengang seines Gesprächspartners aufmerksam zu folgen und verpaßte kein Wort. Nie vergeudete er seine Zeit mit Flüchen auf den Feind, sondern redete immer geradewegs zur Sache. Völlig gleicher Meinung waren wir im übrigen, daß die israelische »Lösung« des Palästinaproblems - die bloße Gewährung der »Verwaltungsautonomie« auf dem Westufer und im Gazastreifen - lediglich einem Viermillionenvolk das Recht auf einen eigenen Staat verweigerte.

Die Verweigerung des Rechtes des palästinensischen Volkes auf einen eigenen Staat durch die USA und Israel steht im Widerspruch zur UNO-Entschließung von 1947, die die Schaffung eines arabischen und eines jüdischen Staates in Palästina vorsah. Diese Entschließung ist nie rückgängig gemacht worden, und die Sowjetunion tritt weiterhin für ihre Verwirklichung ein - aber bislang ist nur der jüdische Staat gegründet worden.

Ich weiß noch gut, wie es war, als die jüdische Bevölkerung Palästinas die eigene Staatsgründung anstrebte. In den damaligen Gesprächen mit sowjetischen Vertretern ließen die jüdischen Politiker keine Gelegenheit ungenutzt, der UdSSR, der

Roten Armee und der sowjetischen Führung dafür zu danken, was sie getan hatten, um die Juden vor Hitlers Gaskammern zu retten. Später äußerten viele israelische Politiker mir gegenüber ihren Dank an die Sowjetunion für die Unterstützung der Schaffung des jüdischen Staates. Doch seit der Staatsgründung verfolgt Israel eine expansionistische Politik. Vielen führenden Israelis bin ich begegnet, und jedem habe ich gesagt, Israel könne sein Glück nicht auf Haß und Feindseligkeit im Nahen Osten bauen. Jeder vernünftige Mensch sieht, wie die arabischen Staaten Jahr für Jahr stärker werden und folglich ihre Stimme in der internationalen Arena immer schwerer wiegen wird. Will Israel wirklich auf immer mit diesen Ländern im Kriegszustand verharren?

Im September 1984 empfing ich anläßlich der UNO-Generalversammlung in New York den damaligen israelischen Außenminister Yitzhak Schamir auf dessen Bitte.

Ich sagte ihm: »Indem die Sowjetunion von Anfang an die Schaffung Israels unterstützte, bekannte sie sich zu dem Prinzip, daß das jüdische Volk das Recht auf Bildung eines eigenen Staates hat, und genauso haben die Palästinenser ein Recht auf den ihren. Das Recht des jüdischen Volkes war durch die im Zweiten Weltkrieg von der bestialischen Hand der Nazis erlittenen Leiden noch verstärkt worden. Und selbst heute, da sich Israel gegenüber der UdSSR nicht gerade freundschaftlich gibt, unterstützen wir jene nicht, die die Liquidierung des unabhängigen Staates Israel fordern.«

Schamir hörte aufmerksam und, wie es schien, verständig zu.

Ich unterstrich das Wesentliche: »Wir halten an dieser Position fest, aber wir verurteilen scharf die Politik Israels, Landstriche zu besetzen, auf die es kein Recht hat. Sie werden sich fragen müssen, ob Israel mit dieser Politik Gewinn oder Verlust gemacht hat. Wir glauben natürlich, daß es Verlust gemacht hat.«

Man kann unmöglich davon ausgehen, daß sich die arabische Welt und die internationale öffentliche Meinung je mit der Expansionspolitik Israels abfinden wird. Es ist hoffnungslos,

Beratungen im Kreml mit Tschernenko und Assad, 1984 *(oben)*.

Mit dem israelischen Premier Schamir *(unten)*. Bei dem Gespräch war ein Dolmetscher zugegen, obwohl Schamir Russisch spricht.

sich auf Gewehrläufe und Bomben verlassen zu wollen. Wenn vielleicht auch nicht schon morgen oder übermorgen, wird doch früher oder später die Gerechtigkeit siegen, und Israel wird das arabische Land den Arabern zurückgeben und innerhalb seiner international anerkannten Grenzen zu leben lernen.

In keiner Gegend der Erde ist das Gemisch aus Staaten so unterschiedlicher politischer und wirtschaftlicher Entwicklungsstufen vielschichtiger als im Nahen Osten. Monarchien wechseln sich mit sozialistischen Ländern ab, und das alles innerhalb eines enggedrängten Territoriums.

Die Sowjetunion ist gegenüber keinem einzigen arabischen Land voreingenommen, weder positiv noch negativ. Wir sind für normale, gute Beziehungen mit ihnen allen, ungeachtet ihrer Gesellschaftsstrukturen. Die Sowjetunion strebt keinerlei egoistische Vorteile oder Gewinne im Nahen Osten an; unsere Rolle ist die eines Nachbarn. Da wir jedoch an die Region angrenzen, können wir nicht bloß unbeteiligte Zuschauer sein. Wir glauben, den besten Weg zu einer Nahostlösung biete eine internationale Konferenz, die zur Unterzeichnung eines Vertrags oder auch mehrerer Verträge mit nachstehenden Komponenten führt: Abzug der israelischen Streitkräfte aus allen 1967 besetzten Gebieten; Verwirklichung der legitimen nationalen Rechte der arabischen Bevölkerung Palästinas einschließlich des Rechtes auf einen unabhängigen Staat; Errichtung einer Friedensordnung, die die Sicherheit und unabhängige Entwicklung aller heute am Konflikt beteiligten Staaten gewährleistet.

17. Kapitel

Die sowjetisch-amerikanischen Beziehungen von Nixon bis Reagan

Der Zweite Weltkrieg hat bildhaft gezeigt, daß gegenseitige Verständigung und Zusammenarbeit zwischen der Sowjetunion und den USA beiden Ländern und der internationalen Sicherheit zum Wohle gereichen.

Die Verbesserung, die Anfang der siebziger Jahre in den sowjetisch-amerikanischen Beziehungen eintrat, ging hauptsächlich auf die aktive sowjetische Außenpolitik zurück, war aber auch der stetigen Zunahme des sowjetischen Einflusses in internationalen Fragen zu verdanken, als die Sowjetunion zur militärischen Parität mit den USA gelangte. Infolgedessen bequemte sich die amerikanische Außenpolitik zu einer realistischeren Sicht der Dinge. In Washington fing man an zu begreifen, daß es nicht im eigenen Interesse lag, mit der UdSSR ständig gespannte Beziehungen zu unterhalten, vielmehr nur die friedliche Koexistenz und die gegenseitige Anerkennung der beiderseitigen Sicherheitsbelange eine verläßliche Basis abgaben.

Die republikanische Regierung unter Richard Nixon kam dem wirklichen Verständnis der Notwendigkeit friedlicher Beziehungen vielleicht am nächsten. Richard Nixon war möglicherweise die umstrittenste Gestalt, die je das Amt des Präsidenten der Vereinigten Staaten innegehabt hatte. Er war 1972 mit einem Erdrutschsieg wiedergewählt worden, mußte jedoch schon zwei Jahre vor dem Ende seiner Amtszeit, im August

1974, zurücktreten, denn ihm drohte wegen der Watergate-Affäre ein Impeachment-Verfahren. Zu dem politischen Skandal war es wegen einer Reihe gesetzwidriger Vorgänge während der Wahlkampagne gekommen, darunter dem versuchten Einbau einer elektronischen Abhöranlage im Hauptquartier der Demokraten im Watergate-Hotel in Washington, Korruption, Drohungen und falschen Zeugenaussagen - wobei jedesmal führende Republikaner sowie hohe Mitglieder von Nixons Stab im Weißen Haus beteiligt gewesen waren.

Watergate wird noch lange die Historiker beschäftigen, ist aber letztlich nichts anderes als ein Symptom des gesellschaftlichen Niedergangs. Die Normen menschlicher Ethik und politischen Anstands gehen denen, die in den USA nach einem hohen Amt streben, ganz einfach ab. Sie wollen unbedingt ans Ruder und glauben deshalb, der Zweck heilige die Mittel. War Nixon etwa schlechter als die anderen? Ganz und gar nicht. Vielleicht bedienen sich die anderen nur geschickterer Methoden.

Dennoch bleibt die Frage relevant: Kann es ein verbrecherischeres Ziel geben als die Planung eines nuklearen Krieges? Kein denkender Mensch kann darauf anders als mit Nein antworten. Dennoch muß man sich vor Augen halten, welch schäumende Kaskaden täuschender Reden von den höchsten Plattformen herabstürzen, mit welch reißenden Strömen prinzipienloser Propaganda das Verbot von Kernwaffenversuchen und die Vernichtung aller Arten von Kernwaffen zu verhindern versucht wird. Verglichen damit war Watergate eine unbedeutende und zudem rein interne Episode, über der indessen die positiven Aspekte der Tätigkeit der Nixon-Regierung in bezug auf die Sowjetunion fast gänzlich in Vergessenheit geraten sind.

Bei Chruschtschows Amerikabesuch im September 1959 begleitete ich ihn auf der Rundreise durch das Land, die uns auf einer eigenen Route mit Zwischenaufenthalten in mehreren Städten ganz nach Westen und wieder zurück führte. Auf dem

Hinweg überflogen wir die südlichen Landesteile und kehrten hauptsächlich über den Norden zurück.

Die Reise war natürlich sehr anstrengend. Im Zug zwischen Los Angeles und San Francisco hatte sich ein Genosse gerade zum Schlafen hingekauert. Durchs Glasdach schien uns die Sonne aufs Haupt. Plötzlich führte die Strecke unmittelbar am Ozean entlang. Jemand rief laut: »Schaut mal das herrliche Meer!« Wir fuhren oberhalb eines Steilhangs und sahen unten einen Sandstrand und weiße Brandung.

Unser schläfriger Kamerad kam halb zu sich, hob den Kopf und fragte: »Der Atlantik?«

»Nein, der Pazifik«, sagten wir ihm.

»Mhm«, murmelte er enttäuscht und legte sich wieder schlafen. »Weckt mich auf, wenn wir den Atlantik erreichen«, schien er uns zu bedeuten.

Die pazifische Küste sah ich wieder, als ich Breschnew im Juni 1973 bei seinem Besuch in den USA begleitete. Bei dieser Gelegenheit waren wir in Nixons Privathaus zu Gast, das, hoch über dem Ozean gelegen, als seine Sommerresidenz galt.

»Ich habe es erst vor kurzem gekauft«, sagte er nicht ohne Stolz und führte uns durch den Holzbau und die umgebenden Wiesen und Bäume. »Ich habe es sehr gern.«

Nach den offiziellen Gesprächen in Washington und der kaum weniger förmlichen Zusammenkunft in Camp David fühlte man sich in dem Haus bei Los Angeles ganz anders, viel heimeliger. Man konnte die Amtszwänge vergessen. Das in Größe und Ausstattung bescheidene Haus trug viel dazu bei.

Nixon hatte jedoch einen Abend-Galaempfang organisiert, zu dem die Creme der kalifornischen »High-Society« eingeladen war. Natürlich viele Geschäftsleute, aber auch einige Persönlichkeiten aus dem kulturellen Leben und Schauspieler, zumal Hollywood gleich nebenan lag. Nun gibt es ja in Amerika kaum einen Empfang ohne Filmstars, die das Prestige des Gastgebers erhöhen. Auch ein paar lokale politische Größen waren da, angeführt vom kalifornischen Gouverneur Ronald Reagan.

Die Schlange beim Defilee war lang. Der großgewachsene

sowjetische Ehrengast schüttelte jedem die Hand. Ich stand neben ihm. Links von mir stand der sowjetische Botschafter in den USA, A.F. Dobrynin, und auch wir begrüßten die Gäste.

Reagan schüttelte uns die Hand und sagte die üblichen Begrüßungsworte, fügte dann noch kurz, aber herzlich hinzu: »Die Vertreter unserer beiden Länder sollten öfter zusammenkommen.«

Das war meine erste Begegnung mit Reagan.

Die hinter ihm stehenden Gäste warteten geduldig und respektvoll, bis sie an der Reihe waren. Ein Amerikaner machte eine Bemerkung, die darauf hinauslief, Reagan habe seine eigenen Gedanken zu Washington und hätte nichts dagegen, nach dort umzuziehen. Wir achteten nicht weiter darauf, denn Reagans Zukunftspläne waren noch unbekannt, besonders als Kandidat der von Nixon vertretenen Republikaner.

Der Empfang nahm seinen üblichen Verlauf. Nixon bot erlesene Gastfreundschaft. Gast und Gastgeber übertrafen einander im Lächeln.

Zuvor hatte bereits das erste Gespräch zwischen Nixon und Breschnew stattgefunden, und sie hatten die Fortsetzung zu einer bestimmten Stunde am nächsten Morgen vereinbart. Natürlich sollten der Botschafter und ich auch am zweiten Treffen teilnehmen.

Am nächsten Morgen unterrichtete mich Dobrynin, Nixon gehe schon ungeduldig durch den Garten und warte offenbar auf das Erscheinen seines Gastes. In Breschnews Räumen rührte sich aber noch immer nichts. Also mußte Nixon weiter ums Haus spazieren. Außenminister Rogers und Nixons Berater Kissinger gingen schon seit einiger Zeit draußen auf und ab. Dobrynin und ich traten zu Nixon.

Breschnew tauchte erst spät auf. Aus ersichtlichen Gründen begann das Ganze etwas steif, zumal sich der Gastgeber die Bemerkung verbiß, er sei wohl zu früh dran gewesen, und sein Gast kein Bedauern äußerte, daß er die vereinbarte Zeit nicht eingehalten hatte.

Die beiden begrüßten einander, und um das Eis zu brechen,

Moskau, Juli 1974: Leonid Breschnew und Richard Nixon unterzeichnen ein Abkommen zur wissenschaftlichen Zusammenarbeit *(oben)*.

Mit Richard Nixon und Henry Kissinger beim selben Besuch *(unten)*.

scherzte Nixon: »Ich habe die Zeit zu einem Blick in den Garten und einem neuen Ausblick vom Haus genutzt.«

Von einem Steilhang aus sahen wir in der Ferne den Stillen Ozean liegen.

Unter uns kamen wir zu dem Schluß, Nixon habe das Grundstück mehr wegen der herrlichen Aussicht als wegen des recht bescheidenen Hauses gekauft.

Ich weiß noch, wie Nixon zu Ende seines Moskaubesuchs im Mai 1972 zu Breschnew sagte: »Nach amerikanischen Schätzungen haben die USA und die UdSSR genug Waffen gebaut, um sich gegenseitig mehrfach vernichten zu können.« Worauf Breschnew erwiderte: »Wir sind zum selben Schluß gekommen.«

Dieses offen ausgesprochene gegenseitige Verständnis lag auch der Ausarbeitung der vorläufigen Vereinbarung über Maßnahmen zur Begrenzung strategischer Offensivwaffen (SALT I) zugrunde, die während Nixons Moskauaufenthalt fertiggestellt und unterzeichnet wurde. Gewiß wurden darin nur land- und U-Boot-gestützte ballistische Geschosse behandelt, während die strategischen Bomber späteren Verhandlungen vorbehalten blieben. Dennoch kam SALT I bei der Einschränkung des Wettrüstens ungeheure Bedeutung zu. Die Nachricht verbreitete sich schnell, und überall in der Welt atmeten die Menschen befreit auf.

Eine große Rolle spielte zweifellos die amerikanische öffentliche Meinung, die sehr für eine Rüstungsbegrenzung war, aber man soll nicht meinen, die Nixon-Regierung habe etwa gegen den militärindustriellen Komplex Stellung bezogen. Sie handelte lediglich gegen die extremsten Kreise und gab den gemäßigteren Gruppen des Großkapitals den Vorzug. Obwohl die Vereinigten Staaten diesen Vertrag noch nicht ratifiziert haben, ist er in gegenseitigem Einvernehmen seit einer Reihe von Jahren in Kraft, und die bloße Tatsache, daß SALT I wenigstens unterzeichnet wurde, hat die Ausarbeitung und Unterzeichnung von SALT II ermöglicht.

Eine weitere wichtige Leistung des Nixonbesuchs von 1972 war der sowjetisch-amerikanische ABM-Vertrag. Beide Seiten vereinbarten, keine see-, luft-, weltraum- oder bewegliche landgestützten Systeme zu entwickeln oder an andere Staaten weiterzugeben oder auf fremdem Gebiet zu stationieren. Desgleichen erklärten im Mai 1972 beide Seiten ihre Überzeugung, daß es »im Nuklearzeitalter keine andere Grundlage für die Aufrechterhaltung der Beziehungen als allein die friedliche Koexistenz« geben könne. Diese Worte sollten in Stein gemeißelt werden, erinnern sie uns doch daran, daß in den Köpfen der Verantwortlichen in der Welt nicht Großmachtambitionen regieren dürfen, sondern Vernunft herrschen muß.

Desgleichen kam man überein, daß ideologische Unterschiede kein Hindernis für normale Beziehungen auf der Grundlage der Souveränität, Gleichberechtigung, Nichteinmischung in die gegenseitigen inneren Angelegenheiten und des beiderseitigen Vorteils seien. Bezeichnenderweise hatten die USA und die UdSSR 1933 in etwa auf derselben Grundlage erstmalig diplomatische Beziehungen zueinander aufgenommen.

Ein weiteres wichtiges Ereignis in den sowjetisch-amerikanischen Beziehungen war das Abkommen von 1973 über die Verhinderung eines Kernwaffenkrieges vermittels der Vermeidung von Situationen, die die Spannungen gefährlich hochtreiben könnten. Die Wichtigkeit eines Abkommens, in dem sich die zwei mächtigsten Staaten der Welt verpflichteten, ihre Beziehungen so zu regeln, daß die Gefahr eines atomaren Konflikts verringert und schließlich gebannt wird, läßt sich gar nicht hoch genug einschätzen. Wenn diese Gefahr in den letzten Jahren nicht weiter gesunken ist, sondern sich eher erhöht hat, so liegt die Verantwortung dafür auf amerikanischer Seite, die das nukleare Wettrüsten angeheizt hat und eine Überlegenheit der USA und der NATO über die UdSSR und den Warschauer Pakt anstrebt.

Während Breschnews Amerikabesuch im Juni 1973 und den beiden Besuchen Nixons in der UdSSR (der zweite fand im Juni/Juli 1974 statt) wurden mehrere Abkommen über Zusammenarbeit auf verschiedenen Gebieten unterzeichnet, angefangen bei Handel und Kultur über die Erforschung der friedlichen Nutzung des Weltraums und den Schutz der Umwelt bis hin zur Entwicklung eines künstlichen Herzens.

Während dieses Zeitraums schlossen die UdSSR und die USA mehr Abkommen als in der ganzen Zeit seit Aufnahme der diplomatischen Beziehungen. Diese Abkommen schufen eine breite Basis für die bilateralen Beziehungen und einen Mechanismus für politische Verhandlungen und Konsultationen und erhöhten zugleich die Chancen für eine Verlangsamung des Wettrüstens.

Bei der Abwägung der Erfolge und Fehlschläge der Regierung Nixon stellen die Historiker - auch amerikanische - fest, daß Nixon zu Ende seiner Präsidentschaft die Sinnlosigkeit der amerikanischen Aggression gegen das vietnamesische Volk einsah und genug gesunden Menschenverstand besaß, deren Beendigung einzuleiten. Im Januar 1973 unterzeichneten die USA das Abkommen über die Beendigung des Krieges und den Rückzug der amerikanischen Truppen aus Vietnam, der dann unter Nixons Nachfolger Gerald Ford erfolgte.

Andererseits unternahm die Regierung Nixon auch einiges, um legitimen Regimes in einer Reihe von Ländern den Garaus zu machen. Ein schlagendes Beispiel dafür war Chile, wo mit Verschwörung, Terror und Bestechung der populäre Allende gestürzt wurde. Im Verein mit der Nixon-Regierung stand die mächtige Firma Anaconda, deren Würgegriff die chilenische Wirtschaft, insbesondere die wichtige Kupferindustrie, schon seit langem gefangenhielt. Die Verantwortung dafür liegt unmittelbar bei Nixon.

Wie war Nixon als Gesprächs- und Verhandlungspartner? Er hielt stets die wichtigsten Fäden in der Hand, verstand aber nicht immer alle Details, die er deshalb anderen überließ. Alles in allem führte er seine Gespräche mit sowjetischen Vertretern, mich selbst eingeschlossen, in gleichmäßigem Ton. Er hatte sich in der Hand, doch war deutlich, daß er hartnäckig und eine Vereinbarung mit ihm nicht leicht war.

Ich hatte den Eindruck, daß ihm aufrichtig an einer Verständigung mit der Sowjetunion lag, und unsere Begegnungen führten denn auch meist zum Erfolg. Mir ist kein Fall in Erinnerung, wo er sich über die unterschiedlichen Gesellschaftsstrukturen unserer beiden Staaten ausgelassen hätte. Stets gab er sich als Pragmatiker, der für die theoretischen Aspekte einer Frage nichts übrig hatte, ein Mann, der das Gespräch ganz praktisch anging.

Manchmal gelangt ein Mann in eine hohe Staatsposition und wird dennoch nur beiläufig erwähnt. In diese Kategorie gehört Gerald Ford, der nur knapp zwei Jahre lang Präsident war.

Vielleicht fällt es einem Ausländer leichter als einem Amerikaner, Ford als Politiker objektiv darzustellen. Generell setzte seine Regierung die Nixonsche Linie fort, die von der Ära der Konfrontation zur Ära des Gesprächs übergehen wollte. Einige Ereignisse während seiner Präsidentschaft, die ihre internationale Spur hinterlassen haben, sollten jedoch hervorgehoben werden.

Ich erinnere mich, wie im November 1974 Präsident Ford und Außenminister Kissinger zu Gesprächen mit Breschnew nach Wladiwostok kamen. Das Flugzeug des Präsidenten landete unweit der Stadt, und Ford kam festen Schrittes die Gangway herunter. Wir sahen einen recht großen, athletisch gebauten Mann. Er erwies sich als umgänglicher Typ von angenehmer, leichter Unkompliziertheit - jedenfalls alles andere als ein Intellektueller.

Der Weg vom Flughafen machte auf unsere Gäste deutlich Eindruck. Die ganze Strecke führte abwechselnd durch große Felder und Wälder in bezaubernden Herbstfarben.

Die Gespräche galten einem neuen Abkommen über die Begrenzung strategischer Offensivwaffen. Sie dauerten drei Tage, in denen ich spürte, daß beide Seiten den Weg zu einer Vereinbarung ebnen wollten.

Ein Thema will ich herausgreifen, das später öffentlich bekannt und nach Fords Weggang zu einem Stolperstein wurde.

Ford und Kissinger wollten unbedingt, daß die UdSSR eine beträchtliche Anzahl der sogenannten schweren, landgestützten Interkontinentalraketen aufgeben sollte. Das wäre unserem Nationalinteresse sehr abträglich gewesen und hätte gegen das Prinzip der Parität und gleichen Sicherheit verstoßen. Deshalb konnte die sowjetische Seite das nicht zugestehen, und wir erklärten auch, warum.

Breschnew sagte: »Wir müssen die Sache realistisch angehen. Keine Seite sollte strategische Überlegenheit anstreben. Der Sowjetunion mißfällt es, daß die USA in vorgeschobener Position in Europa und anderen unserem Land nahe gelegenen Regionen Kernwaffen unterhalten. Dennoch ist die amerikanische Führung hierüber nicht einmal zum Gespräch bereit. Unter diesen Umständen kann auch der amerikanische Wunsch hinsichtlich der sowjetischen Interkontinentalraketen nicht besprochen werden.«

Schließlich strich Ford diese Frage von der Tagesordnung - wohl nicht ohne vorherige sorgfältige Analyse der Experten und Zustimmung der Militärs - und ebnete damit den Weg zu SALT II und einem gemäßigteren Klima für die sowjetisch-amerikanischen Beziehungen, in dem jede Seite die Interessen der anderen berücksichtigte.

Desgleichen kam es unter Ford zur Beteiligung Amerikas an der Schlußakte von Helsinki, wo Ford seinen Namen denen der Regierungschefs der 33 europäischen Teilnehmerstaaten hinzufügte und bewies, daß in der amerikanischen Politik immer noch Raum für den Dialog auf der Suche nach friedlichen Lösungen für schwierige Fragen war.

Schließlich nahm unter Fords Regierung auch der Vietnamkrieg ein Ende. Er selbst hat gesagt: »Vietnam war 15 Jahre lang oder noch länger ein Trauma für unser Land. Der Krieg in Vietnam ist vorüber. Er war in vielerlei Hinsicht ein trauriges und tragisches Ereignis ... Die Lehren der Vergangenheit in Vietnam werden sicherlich vom Präsidenten, vom Kongreß und vom amerikanischen Volk beherzigt werden.« Ein nüchternes Urteil, das Washington hoffentlich nicht vergißt.

Doch unter Gerald Ford gab es in der amerikanischen Außenpolitik auch negative Tendenzen. So verabschiedete der Kongreß im Dezember 1974 die Gewährung der Meistbegünstigung in Handel und Krediten an die Sowjetunion, machte sie aber von der Regelung von Fragen abhängig, die mit Handel oder internationalen Wirtschaftsbeziehungen nicht das geringste zu tun hatten. Die UdSSR erklärte daraufhin, sie werde nicht auf diskriminierender Grundlage in Handelsbeziehungen eintreten.

Symptomatisch war auch, daß Präsident Ford entsprechend den Forderungen rechtsextremer Kräfte im März 1976 seine Mitarbeiter anwies, nicht mehr von »Entspannung«, sondern von »Frieden durch Stärke« zu sprechen. Wäre es dabei nicht um so Schwerwiegendes gegangen, hätte man meinen können, der Mann im Weißen Haus übe sich in Wortspielen.

Einen besonderen Platz in der Gestaltung der amerikanischen Außenpolitik unter Nixon und Ford nimmt Henry Kissinger ein, der Außenminister, dem ich öfter als jedem anderen Inhaber dieses Amtes seit dem Kriege begegnet bin.

Ich habe Generationen amerikanischer Staatsmänner gekannt, von denen jeder seine eigene Persönlichkeit und Denkweise hatte und jeder über einen erprobten Vorrat an Verhandlungsmunition verfügte. Kissinger jedoch hatte den Krieg bei der amerikanischen Abwehr irgendwo in Europa verbracht und war nicht die übliche Stufenleiter des Staatsdienstes hinaufgeklettert. Dennoch schien er sich in seinen Aufgabenbereichen, zunächst als Nixons Berater und dann als Außenminister, völlig heimisch zu fühlen.

Die Ausarbeitung von SALT I verlangte nicht gerade wenige Zusammenkünfte auf verschiedenen Ebenen, und Kissinger und ich tranken in diesem Zusammenhang eine Menge Tee. Unsere Begegnungen in Moskau, Washington, Wien, New York und Genf waren immer sachlich und galten den Ecken und Kanten des Themas. Die Gipfelkonferenzen führten dann alle Fäden zusammen, besiegelten das von uns Erreichte und gaben weitere Anstöße für die Zukunft.

Wann immer wir zwei Minister am Verhandlungstisch Platz nahmen, konnte jeder sicher sein, daß sein Gegenüber erstens ein Abkommen wollte - sonst wäre er nicht gekommen - und zweitens ordentlich auf die Diskussion vorbereitet war. Damit war von vornherein jeder Übertölpelungsversuch und jede Augenwischerei ausgeschlossen, und hätte jemand das versucht, wäre es seinem Prestige schädlich gewesen. Um so erstaunlicher ist, daß Kissinger in seinen Memoiren andeutet, in einigen Fällen, sogar in Gipfelkonferenzen, sei es ihm gelungen, »den Russen das Fell über die Ohren zu ziehen«. Natürlich belegt er diese Behauptung nicht mit Tatsachen, denn es gibt keine. In Wirklichkeit verhielt sich der Außenminister in den Verhandlungen gemessen und griff ganz und gar nicht zu Methoden, wie er sie in seinen Memoiren andeutet.

Kissinger ist zweifelsohne ein fähiger, sogar sehr fähiger Mann mit beträchtlicher außenpolitischer Erfahrung. Innerhalb der ihm gesetzten Grenzen war er zu wirklich konstruktiven Vorschlägen fähig, und Verhandlungen mit ihm waren für mich immer äußerst interessant. Nie hielt er sich mit Banalitäten auf oder griff zu den Platitüden weniger erfahrenerer Diplomaten. Die von ihm ins Spiel gebrachten Argumente enthielten immer so eindrucksvolle Elemente, daß sie nicht mit der bloßen Feststellung beantwortet werden konnten, sie überzeugten nicht, sondern dies auch belegt werden mußte.

Kissinger neigte auch dazu, seine Analyse auszuweiten, zumal wenn von der Spannung in der Welt und dem Mißtrauen zwischen Staaten, vor allem zwischen den USA und der UdSSR, die Rede war. Gerne schmückte er die Politik Washingtons in einer bestimmten Frage mit theoretischen Hintergründen. Sprachen wir von Rüstungsabbau und Abrüstung, dann sagte er immer wieder, alle Probleme zwischen Ost und West, auch zwischen der UdSSR und den USA, hingen zusammen: »Diese Probleme lassen sich nicht getrennt und isoliert lösen. Sie hängen alle zusammen. Sie müssen deshalb auch zusammenhängend gelöst werden.«

Aber seine Einschätzung war oft zweifelhaft und widersprach

sowohl der Logik als auch der Geschichte. So zitierte er beispielsweise oft Metternich als sein Idol in der Geschichte Europas im 19. Jahrhundert. Er war der Meinung, Metternich habe recht gehabt, als er verlangte, die die europäischen Staaten trennenden Probleme dürften nicht losgelöst voneinander behandelt, sondern müßten in einem einzigen Prozeß beigelegt werden. Überzeugende Gegenargumente hatte Kissinger allerdings nicht zu bieten, wenn man ihn darauf hinwies, Metternich und seine Nachfolger seien weitgehend für den Zusammenbruch des österreichisch-ungarischen Reiches verantwortlich, das zudem noch vor seinem Zusammenbruch endlos in weithin erfolglose Kriege verwickelt gewesen sei. Zum Glück für die Welt praktizierte Kissinger, was er konsequent predigte, nicht mit derselben Konsequenz. So errang er in Verbindung mit der Sowjetunion - vor allem bei der Begrenzung der Kernwaffen - seine Erfolge am Ende gerade deshalb, weil Washington die Vereinbarung in einem Bereich *nicht* von der Zustimmung zu einer Forderung in einem anderen Bereich abhängig machte.

Dennoch hat Kissinger fast während seiner ganzen Amtszeit als Außenminister versucht, wo immer möglich - ob in Asien, Afrika, Nahost oder sonstwo - auf die Sowjetunion Druck auszuüben, um sie zu Zugeständnissen zu bewegen. Damit übertrug er natürlich ganz einfach den in der amerikanischen Innenpolitik üblichen Stil auf die Außenpolitik, und solange Washington darauf beharrte, war in den Verhandlungen mit uns nichts zu erreichen. Erst als sich der Wirklichkeitssinn durchsetzte und die USA die Interessen beider Seiten zu berücksichtigen gelernt hatten, wandten sich die Dinge zum Besseren.

Eine Eigenschaft verschweigt der frühere Außenminister in seinen Memoiren - seine ungewöhnliche Fähigkeit, seinen Standpunkt zu wechseln. So hatte er in unseren Verhandlungen über strategische Waffen den Grundsatz der sowjetisch-amerikanischen Parität akzeptiert und immer wieder gesagt: »Das Paritätsprinzip ist von grundlegender Bedeutung.« Jetzt

Gespräche mit Jimmy Carter in Moskau 1977 *(oben)*. Auf meiner Linken Breschnew und Marschall Ustinow, auf meiner Rechten Tschernenko; Sicherheitsberater Brzezinski sitzt links neben Carter. September 1974 bei den Vereinten Nationen in New York *(unten)*. *Von links nach rechts:* Huang Hua, der chinesische UN-Vertreter, Jean Sauvaghargues, der französische Außenminister; UN-Generalsekretär Kurt Waldheim; und neben mir der britische Außenminister James Callaghan.

jedoch, da er nicht mehr im Amt ist, ist für denselben Kissinger, der soviel zu unseren Vereinbarungen beigetragen hat, dieses Prinzip geradezu Gotteslästerung. Überdies versucht er darzutun, die zwischen den beiden Mächten geschlossenen Übereinkünfte entsprächen den Erfordernissen dieses Prinzips nicht mehr hinreichend. Beweise dafür gibt er keine; es ist der schiere Opportunismus.

Wenn man wie Kissinger Prinzipien ignoriert, dann ist das kostspielig. Nachdem er nach seinem Weggang eine Zeitlang in die Welt seiner Memoiren eingetaucht war, hat Kissinger wieder Anschluß ans öffentliche Leben gesucht, indem er der Reagan-Regierung seine Dienste anbot. Diese Regierung hat alles zuvor in den sowjetisch-amerikanischen Beziehungen erreichte Wertvolle in den Schmutz gezogen, und dennoch näherte sich Kissinger ihr, ohne mit der Wimper zu zucken, in der Hoffnung, der Präsident werde ihn in sein Kabinett aufnehmen. Das ging aber daneben; offenbar war er nicht der Mann, nach dem Ronald Reagan Ausschau hielt.

Der römische Philosoph und Lehrer Neros, Seneca, hat einmal diesen weisen Ausspruch getan: »Wenn ein Mensch nicht weiß, welchen Hafen er anstrebt, dann ist ihm kein Wind günstig.«

Als Jimmy Carter 1977 Präsident wurde, kam der Mythos von der »sowjetischen Bedrohung« wieder in Mode, und die amerikanische Außenpolitik wurde erneut widersprüchlich und inkonsequent. In seiner Amtszeit schlitterte Carter immer mehr in die Konfrontation hinein.

Schon beim ersten Kontakt mit der Carter-Regierung war klar, daß sich die USA aus den in Wladiwostok getroffenen Vereinbarungen lösen wollten und dafür einen Vertrag anstrebten, der den USA bei den strategischen Kernwaffen eine klare Überlegenheit gab. Mit diesem Auftrag kam Außenminister Cyrus Vance im März 1977 nach Moskau.

Vance traf mit Breschnew zu einem allgemeinen Gespräch über Kernwaffen zusammen. Auch ich erörterte dieses Thema mehrfach und mehr im Detail mit ihm. Ich erläuterte ihm: »Die Hauptforderung der USA, daß wir nämlich die Hälfte unserer landgestützten Interkontinentalraketen vernichten sollen, ist absurd. Wir sind zu keinerlei Veränderung der Vereinbarungen von Wladiwostok bereit. Sie haben beide Seiten so große Anstrengung gekostet, und wir müssen sie zur Grundlage eines zweiten Vertrages über die Begrenzung der strategischen Offensivwaffen machen.« Diese Haltung bekräftigte ich am 31. März 1977 auf einer Pressekonferenz für sowjetische und ausländische Journalisten in Moskau, und sie wurde von der gesamten internationalen öffentlichen Meinung unterstützt.

SALT II war Hauptthema meiner ersten Begegnung mit Präsident Carter im September 1977 in Washington. Ich kam zusammen mit dem Stellvertretenden Außenminister G.M. Kornijenko und unserem Botschafter A.F. Dobrynin im Weißen Haus an. Man führte uns durch den Kabinettssaal, wo schon Cyrus Vance mit dem allgegenwärtigen außenpolitischen Berater des Präsidenten, Zbygniew Brzezinski, und dem amerikanischen Botschafter in Moskau, Malcolm Toon, auf uns wartete. Wir alle warteten auf das Erscheinen Carters.

Er kam unangemeldet durch eine der zahlreichen Türen mit seinem berühmten Halblächeln auf uns zu. Er begrüßte uns herzlich und wollte deutlich machen, daß er ein ernsthaftes Gespräch beabsichtigte.

Wir setzten uns an den ovalen Tisch, auf der einen Seite die sowjetische Mannschaft, auf der anderen Seite die Amerikaner. Jeder andere Präsident - ich spreche da aus langer persönlicher Erfahrung - hätte eine derartige Sitzung in seinem Arbeitszimmer abgehalten, wo jeder für sich in einem Sessel saß und sich selbst beim Gespräch mit dem unmittelbaren Nachbarn höchst unbequem gefühlt hätte. Carter hingegen zog offenbar einen Grad der Förmlichkeit vor, bei dem seine Berater ganz nahe saßen und ihm die nötigen Informationen problemlos weitergeben konnten. Das war insoweit sinnvoll, als Carter nicht gerade unter der Last seines außenpolitischen Erfahrungsschatzes zusammenbrach und ohnehin noch nicht lange im Weißen Haus war.

Ich mußte die Diskussion eröffnen. Ich nannte ein paar Hauptthemen, insbesondere einige im Zusammenhang mit SALT II noch ungelöste Fragen, und erläuterte unsere Position für eine Regelung.

Carter erwiderte: »Wir sind bereit, die Fertigstellung der in den letzten Jahren an diesem Vertrag begonnenen Arbeiten zu beschleunigen.«

Doch kaum kam die Rede auf die eigentlichen Probleme, da wurde schon klar, daß eine gegenseitige Verständigung nicht gerade einfach sein würde. Besondere Schwierigkeiten ergaben sich, als wir definieren wollten, was ein nukleares ballistisches Geschoß sei. Desgleichen entstand ein Zögern, als die Stationierungsorte dieser Waffen genannt werden sollten, obwohl sie beiden Seiten seit langem bekannt waren.

Der fleißige Carter tat sein Bestes, aber als er Städte- und Gebietsnamen in der Sowjetunion aussprechen wollte, hörte man nur noch ein unverständliches Lautgemenge. Beunruhigender war jedoch, daß wir schnell merkten, wie schwer es ihm fiel, auch nur die elementarsten Grundzüge des sowjetisch-amerikanischen Verhältnisses zu begreifen. Seine Berater hatten den Präsidenten offenbar gedrängt, sein Hauptaugenmerk auf die sowjetischen ICBMs zu richten und uns dazu zu überreden, daß wir ihre Zahl reduzierten, und das hatte er auch behalten können - in einsilbigen Worten sozusagen. So zog er an einer Stelle im Gespräch einen Karton mit Plastikraketen hervor und stellte sie auf den Tisch - die eine Reihe sollte die amerikanischen und die andere die sowjetischen darstellen. Er zeigte auf zwei sowjetische Raketen, die viel größer als die amerikanischen waren, und sagte: »Vor denen haben wir am meisten Angst.« Er schien mit sich zufrieden und meinte offenbar, mit dieser Vorstellung eine wirkliche Debatte ersetzen zu können.

Wie schon seinen Vorgängern ging es Carter in erster Linie darum, das sowjetische Nukleararsenal zu verringern, Amerikas Hauptoffensivpotential jedoch intakt zu halten. Nur unter Schwierigkeiten konnten wir ihn mit dem Gewicht unserer

Argumente und dem Druck der Weltmeinung zu einer Meinungsänderung bewegen und Fortschritte erzielen.

Alle Welt kennt die Wirkungen einer Atomexplosion aus Büchern oder Filmen, aber Carter kannte sie als einziger amerikanischer Präsident aus eigener Erfahrung. Als junger U-Boot-Offizier hatte er bei General Electric bei der Herstellung von Plutoniumreaktoren für das zweite atomgetriebene U-Boot Amerikas, den *Sea Wolf*, mitgearbeitet. Mit einer Offiziersgruppe war er zur Behebung eines Reaktorschadens geschickt worden und dabei mehr als eine Minute lang in der Gefahrenzone der Höchstbestrahlungsmenge eines ganzen Jahres ausgesetzt gewesen. Das war eine ungewöhnlich mutige Tat gewesen.

Man hätte meinen sollen, nachdem Carter den nuklearen Todesatem verspürt habe, hätte er allem, was mit einem Atomkrieg zu tun hatte, in besonderer Weise gegenübergestanden, aber offenbar hat er aus der Erfahrung keine bestimmte Lehre gezogen.

Das Gespräch dauerte etwas mehr als drei Stunden, und in dieser Zeit kamen wir ein Stückchen voran. Dennoch blieben weiterhin Schwierigkeiten, und zu deren Lösung mußten wir immer wieder auf Themen zurückkommen, die wir schon geregelt glaubten. Tatsächlich sollte es weitere 18 Monate eingehender Arbeit und mehrerer Treffen mit Carter und Vance bedürfen, bis SALT II fertig war, und selbst dann hegte Carter vor der Unterzeichnung in Wien noch Vorbehalte hinsichtlich des Inkrafttretens des Vertrages.

»Beide Seiten müssen den Vertrag natürlich ratifizieren«, sagte er.

Die sowjetische Seite erklärte: »Dieser Vertrag ist für Frieden und Sicherheit so wichtig, daß er von den gesetzgebenden Körperschaften sowohl der UdSSR als auch der USA unverzüglich ratifiziert werden muß.«

Im weiteren Verlauf sollten wir feststellen, daß Carters Warnung wegen der Ratifizierung ganz und gar nicht unberechtigt gewesen war.

Es war der 18. Juni 1979. Die Redoute der Wiener Hofburg, wo die feierliche Unterzeichnung stattfand, war glänzend hergerichtet.

Der entscheidende Augenblick nahte. Die Juristen hatten jedes Komma und jeden Punkt zum x-ten Male nachgeprüft, damit nur ja keines oder keiner an den falschen Platz gerutscht war und die Bedeutung des gesamten Vertragswerks veränderte. Schließlich wartete die ganze Welt darauf.

Jeder der beiden Chefs griff zur Feder, setzte sich in Pose und schrieb seinen Namen.

Sie hatten sich noch nicht erhoben, als ich den neben mir stehenden Verteidigungsminister Dimitri Ustinow leise fragte: »Was meinen Sie, küssen sie sich?«

»Nein«, kam die Antwort, »da gibt es nichts zu küssen.«

Um so angenehmer überrascht waren wir beide deshalb, als Präsident Carter die Initiative ergriff und den Vertrag unter dem lauten Applaus aller Anwesenden mit einer förmlichen Umarmung besiegelte.

Später begaben sich beide Delegationen in die Oper und sahen sich in den mit sowjetischen, amerikanischen und österreichischen Flaggen geschmückten Logen Mozarts *Entführung aus dem Serail* an.

Der Vertrag ging beträchtlich über SALT I hinaus, umfaßte die gesamte Skala der strategischen Waffen und bildete zugleich die Brücke zur nächsten Gesprächsrunde, die sich mit der weiteren Begrenzung und Reduzierung von Kernwaffen befassen sollte.

Während ihres Wiener Treffens tauschten sich die beiden Chefs über eine Reihe internationaler Fragen aus und äußerten ihre Bereitschaft zu weiteren Verhandlungen. Dies wurde mir von Cyrus Vance überbracht, der seine große Befriedigung über den Vertrag nicht verhehlte, und dasselbe wurde Ustinow von Verteidigungsminister Harold Brown und dem Vorsitzenden der Generalstabschefs, David Jones, gesagt. Doch derlei gefühlvolle Erklärungen der Amerikaner waren keine tragfähige Grundlage für verläßliche Zukunftsaussichten.

Das spätere Vorgehen der Carter-Regierung sowohl gegenüber der UdSSR als auch generell in den internationalen Angelegenheiten bestärkte die Gegner des Vertrages - so sehr, daß die Regierung eindeutig nach Möglichkeiten Ausschau hielt, wie seine Verwirklichung verhindert werden konnte. Unter diesen Umständen waren Carters schwache Aufforderungen an den Kongreß, den Vertrag zu ratifizieren, nur noch opportunistisches Geplänkel, mit dem lediglich der Anschein erweckt werden sollte, als wolle er seine früher eingegangenen Verpflichtungen erfüllen. Im Januar 1980 erklärte er das Thema für auf unbestimmte Zeit verschoben.

Bei seinen Bemühungen um eine Verschiebung des strategischen Gleichgewichts zugunsten der USA und der NATO steigerte Washington jetzt seine Militärausgaben gewaltig. Die NATO-Verbündeten wurden gedrängt, ein Gleiches zu tun, und außerdem wurden in Westeuropa neue amerikanische Raketen stationiert. Gleichzeitig und ohne jegliche Ausrede brach Washington frühere Gespräche über eine Reihe wichtiger Themen der Rüstungsbegrenzung ab.

Die Carter-Regierung machte sich daran, den Entspannungsprozeß in Europa auszuhöhlen. Angekündigt hatte sich diese Absicht bereits in der Belgrader Konferenz von Oktober 1977 bis März 1978, auf der die USA Obstruktion betrieben. Desgleichen engten die USA die Handels- und Kulturbeziehungen mit der UdSSR ein. Sie brachen ihre Verpflichtungen, indem sie bestehende Verträge für ungültig erklärten und den Verkauf von Weizen an die UdSSR sowie die Ausfuhr bestimmter, als »strategisch« erklärter Güter verboten.

Eine Absurdität folgte der anderen. Washington erklärte, künftig gelte für seine Rußlandpolitik das Prinzip des »Junktims«, womit der Grad der Zusammenarbeit von der Erfüllung von Bedingungen abhängig gemacht wurde, die die USA unzulässigerweise stellten und die sich auf innersowjetische oder dritte Länder berührende Angelegenheiten bezogen.

Dieses Thema, verbunden mit Erfindungen einer »sowjetischen Bedrohung« und eines »sowjetischen Expansionismus«, wurden zum Lieblings-Verhandlungswerkzeug der Regierung Carter, während sich Washington immer aktiver einer ideologischen Unterwanderung der UdSSR zuwandte. Die öffentliche Meinung sollte irregeführt und die eigentliche Strategie Washingtons verdeckt werden - die Intensivierung des Wettrüstens.

An der Provokationskampagne beteiligte sich Carter persönlich. Im Stile eines aufdringlichen Werbespots schien er es für seine Pflicht zu halten, die Menschenrechte aufs Tapet zu bringen, wann immer er mit einem sowjetischen Vertreter zusammenkam. Ich habe es selbst erleiden müssen.

Wir saßen im Weißen Haus und hatten gerade über die Notwendigkeit eines zweiten Vertrages über die Begrenzung strategischer Nuklearwaffen gesprochen, als Carter plötzlich sagte: »Ich möchte eine andere Frage aufbringen, es geht um die Menschenrechte.« Das Ganze lief auf die Forderung hinaus, die Sowjetunion solle irgendeinen Dissidenten laufenlassen.

Ich entgegnete: »Ich kann nur mein Befremden darüber äußern, daß diese Frage in diesem Gespräch auf Initiative des Präsidenten aufgeworfen worden ist. Was den fraglichen Dissidenten angeht, so habe ich noch nicht einmal seinen Namen gehört.«

Der Dissident stellte sich als ein gewöhnlicher Taugenichts heraus, der wegen Gesetzesbruches verurteilt und ins Gefängnis gesteckt worden war.

Die Amerikaner fingen untereinander zu tuscheln an, und dann wiederholte Carter seine Frage und behauptete, die Freilassung dieses Verbrechers liege im Interesse der »Einhaltung der Menschenrechte«.

Diese Episode versprach nichts Gutes. Das Thema, das Carter da aufgebracht hatte, war alles andere als ernsthaft. Vielmehr handelte es sich um einen frivolen Mißbrauch seiner Vollmachten als Präsident, denn es ging um eine rein innersowjetische Angelegenheit.

Ich fragte den Präsidenten geradeheraus: »Ist es nicht an der

Zeit, solcherlei Geplänkel als völlig unproduktiv beiseite zu lassen?«

Mit dieser Note endete die Diskussion über einen verurteilten Kleinverbrecher.

Trotzdem kam - zu Recht - die Frage der Menschenrechte in den sowjetisch-amerikanischen Gesprächen der sechziger und siebziger Jahre immer wieder hoch. Beide Seiten sprachen sie an, denn es handelt sich ganz offenkundig um ein wichtiges Thema.

Wenn wir uns fragen, welches das wichtigste Menschenrecht ist, dann lautet die Antwort ganz eindeutig: das Recht auf Leben. Dem läßt sich kaum widersprechen: Nur wer lebt, kann alle anderen Rechte genießen - das Recht auf Arbeit, auf Wohnung, auf Erziehung, auf medizinische Versorgung, auf Auswanderung usw. Davon ausgehend habe ich es immer für meine Pflicht gehalten, alles Menschenmögliche zu tun, um dem Abrüstungsprozeß voranzuhelfen und die Voraussetzungen zu schaffen, daß Kernwaffen und der Einsatz von Gewalt in den internationalen Beziehungen der Vergangenheit anheimfallen können.

Viele Länder des Westens legen die Menschenrechte viel enger aus, machen sie oft zur reinen Phrase, bei der sich das Problem der Menschenrechte in der Auswanderung aus der UdSSR erschöpft. Mehr noch: Das Recht dieser oder jener Einzelperson, meist jüdischer Herkunft, die Sowjetunion zu verlassen, wird zum Prüfstein »sowjetischer Aufrichtigkeit« erhoben. Damit noch nicht genug des Versuchs, auf uns Druck auszuüben, denn das Emigrationsrecht wird zur Vorbedingung für die Lösung anderer, wichtiger Fragen erhoben.

Tatsächlich wurden viele Initiativen, die die sowjetisch-amerikanischen Beziehungen zu glätten imstande gewesen wären, durch immer neue Bedingungen im Zusammenhang mit dem Auswanderungsrecht bewußt verlangsamt. Ein trauriges Beispiel dafür war das vom Kongreß 1974 verabschiedete Jackson-Vanik-Amendment. Es bewirkte ein Einfrieren des sowjetisch-amerikanischen Handels, indem es den Handel mit der sowjetischen Politik in der Frage der jüdischen Emigration verknüpfte. War das vernünftig? Ließ sich damit etwa das Recht des einzelnen auf Leben und auf andere lebenswichtige Dinge verbessern? Natürlich nicht.

Wurden in Gesprächen einzelne Emigrantenfälle genannt, dann stellten wir jedesmal fest, wir würden sie im Lichte der sowjetischen Rechtsvorschriften prüfen und wann immer möglich zu helfen versuchen, wenn es um Fälle der Familienzusammenführung ging. Wie erfolgreich unsere Bemühungen waren, zeigt die Tatsache, daß die jüdische Auswanderung aus der Sowjetunion in manchen Jahren in die Zehntausende ging. Aber die Amerikaner zeigten sich nicht nur nicht darob befriedigt, sondern versuchten, mit einigen »harten Fällen« eine sowjetfeindliche Hysterie hochzupeitschen.

Da uns ernsthaft an einer Verbesserung unserer Beziehungen mit Washington gelegen war, machten wir in Einzelfällen der Emigration gelegentlich Zugeständnisse. Dafür wurden wir nur mit immer noch höheren Forderungen konfrontiert, denen wir aus Gründen der nationalen Sicherheit leider nicht immer entsprechen konnten. Gelegentlich mag es auch ungerechtfertigte Entscheidungen und unnötige Verzögerungen gegeben haben. Schließlich mußte eine riesige Zahl von Fällen geprüft werden, und es kommt sicher vor, daß manchmal die Bürokratie über den gesunden Menschenverstand siegt. Diese Probleme lassen sich nur durch angemessene Verfahren und nicht durch Einmischung anderer Länder lösen.

Bei der jetzigen weiteren Demokratisierung der sowjetischen Gesellschaft, *Perestrojka* und *Glasnost*, besteht gute Aussicht, daß Bedingungen entstehen, in denen die Kontroverse über das Auswanderungsrecht kein Wasser mehr auf die Mühle unserer Gegner leitet.

Ein weiteres Instrument von Washingtons eklatant imperialistischer Linie war die willkürliche Erklärung dieser oder jener Region zur »Sphäre lebenswichtigen amerikanischen Interesses«, wo die Carter-Regierung ihre eigens geschaffene »schnelle Eingreiftruppe« einzusetzen berechtigt sei. So haben wir gegen Ende des 20. Jahrhunderts erlebt, wie die fundamentalsten Grundsätze des Völkerrechts niedergetrampelt wurden. Für diese gefährliche Idee stand Carter Pate, und sie wurde nur während seiner Amtszeit praktiziert.

Aus eigener Erfahrung möchte ich sagen, daß Carter zwar in gewissem Grad intelligent und gutwillig war, diese Eigenschaften aber nur dann zutage traten, wenn es nicht um Fragen von Krieg und Frieden ging. Er konnte sein Glas zehnmal zu einem Trinkspruch heben und tat es auch gescheit. Aber wenn die großen Probleme auf der Tagesordnung erschienen, war ihm sichtlich ungemütlich.

Im Gespräch pflegte Carter oft abzuschweifen, vielleicht, um sich und seinem Gesprächspartner eine Atempause zu gönnen. So ließ er einmal vor einem Gespräch im Weißen Haus eine ältere Dame hereinbringen.

»Ich möchte Ihnen meine Mutter vorstellen«, sagte er. »Sie ist oft bei uns im Weißen Haus zu Besuch.«

Die Mutter des Präsidenten erwies sich als eine freundliche und umgängliche Dame. Sie begrüßte mich herzlich mit den Worten: »Alle anständigen Amerikaner, Mr. Gromyko, möchten freundschaftliche Beziehungen mit euch Russen.«

Wir unterstützten diesen Ausspruch begeistert, und ich fügte hinzu: »Es wäre schön, wenn ein paar Amerikaner, die Ihrer Auffassung sind, an diesen Verhandlungen teilnähmen.«

Carter und seine Mutter lachten gutmütig.

Während des größten Teils von Carters Amtszeit war Cyrus Vance Außenminister – eine interessante und bedeutsame Gestalt in der amerikanischen Außenpolitik. Während der Wahlkampagne von 1976 war er Carters außenpolitischer Berater, und zuvor hatten beide der Dreier-Kommission angehört, die David Rockefeller 1973 ins Leben gerufen hatte und die Geschäftsleute, Politiker und Politwissenschaftler aus den USA, Westeuropa und Japan umfaßte. Sie sollte die politische und wirtschaftliche Wechselwirkung zwischen den führenden kapitalistischen Mächten untersuchen. So war es nicht überraschend, daß ihn Carter mit einer Spitzenposition in seiner Regierung betraute.

Er hatte ein ungeheures Arbeitspensum zu bewältigen, darunter natürlich die Verhandlungen über die Zukunft der Kernwaffen. Während er im Gequirle der Regierungspolitik umhergewirbelt wurde, versuchte er doch stets, seinen angeborenen Optimismus zu bewahren. In unseren Gesprächen achtete ich nicht nur immer genau auf das, was er im Namen seiner Regierung sagte, sondern auch darauf, wie er es sagte. Manchmal hatte er recht originelle Auffassungen. Natürlich vertrat er die amtliche Meinung, aber er tat es mit ungewöhnlicher Geschmeidigkeit.

Er durchschaute die Probleme eindeutig besser als die meisten, und seine außenpolitischen Differenzen mit Carter machten schließlich seine Position als Außenminister unhaltbar. Unmittelbarer Anlaß für seinen Weggang war seine offene Mißbilligung der mit Zustimmung des Präsidenten durchgeführten katastrophalen Aktion zur Befreiung der amerikanischen Geiseln in Iran im April 1980.

Oft geschieht es einem Politiker, daß sich ein zunächst ungünstiges Ereignis schließlich zu seinen Gunsten wendet - so auch Vance. Sein Rücktritt galt im In- und Ausland als Beweis, daß er feste Grundsätze hatte. Der nicht mehr in Amt und Würden befindliche Vance ist ein herausragender Vertreter der amerikanischen Bewegung für die Rüstungsbegrenzung und für die Verbesserung des politischen Klimas in der Welt. Der schon vor seiner Amtstätigkeit als prominenter Politiker hochgeachtete, erfahrene und fähige Rechtsanwalt hat sich jetzt wieder in die angesehene Rechtsanwaltsfirma Simpson, Thatcher und Bartlett zurückgezogen. Er beteiligt sich jedoch auch an der Arbeit der internationalen Kommission für Abrüstung und Sicherheit, der 1986 der verstorbene schwedische Premierminister Olof Palme vorstand.

Ich habe immer gerne mit Vance zu tun gehabt. Natürlich kam er aus einer anderen gesellschaftlichen Vorstellungswelt, aber das hinderte ihn nicht daran, die Differenzen zwischen den USA und der UdSSR friedlich beilegen zu wollen. Mehrmals hat er zu mir gesagt: »Das amerikanische Volk lehnt den Krieg ab; die Kriegsgefahr jagt ihm Schrecken ein. Ich halte eine Verständigung zwischen den beiden Großmächten für objektiv möglich.«

Stets korrekt im Verhalten, auch noch in den schlimmsten Augenblicken in den sowjetisch-amerikanischen Beziehungen, und nie ein barsches Wort auf den Lippen – ganz im Gegensatz zu den öffentlichen Äußerungen der Reagan-Regierung –, erinnerte mich Vance sehr an Anthony Eden. Wenn ihm etwas abgeht, dann Edens taktischer Einfallsreichtum. Der optimistische, lebhafte, energische und fähige Vance könnte leicht als »prokommunistisch« oder als »Sympathisant« gelten, aber das wäre glatter Unsinn. Er gehört lediglich zu den wenigen Leuten im öffentlichen Leben Amerikas, die die Welt nicht unter dem engen Blickwinkel der Profitgier und Geldsucht betrachten.

Einen weiteren amerikanischen Außenminister sollte ich kurz erwähnen: Edmund Muskie, der Vance nachfolgte. Ihm bin ich nur einmal begegnet, anläßlich des 25. Jahrestages des österreichischen Staatsvertrages in Wien im Mai 1980. Wie erwartet, vertrat Muskie die Grundhaltung der Regierung Carter. Die Feindseligkeit gegenüber der UdSSR trug er offen zur Schau.

Alles, was Muskie sagte, bestätigte nur, daß die Regierung Carter auf eine Zuspitzung der Spannung in der Welt, eine Verschärfung der sowjetisch-amerikanischen Beziehungen und der Verbreiterung des Grabens in nuklearen Fragen aus war.

Im Wettstreit mit Reagan buhlten Muskie in Wien und Carter in Washington nur noch um die Wählergunst. Doch damit machte Carter die Sache für Reagan nur noch einfacher. Reagan nahm als Kandidat der Republikaner in allen außenpolitischen Fragen ganz einfach eine Position rechts von Carter ein; je weiter sich Carter nach rechts bewegte, desto weiter nach rechts ging auch Reagan, sehr zur Freude seiner rechtsextremen Freunde.

Muskies Erklärungen und allgemeines Verhalten erschienen

jedoch - verglichen mit dem, was unter Reagan folgen sollte - kühl berechnet. In Washington war er wegen seiner ruhigen Behandlung internationaler Fragen bekannt, doch konnte sich, als er Außenminister wurde, seine Mäßigung nicht mehr gegen die Washingtoner Politik halten, schon gar nicht in der Frage der sowjetisch-amerikanischen Beziehungen und der Kernwaffen.

Würde ich gefragt, ob ich Muskie gern als Gesprächspartner hätte, dann würde ich sagen: »Ja, aber nur Muskie, ohne die Belastung durch die Politik, die er in Wien mit sich tragen mußte.«

Mit Amtsantritt der Reagan-Regierung stieg auch sofort die Spannung in den sowjetisch-amerikanischen Beziehungen, und das internationale Klima kühlte sich entsprechend ab. Die neue amerikanische Regierung unternahm alles nur Erdenkliche, um die Arbeit ihrer Vorgängerinnen zunichte zu machen, einem Abkommen nach dem andern einen Schlag zu versetzen, indem sie es entweder aushöhlte oder - wie SALT II - als erledigt bezeichnete.

Dann kam ein Abend im August 1983.

Manchmal gibt es im internationalen Leben Dinge, die zunächst kaum wichtig erscheinen, bald aber sehr ernste politische Bedeutung erlangen. Ein solches Ereignis war der Vorfall in der Nacht des 31. August 1983 in Fernost, als ein südkoreanisches Passagierflugzeug abgeschossen wurde, das die sowjetische Staatsgrenze überflogen hatte.

Die Nachricht ging wie ein Lauffeuer um die Welt und löste unterschiedliche Reaktionen aus. Es war wenige Tage vor der Endphase der KSZE-Außenministertagung in Madrid, und die Reaktion aus Washington bestand aus einer Welle von Verdächtigungen der UdSSR, eindeutig dazu bestimmt, den Zwischenfall propagandistisch hochzuspielen.

Die amerikanischen Agenturen liefen sich bei der Erfindung falscher und oft widersprüchlicher Versionen der Geschehnisse gegenseitig den Rang ab. Daß die amerikanische Regierung die Rolle des Chefverleumders übernahm, sprach für sich, und jeder, der auch nur ein Körnchen Grips im Hirn hatte, merkte bald, daß Washington in Wirklichkeit ein eigenes Flugzeug verteidigte und die Maschine lediglich das südkoreanische Etikett getragen hatte.

In Madrid herrschte indessen allgemeine Ungewißheit. Niemand wußte, wie es weitergehen würde. Wie immer gab es Pessimisten, die meinten, die Konferenz werde abgebrochen, und Optimisten, die dachten, so weit werde Washington nun doch nicht gehen, sondern auch die Konsequenzen bedenken. Die sowjetischen Vertreter und ich wurden mit Fragen bombardiert, auf was man sich gefaßt zu machen habe. Nun waren wir ja keine Propheten, aber wir machten klar, daß nur der die Konferenz abbrechen werde, der sie ohnehin nicht wollte. Die Konferenz wurde am 8. September 1983 eröffnet. Jeder Minister legte zunächst die Auffassung seiner Regierung dar. Die meisten NATO-Mitglieder vertraten die Washingtoner Version des Flugzeugzwischenfalls. Einige jedoch bezeichneten ihn zwar als tragisch, ließen aber erkennen, daß sie der vom Pentagon und den amerikanischen Geheimdiensten aufgetischten Version nicht recht trauten.

Außenminister George Shultz hielt eine generell sowjetfeindliche Rede.

Ich mußte eine Gegenrechnung aufmachen: »Die Verletzung des sowjetischen Luftraums geschah zu Zwecken militärischer Spionage. Ich erkläre im Namen der sowjetischen Führung, daß die Sowjetunion das Recht hatte, ihre Grenzen zu schützen. Dies ist ihr souveränes Recht. Andere Staaten haben dasselbe Recht.«

Nach den Reden der amerikanischen und sowjetischen Delegation erreichte die Spannung ihren Höhepunkt. Alle warteten, was jetzt passieren würde - würde sich die Tagung über Wasser halten, oder würde sie untergehen?

Schon zuvor war eine vertrauliche Zusammenkunft zwischen Shultz und mir in Madrid vereinbart worden, auf der wir unsere Meinungen über die sowjetisch-amerikanischen Beziehungen und internationale Fragen wie die Begrenzung der strategischen und der in Europa stationierten Kernwaffen austauschen sollten. Wir hielten diese Besprechung am Tage nach unseren Reden in einem alten Prachtbau ab, der zweifellos einst einem Grande gehört hatte und jetzt dem amerikanischen Botschafter als Residenz diente. Man brauchte kein Hellseher zu sein, um zu merken, daß Shultz niedergeschlagen wirkte. Wir führten ein freimütiges Gespräch, wie man es nennt.

Er fing sofort mit den Menschenrechten in der Sowjetunion an.

Ich wies taktvoll auf folgendes hin: »Es hat keinen Sinn, dieses Thema zu erörtern, denn es betrifft nur unsere inneren Angelegenheiten.«

Dann wiederholte Shultz fast Wort für Wort, was er eben gesagt hatte, und fügte hinzu: »Der Präsident hat mich angewiesen, das zu sagen.«

Wieder sagte ich: »Wir haben nicht die Absicht, unsere inneren Angelegenheiten mit wem auch immer zu erörtern. Was Ihre Weisung als Außenminister anbelangt, so bin ich als Vertreter einer anderen Regierung nicht an die Weisungen des amerikanischen Präsidenten gebunden. Wäre es also nicht besser, wenn wir dieses kleine Zimmer verließen und uns in den größeren Raum nebenan begäben, wo wir wirklich internationale Probleme in Gegenwart unserer Berater besprechen können?«

Shultz blieb nichts anderes übrig, als sich einverstanden zu erklären, woraufhin wir uns nach nebenan begaben und im größeren Kreis in die Erörterung eintraten. Zur sowjetischen Delegation gehörten der Stellvertretende Außenminister V.G. Komplektow und der Dolmetscher W.M. Suchodrew, während auf amerikanischer Seite der Sonderberater des Präsidenten in Sowjetfragen, Jack Matlock, Außen-Staatssekretär Richard Burt und der amerikanische Botschafter in Moskau, Arthur Hartman, dabei waren.

Kaum saß Shultz, fing er wie erwartet vom Flugzeugzwischenfall an. Er ignorierte einen Antrag zur Geschäftsordnung meinerseits und begann, wiederum mit dem Hinweis auf die Weisung seines Präsidenten, mit der Darlegung der Auffassung seiner Regierung. Shultz wollte einfach das Gespräch diktieren, und deshalb mußte ich ihm ins Wort fallen.

»Ich kann es nicht zulassen«, sagte ich, »daß Sie einen in Washington einstudierten Plan ausführen. Wir haben grundlegende Probleme der sowjetisch-amerikanischen Beziehungen, die Frage der Kernwaffen in Europa und eine zunehmend gespanntere Weltlage zu erörtern.« Und fügte hinzu: »Wenn der Außenminister nicht bereit ist, in die Debatte wichtiger Themen einzutreten, gibt es für uns nichts zu diskutieren, und wir werden das Gespräch für beendet ansehen.«

Ich kann mich an keinen anderen Fall erinnern, in dem der amerikanische Außenminister so hartnäckig die Diskussion abzulenken und seine eigene Tagesordnung durchzusetzen versucht hat. Auch Shultz' nächste Erklärung war kaum zu deuten: »Die Regierung Reagan ist für einen konstruktiven Dialog mit der Sowjetunion«, sagte er.

In Wirklichkeit waren die USA überhaupt nicht an der Suche nach einer Lösung interessiert, und das ließ ich Shultz auch wissen. Sodann legte ich unsere Haltung zu den Schlüsselfragen der Abrüstung dar mit der Bemerkung: »Es ist einfach übertrieben, wenn behauptet wird, der Flugzeugzwischenfall sei das Problem Nummer eins. Das Problem Nummer eins für die ganze Welt ist die Abwendung eines nuklearen Krieges.«

Im Namen der sowjetischen Führung erklärte ich: »Die Weltlage treibt jetzt auf einen gefährlichen Abhang zu. Es liegt auf der Hand, daß die große Verantwortung, keine Atomkatastrophe zuzulassen, von der UdSSR und den USA gemeinsam geschultert werden muß. Unserer Meinung nach sollten die USA ihre Politik überdenken, und der Präsident und seine Regierung sollten einen neuen Blick auf die internationale Lage werfen. Wie viele konstruktive Vorschläge für eine Eindämmung des Wettrüstens, von der Verringerung der Kernwaffen ganz zu schweigen, hat die UdSSR schon vorgebracht, die samt und sonders von den USA abgelehnt worden sind? Viele.«

»Die sowjetische Führung«, sagte ich weiter, »geht davon aus, daß der UdSSR und den USA an einer aktiven Abwendung der Drohung einer Atomkatastrophe liegt. Es gibt ein gemeinsames amtliches Dokument, das unsere beiden Regierungen zu dieser Aufgabe verpflichtet.«

Shultz saß schweigend da.

Ich fuhr fort: »Die Sowjetunion strebt dies weiterhin an. So paradox es klingen mag, zeigt gerade diese Besprechung, daß der Dialog auch bei schwierigen Umständen möglich ist. Ein schlechter Dialog ist immer noch besser als Krieg.«

Damit umschrieb ich das bekannte russische Sprichwort: »Ein kümmerlicher Friede ist immer noch besser als ein guter Streit.«

Ich sagte zu Shultz: »Wir halten an der Hoffnung fest, daß die amerikanische Regierung den Gedanken an Verhandlungen nicht aufgegeben hat. Deshalb fordern wir den Präsidenten und Sie als Außenminister auf, verantwortungsvoll nach Verständigung zu suchen und jede Chance zu nutzen, mit der unsere Differenzen in Fragen des Kernwaffen-Wettrüstens und der Abrüstung verkleinert werden können.«

Dann fragte ich: »Wenn die USA ihre Absicht verwirklichen und neue Kernwaffenraketen in Europa stationieren, was wird dann? Die Sowjetunion wird mit Sicherheit nicht schlafen. Wir werden die Wiederherstellung der Parität anstreben, und das wird uns gelingen. Der Friede wird noch zerbrechlicher sein, wenn das neue Gleichgewicht der Kräfte auf noch höherer Ebene angesiedelt sein wird. Dahin führt die amerikanische Politik.«

Shultz saß einfach da.

Ich fuhr fort: »Sie und ich haben einander die Haltung unserer Länder zu erklären und unsere Regierungen von den jeweiligen Vorschlägen in Kenntnis zu setzen.« An dieser Stelle wiederholte ich Andropows Vorschlag zu den Kernwaffen in Europa.

Und was wußte der Außenminister als Antwort zu bieten?

Shultz wiederholte lediglich wie ein Papagei die Formel:

Mit George Shultz in Genf, 1985 *(oben).*
Im Weißen Haus bei Präsident Reagan, 1985 *(unten).*

»Niemand ist den Gedanken des Friedens mehr verpflichtet als Präsident Reagan«, und kam sofort auf den Flugzeugzwischenfall zurück. Offenbar hatte er überhaupt nicht zugehört.

Resigniert stellte ich im Namen der sowjetischen Seite fest: »Wir werfen den Amerikanern eine bewußte und planmäßige Aktion gegen die Sowjetunion vor. Die amerikanische Erklärung kann unsere Überzeugung nicht erschüttern. Wie soll ein Flugzeug von einem 500 Kilometer breiten Korridor versehentlich abweichen, nicht etwa in Richtung auf internationale Gewässer, sondern in Richtung auf die sowjetische Grenze und lebenswichtiges militärisches Gebiet im sowjetischen Fernen Osten, und über zwei Stunden lang in sowjetischem Luftraum operieren?«

Ich fragte: »Warum hat dieses Flugzeug, das sowjetischen Luftraum durchflog, nicht den Warnsignalen und dem Landebefehl Folge geleistet, der in strengem Einklang mit dem Völkerrecht und den sowjetischen Gesetzen erteilt wurde?«

Shultz gab auf keine meiner Fragen Antwort.

Ich schloß: » Darum werfen wir der amerikanischen Regierung vor, sie habe eine verbrecherische Handlung gegen die UdSSR organisiert, und das ist nur einer von vielen solchen Angriffen auf uns. Gleichzeitig verwahren wir uns aufs schärfste gegen Worte, die bei der amerikanischen Regierung zur Beschimpfung der UdSSR und unseres Gesellschaftssystems gang und gäbe geworden sind.«

Das war praktisch das Ende meiner Unterhaltung mit Shultz. Es war wohl mein schärfster Wortwechsel, den ich je mit einem amerikanischen Außenminister geführt habe, und ich hatte immerhin mit 14 von ihnen zu tun.

Ich habe mit Shultz vor und nach Madrid mehrfach Gespräche geführt, jedesmal über andere Themen und gelegentlich auch in anderem Ton.

Unser erstes Gespräch während der UNO-Generalversammlung in New York war ziemlich ausgedehnt. Ich wollte eine konstruktive Unterhaltung, aber das war nur möglich, wenn die andere Seite nicht vor einer Prüfung unserer Differenzen in Schlüsselfragen zurückschreckte. Es stellte sich jedoch heraus, daß Shultz lediglich bereit war, die Differenzen zu nennen, nicht aber nach ihrer Überwindung zu suchen. Das wurde sofort deutlich.

Er fing mit der Behauptung an: »Das Vorgehen der Sowjetunion in der internationalen Arena und alles, was sie zur Gewährleistung ihrer Sicherheit tut, stellt eine Bedrohung der Vereinigten Staaten dar.«

Anstatt Beweise für diese Bedrohung vorzulegen, nannte Shultz lediglich eine Reihe mythischer Fälle, in denen wir angeblich Länder zur feindseligen Haltung gegenüber den USA gedrängt hätten, und er schloß mit der Wiederholung seiner Feststellung, die Atomwaffen der UdSSR bedrohten die USA und Westeuropa.

Das Gespräch ging weiter. Von Zeit zu Zeit schlug Shultz in der Akte, die er auf dem Schoß oder auf dem Tisch liegen hatte, ein paar Daten nach. Ich dachte dann jedesmal, jetzt kämen wir gleich zu konkreten Dingen, aber das geschah nie. Brachten wir Fakten und Zahlen, dann sah Shultz einfach unglücklich aus. Er versuchte sie nicht einmal zu bestreiten. So konnten wir beispielsweise schlüssig nachweisen, daß die Mittelstreckenraketen, um die sich Washington und seine Verbündeten solche Sorgen machten, der UdSSR in dieser Waffenklasse keine Überlegenheit über die NATO, sondern lediglich Parität verschafften.

Am Schluß dieses Gesprächs hatten wir eindeutig die Meinung gewonnen, daß Washington die vergebliche Hoffnung hegte, durch militärischen Druck auf die UdSSR Überlegenheit zu gewinnen.

Bei meiner nächsten Zusammenkunft mit Shultz am 18. Januar 1984 in Stockholm gab es nichts Neues. Wieder wurden die scharfen Gegensätze unserer Positionen spürbar.

Die sowjetische Seite war mit der festen Absicht gekommen, das Stockholmer Treffen zu einem Erfolg zu machen. Wir legten zwei Vorschläge vor. Erstens sollten alle Nuklearstaaten dem Beispiel der Sowjetunion folgen und auf den Ersteinsatz von Kernwaffen verzichten. Zweitens schlugen wir einen Vertrag vor, mit dem die Anwendung von Gewalt in den zwischenstaatlichen Beziehungen insgesamt verboten werden sollte. Desgleichen erklärten wir uns zur Ausarbeitung weiterer und ausgedehnterer vertrauensbildender Maßnahmen im militärischen Bereich durch die anwesenden Staaten bereit.

Bald wurde erkennbar, daß Shultz mit demselben Gepäck nach Stockholm gekommen war, das er schon zu den Gesprächen in New York und Madrid mitgebracht hatte.

Manchmal vergleichen die amerikanischen und ausländischen Medien Shultz mit seinen Vorgängern und lassen anklingen, er sei besser als Haig, weil er in der Außenpolitik pragmatischer sei. Man hat ihn sogar einmal als den flexibelsten der neueren US-Außenminister bezeichnet.

Im Zusammenhang mit Großmächten und den Differenzen unter ihnen in den entscheidenden Fragen von Krieg und Frieden kann man nicht ohne weiteres von Flexibilität sprechen. Als Vertreter der führenden kapitalistischen Macht und Sprecher einer bestimmten Gesellschaftsordnung ist Shultz unausweichlich auf einen bestimmten Code programmiert. Als Politiker und Sprecher der herrschenden amerikanischen Klasse dient er einem Staat, der eine beherrschende Stellung in der Welt anstrebt.

Ich habe mit diesem hervorragenden amerikanischen Politiker viele interessante Unterhaltungen geführt und glaube, daß er wirklich begriffen hat, wie unsinnig der Gedanke einer Liquidierung des Sozialismus ist. Wenn das stimmt, dann steht er schon allein dadurch meilenweit über anderen, deren verbale Sparschweinchen mit allerlei einfältigem Antikommunismus-Geplapper vollgestopft sind.

Aber es ziemt mir nicht, Shultz mit seinen Vorgängern zu vergleichen. Sicher hilft ihm sein internationaler Geschäftshintergrund in der politischen Debatte, aber ich habe nicht zu entscheiden, ob er als Politiker eher führt oder geführt wird. Das Ratespiel wäre zu gefährlich. Ich halte mich bei der Beschreibung dieses oder jenes Politikers immer sehr zurück. Darauf lassen sich meist nur sensationslüsterne Leute ein.

Die zwischen den USA und der Sowjetunion Spannung verursachende amerikanische Außenpolitik hat schon vor langer Zeit viele vernünftige amerikanische Politiker, Persönlichkeiten der Gesellschaft und auch einige Wirtschaftler zunehmend beunruhigt. Zu denen, die auf die Gefahren des Wettrüstens aufmerksam gemacht und Washington aufgefordert haben, von der Konfrontation zur Entspannung überzugehen, gehören Cyrus Vance, Edward Kennedy, Paul Warncke und viele andere. Erwähnenswert ist auch der frühere Diplomat und ausgezeichnete Historiker George Kennan.

Kennan genießt in den USA hohes Ansehen. Seit rund 30 Jahren steht sein Name oft in Zeitungen, Zeitschriften und Büchern. Der schon 1925 auf diplomatischer Bühne bekannt gewordene Kennan gehörte zu den Autoren der Truman-Doktrin und des Marshallplans und war einer jener Theoretiker, die sich gegenüber der UdSSR der Position der Stärke verschrieben hatten.

Zum ersten Mal begegnete ich Kennan 1950, als er kurzzeitig Geschäftsträger in Moskau war. Wir sprachen allgemein über die amerikanische Politik, die Lage in Europa und in Fernost. Wiederholt betonte er: »Die Ziele der amerikanischen Außenpolitik in der Nachkriegsregelung in Europa und darüber hinaus sind friedliebend.« Er sprach auch von der Notwendigkeit eines Ausbaus der amerikanisch-sowjetischen Beziehungen.

Kennan schien zu den internationalen Ereignissen der Zeit eine interessante Meinung zu haben, und ich hielt seine damalige Position nur für eine Sprosse auf seiner diplomatischen Karriereleiter. Das wäre wohl bei mehr Erfahrung auch der Fall gewesen, aber Washington entschloß sich anders. Im März 1952 wurde Kennan zum Botschafter in der UdSSR ernannt. Diesem Posten war Kennan nicht gewachsen, nicht weil es ihm an Kenntnissen gefehlt hätte, sondern weil er die Grenzen zwischen dem Erlaubten und dem Unerlaubten nicht erkannte, die sich jeder Botschafter einprägen muß, insbesondere, wenn er sich über das Land äußert, in dem er akkreditiert ist. Diese Grenze kann sich je nach den Umständen, der Art der Beziehungen zwischen den beiden Ländern und nach den herrschenden internationalen Bedingungen auch verändern.

Wie dem auch sei: Auf dem Weg von Moskau nach London machte Botschafter Kennan im Westberliner Flughafen Tempelhof am 19. September 1952 feindselige Bemerkungen über die Sowjetunion, über die sofort in der Weltpresse berichtet wurde. Unter Beachtung aller Umstände erhob die sowjetische Regierung nicht nur Vorstellungen bei der amerikanischen Regierung, sondern erklärte auch Kennan zur *persona non grata* und verlangte seinen Abzug als Botschafter.

Kennans kurzer Moskauaufenthalt war nicht gerade dazu angetan, seine Landeskenntnisse erheblich zu vertiefen, und die sensationelle Aufmachung des Zwischenfalls im Westen stärkte seine Position auch nicht gerade. Noch lange danach pflegten die Leute, wenn in diplomatischen Kreisen Kennans Name fiel, zu sagen: »Ach ja, der Botschafter, der von der Sowjetunion zur unerwünschten Person erklärt wurde.«

Bis heute hat er sich von dieser »Berühmtheit« nicht erholt. Doch Ehre, wem Ehre gebührt: Schließlich fand Kennan die Kraft, seine persönliche Zurücksetzung und seinen verletzten Stolz zu überwinden. In einigen Themen der sowjetisch-amerikanischen Beziehungen nahm er eine unendlich objektivere Haltung ein als die Reagan-Regierung oder auch einige ihrer Vorgängerinnen. Oft und von verschiedenen Plattformen aus hat er der Regierung die Aushöhlung der Beziehungen mit der UdSSR vorgehalten, sie beschuldigt, sie peitsche eine sowjetfeindliche Hysterie hoch, betreibe das Wettrüsten und verschärfe die internationale Spannung. Oft hat er die Regierung aufgefordert, es sich noch einmal zu überlegen, ehe es zu spät sei, und den Pfad der Mäßigung und Verständigung einzuschlagen.

Das bedeutet nicht, daß Kennan der UdSSR nahestünde; im

Gegenteil: Er ist ein Vertreter und Sprecher seiner Klasse, der Bourgeoisie, und zwar zu 100 Prozent. Immerhin hat er die einfache Wahrheit begriffen, daß die Unterschiede zwischen Sozialismus und Kapitalismus im Rahmen des friedlichen Wettbewerbs gelöst und Streitigkeiten am Konferenztisch beigelegt werden müssen anstatt durch bewaffneten Konflikt. Immer mehr Leute in der amerikanischen Gesellschaft und Wirtschaft machen sich diese Auffassungen zu eigen, und die kriegsfeindlichen Kräfte in den USA werden immer aktiver.

Washingtons wiederholte Versuche, einen wirtschaftlichen kalten Krieg anzufachen, sind international fehlgeschlagen und haben auch inneramerikanisch kaum Gewinn gebracht. Sie vergrößern nur die Störungen im Wirtschaftsgetriebe, lassen die Nachfrage in gewissen Bereichen sinken und verursachen Arbeitslosigkeit. Die rechtsgerichteten Politiker selbst hoben das Weizenembargo gegenüber der UdSSR auf, als sie sahen, daß es den Interessen der amerikanischen Farmer zuwiderlief, und das Embargo für Erdöl- und Erdgasausrüstung hat ebenfalls nur negativ gewirkt.

Trotzdem versuchte die Reagan-Regierung eine Diskriminierung der UdSSR in den Handels- und Wirtschaftsbeziehungen. Das hat beträchtliche Teile der amerikanischen Wirtschaft auf den Plan gerufen, die ein politisches Klima wünschen, das die Zusammenarbeit begünstigt.

Armand Hammer steht an der Spitze eines amerikanischen Großunternehmens, der Occidental Oil Corporation. Dieser dynamische Mann ist stets in Bewegung, macht unablässig neue Pläne und redet vom Dollar nur in Hundertmillionen-Beträgen. Seine Stärke ist der politische Realismus, gewürzt mit einem guten Schuß sozialen Idealismus. »Ein Geschäftsmann«, sagt er, »sollte weder durch eine rosagefärbte noch durch eine geschwärzte Brille ins Leben blicken.«

Hammers Familie ist vor der Revolution von Rußland in die USA ausgewandert. Seine Wurzeln stecken tief im amerikanischen Geschäftsleben, aber er besitzt auch den ganzen Wagemut und das kaufmännische Draufgängertum der einstigen Magnaten von der Wolga. Kleingeld war nicht nach ihrem Geschmack, und interessant wurde es erst, wenn die Zahlen ins Astronomische stiegen. Hammer ist es gleichgültig, ob er Mineraldünger oder Kunstwerke verkauft, solange es nur viel ist, er Gewinn scheffelt und auch Nervenkitzel empfindet. Ohne solche Prioritäten wäre er in seiner Welt schon längst untergegangen.

Er sagte einmal zu mir: »Geschäft ist für mich eine Art Sport mit dem einen Unterschied, daß das Schicksal aus einem unerfindlichen Grunde bestimmt hat, daß ich immer die Chance habe, mein Kapital zu vergrößern.« Mal mehr, mal weniger, aber immer auf der Gewinnseite. Er hat auch gesagt: »Eines steht fest: Unterm Strich hatte ich mehr Erfolge als Fehlschläge.«

Das ist seiner Erfahrung, seinem Mutterwitz, sogar einer Art Talent - und einer Menge Glück zu verdanken. Daß ihm das Glück hold war, ist hoffnungslos untertrieben.

In der schweren Zeit nach dem Bürgerkrieg kam Hammer nach Rußland und wurde von Lenin empfangen. Er erhielt eine Konzession zur Mithilfe in der Kampagne gegen das Analphabetentum. Millionen Kinder - ich selber war eines davon - schrieben ihre ersten Buchstaben mit einem Bleistift, auf dem der Name »Hammer« graviert war. Für Hammer war es ein Geschäft und ein gutes dazu. Der sowjetischen Industrie gelang bald eine Beendigung der Bleistiftknappheit, und Hammers Monopol ging zurück, aber sein Interesse an Geschäftsabschlüssen mit der Sowjetunion ist lebendig geblieben.

Obwohl er in der Roosevelt-Zeit nicht prominent war, hatten seine Ideen in der allgemeinen politischen Linie des Präsidenten Niederschlag gefunden. Egal, in welchem Zustand sich die sowjetisch-amerikanischen Beziehungen befanden - Hammer war immer für den Handel mit der UdSSR. In der Welt des amerikanischen Big Business ist er zweifellos eine einmalige Erscheinung, doch habe ich bemerkt, daß ihn die großen Firmen mit gewissem Mißtrauen beäugen. Seine freundschaftliche Haltung gegenüber der Sowjetunion mißfällt ihnen. Hammer weiß das, läßt sich aber nicht beirren.

Nach vierjähriger Pause in den sowjetisch-amerikanischen Gipfelbegegnungen traf ich am 28. September 1984 zum ersten Mal mit Ronald Reagan als Präsident zusammen. Bis dahin hatte ich den Eindruck, daß er sich herzlich wenig um die sowjetisch-amerikanischen Beziehungen kümmerte oder für Kontakte mit der sowjetischen Führung interessierte.

Freilich konnte man absehen, daß seine Berater mit Herannahen der Präsidentschaftswahlen von 1984 zu dem Schluß gelangen würden, die miserablen politischen Kontakte zwischen den beiden Mächten könnten sich auf Reagans Aussichten negativ auswirken. Als ich in der zweiten Septemberhälfte 1984 als Delegationsleiter zur UNO-Generalversammlung flog, hatte ich deshalb eine Einladung zu Präsident Reagan in der Tasche.

In Begleitung des Stellvertretenden Außenministers Kornijenko und unseres Botschafters Dobrynin hatte ich ein zweistündiges Gespräch mit dem Präsidenten im »Oval Office« des Weißen Hauses, das während des Mittagessens in Gegenwart von Vizepräsident George Bush, Außenminister George Shultz, Verteidigungsminister Caspar Weinberger, Schatzamtsminister Donald Regan und den Präsidentenberatern James Baker, Edwin Meese, Robert McFarlane, Michael Deaver sowie weiteren hohen Beamten des Weißen Hauses und Außenministeriums fortgesetzt wurde.

Die Unterhaltung war kantig, und natürlich gab es die unvermeidliche Auseinandersetzung. Die Bemerkungen des Präsidenten lassen sich so zusammenfassen: »Praktisch alle Pläne der Sowjetunion zielen auf die Vernichtung der kapitalistischen Ordnung im Westen. Deswegen müssen die USA rüsten, damit wir nie vor die Wahl zwischen Kapitulation und Tod gestellt werden.«

Ich widersprach heftig. »Das Wesen unserer politischen Philosophie lautet, daß im Laufe der historischen Entwicklung immer eine Gesellschaftsordnung unausweichlich durch eine andere ersetzt wird. Sicher sind wir der Meinung, daß an die Stelle der kapitalistischen Ordnung die sozialistische treten wird - wir glauben daran etwa so, wie die Menschen glauben, daß die Sonne morgen wieder aufgehen wird -, aber dieser Prozeß wird sich ganz natürlich einstellen als Ergebnis der historischen Entwicklung. Wir glauben nicht an politische oder militärische Einschüchterung, und niemand darf uns vorwerfen, wir versuchten, die Sozialstruktur Amerikas oder irgendeines Landes mit Gewalt zu verändern. Wir haben keine solchen Pläne und haben sie auch nie gehabt.«

Dann brachte der Präsident die bekannte Theorie vor, die militärische Anstrengung der Sowjetunion sei eine Gefahr für den Westen.

Ich fragte ihn: »Wer hat denn nach dem Krieg, als die Kanonen schwiegen, rund um die Welt Militärstützpunkte errichtet? Die Vereinigten Staaten. Unsere Bemühungen, ihre Demontage zu erreichen und die Abrüstung zu beginnen, blieben ohne Erfolg. Die USA blockierten jede unserer Initiativen.«

»Die USA und ihre westlichen Verbündeten«, fuhr ich fort, »haben eine erbarmungslose Hochrüstung eingeleitet. Der Weg, den sie gingen, ist mit Plakaten gesäumt, auf denen steht: Gebt uns mehr Kanonen! Dahinter steckt die klare Berechnung, daß die UdSSR ihre materiellen Möglichkeiten vor den USA erschöpfen und schließlich zur Kapitulation gezwungen sein wird.«

»Das, Herr Präsident«, sagte ich, »wird nie eintreten. Natürlich zwingt uns das Wettrüsten zum massiven Einsatz materieller und geistiger Ressourcen. Aber wir halten durch. Wir haben in einem totalen Krieg durchgehalten. Unser Volk hat seinen eisernen Willen und sein Durchhaltevermögen bewiesen. Trotz kolossaler Verluste haben wir gesiegt. Deswegen ist jede Hoffnung auf militärische Überlegenheit über die Sowjetunion wirklichkeitsfremd. Solche Pläne sollte man fallenlassen.«

Ich schloß: »Unsere beiden Länder verfügen über riesige Waffenreserven. Wir sitzen beide auf einem Berg von Kernwaffen und erfinden immer neue dazu. Der Berg wird immer höher. Man fragt sich, wie das weitergehen soll? Wie hoch soll der Berg noch wachsen?«

Nachdem sich Reagan das alles angehört hatte, verteidigte er immer noch die Rüstungspolitik seiner Regierung. Er griff sogar in die Schublade eines Tischchens neben seinem Sessel und holte einige Diagramme heraus, die zeigen sollten, daß die sowjetische Rüstung schneller wachse als die amerikanische. Sicher warf er auch hochtrabende Worte über Kontakte, Begegnungen, Dialog ins Gespräch, aber sie waren inhaltsleer, kein Zeichen, daß er vielleicht den politischen Kurs seines Landes in positivere Bahnen lenken könnte.

Immerhin schien mir, der amerikanische Präsident müsse alles in allem gemerkt haben, daß jeder Versuch, die Sowjetunion unter Druck zu setzen, in der Sackgasse landen mußte.

Später sagte ich zu Shultz: »Zwischen den amerikanischen Treuebekundungen zu den historischen Vereinbarungen der Anti-Hitler-Koalition und der heutigen amerikanischen Außenpolitik bestehen Ungereimtheiten.«

Shultz gab sich alle Mühe zu zeigen, daß sich die amerikanische Haltung nicht geändert habe: »Die USA stehen treu zu ihren vertraglichen Verpflichtungen, einschließlich der Frage der europäischen Grenzen.«

Worauf ich erwiderte: »Das hören wir gerne, aber wo bleiben die praktischen Beweise? Die Sowjetunion hält sich peinlich genau an frühere Vereinbarungen und wird dies auch weiterhin tun. Wir warten immer noch darauf, daß die Amerikaner ihren Worten Taten folgen lassen.«

Wie seine übrige Mannschaft war auch Reagan während der Gespräche sehr höflich. Ich entdeckte keine Frostigkeit, trotz der inneren Anspannung, die sich ihrer aller bemächtigt haben mußte. Schließlich hatte der Präsident vier Jahre lang unablässig unfreundlich über die UdSSR gesprochen. Sein Griff beim Händeschütteln war fest. Während photographiert wurde, betrachtete er seine Gäste mit offener Neugier und rutschte unentwegt auf dem Stuhl hin und her.

Die Zahl der englischen Standuhren im Weißen Haus erstaunte mich. Vermutlich ein Hobby des Präsidenten. Im Nebenraum zu dem Eßzimmer, in dem wir den Lunch nahmen, spielte ein kleines Kammerorchester. Nancy Reagan begrüßte uns, war aber beim Essen nicht dabei.

Der Präsident stellte mich ihr vor, und ich hatte den Eindruck einer energischen, selbstsicheren Frau. Wir unterhielten uns kurz, und flugs erzählte sie den Gesprächsinhalt den allgegenwärtigen amerikanischen Zeitungsleuten weiter. In der Presse hieß das dann so:

»Gromyko kam mit meinem Mann an. Nachdem wir einander vorgestellt waren, prostete er mir zu. Er trank Kronsbeerensaft, ich Mineralwasser. Riesentrinker, wir beide! Dann wandte er sich zu mir und sagte: ›Ist Ihr Mann für Frieden oder für Krieg?‹ ›Für den Frieden,‹ war meine Antwort. Das schien ihn zu überraschen, denn er fragte: ›Sind Sie auch sicher?‹ Ich erwiderte: ›Ja.‹ Dann sagte er: ›Warum nimmt er dann unsere Vorschläge nicht an?‹ Ich fragte: ›Und wie sähen die aus?‹ Da wurden wir von hinzutretenden Leuten unterbrochen. Dann, unmittelbar vor dem Lunch, kam er noch mal zu mir her und sagte: ›Sie sollten dem Präsidenten nachts das Wort Frieden ins Ohr flüstern.‹ ›Aber sicher‹, sagte ich. ›Aber ich flüstere es auch in Ihres.‹ Gromyko lächelte daraufhin.«

Ihre Schilderung entspricht dem Gesagten ziemlich genau.

Den Hauptteil dieser Gespräche bestritt Shultz, der sowohl im Oval Office als auch beim Essen meist die offizielle Antwort gab. Weinberger war im Oval Office nicht dabeigewesen und saß beim Essen ziemlich an der Seite. Obwohl er sich immer wieder in das Gespräch mit den Gästen einzuschalten versuchte, hielt er sofort inne, sobald Reagan sprach. Bush saß ziemlich gelangweilt da und gab sich keine besondere Mühe, seine Meinung kundzutun.

Einige Tage später, als das Gespräch zwischen den beiden Delegationen eben zu Ende war, fragte mich Präsident Reagan plötzlich: »Mr. Gromyko, wollen wir uns einen Augenblick allein unterhalten?«

»Sicher«, antwortete ich.

Wir führten ein Gespräch im Stehen.

Der Präsident begann: »Ich möchte ganz offen sagen, daß ich alles mir mögliche tue, um Mittel und Wege für die Verbesserung der Beziehungen zwischen den USA und der UdSSR zu finden. Ich denke sehr viel darüber nach, aber es geschieht nichts. Ich versuche, den Grund dafür zu verstehen.« Er hielt inne und sagte dann: »Wahrscheinlich ist es die Gewohnheit des Mißtrauens, die zwischen unseren beiden Völkern entstanden ist.«

»Ganz eindeutig ist Mißtrauen entstanden«, erwiderte ich. »Aber das eigentliche Problem liegt darin, daß die Amerikaner der Sowjetunion allerlei aggressive Pläne unterstellen, die wir nie gehegt haben. Sogar in den eben beendeten Gesprächen haben Sie solche Pläne erwähnt. Lenin hat nie behauptet, der Kapitalismus werde mit Gewalt begraben werden. Jemand hat dieses Zitat erfunden und es dann Ihnen weitergereicht, und Sie wiederholen es, obwohl wir es oft genug widerlegt haben.«

Reagan hörte schweigend zu. Ich glaube nicht, daß er je auch nur versucht hat, die Quelle für Lenins angebliches Zitat nachzuschlagen, aber auch wenn er es versucht hätte, hätte er sie nicht finden können, denn es gibt sie nicht. Ich sah ihn an, konnte aber an seinem Gesicht nicht ablesen, ob er mir glaubte, doch hörte ich dazu nichts mehr aus dem Weißen Haus.

Zu den Bemerkungen über Wege zur Verbesserung der Beziehungen sagte ich zum Präsidenten: »Wie schon seit jeher will die Sowjetunion aufrichtig an der Spannungsminderung mitwirken. Ich bin bevollmächtigt zu erklären, daß dies die Auffassung der gesamten sowjetischen Führung ist. Hinsichtlich unserer langfristigen Politik und der Beziehungen zu den kapitalistischen Staaten einschließlich der USA halten wir am Grundsatz der friedlichen Koexistenz fest. Die Anwendung von Gewalt gegen kapitalistische Länder zur Eliminierung ihres Gesellschaftssystems haben wir nie geplant und planen sie auch heute nicht. Wir glauben aber, daß der Sozialismus im normalen Gang der sozialen Entwicklung siegen wird, weil er als System überlegen ist.«

Ich äußerte die Hoffnung, der Präsident möge überdenken, was ich gesagt hatte.

Aber in nachfolgenden Gesprächen äußerte sich weder der Präsident noch einer seiner Vertreter je für den Gedanken der friedlichen Koexistenz zwischen Staaten mit unterschiedlichen Gesellschaftssystemen. Als er sich 1985 in Genf und erneut 1986 in Reykjavik mit Generalsekretär Gorbatschow traf - beides bedeutsame Ereignisse in unseren Beziehungen -, sagte der Präsident immer noch kein Wort über ein amerikanisches Bekenntnis zu diesem Prinzip.

In der Geschichte der sowjetisch-amerikanischen Beziehungen haben wir mit vielerlei Regierungen zu tun gehabt. Ist die amerikanische Führung realistisch, dann sind unsere Beziehungen gut, und dies wirkt positiv auf die Weltlage zurück. Fehlt der Wirklichkeitssinn, dann verschlechtern sich die Beziehungen und mit ihnen die Weltlage.

Damit wirkliche Besserung eintreten kann, muß der politische Wille da sein. Die UdSSR besitzt diesen Willen. Zeigen die Amerikaner denselben Willen, dann lassen sich viele Probleme, die uns trennen, durchaus lösen.

Mit der Unterzeichnung des Abkommens über die Beseitigung von Raketen mittlerer und kürzerer Reichweite am 8. Dezember 1987 ist meines Erachtens ein neuer Kurs eingeschlagen worden. Hoffen wir, daß er anhält.

18. Kapitel

Diplomaten und andere

Nur einmal in meinem Leben - 1952 - mußte ich einen Frack anziehen. Genauer gesagt: Es war ein Cutaway. Den Zylinder in der Hand - zum Aufsetzen konnte ich mich denn doch nicht entschließen -, machte ich es mir in einer geräumigen, pferdebespannten Kutsche bequem, während zwei goldbetreßte, zylinderbewehrte Lakaien Stellung bezogen. Die gutdressierten Pferde zogen uns sodann langsam durch die Straßen Londons, vorbei an gaffenden Londonern und Touristen.

Sie fanden den Anblick fesselnd, ich nicht minder - ein Bürger der Sowjetunion, in der wir nun seit geraumer Zeit weder Könige noch Adel hatten, fuhr aristokratisch herausgeputzt zur Königin von England! Dem Protokoll gehorsam, war ich auf dem Weg zum Buckingham-Palast, um mein Beglaubigungsschreiben als außerordentlicher und bevollmächtigter Botschafter der Sowjetunion zu übergeben.

Ich dachte an Maxim Litwinow, erster Sowjetbotschafter in London nach der Revolution. Er sei eher bei der britischen Arbeiterklasse als beim Hof von St. James akkreditiert, hatte er gemeint, aber Lenin hatte ihn deswegen scharf kritisiert und getadelt.

Diese diplomatischen Anachronismen sind auch heute noch gültig. 1986 fuhr der sowjetische Botschafter in Spanien, S.K. Romanowski, in einer antiken Kutsche mit Sechsergespann und eskortiert von einer Schwadron maurischer Reiter in pittoresker mittelalterlicher Tracht quer durch Madrid zur Übergabe seines Beglaubigungsschreibens beim König von Spanien.

Wir müssen nun mal mit Ländern koexistieren, die eine andere Gesellschaftsordnung haben als wir. Warum sollten wir ihre diplomatischen Protokollregeln nicht ertragen, solange sie nicht die Würde unseres Landes oder unserer Diplomaten stören? Außerdem erweisen wir damit dem betreffenden Lande unsere Achtung. Deswegen trägt ein sowjetischer Diplomat manchmal einen Cutaway und einen Zylinder, obwohl alle Welt weiß, daß wir ohne weiteres auch so auskämen.

Heute existieren zwei Gesellschaftssysteme in der Welt, das sozialistische und das kapitalistische. Die Außenpolitik des Sozialismus, mithin vor allem der UdSSR, steht im Gegensatz zur Außenpolitik des Imperialismus, der von den wirtschaftlich entwickelten kapitalistischen Ländern, angeführt von Amerika, ausgeht.

Wann immer ich mit führenden Persönlichkeiten der Welt zusammengetroffen bin und das Gespräch auf fundamentale Themen kam, fragten sie sich nachdenklich, was werden soll, wenn das Wettrüsten nicht beendet, sondern sogar noch in den Weltraum ausgedehnt wird. Das sind nicht bloß Stimmen einzelner. Ihr Nachdenken und Zögern ist ein deutliches Zeichen der unruhigen Sorge, die heute überall empfunden wird.

Manchmal kommen heute sogar ganze politische Parteien im Westen ins Wanken, wenn sie vor eine klare Entscheidung zum Wettrüsten gestellt sind. Ein treffendes Beispiel dafür ist die britische Labour Party. Als sie an der Regierung war, stimmte sie der Stationierung neuer amerikanischer Raketen in Westeuropa und Großbritannien zu. Als dann die Konservativen unter Margaret Thatcher die Parlamentswahlen gewannen und sich eine starke Politik der atomaren Aufrüstung zu eigen machten, begann Labour, die Bedeutung der Rüstungsbegrenzung und völligen Beseitigung von Atomwaffen zu begreifen.

Ein anderes Beispiel: Bekanntlich ersuchte Washington den westdeutschen Bundeskanzler Schmidt um die Erlaubnis für die Stationierung weiterer amerikanischer Atomraketen in Westdeutschland, und man brauchte ihm nicht erst den Arm umzudrehen, damit er sie gab. Als sie aber in der Opposition landeten, fanden Schmidt und die anderen führenden Sozialdemokraten zu einer verantwortlicheren Haltung und forderten die Einstellung weiterer Stationierungen und die Suche nach einer Verringerung der bewaffneten Konfrontation in Europa.

Das alles sagt uns, daß im politischen und öffentlichen Leben der NATO-Länder das Pendel in die andere Richtung schwingt. Grund genug für uns, unsere Zielsetzungen nach Kräften zu erläutern. Natürlich weiß kein Mensch, wann aus dem Zweifel echtes Zögern, aus dem Zögern Überzeugung und aus der Überzeugung praktisches Handeln wird, aber eines ist sicher: Im Aufeinanderprallen verschiedener Strömungen im internationalen Leben wird sich schließlich die Friedenssehnsucht durchsetzen.

Leider decken Außenpolitik und Diplomatie des Westens dessen wirkliche Absichten mehr denn je mit falscher Propaganda zu - verständlicherweise, denn der Kontrast zwischen seiner militaristischen Politik und seinen Friedensbeteuerungen ist doch zu auffallend.

Unter den bekanntesten Gestalten des sowjetischen diplomatischen Dienstes ragt Georgi Wassiljewitsch Tschitscherin besonders hervor. Er wurde in einer Aristokratenfamilie in St. Petersburg geboren, diente im zaristischen Außenministerium, trat 1904 der revolutionären Bewegung bei, ging ins Ausland und verbrachte den Ersten Weltkrieg in London. Im Sommer 1914 wurde er wegen Antikriegshetze verhaftet und im Brixton-Gefängnis gefangengesetzt; inzwischen hatte er mit den Menschewiki gebrochen und war Bolschewik geworden. Die neue Sowjetregierung erreichte im Januar 1918 seine Entlassung.

Lenin war ein großer Bewunderer der Weltgewandtheit und des Scharfsinns Tschitscherins, und so überrascht es nicht, daß er ihn im März 1918 zu einer international schwierigen Zeit zum Kommissar für äußere Angelegenheiten ernannte. Tschitscherin wurde buchstäblich ein Diplomat der Lenin-Schule, arbeitete eng mit Lenin zusammen und nahm seine Weisungen von ihm persönlich entgegen.

Ursprünglich sollte Lenin 1922 bei der Konferenz in Genua die sowjetische Delegation selbst leiten, konnte aber nicht hinreisen und schickte deshalb Tschitscherin. Mit seinem scharfen Intellekt und dank seiner großen Erfahrung im Umgang mit Ausländern vertrat Tschitscherin gekonnt die Interessen des jungen Sowjetstaates auf der Konferenz.

Auf Lenins Weisung brachte Tschitscherin die These der friedlichen Koexistenz und wirtschaftlichen Zusammenarbeit zwischen Staaten unterschiedlicher Gesellschaftsordnung vor. Zur gleichen Zeit schloß er im nahe gelegenen Rapallo einen Vertrag mit dem kapitalistischen Deutschland, der die Errichtung diplomatischer Beziehungen vorsah und die offenen Fragen löste. Lenin betrachtete dies als »die einzig richtige Methode« in den zwischenstaatlichen Beziehungen und verband die friedliche Koexistenz mit der Notwendigkeit universeller Abrüstung - das erste Mal in der Menschheitsgeschichte, daß ein solcher Vorschlag gemacht wurde.

Auch mit der Türkei, Iran und Afghanistan schloß Tschitscherin Verträge. Bis 1930 war er Außenkommissar; er starb 1936.

Nach ihm hatte Maxim Maximowitsch Litwinow, eigentlich Max Wallach, den Posten inne, wurde im Mai 1939 durch W.M. Molotow ersetzt und ging im Dezember 1941 als Botschafter nach Amerika.

Besonders eingeprägt hat sich mir ein Gespräch Molotows mit Litwinow bei Molotows Washingtonbesuch im Juni 1942, als wir drei durch die Appalachen fuhren. Wir sprachen über die Franzosen und Briten, und Molotow kritisierte heftig die Vorkriegspolitik, die Hitler in den Krieg mit der UdSSR getrieben habe. Kurzum, er äußerte die offizielle Parteilinie. Litwinow war anderer Meinung. Das war der Hauptgrund für seine Ablösung im Jahre 1939 als Außenkommissar gewesen, aber nun saß er da und verteidigte immer noch hartnäckig die Weigerung Englands und Frankreichs, sich der Sowjetunion anzuschließen und Hitler fest in die Schranken zu weisen, ehe er seinen schicksalhaften Angriff auf die UdSSR starten konnte. Obwohl Litwinow wegen ebendieser Auffassungen seines Postens enthoben worden war, vertrat er sie weiterhin, Molotow - und mithin Stalin - mitten ins Gesicht.

Es war schon seltsam, jemandem zuzuhören, der offenbar München und dessen Konsequenzen nicht zur Kenntnis genommen hatte - das Münchener Abkommen, das unsere Partei und unser Volk rundweg verurteilt hatten und das zum Symbol des außenpolitischen Verrats geworden ist.

Ich hegte keinerlei Zweifel, daß Molotow nach seiner Rückkehr das Streitgespräch an Stalin weiterberichten werde und folglich Litwinows Aussichten als Botschafter in den USA recht trübe waren. So geschah es auch. Weniger als ein Jahr später trat ich an seine Stelle als Botschafter.

Ein weiteres hervorragendes Mitglied der ersten Sowjetregierung war Alexandra Michailowna Kollontai. Sie stammte aus einer der Intelligenzija zugehörigen Familie baltischen Ursprungs und war buchstäblich in die revolutionäre Bewegung hineingeschwemmt worden. In ihrer politischen Zugehörigkeit schwankte sie etwas, bewegte sich etwa Mitte des Krieges vom Menschewikismus zum Bolschewismus, fiel aber Lenin auf und wurde 1919 mit der Sektion für Frauenarbeit betraut. Von 1923 bis 1952 war sie als Diplomatin tätig, zunächst - als erste Frau der Welt - als Botschafterin in Norwegen, dann kurz Gesandte in Mexiko und danach Botschafterin in Schweden.

Sie war außerordentlich erfolgreich, wenn man bedenkt, daß sich nicht alle Länder an den Gedanken gewöhnen konnten, die Botschaft einer großen sozialistischen Nation bei sich zu beherbergen. Aber schließlich fanden sich die Monarchien und bürgerlichen Republiken damit ab, und die Tatsache, daß die Sowjetunion von einer Frau vertreten wurde, die zudem auch noch Lenin persönlich gekannt hatte, machte Kollontais Aufgabe leichter. Die geistvolle und scharfzüngige Frau verstand sich hervorragend auf die Debatte, und das in mehreren Sprachen.

Ich habe sie 1949–1950 in Moskau kennengelernt. Inzwischen war sie schon krank; sie war gelähmt und saß im Rollstuhl. Meine Familie und ich wohnten im selben Erholungsheim, und wir verstanden uns gut. Für mich jugendlichen Vierziger war sie die lebendige Geschichte der Revolution, eine Parteistreiterin, die mit Lenin gesprochen und korrespondiert hatte und schon dafür größte Hochachtung verdiente.

Ich tat mein möglichstes, um ihr das Leben zu erleichtern. Obwohl sie nur noch ein fahler Schatten ihres einstigen, übersprudelnden Selbst war, denke ich vor allem an ein Gespräch mit ihr zurück. Ich fragte sie nach Mexiko, aber über ihre dortige Arbeit fiel ihr nicht viel ein; viel lieber redete sie über die Zeit in Schweden, wo sie die letzten 15 Jahre verbracht hatte.

»Denken Sie nur, Andrej Andrejewitsch«, sagte sie, »einmal wurde ich in Schweden zur unerwünschten Person erklärt und von der Polizei und den örtlichen Sicherheitsbehörden aus dem Lande geworfen. Das war vor der Revolution, als unsere Partei noch im Untergrund tätig und russische Sozialdemokraten in manchen Hauptstädten wie die Pest gefürchtet waren. Aber die Jahre vergingen, und plötzlich suchte die Sowjetregierung um das Agrément für dieselbe Kollontai nach, die einst aus Stockholm geworfen worden war. Ob sich die Schweden nicht mehr an den Namen erinnerten oder mich für jemand anderen hielten oder aber genau Bescheid wußten, die Beziehungen zur Sowjetunion jedoch nicht meinetwegen belasten wollten – ich weiß es nicht. Vermutlich letzteres – jedenfalls gaben sie mir das Agrément und ließen mich herein, und da empfingen mich nun der König, der Ministerpräsident und der Außenminister. Mehr als einmal hatte ich Anlaß, die Schweden daran zu erinnern, sich von den Nazis nicht zum Bruch ihrer Neutralität provozieren zu lassen, was sie mehrfach taten. Nie konnte ich vergessen, daß dort drüben, am anderen Ufer der Ostsee, unsere Landsleute starben.«

Sie schluchzte. In ihrem Rollstuhl sah sie so zerbrechlich aus. Ich versuchte, sie zu trösten, und es tat mir leid, daß ich mit meinen Fragen schmerzliche Erinnerungen wachgerufen hatte.

In der Geschichte der Sowjetdiplomatie nimmt W.M. Molotow fraglos einen besonderen Platz ein. Neben einer Reihe hoher Parteiämter übernahm er 1939 von Litwinow das Amt des Außenkommissars, gab den Posten - der 1946 in Außenminister umbenannt wurde - 1949 an A.Ja. Wyschinski ab und übernahm ihn dann erneut von 1953 bis 1956. Im Grunde war er während der ganzen Stalinzeit der zweite Mann. Natürlich wurden die Richtlinien der Außenpolitik vom Politbüro bestimmt, aber selbst dort gab Stalins Meinung den Ausschlag, und er ließ Molotow bei einer Reihe von Fragen, die andere Länder betrafen, freie Hand. In Amerika, England und Frankreich galt Molotow als »Vertreter der harten Linie« in der Außenpolitik, doch war er keineswegs härter als die Partei und ihr ZK.

Obwohl es zutrifft, daß Stalin ihm gegenüber eine wechselnde Haltung einnahm, übte Molotow als Stalins rechte Hand auf den alliierten Konferenzen während des Krieges und nach dem Krieg beträchtlichen Einfluß auf Stalin aus.

Molotows hohe Stellung ist am besten dadurch zu erklären, daß er ein altgedienter Revolutionär und ein sehr fähiger Mann mit ungewöhnlicher Arbeitskraft und hohem Organisationstalent war. Gelegentlich nahm seine Organisationswut eingestandenermaßen seltsame, fast obsessive Formen an. Einmal beispielsweise hatte er stundenlang an einem Dokument gearbeitet, als er plötzlich verkündete: »Ich lege mich jetzt im Nebenzimmer 13 Minuten hin.« Er ging und kam pünktlich auf die Minute wieder, sah völlig frisch aus und setzte sich wieder an die Arbeit.

Manchmal sah es so aus, als sei er wütend und lasse seine Assistenten tanzen, aber jedermann wußte, daß das nur gespielt war und er gute Gründe dafür hatte. Ein deutlicher

Minuspunkt war hingegen sein übertriebener Hang zum Konventionellen bei der Ausarbeitung eines Dokuments. Ließ sich ein Gedanke zum Beispiel völlig anders formulieren und sah die Neuformulierung für Molotow auch nur entfernt ungewöhnlich oder gar originell aus, dann verweigerte er ihr strikt seine Zustimmung. Ich habe das mehr als einmal am eigenen Leibe zu spüren bekommen. Es hatte nichts mit seinem strengen Stilgefühl zu tun; er war einfach uneinsichtig.

Er starb - als Mitglied der kommunistischen Partei - am 8. November 1986 im Alter von 96 Jahren.

Westliche Politiker und Journalisten fragen manchmal, wie es komme, daß Kommunisten wie Molotow, Malenkow, Kaganowitsch oder Bulganin, die einst hohe Positionen innehatten, aus der Partei ausgestoßen werden konnten.

Die Antwort dürfte nicht schwer sein. Die Partei hat selbst über die Tätigkeit dieser Leute berichtet. Der Partei und dem Volk sind die Gründe bekannt. Als Mitglied des ZK habe ich sowohl die Reden von Stalins einstigen Mitstreitern gehört als auch für die strengen Beschlüsse wegen ihrer parteifeindlichen Tätigkeit gestimmt. Ich will das an einem Beispiel erläutern.

Als sich herausstellte, daß die unzureichende Kornversorgung neue Maßnahmen zur Verbesserung der Lage verlangte, kam die überwältigende Mehrheit des ZK zu dem Schluß, das sei nur zu bewerkstelligen, wenn man bisher unbebautes Land im Osten, hauptsächlich in Kasachstan, in die Agrarproduktion einbezog. Molotow war vehement dagegen. Seine Argumentation war simpel, ja fast schon primitiv.

»Wieso unbebautes Land umpflügen«, sagte er, »wenn wir die Produktivität der Felder in der europäischen Region des Landes steigern können?«

Bekanntlich ist das Problem bis heute ungelöst, obwohl viel getan wird. Selbst in schlechten Jahren hat das Korn aus den vordem unbebauten Gebieten wesentlich zu den Kornvorräten des Landes beigetragen. Trotzdem beharrte Molotow auf seiner Meinung.

Festzuhalten ist auch, daß sich unter Stalin die führenden

Leute, auf die er sich stützte, in vielen Fällen der harten Unterdrückung Unschuldiger - Kommunisten wie Nicht-Parteimitglieder - schuldig gemacht hatten. Manchmal war sogar ihre eigene Familie betroffen, aber das ist keine Entschuldigung dafür, daß sie am Tode unzähliger unschuldiger Sowjetbürger beteiligt waren.

Hat irgendeiner dieser Typen je aufrichtige Reue wegen der Vergangenheit an den Tag gelegt? Nicht im entferntesten. Sie alle haben das Gerichtsurteil über Berija begrüßt und Chruschtschows Rede auf dem XX. Parteitag 1956 applaudiert. Gewiß. Aber reichte das? Nein.

Die Beseitigung der früheren Komplizen Stalins aus den Spitzenpositionen war folglich ebenso gerechtfertigt wie ihr Ausstoß aus den Reihen der Partei Lenins. Sicher wurde Molotow, dessen Frau verbannt worden war und der deshalb in gewissem Maße selbst Gegenstand der Repression war, später wieder als Parteimitglied zugelassen, aber diese großherzige Geste ändert wenig an der Einschätzung seiner Schuld in der Zeit des Stalinismus und an den Positionen, die er in der Wirtschaftspolitik vertrat.

Während meines ganzen Arbeitslebens in Moskau sind mir, wie Millionen anderen, zwei Rätsel ungelöst geblieben - L.P. Berija und A.Ja. Wyschinski. Berija war Innenminister und Chef des NKWD, und Wyschinski war Chefankläger.

Von Berija weiß ich fast nur, was ich in der Presse gelesen habe. Ich hörte von seinem gewaltigen Einfluß auf Stalin und sah ihn, wenn er den Sitzungen des Politbüros beiwohnte oder bei größeren Veranstaltungen, aber es gab ein paar Episoden, die in mir den Eindruck erweckten, als sei er nicht ganz der, als den ihn die Zeitungen darstellten.

Es war kurz nach Stalins Tod, während des sogenannten »Interregnums« zwischen März und September 1953, als das Politbüro (beziehungsweise Präsidium, wie es zwischen 1952 und 1964 hieß) nur aus zehn Personen bestand und noch kein neuer Generalsekretär (damals noch Erster Sekretär genannt) gefunden war. Die Sitzungen wurden von Malenkow geleitet und fanden nicht mehr in Stalins Arbeitszimmer statt. In einer Zusammenkunft wurde im Politbüro über Ostdeutschland diskutiert, und es ging recht lebhaft zu. Malenkow hatte den Vorsitz, neben ihm saßen Molotow und Berija. An den beiden Längsseiten des Tisches saßen Kaganowitsch, Mikojan und Bulganin. An diesem Tag waren Wyschinski und ich in meiner Eigenschaft als Stellvertretender Außenminister hinzugerufen worden, da die DDR auf der Tagesordnung stand.

Malenkow eröffnete die Diskussion, verwies auf die Bedeutung der DDR, die an der Front unserer Verhandlungen mit den Westmächten stand. Alle waren sich einig, daß die Zeit für eine ernste Debatte gekommen war. Natürlich war die DDR selbst nicht zugegen, aber die meisten Anwesenden sagten, was sie zu sagen hatten, und zwar ziemlich präzise. Bald war klar, daß zwar nicht alle völlig dieselbe Meinung hatten, die Unterschiede aber keine Grundsatzfragen betrafen.

Bis sich plötzlich Berija zu Wort meldete: »Die DDR? Was ist sie wert, die DDR? Sie ist ja noch nicht einmal ein richtiger Staat. Sie wird nur durch sowjetische Truppen am Leben erhalten, selbst wenn wir sie mit Deutsche Demokratische Republik betiteln.«

Wir alle waren schockiert ob dieser politischen Unverfrorenheit und der Tatsache, daß er so abschätzig und mit grinsendem Gesicht von einem sozialistischen Land reden konnte.

Die erste Zurechtweisung kam von Molotow. Mit fester Stimme sagte er: »Die Demokratische Republik steht der Bundesrepublik in nichts nach. Ich verwahre mich aufs schärfste gegen eine derartige Haltung gegenüber einem befreundeten Land. Es hat das Recht auf Existenz als unabhängiger Staat.«

Dann sprach Malenkow. Obwohl im Ton milder als Molotow, stand doch fest, daß er Berijas Auffassung nicht teilte. Bulganin, Kaganowitsch und Mikojan schlossen sich Molotow und Malenkow an und äußerten sich herzlich und positiv über die DDR. Danach war die Diskussion beendet. Berija war sprachlos.

Zwei Tage später äußerte sich Wyschinski befriedigt über das Ergebnis der Sitzung. Er sagte zu mir: »Sie sehen, was es bedeutet, Mitglied des Politbüros zu sein! Deren Gehirn funktioniert anders als das anderer Leute.« Und lächelnd hob er beide Hände über die Ohren und hielt beide Handflächen offen nach vorn, als wolle er sagen, das Gehirn dieser Leute sei viel größer als bei gewöhnlichen Sterblichen.

Berijas abschätziges Urteil über die DDR genügte, um aus der Führung geworfen zu werden. Seine Position war Ausdruck einer feindseligen und beleidigenden Haltung gegenüber dem ersten Arbeiterstaat auf deutschem Boden. Derlei Dinge passierten ihm mehrfach, und später im Jahr kam das Rätsel Berija zum vollen Vorschein, als er verhaftet, verurteilt und erschossen wurde.

Das zweite Rätsel war Stalins Chefankläger, Wyschinski persönlich. 1940 war er zum Ersten Stellvertretenden Außenkommissar ernannt worden. Kennengelernt habe ich ihn erst nach dem Krieg, sah ihn dann aber häufig. Besonders fielen mir seine ausgezeichnete Bildung und seine Fähigkeit auf, sich geradezu literarisch zu äußern, ohne je nach einem Wort suchen zu müssen. Allerdings muß gesagt werden, daß er dieses Talent oft überstrapazierte und damit viel verlor. Außenminister Molotow behandelte ihn alles in allem höflich, obwohl er, wie ich oft feststellen konnte, seine Meinung in einigen diplomatischen Fragen nicht teilte.

Das Personal im Außenministerium sprach nicht über die Säuberungsverfahren der dreißiger Jahre; wir Diplomaten vermieden das Thema. Viele von uns sahen jedoch Wyschinski oft gedankenverloren dasitzen. Worüber er nachdachte, weiß ich nicht. Erst später merkte ich, daß Stalin die Biographie seines Chefanklägers bis ins letzte Detail kannte und dieser über eine Menge nachzudenken hatte.

Füge ich zusammen, was ich über Wyschinski während der Stalinzeit und über die Gerichtsverfahren gegen die sogenannten »Volksfeinde« weiß, so gelange ich zu dem Schluß, Wyschinski könne kein wahrer Kommunist gewesen sein, eher ein

Überbleibsel einer fremden politischen Welt. Einst war er aktiver Menschewik, und im Sommer 1917 war er an der Suche der Provisorischen Regierung nach Lenin beteiligt gewesen, der sich in Finnland versteckt hielt. Schwerwiegend ist nicht so sehr, daß er Menschewik gewesen war, sondern daß er ein ehr- und gewissenloser Karrierestreber war.

Mir war er unheimlich. Stalin brauchte ihn ganz offenbar für sein Machtstreben; er benutzte Wyschinski, um den Anschein eines rechtmäßigen Prozesses zu erwecken und damit das Verbrecherische seiner Massenrepression zu bemänteln. Wyschinski hatte die Aufgabe, die Wahrheit in einem Meer aus Lügen und Halbwahrheiten zu ertränken, gegen seine Opfer auf der Anklagebank mit miesen und gewalttätigen Methoden vorzugehen und sich über die Anwälte lustig zu machen, die sein Rechtsprinzip angriffen, wonach das Geständnis eines Angeklagten für dessen Verurteilung reichte. Dieses damals weidlich angewandte Prinzip ermunterte zu illegalen Untersuchungsmethoden, Zwang und sogar raffinierten physischen und psychischen Foltertechniken.

Für Wyschinski war das Geständnis der »König der Justiz«, wie er es nannte; wie man dazu gelangte, war gleichgültig. Das ergab eine einfache Argumentation: Lag ein Geständnis vor, so konnten die Richter ihr Urteil sprechen, und der Angeklagte war von Anfang an verurteilt. Wyschinski wußte natürlich, wie kriminell derartige Gerichtsverfahren waren, aber er diente weiterhin dem Hauptarchitekten der Repression und dem ganzen Terrorapparat mit unerschütterlicher Hundetreue.

Einen der wenigen Überlebenden derer, die Wyschinski noch aus der Nähe beobachtet hatten, habe ich kennengelernt. Wyschinski sei grausam und anscheinend genau der Anwalt gewesen, der Menschen weh tun konnte, vor allem, wenn ihm das ein Schulterklopfen seines Vorgesetzten einbrachte. 1940, als er sein schmutziges Werk als Hauptankläger vollendet hatte, versetzte Stalin ihn ins Außenministerium, und 1949 wurde er Außenminister. Die Repression ging immer noch weiter, aber jetzt hatte er eine andere Aufgabe.

Einige Zeit später war ich zugegen, während Wyschinski mit Berija telefonierte. Kaum hörte er Berijas Stimme, sprang er auch schon ehrerbietig vom Stuhl auf. Auch während des Gesprächs bot sich mir ein seltsames Bild: Wyschinski kroch wie ein Diener vor dem Herrn. Jetzt war klar, wie unterwürfig er jedes »legale« Urteil ausgeführt hatte, das Berija gefordert hatte, als Wyschinski noch Chefankläger der UdSSR war.

Als ich ein anderes Mal am Abend zum üblichen Gespräch über die laufenden außenpolitischen Angelegenheiten in sein Büro kam, saß er geistesabwesend an seinem Schreibtisch. Sein Gesicht war aschfahl, und er wirkte müde und verkrampft. Als er mich sah, schaute er mich mit schreckgeweiteten Augen an, als erwarte er schlimmste Nachrichten. Ich fragte mich sogar, ob ihm etwas zugestoßen sei. Er erhob sich halb, offenbar immer noch erwartend, daß ich ihm etwas mitteile.

»Was ist los?« fragte ich.

Er antwortete: »Ich will's Ihnen sagen: Ich bin nur noch theoretisch am Leben. Ich überstehe jeden Tag nur mit Mühe. Aber immerhin das.«

Zum ersten Mal merkte ich, daß die mächtige Maschinerie, zu der er gehörte, auch ihn bedrohte. Aus Takt unterließ ich jede Frage, was ihn wohl quäle - ich wußte ohnehin nichts -, und langsam fand er wieder zu sich. Wir fingen das Gespräch über die Arbeit des Ministeriums an.

Die Szene mag als solche bedeutungslos scheinen, läßt aber doch erkennen, daß Menschen, die ihres persönlichen Fortkommens wegen Terror übten, ihrerseits Gefangene Stalins waren, der ganz oben an der Spitze der Pyramide der Macht und Rechtlosigkeit thronte.

Es überrascht nicht, daß Wyschinski keinen Gedanken an andere verschwendete. Ich erinnere mich dazu an eine Episode. Ich war erst um vier Uhr morgens von der Arbeit nach Hause gekommen. Damals hielten hohe Beamte es für richtig, bis in die frühen Morgenstunden am Schreibtisch zu sitzen. Stalin arbeitete bei Nacht, und alle anderen führenden Persönlichkeiten taten es ihm nach. Aber Stalins Arbeitstag begann nicht wie der der gewöhnlichen Sterblichen um neun Uhr morgens. Er schlief den ganzen Tag und arbeitete bei Nacht, fing um ein oder zwei Uhr in der Frühe an.

Kaum war ich zu Hause, übermannte mich der Schlaf. Plötzlich klingelte das Telefon. Ich rappelte mich hoch und nahm den Hörer ab.

»Hier spricht Wyschinski.«

Er fing von einem Problem an, über das wir gerade erst gesprochen hatten. Ich erinnerte ihn daran: »Das sind wir doch erst vor zwei Stunden durchgegangen.«

Ich wußte natürlich, daß er am Abend zuvor auf drei Stunden zum Schlafen nach Hause gegangen und dann erst wieder zur Arbeit gekommen war. Aber er fand kein Wort der Entschuldigung, sondern kriegte wegen meines diskreten Hinweises einen Wutanfall.

Sein häßliches Wesen zeigte sich auch darin, daß er Mitarbeiter, die er zu sich rief, fast immer mit schrillen Vorwürfen oder gar unverhüllten Beleidigungen empfing. So redete er sogar mit Botschaftern und Gesandten. Er war der Meinung, man müsse dem anderen erst mal Schrecken einjagen und die Unterhaltung dann in einer Atmosphäre der Angst fortsetzen. Damit ahmte er Berija nach.

Als er einmal einen unserer Botschafter aufs schmählichste beschimpft hatte, verlor ich die Geduld und sagte äußerlich kühl, aber innerlich vor Wut kochend: »Sie haben sich gehenlassen. Ich gebe Ihnen den freundschaftlichen Rat, mit den Diplomaten ruhiger umzugehen. Schließlich setzen sie sich wirklich für die legitimen Interessen des Sowjetstaates ein.«

Anstatt meinen Rat anzunehmen, ließ mich Wyschinski wissen, daß er nicht daran denke, sich zu ändern. »Man muß die Leute schleifen«, explodierte er.

Von da an war er böse auf mich, und das zeigte sich in den unerwartetsten Augenblicken. Ein solcher Vorfall, der mir später hinterbracht wurde, ist erwähnenswert.

Während einer Diskussion der aktuellen Politik in einer Politbürositzung erklärte Wyschinski unvermittelt: »Meine Mitarbeiter sind fast alle viel zu jung. Sie haben nicht die nötige Erfahrung. Nehmt beispielsweise Gromyko. Ich will ja seine Arbeit nicht kritisieren, aber an dem schweren Kampf gegen den Trotzkismus hat er sicher nie teilgenommen.«

Ein Politbüromitglied fragte: »Wie sollte er auch, mit 16 Jahren?«

Jeder wartete, wer wohl als nächster das Wort ergreifen würde. Es war Molotow: »Stimmt, mehr als 16 kann er damals wohl kaum gewesen sein.«

Wyschinski sagte nichts mehr. Natürlich hatte Molotow recht, und alle lächelten, sogar Stalin.

Wyschinski hat nie Diplomatie studiert. In der Diskussion und beim Streitgespräch setzte sich immer Molotow durch, und im Laufe der Zeit wurde ihr Verhältnis sehr gespannt. Besonders ausgeprägt zeigte sich Wyschinskis Unbeherrschtheit und mangelnde Erfahrung bei den UNO-Generalversammlungen in New York. Einmal trafen sich die höheren Mitglieder der sowjetischen, ukrainischen und weißrussischen Delegation im Landhaus unserer Delegation in Glencoe, etwa 50 Kilometer außerhalb von New York, zur Erörterung eines Vorwurfs irgendwelcher Westmächte, die Sowjetunion lehne die Rüstungskontrollvorschläge der NATO deshalb ab, weil sie nichts von Abrüstung wissen wolle.

Molotow äußerte als Delegationsleiter seine Meinung: »Wir müssen darauf mit Argumenten antworten und zeigen, daß unsere Meinungsverschiedenheit mit dem Westen nicht die Frage betrifft, ob Kontrollen zugelassen werden sollen oder nicht. Wir bestehen aber darauf, daß Kontrollen in der UdSSR und in den NATO-Ländern gleichermaßen angewandt werden müssen. Das müssen wir klarmachen.«

Alle Sitzungsteilnehmer - Manuilski, Kisselew, Sorin, Nowikow, Sobolew und Galunski - teilten Molotows Meinung, die sowjetische Position müsse mit Geduld und Festigkeit erläutert werden. Alle - außer Wyschinski, der meinte, wir sollten nur eine kurze Erklärung abgeben und einfach darauf hinweisen, der Westen verleumde uns nur. Keiner von uns konnte ihm darin folgen; als er merkte, daß er isoliert war, sprang er plötzlich vom Stuhl hoch, rannte aus dem Zimmer und warf die Tür hinter sich zu. Wie die meisten anderen Anwesenden war auch ich völlig sprachlos. Molotow hingegen blieb absolut ungerührt und setzte die Diskussion fort, als sei nichts geschehen. Eine halbe Stunde später erschien Wyschinski wieder, setzte sich schweigend hin und blieb während der gesamten Sitzung reglos wie eine Statue. Molotow tat immer noch so, als habe er ihn gar nicht bemerkt, und führte weiter den Vorsitz in der Diskussion, die hauptsächlich von Manuilski und mir bestritten wurde.

Anfang der fünfziger Jahre war Wyschinski in einen weiteren Vorfall verwickelt, es war beim offiziellen Besuch Chou En-lais in der UdSSR. Er war Gastgeber bei einem offiziellen Essen zu Ehren des chinesischen Ministerpräsidenten in einem Haus, das dem Außenministerium gehörte. Bei Tisch wurde freundschaftlich über die verschiedensten Themen gesprochen, und alles schien ordnungsgemäß und entspannt.

Nach dem Essen führten Wyschinski und ich und zwei weitere sowjetische Mitarbeiter Chou En-lai, den chinesischen Botschafter und einige chinesische Diplomaten in den Salon. Als wir uns gesetzt hatten, merkte ich, daß Wyschinski, der sonst nicht gerade an Wortmangel litt, einfach kein Wort sagte. Zehn Minuten vergingen. Plötzlich stand er auf und ging wortlos in Richtung Treppenhaus und Ausgang. Alle waren bestürzt, vor allem Chou En-lai. Sogar mich hatte es überraschend getroffen, aber als der nächste Ranghöchste mußte ich nun die Konversation führen.

Ich entschuldigte mich bei Chou En-lai: »Offenbar fühlt sich Wyschinski nicht wohl.«

»Ja, so sieht es aus«, antwortete er.

Die Unterhaltung wurde fortgesetzt, die Gäste beachteten den Vorfall offenbar nicht weiter, und so war es nicht ganz so schlimm.

Aber etwa eine halbe Stunde, nachdem ich zu Hause war, rief mich Stalin an. »Was war heute abend mit Wyschinski?«

Ich beschrieb genau, was vorgefallen war.

Stalin fragte: »Hat er getrunken? War er betrunken?«

Ich erwiderte: »Soweit ich sehen konnte, und ich saß ihm genau gegenüber, hat er nur ein Glas Weißwein getrunken, und davon wird wohl kaum jemand betrunken.«

»Warum ist er dann weggelaufen und hat die Zusammenkunft mit Chou En-lai abgebrochen?«

»Ich glaube nicht, daß er betrunken war. Er stand fest auf den Beinen.«

»Aber die Ärzte sagen, er sei Alkoholiker«, bemerkte Stalin.

»Dann hat er vielleicht vor dem Essen etwas getrunken.«

Es entstand eine Pause, während Stalin nachdachte. »Na ja«, sagte er, »ist in Ordnung«, und legte den Hörer auf.

Warum hatte ich mich vor Wyschinski gestellt? Wohl weil ich nicht sicher war, ob er nun viel getrunken hatte oder nicht - ich hatte es einfach nicht beachtet. Schließlich war es nicht meine Aufgabe, darauf zu achten, wieviel ein Minister trank. Ich hatte Flaschen und Gläser auf dem Tisch gesehen, aber klaren Wodka in einem klaren Glas übersieht man leicht. Folglich ging ich von der Unschuldsvermutung aus, genau dem Gegenteil des Prinzips, nach dem Wyschinski in den Säuberungsverfahren gehandelt hatte. Stalins Anruf erwähnte ich Wyschinski gegenüber nie.

Nach Stalins Tod gab es im Außenministerium diverse Veränderungen. Molotow wurde wieder Außenminister, und Wyschinski wurde zum Ersten Stellvertretenden Minister degradiert - und er sollte noch weiter absteigen.

Eines Tages kam Molotow sehr erregt aus dem Politbüro zurück und rief die Mitarbeiter zu sich: Wyschinski und mich als seine beiden Ersten Stellvertreter sowie zwei weitere. Das war jedesmal der Fall, wenn der Minister den Auftrag hatte, einen besonders wichtigen Beschluß des Spitzengremiums der Partei mitzuteilen; gewöhnlich unterrichtete er das hohe Personal vor der Presse.

Zwischen zwei Terminen.

Was wir bei dieser Gelegenheit erfuhren, war jedoch völlig unerwartet. Molotow verkündete: »Soeben ist Berija verhaftet worden!«

Ich blickte auf Wyschinski, der neben mir saß. Er schien völlig zusammengebrochen, beide Arme ruhten auf dem grünbezogenen Tisch, darauf in verzerrter Lage sein Kopf. Er befand sich eindeutig in einem Schockzustand.

Molotow beschrieb mit wenigen Worten die Verhaftung Berijas: »Er wurde direkt aus der Sitzung des Politbüros unter Bewachung in den Nebenraum geführt. Wir anderen blieben am Tisch sitzen und versuchten, die Sitzung nach Möglichkeit weiterzuführen.«

Wyschinski hörte ohne aufzustehen zu. Es dauerte eine ganze Weile, bis er die Nachricht begriff. Schließlich richtete er sich auf, sprach aber bis zum Schluß der Sitzung kein Wort. Wyschinski starb zwei Jahre nach Stalin.

Manchmal sieht sich der Diplomat im Ausland vor eine völlig unerwartete Situation gestellt, die eine sofortige Reaktion verlangt. So erging es mir, als die Sowjetunion den ersten Satelliten startete. Ich befand mich bei einem Diplomatenempfang in New York, als plötzlich eine Reportermeute lärmend hereinstürzte. Sie alle wollten wissen, wo der sowjetische Vertreter sei: »Wo ist Gromyko?«

Sofort war ich von einer dichten Journalistenmenge umringt, ein Blitzlichtgewitter brach los, und ich wurde von allen Seiten mit der Frage bombardiert: »Mr. Gromyko, was können Sie uns über den Sputnik sagen?«

Nun wußte ich gar nichts, denn als die Nachricht über den Rundfunk kam, war ich ja bei dem Empfang, aber das konnte ich natürlich nicht zugeben. Ich versuchte also, den Fragen, die man mir zuschrie, möglichst viel zu entnehmen. Während ich so dastand und mich hierhin und dorthin wandte, erfuhr ich, daß Moskau soeben den Start des ersten Weltraumsatelliten in der Geschichte mitgeteilt hatte. Ich blieb so ruhig, wie ich konnte, und sagte den Reportern: »Ich halte dies für eine große

Leistung der sowjetischen Wissenschaft und Technik und des sowjetischen Volkes insgesamt.«

»Seit wann arbeitet die Sowjetunion daran?«

»Wann haben Sie von dem Start erfahren?«

»Wie lange bleibt er oben?«

Die Fragen überstürzten sich, die meisten verlangten eine sofortige Antwort. Ich gab den Reportern den Eindruck, als wüßte ich mehr, als ich ihnen sagen wollte. Dann fragte einer: »Und wann werden die Sowjets einen Menschen in den Weltraum schicken?«

Darauf sagte ich: »Wenn das geschieht, wird es sofort mitgeteilt werden.«

Ich hatte keine Ahnung, daß das schon in vier Jahren der Fall sein und der Mann Juri Gagarin heißen würde.

Juri Gagarin lernte ich in New York kennen. Er stand im Zenit seines Ruhmes, alle Welt kannte ihn, und überallhin wurde er eingeladen. Als er zu Besuch kam, hatten schon Titow, Bykowski und Tereschkowa ihre Raumflüge absolviert. Juri Gagarin und Walentina Tereschkowa trafen in Begleitung von General N.P. Kamanin im Oktober 1963, aus Mexiko kommend, in New York ein und blieben bloß zwei Tage. Ihre Namen machten Schlagzeilen. UNO-Generalsekretär U Thant hatte sie ins UNO-Hauptquartier eingeladen.

Auf einem überfüllten und sehr lebhaften Empfang der sowjetischen UNO-Delegation zu ihren Ehren fragte ich die Kosmonauten diskret, ob sie nicht anläßlich der Debatte über das Verbot der Verbringung von Kernwaffen in den Weltraum vor der UNO-Generalversammlung eine Rede halten wollten.

»Ich weiß nicht, Andrej Andrejewitsch«, murmelte Gagarin schüchtern. »Schließlich ist es ja die Generalversammlung.«

»Da braucht ihr keine Angst zu haben«, sagte ich. »Eure Rede kann kurz sein. Ihr könnt euch ja heute nacht überlegen, was ihr sagen wollt. Ich helfe euch dabei.«

Ich sah, daß mein Vorschlag die beiden etwas beunruhigte, und in der Nacht kamen sie nicht viel zum Schlafen, denn sie mußten ihre Reden vorbereiten. Am nächsten Tag gab die

Delegation für die beiden ein kleines Mittagessen. Das runde Dutzend Gäste überschüttete die beiden Ehrengäste mit Glückwünschen, und sie dankten ganz bescheiden dafür.

Als jemand einen besonders ekstatischen Trinkspruch ausbrachte, sagte Gagarin: »Die Ehre für meinen Flug gebührt nicht mir, sondern unserem Land.«

»Diplomatennachwuchs für Sie«, sagte General Kamanin.

Jemand scherzte, Gagarin sei gar nicht allein im Weltraum gewesen, denn er habe immer sein Lächeln bei sich gehabt, und das war keine Übertreibung. Wer ihn als ersten Weltraumfahrer ausgewählt hatte, besaß eine glückliche Hand: Gagarin war nicht nur eine starke, tapfere, entschlossene und heldenhafte Gestalt, sondern auch ein perfekter Diplomat. Ich konnte nur bestätigen, was ich in der Presse gelesen hatte, er sei ein interessanter Gesprächspartner. Er war zum Gespräch über jedes Thema bereit, aber sobald die Rede auf die Raumfahrt kam, lauschten alle schweigend dem Manne, der durch das Fenster eines Sputniks auf die Erde heruntergeschaut hatte.

An diesem Tag wurden die Kosmonauten bei der Ankunft in der UNO von einem Blitzlichtgewitter der Photographen und Touristen und dem blendenden Scheinwerferlicht der Fernsehkameras empfangen. In Begleitung des Stellvertretenden UNO-Generalsekretärs W.P. Suslow führten wir die beiden zu den Sitzen der sowjetischen Delegation in der Generalversammlung.

Als der Präsident, der venezolanische UNO-Botschafter Carlos Sosa-Rodriguez, die Sitzung eröffnete, verkündete er: »Wir begrüßen heute bei uns die beiden sowjetischen Kosmonauten, Oberst Juri Gagarin und Walentina Tereschkowa.«

Die Galerie war voll mit Journalisten und Zuschauern besetzt, die sofort zu klatschen anfingen.

»Ich lade die sowjetischen Kosmonauten ein, den Stuhl des Versammlungspräsidenten und des Generalsekretärs einzunehmen«, sagte Sosa-Rodriguez.

Die ganze Versammlung erhob sich und begrüßte Gagarin und Tereschkowa begeistert, als sie sich zu den Spitzenplätzen auf dem Podium begaben.

»Ei-ne Re-de, ei-ne Re-de«, skandierte die Menge. »Laßt sie reden!«

Walentina Tereschkowa sprach als erste. Mit wenigen Worten beschrieb sie, wie unser Land Menschen in den Weltraum schickte, um die friedliche Forschung zum Wohle der Menschheit fortzusetzen. Auch Gagarin hielt nur eine kurze Ansprache, der eine lange Ovation folgte.

Dann wurde den von Reportern und Kameraleuten umdrängten Kosmonauten das Gebäude gezeigt, wobei sie auf Schritt und Tritt haltmachen, Autogramme geben und Hände schütteln mußten. Ähnliches Gedränge herrschte bei ihrer Stippvisite im Sicherheitsrat. Dann war es Zeit für die Pressekonferenz.

Ich kann mich an keinen Fall erinnern, wo so viele Fernseh-, Rundfunk- und Zeitungsreporter zugegen waren. Der Saal war überfüllt. Unter anderem wurden auch folgende Fragen gestellt und Antworten gegeben:

»Halten Sie eine amerikanisch-sowjetische Zusammenarbeit im Weltraum für möglich?«

»Ja, sie ist möglich«, antwortete Gagarin, »und sie kann über den Austausch wissenschaftlicher Informationen, die Schaffung eines internationalen Kommunikations- und Leitsystems, die Hilfe für Kosmonauten, die in anderen Ländern landen, durch gemeinsame Wettererkundung und auf vielerlei andere Weise geschehen.«

»Bedeutet das Auftauchen sowjetischer Kriegsschiffe in Teilen des Pazifiks, daß der Start eines weiteren Raumschiffs bevorsteht?«

»Dazu sollten Sie besser auf TASS hören, um das zu erfahren, und nicht auf Schiffe achten.«

»Was halten Sie von der jetzt der UNO vorliegenden Entschließung über das Verbot der Verbringung von Kernwaffen in den Weltraum?«

»Ich würde mich freuen, wenn sie verabschiedet würde, und damit spreche ich für alle sowjetischen Kosmonauten. Das ist für uns sehr wichtig. Ein Verbot von Kernerprobungen im

Weltraum und der Verbringung von Objekten mit Kernwaffen würde die Strahlengefahr und die Bedrohung der Weltraumfahrt beseitigen. Kernwaffen im Weltraum hingen wie ein Damoklesschwert über uns, das jeden Augenblick auf uns niedergehen kann. Wir begrüßen den von der Sowjetunion vorgelegten Vorschlag.«

Im selben Augenblick verabschiedete die Generalversammlung das Verbot der Verbringung von kernwaffentragenden Flugkörpern in den Weltraum. Als Gagarin das erfuhr, sagte er: »Wir nehmen dieses Geschenk der UNO erfreut entgegen.«

Während Chruschtschows denkwürdigem Amerikabesuch im September 1959 habe ich fast jeden Tag mit dem Schriftsteller Michail Scholochow verbracht, der zu unserer Delegation gehörte. Der Autor von *Der stille Don* war schon in relativ jungen Jahren bekannt, aber inzwischen hatte er Weltruhm erlangt.

»Kommen Ihnen hier in Amerika Gedanken für Ihre Schriftstellerei, Michail Alexandrowitsch?« fragte ich ihn einmal.

»Ich glaube nicht«, sagte er. »Das hat mit meiner Arbeit nichts zu tun und bringt mir dafür nichts. Meine Welt ist der Don, meine Heimat, mein Dorf und unsere Städte. Da bin ich geboren und aufgewachsen, dem fühle ich mich mein Leben lang verbunden. Diese Reise ist interessant, aber darüber zu schreiben habe ich nicht vor.«

Er überlegte einen Augenblick. »Ich habe den Eindruck, die meisten Amerikaner stehen ihren Mitmenschen gleichgültig gegenüber. Wenn ich jetzt hier auf der Straße zusammenbräche, käme keiner, um mir zu helfen. Ich könnte einen Herzanfall haben, aber niemand dächte daran, die Polizei oder einen Arzt zu rufen. Sehe ich das richtig?«

»Ja, Michail Alexandrowitsch, hundertprozentig richtig«, sagte ich. »Auch sonst begegnet einem hier so manches. Schauen Sie sich die Zahl der Bettler an. Wenn sie bloß dastünden und die Hand ausstreckten, würden sie ins Gefängnis geworfen, also verbergen sie es, indem sie Geige spielen, Reklameplakate tragen, akrobatische Verrenkungen vorführen oder den Asphalt bemalen. Aber jeder hat eine Büchse oder einen Hut, in die man Geld werfen kann.«

»Es ist eine Gesellschaft von Reichen für Reiche«, sagte Scholochow. »Heute weigern sie sich, dem Nächsten zu helfen, morgen sind sie schon immun dagegen. Wohin führt das alles?« Mehrfach betonte er auf der Reise: »Nein, das ist nichts für uns.«

Er hatte sich vorgenommen, die amerikanische Kultur kennenzulernen, aber das Programm sah kaum Derartiges vor.

Eines Tages sagte er zu mir: »Die Amerikaner haben in der Technik viel erreicht, und jeder, der damit zu tun hat oder dem ein Stück davon gehört, kann Millionär werden. Die schießen wie die Pilze aus dem Boden. Aber was ich bislang von ihrer Kultur gesehen habe, scheint mir nur leichte Unterhaltung zu sein. Wo ist die wirklich humanistische Kultur, die den Bedürfnissen der Menschen entspricht? Der Cancan, den wir in Hollywood gesehen haben, kann es ja wohl nicht sein, oder? Die sollten sich schämen . . .«

Tatsächlich hatte bei unserem Besuch bei der Twentieth Century Fox eine Gruppe halbnackter Mädchen vor uns herumhopsen müssen, und sie wie wir hatten uns herzlich unwohl gefühlt.

Während wir da waren, führte Scholochow eine bittersüße Unterhaltung mit dem Schauspieler Charlton Heston. Offensichtlich, um dem sowjetischen Schriftsteller zu gefallen, sagte der Schauspieler: »Ich habe Auszüge aus einigen Ihrer Bücher gelesen.«

Worauf Scholochow grinsend meinte: »Ich bin Ihnen sehr dankbar. Wenn Ihre Filme bei uns gezeigt werden, werde ich sicher hingehen und mir ein paar Auszüge ansehen.«

Nachdem Scholochow einen der letzten Besuchstage vor dem Fernseher verbracht hatte, gelangte er zu dem Schluß: »Wenn man lange genug vor ihrem Fernsehen sitzt, wird man zum Idioten.« Über die Reise insgesamt sagte er: »Von der hohen Politik verstehe ich nichts, die ist Ihre Sache, aber was die Kultur angeht, haben wir von den Amerikanern wenig zu lernen.«

Worauf ich entgegnete: »In der hohen Politik ist es ziemlich ähnlich.«

Unsere Datscha vor den Toren Moskaus lag gleich neben der der Alexandrows. Er war der Filmregisseur Grigori Alexandrow und sie die Starsängerin und -tänzerin Ljubow Orlowa, deren Filme immer noch große Zuschauermengen anziehen und im Fernsehen gezeigt werden und die bei den heutigen Filmemachern als Ausgangspunkt des sowjetischen Film-Musicals gelten.

Einmal erzählte mir Alexandrow von den Aufnahmen zum *Panzerkreuzer Potjomkin.* »Ich war Ko-Regisseur«, sagte er. »Als wir zur Schlußszene kamen, in der die Matrosen ihre Offiziere über Bord werfen müssen, war es Herbst, das Wasser war kalt, und die Schauspieler, die die Offiziere spielten, wollten nicht ins Wasser. Also legte ich eine Offiziersuniform an und ließ mich filmen, wie ich über Bord geworfen wurde. Dann machten wir dieselbe Aufnahme von einem anderen Schiffsteil aus und so weiter, bis alle Offiziere, die nach dem Drehbuch über Bord gehen sollten, auch im Wasser waren, und sie alle waren immer nur ich.«

Er erzählte mir auch von den Aufnahmen zum ersten sowjetischen Musical *Glückliche Kinder* und den damaligen Schwierigkeiten mit der Zensur. »Es war 1934; einige Leute, darunter berühmte Schriftsteller und Dichter, hatten den Film angegriffen.«

»Und wie kriegten Sie ihn dann frei? Wer half Ihnen?« wollte ich wissen.

»Der erste war Maxim Gorki«, antwortete er. »Wir brachten den Film zu ihm aufs Land. Er trommelte alle Leute aus dem Dorf zusammen, und wir zeigten den Film. Alle freuten sich riesig, und Gorki schlug vor, wir sollten ihn Stalin zeigen. Er kümmerte sich sogar selbst darum.«

»Was geschah dann?«

»Stalin lud das Politbüro ein, sich mit ihm den Film anzusehen. Sie kamen alle zur Staatlichen Verwaltung für Film- und

Photoindustrie in der Gnesdnikowski-Straße. Damals hatte das ZK noch keinen eigenen Vorführraum. Vorsitzender der Verwaltung war damals Boris Schumjazki. Er sagte zu mir: ›Ich zeige ihnen nur zwei Ausschnitte. Sie setzen sich nebenan in den Schneideraum. Will jemand mehr sehen, dann sagen Sie, Sie seien noch an der Arbeit und wollten nichts zeigen, bevor es fertig sei. Verstanden?‹ Das war seine Art, den Wert des Filmes zu steigern. Wir ließen die beiden Teile ablaufen, aber dann sagte Stalin: ›Zeigt auch den Rest.‹ Schumjazki warf ein: ›Der Regisseur überarbeitet ihn noch.‹ Doch Stalin bestand darauf, deshalb kam Schumjazki zu mir und sagte: ›Sie werden vor Gericht verlangt, Sie gehen besser rüber.‹ Ich ging in den Vorführraum und sagte: ›Ich glaube, der Film muß noch bearbeitet werden‹, aber sie ließen nicht mit sich reden. ›Zeigen Sie ihn!‹ wurde mir befohlen. Ich gab dem Vorführer die Spulen, und als der Film zu Ende war, sagte Stalin: ›Das ist ein sehr fröhlicher Film. Mir ist, als hätte ich einen Monat Urlaub gemacht. Es wäre gut, wenn ihn alle Arbeiter und Kolchosbauern sähen.‹ Dann fügte er noch hinzu: ›Und nehmt ihn dem Regisseur weg, der verdirbt ihn sonst noch.‹«

Vor langer Zeit, in meiner Jugend, gab es einen großen Maler, den ich unbedingt kennenlernen wollte, denn jedermann kannte ihn - jedenfalls jeder, der an Kunst interessiert war. Er hieß Pablo Picasso.

Dieser berühmteste Maler seiner Zeit und Antifaschist beschloß, in Paris zu bleiben, obwohl es von den deutschen Nazi-Truppen besetzt war. Das allein ist schon eine patriotische Heldentat.

Meine Aufgaben führten mich mehrfach nach Frankreich, aber gewöhnlich ist die Zeit einer Delegation äußerst knapp bemessen, und eine Programmänderung ist selten möglich, denn sonst müßte eine offizielle Verabredung entweder ganz abgesagt oder gekürzt werden. Doch manchmal gibt es Zufälle, und manchmal, wenn die eine Seite nichts vermutet, die andere es aber unbedingt möchte, sind solche zufälligen Begegnungen auch nur halb zufällig. So begegnete ich auch »zufällig« Picasso; später entdeckte ich, daß das französische Protokoll auf seine Bitte hin insgeheim mein Zusammentreffen mit dieser künstlerischen Kolossalgestalt so organisiert hatte, daß es wirklich wie ein Zufall aussah.

Bei einem Breschnew-Besuch war auch ein Besuch im Louvre eingeplant. Wir kamen zur vorgesehenen Stunde an und wurden in der größten Galerie im ersten Stock freundlich von den Museumsverwaltern begrüßt.

Plötzlich bahnte sich ein gedrungener Mann den Weg durch die Menge, streckte zuerst Breschnew, dann mir und den anderen Genossen die Hand hin und sagte: »Hallo, ich bin Pablo Picasso.«

Breschnew wechselte mit ihm ein paar Begrüßungsworte, dann trat Picasso einen Schritt zurück und ließ die Besucher die Bilder bewundern. Die Gruppe ging weiter zu dem Teil der Galerie, in dem Leonardos *Mona Lisa* hing.

In dem Augenblick trat Picasso schnell zu mir: »Monsieur Gromyko, ich habe Sie schon früher gesehen.«

Ich hielt inne. Ich wußte nicht, ob er bloß höflich war oder mich wirklich gesehen hatte, aber ich meinerseits wußte mit Sicherheit, daß ich ihm noch nie begegnet war. Das hätte ich nie vergessen.

Picasso fragte: »Können Sie einen Augenblick hierbleiben, damit wir uns unterhalten können?«

»Mit Vergnügen«, sagte ich.

Er fing an: »Wissen Sie, ich habe nur wenig Kontakt mit Leuten in der Sowjetunion. Zwar kommen gelegentlich Mitglieder der Intelligenzija bei mir vorbei, aber ich weiß überhaupt nicht, was die Leute im allgemeinen von mir als Maler halten.« Er fuhr fort: »Mir ist klar, daß ich meine Bilder noch nie in der Sowjetunion ausgestellt habe, wie ich es gerne möchte, und vielleicht ist das mein Fehler. Ich möchte nicht, daß viele meiner Bilder auf lange Zeit verschwinden. Ich behalte sie gerne im Auge. Aber oft frage ich mich, wie ich in der UdSSR bekannter werden kann.«

Damit wollte er mir klarmachen, daß er mit der Ausstellung seiner Werke, die 1956 in Moskau und Leningrad veranstaltet wurde, nicht einverstanden war. Desgleichen bezog er sich auf die geringe Aufgeschlossenheit der sowjetischen Öffentlichkeit für seinen Malstil. Schließlich war er der Begründer des Kubismus; ein Teil seiner Arbeit grenzte an Surrealismus, und häufig sah die Natur in seinen Gemälden willkürlich verzerrt aus. Er selbst hatte gesagt, seine Kunst sei einfach, und man könne auf verschiedenen Wegen zu ihrem Verständnis gelangen.

Picasso war begleitet von drei Freunden, ebenfalls Malern, aber weder er noch sie gingen mit der sowjetischen Delegation durch das Museum. Ich war stehengeblieben, um mit ihm zu sprechen, und seine Freunde leisteten uns Gesellschaft. Wir standen neben Davids *Krönung der Josephine*, einem Riesengemälde, von dem eine Künstlerkopie in Versailles hängt.

Ich bemerkte: »Mir gefallen die Gemälde Davids hier im Louvre.«

Picasso sagte: »David ist zweifellos einer der größten Maler Frankreichs.« Er machte eine Pause. »Aber die Zeiten haben sich geändert. Malerei und Kunst bleiben nicht stehen.«

Ich fand, daß auch ihm das Stillestehen schwerfiel. Trotz seines Alters - er ist 1881 geboren - war er bemerkenswert agil.

Er fragte mich: »Waren Sie schon mal im Louvre?«

»Fünf- oder sechsmal«, sagte ich. Dann fiel mir ein, daß ich wohl sagen sollte, daß ich auch sein Werk kenne. »Aber ich war auch im Museum für Moderne Kunst und habe dort Ihre Bilder gesehen. Besonders gefallen hat mir das Porträt Ihres Vaters. Es ist realistisch gemalt und würde jedem Kunstliebhaber gefallen.«

»Ja, ich habe das Porträt mit Liebe gemalt. In dem Stil, den man jetzt neoklassizistisch nennt. Aber seither hat sich vieles verändert, auch ich als Maler habe mich verändert.«

Gegen Ende der Unterhaltung kehrten wir zum Anfangsthema zurück.

»Ich weiß«, sagte er, »daß ich in der Sowjetunion nicht allgemein geachtet bin. Höchstwahrscheinlich ist es mein

Name, weniger meine Bilder. Hoffentlich ändert sich das mal.«

Ich beschloß, das Thema nicht zu vertiefen. Es wäre nicht recht gewesen und hätte auch falsch geklungen, wenn ich ihm versichert hätte, seine Kunst finde in der Sowjetunion weithin Bewunderung.

Bedauerlicherweise werden seine Arbeiten tatsächlich in der UdSSR wenig geschätzt, obwohl der Maler selbst sehr bekannt ist, weil er während des Krieges der kommunistischen Partei beitrat, die berühmte *Friedenstaube*, das Emblem der Friedensbewegung, gemalt und für die Stärkung des Friedens zwischen den Völkern den Lenin-Preis erhalten hat.

Ich verabschiedete mich von ihm, denn die Delegation war schon am Ausgang angelangt. Als wir uns die Hand gaben, sagte er: »Picasso kann nur Picasso sein und kein anderer.«

Die Zeit verging, und eines Tages brachte mir der französische Außenminister Roland Dumas bei einem offiziellen Besuch in Moskau ein Andenken aus Paris mit.

»Ich weiß, daß Sie ein Kunstliebhaber sind«, sagte er, »deshalb habe ich Ihnen diesen Picasso mitgebracht. Ich hatte vorher keine Gelegenheit dazu.«

Picasso war 1973 gestorben, und inzwischen waren zehn Jahre vergangen. Dumas hatte mir die *Friedenstaube* mitgebracht, von der Picasso mehrere Kopien selbst hergestellt hatte. Jetzt hängt sie bei mir zu Hause, ein Original des berühmten Bildes mit der Nummer 32.

Auch Pasternaks Werke haben mich seit meiner Jugend angerührt. Seine Gedichte und Prosastücke und seine Übersetzungen aus dem Englischen, Deutschen und Französischen belegen sein ungewöhnliches Talent.

Kennengelernt habe ich ihn 1952 im Haus unseres Freundes, des Schauspielers Boris Liwanow. Weitere Freunde waren zugegen, unter ihnen der Schriftsteller Konstantin Fedin, der Filmregisseur Alexander Dowshenko und andere Kulturschaffende. Es ging lebhaft zu, alle Welt plauderte und erzählte amüsante Geschichten, aber wenn ein Trinkspruch ausgebracht wurde, schwiegen sie sofort. Jetzt war Pasternak an der Reihe ...

Niemand wird bestreiten, daß er eine eindrucksvolle Persönlichkeit war und in der sowjetischen Literatur eine deutliche Spur hinterlassen hat. Ich möchte sogar so weit gehen zu sagen, daß - hätte er uns nichts anderes als seine Shakespeare- und Goethe-Übersetzungen hinterlassen - er dem Lande einen großen Dienst erwiesen hätte. Aber er hat auch Shelley, Schiller, Verlaine und viele andere übersetzt und sich als Dichter und Romanschriftsteller einen unsterblichen Namen gemacht.

Als er an diesem Abend aufstand, erwähnte er seine Leistungen noch nicht einmal, obwohl er schon damals viel für die sowjetische Literatur und für sein Land getan hatte.

Er sagte: »Ich möchte die großen Erfolge unserer Literatur als der Literatur des sozialistischen Realismus unterstreichen.« Er nannte eine Reihe sowjetischer Schriftsteller und Dichter, die er als Stolz der sowjetischen Literatur bezeichnete, und der Schwerpunkt seiner Rede lautete: »Jeder Schriftsteller, ob er nun großes Talent besitzt oder nicht, muß seine eigene Persönlichkeit haben. Keine Norm darf ihm von außen auferlegt werden. Das zerstört die Inspiration des Künstlers und seine Fähigkeit, das Leben und das Innenleben des Menschen darzustellen.«

Pasternak brachte einen Toast auf die sowjetischen Schriftsteller und die sowjetische Literatur aus.

Pasternaks Roman *Doktor Schiwago* wurde in der Sowjetunion kritisiert, als er im Ausland erschien. Die Umstände waren zugegebenermaßen ungewöhnlich, aber die Kritik als solche war eher eine Art amtlicher Aufschrei gegen den Autor als gegen das Buch. Pasternaks Verfolgung war das Ergebnis der völlig unnötigen Einmischung Chruschtschows in Kunst und Literatur - ein negativer Aspekt im Leben dieses Politikers. Doch auch die Schriftsteller machten damals Fehler, wie sie später zum großen Teil selbst zugaben. Einige Leute griffen Pasternak offen an, während andere schwiegen. Das Ganze war

Boris Pasternak 1958, kurz nachdem ihm der Nobelpreis für Literatur zuerkannt worden war *(oben).*

Treffen der Staats- und Parteichefs der Warschauer-Pakt-Staaten in Moskau 1983 *(unten): Von links:* D. Ustinow, N. Tischonow, J. Andropow.

ein schreiendes Unrecht, gegen das der Dichter nicht so geschützt wurde, wie es sich gehört hätte.

Ich weiß noch, wie mich Boris Liwanow in unserer Datscha in Wnukowo aufsuchte. Melancholisch erzählte er uns, wie schwer Pasternak die harte Kritik nehme. »Warum tun sie das? Schließlich ist Pasternak ein sowjetischer Dichter!«

Ich wußte nicht, was ich sagen sollte. Ich selbst konnte in den Vorgängen nichts Vernünftiges entdecken. Wegen meiner diplomatischen Arbeit hatte ich noch keine Zeit gefunden, *Doktor Schiwago* zu lesen, aber als ich den Roman später las, hatte ich nichts dagegen einzuwenden. Ungerechtigkeit schlägt immer Wunden, manchmal tiefe; sie verwundete Boris Pasternak schwer, diesen hervorragenden Dichter des 20. Jahrhunderts. Pasternak erhielt den Nobelpreis verdient, aber unter dem Druck der Umstände verweigerte er die Annahme.

Ich möchte doch noch kurz sagen, was ich von *Doktor Schiwago* halte. Es stimmt, daß nach Denkweise und Anlage die Hauptgestalt des Buches kein bewundernswerter Held ist, aber unterscheidet er sich denn so sehr vom Helden in Scholochows *Der stille Don*, Grigori Melechow, der ja auch hin und her schwankt und lange nicht begreifen kann, wie die Donkosaken mit der durch die Revolution geschaffenen neuen Ordnung klarkommen sollen? Sicher versucht Scholochow, seinen Grigori aus den sozialen Verkrustungen der Vergangenheit zu befreien, doch es gelingt ihm nicht ganz. Der ungezähmten Schönheit, Zärtlichkeit und weiblichen Intuition seiner Heldin Aksinia ist es weitgehend zu verdanken, daß wir am Ende des Buches glauben dürfen, der Held sei zur Einsicht gelangt, aber Scholochow läßt das - vielleicht bezeichnenderweise - offen.

Das Schicksal Schiwagos ist anders. Er ist eine vielschichtige Gestalt, und keine verläßliche, kluge Hand weist ihm den Weg in die neue Welt oder hilft ihm, das neue geistige Leben als wertvoll und besonders geartet zu begreifen. Pasternaks Schiwago bewegt sich von der Jahrhundertwende in die dreißiger Jahre, in eine Welt, die er nicht begreift.

Ich halte *Doktor Schiwago* nicht für Pasternaks bestes Werk.

Meiner Meinung nach hat der Roman strukturelle Mängel, doch möchte ich kein Urteil über seine literarische Qualität oder Unvollkommenheit wagen. Jedenfalls gibt es keinerlei Entschuldigung dafür, daß dieser große Künstler aus dem Kollektiv der sowjetischen Schriftsteller ausgeschlossen wurde und man ihm übel mitgespielt hat.

Wir besuchten Pasternak in seiner Datscha in Peredelkino. Die Gesellschaft bestand weitgehend aus denselben Leuten, die wir schon bei Liwanow getroffen hatten, und sein Freund Fedin war auch dabei. Pasternak und seine Frau waren reizende Gastgeber und taten alles, damit wir uns heimisch fühlten. Noch denkwürdiger wurde unser Besuch, als er meiner Frau einen kurzen Vers widmete, der uns beide sehr rührte.

Pasternak hat mir viele Fragen gestellt, welche Eindrücke ich als Botschafter in den USA gewonnen habe. Er begleitete meine Bemerkungen mit geistreichen Kommentaren. Er und Fedin kannten sich sehr gut in der amerikanischen Literatur aus, und beide waren der Meinung, selbst begabte Schriftsteller müßten dort einer Leserschaft zu Gefallen sein, die von schöpferischer Literatur eine recht verzerrte Vorstellung hege, und der Geist des amerikanischen Lesers dürfe nur maßvoll gefordert werden, hingegen verlange sein Nervenkostüm den größtmöglichen Kitzel.

Man muß Pasternak im Gesamtzusammenhang der Ereignisse und Veränderungen sehen, die in unserem Land und generell in der Welt vor sich gingen. Aus irgendeinem Grunde hatte er zu Lebzeiten den Ruf erworben, er habe sich von der Gesellschaft und ihren Problemen entfernt, seine Dichtung sei manieriert und für den Durchschnittsleser unverständlich. Aber Majakowski hat Pasternaks Gedichte als Modell »der neuen Dichtung in vollem Einklang mit der Zeit« bezeichnet.

Wie kann man ihn als weltfremd bezeichnen, da er doch in den zwanziger Jahren seine beiden Revolutionsgedichte *Neunzehnhundertfünf* und *Leutnant Schmidt* schrieb und 1934 schreiben konnte: »Ich bin ein Teilchen meiner Zeit und meines Staates, und seine Anliegen sind die meinigen«?

Meine Begegnungen mit Pasternak haben mich in dem Glauben bestärkt, daß er ein Patriot und ihm die Literatur seines Landes und seines Volkes wertvoll war, ebenso wertvoll wie die Felder und Wälder, Flüsse und Gebirge und natürlich seine Geburtsstadt Moskau.

19. Kapitel

Die Partei trägt Lenins Fackel

Schon dachte ich, es sei alles gesagt, was ich sagen wollte, und ich hätte genug von Menschen und Orten erzählt, ohne das Buch zu überlasten. Da plötzlich kam die traurige Nachricht vom Tode Juri Wladimirowitsch Andropows, mit dem ich schon seit so langer Zeit viel zu tun gehabt habe. Ich sehe noch sein angedeutetes Lächeln und höre seine sanfte, ruhige, stets gleichmäßige Stimme. So blieb er auch, als er im Krankenhaus lag und kaum noch aufstehen konnte - nur ganz selten mal für eine Tasse Tee. Aber immer noch machte er Zukunftspläne, und wenn wir ihn besuchten, gaben sich meine Kollegen und ich alle Mühe, nur ja nicht seiner Begeisterung einen Dämpfer aufzusetzen.

Er registrierte genau, wie wir auf seinen Zustand reagierten. Äußerte man Mitleid oder auch nur den Wunsch für baldige Genesung, so schwieg er. Sprachen wir hingegen über unsere Arbeit, so war er sofort hellwach, und seine Hoffnung stieg, bald wieder zu uns zurückkehren zu dürfen.

Doch am Abend des 9. Februar 1984 ging in der Datscha das Telefon, und K.U. Tschernenko überbrachte mir die traurige Nachricht.

In der Sitzung des Politbüros am nächsten Tag schlug Gorbatschow vor, ich solle zusätzlich zu Generalsekretär Tschernenko eine Begräbnisrede halten; ich war gerührt. Also sprach ich vom Lenin-Mausoleum aus unsere Abschiedsworte, danach setzten wir unseren Genossen an der Kremlmauer bei.

Im März 1985 rief Tschernenko, den ich seit 20 Jahren kannte, bei mir an: »Andrej Andrejewitsch«, sagte er, »ich fühle mich nicht recht wohl. Ich möchte deinen Rat. Soll ich lieber zurücktreten?« Es entstand eine Pause, in der ich meine Antwort überlegte.

»Wäre das nicht verfrüht? Soweit ich weiß, sind die Ärzte so pessimistisch nicht.«

»Du meinst, ich sollte nicht vorschnell handeln?«

»Genau. Lassen Sie sich Zeit. Es eilt nicht.«

Er schien's zufrieden. »Dann also nicht.« Damit endete das Gespräch. Aber seine schon seit langem vorhandene Krankheit holte ihn ein, und drei Tage später war er tot. So standen wir schon nach kurzer Zeit wieder an der Kremlmauer, nahmen Abschied und setzten auch ihn bei.

Binnen bloß dreier Jahre hatte das Land drei Generalsekretäre verloren, und das hatte für uns in der Führung eine ziemliche nervliche Anspannung bedeutet. Doch stets bewiesen Partei und Volk ihre Fähigkeit zum Schulterschluß, und jeder tat seine Arbeit.

Natürlich mußte nun als nächstes ein neuer Generalsekretär ausgewählt werden. Der erste Schritt obliegt dabei dem Politbüro, das einstimmig Michail Gorbatschow als Kandidaten zur Billigung durch das ZK vorschlug. Ich brachte den Vorschlag im Namen des Politbüros in einer Dringlichkeitssitzung des ZK-Plenums im März 1985 ein, das sich einstimmig für Gorbatschow entschied.

Schon vorher genoß Michail Sergejewitsch Gorbatschow hohes Ansehen in der Partei. Er war im ganzen Land bekannt und hatte seit fast sieben Jahren in Moskau in Spitzenpositionen der Partei gewirkt.

Schon im November 1978 hatte mich Breschnew drei Tage vor der ordentlichen Sitzung des ZK-Plenums angerufen.

»Ich brauche deine Meinung zu etwas«, sagte er. »Was hältst

du davon, wenn wir den Genossen Gorbatschow ins ZK-Sekretariat aufnähmen? Im Augenblick ist er Erster Sekretär des Regionalkomitees der Partei in Stawropol. Was meinst du?«

Ich erwiderte: »Bislang hatte ich noch nie unmittelbar mit Gorbatschow zu tun, kann also nicht aus persönlicher Erfahrung sprechen. Aber ich habe mich mit Politbüromitgliedern und ZK-Sekretären unterhalten und über den Sekretär von Stawropol viel Gutes gehört. Klingt wie ein guter Kommunist – geradeheraus, ehrlich und sehr gut ausgebildet.« Ich fügte hinzu: »Wenn Sie das gleiche gehört haben, rege ich an, daß Sie beim nächsten Plenum seine Kandidatur vorschlagen. Der Vorschlag wird sicher angenommen werden.«

Breschnew sagte: »Auch ich habe keine persönliche Erfahrung mit Gorbatschow, aber ebenfalls viel Gutes über ihn gehört; dann werde ich ihn wohl vorschlagen.« So geschah es auch.

Im weiteren Verlauf erwies sich Gorbatschow als hochbegabter, hervorragender und scharfsinniger Politiker mit viel Fingerspitzengefühl und Weitblick, als kluger und großer Geist. Genauso sehen ihn sowohl die Partei als auch das Volk.

Fast zehn Jahre lang habe ich ihn arbeiten sehen, und zwar aus der Nähe. Wir hatten im Politbüro viel miteinander zu tun, und oft führten wir eingehende Gespräche über die vielfältigsten innen- und außenpolitischen Themen. Die seltene Gabe der Überzeugungskraft ist ihm geradezu in die Wiege gelegt worden. Ist er von der Richtigkeit seiner Meinung überzeugt, so versteht er es, sie mit zahllosen Argumenten zu belegen, die er nacheinander in der Reihenfolge ihrer Wichtigkeit entfaltet.

Vielleicht sind zehn Jahre so lang nun auch wieder nicht, aber in dieser Zeit hat der Generalsekretär einen unheimlich breiten Erfahrungsschatz gesammelt, der ihn befähigt, Probleme nicht nur zu erkennen, sondern sie auch so darzustellen, daß die Notwendigkeit einer Entscheidung und der Beschluß der von ihm als richtig erachteten Lösung jedermann ins Auge springt. Oft geschieht es, daß sich in der Diskussion eines bestimmten Problems eine Lösung oder eine Entscheidung

Mit Michail Gorbatschow auf dem Lenin-Mausoleum bei der Parade zum 70. Jahrestag der Oktoberrevolution, 1987 *(oben).*

Mit Lydia und dem Ehepaar Reagan in Moskau, Mai 1988 *(unten).*

herausschält, dann aber Gorbatschow plötzlich einen Gesichtspunkt in die Debatte wirft, an dem niemand vorbeikommt, ja sogar, daß er einen Aspekt aufwirft, der die beste Lösung darstellt. In der Debatte hört der Generalsekretär immer alle Teilnehmer an. Sein Gedächtnis ist phänomenal, und er weiß es zu nutzen.

Daß sich die Veränderungen in der Führung auch auf mich auswirkten, ist bekannt. Auf der Sitzung des Obersten Sowjets vom 2. Juli 1985 wurde ich zum Vorsitzenden des Präsidiums, also zum Staatsoberhaupt der UdSSR, gewählt.

Der XXVII. Parteitag schuf im Februar 1986 eine neue Führung unter Gorbatschow. Unser Land und die ganze Welt wissen, daß diese Führung in der Lage sein wird, die großen Aufgaben zu meistern, die sich der Partei und dem Volk stellen. Ein kühler Kopf, Durchhaltevermögen, Ruhe, das richtige Kalkül, sorgfältige Planung eines jeden Schrittes samt seiner Folgen und die Nutzung der ganzen Skala politischer, wissenschaftlicher und technischer Informationen durch die Führung - all das vereint sich mit der Zielstrebigkeit und dem Willen zu weitreichenden Plänen für unsere künftige Entwicklung.

Da ich fast täglich mit den Genossen im Politbüro und den Parteisekretären zu tun hatte, konnte ich beobachten, wie sie sich unter den verschiedensten Umständen verhielten. Auf dem XXVII. Parteitag - dieser Zusammenkunft der Gleichgesinnten - stellten sie sich mir als die Vorkämpfer gegen Routine und Stagnation dar, als die Architekten der Perestrojka und des beschleunigten Aufbaus. Ich sah, wie sie in der schweren Zeit nach der Katastrophe von Tschernobyl an der Beseitigung der Folgen arbeiteten. Und ich sah sie im Juni 1988 auf der XIX. Allunionskonferenz der Partei.

Auf die Frage, was ich unserem Land und Volk für die absehbare Zeit wünsche, würde ich antworten: Die Führung unter Gorbatschow soll weiterhin dem Land vorstehen. Diese Führung ist in der Lage, die Fragen von historischer Bedeutung sowohl beim wirtschaftlichen Aufbau als auch in der sozialen Entwicklung des Landes zu lösen. Desgleichen zeigt sie bei der

Behandlung der vielschichtigen Außenpolitik und der Verteidigung der Sache des Friedens Initiative und Überzeugung.

Einen bedeutsamen Wendepunkt in der Geschichte unserer Partei bildete das ZK-Plenum vom April 1985. Eine seiner Thesen - unwillkürlich wird man an Lenins Aprilthesen von 1917 erinnert - forderte die Beschleunigung unserer sozialen Entwicklung im Hinblick auf eine Steigerung der Produktivität und den Umbau unserer Wirtschaft, mithin der Verbesserung unserer sozialen Probleme. Diese von Gorbatschow dem Plenum präzise vorgetragene These wurde in seinem politischen Bericht vor dem XXVII. Parteitag weiter ausgebaut und war konzeptionell zutiefst marxistisch.

Zu Marx' größten Leistungen gehört seine Theorie vom Mehrwert, die das ausbeuterische Wesen der kapitalistischen Produktionsform bloßstellte. Er hat nachgewiesen, daß im Kapitalismus Mehrwert entsteht, die Arbeitskraft aber zu festen Preisen ge- und verkauft werden kann. Darin unterscheide sich die menschliche Arbeit von anderen Gütern im hergebrachten Sinne. Im Kapitalismus könne der Kapitalist diesen Mehrwert nach eigenem Belieben nutzen und ihn, wenn er wolle, in persönlichen Profit ummünzen.

Im Sozialismus hingegen kommt der Mehrwert der gesamten Gesellschaft zugute, in deren Eigentum und Verfügungsgewalt sich die materiellen Ressourcen befinden. Die Gesellschaft befindet darüber im Einklang mit den ihr eigenen Proportionen und Prioritäten. Ihrem Wesen nach ist die sozialistische Gesellschaft zur grenzenlosen Expansion fähig, aber damit diese Möglichkeit verwirklicht werden kann, muß sich ein jeder an seinem Arbeitsplatz rückhaltlos einsetzen und das Denken aller in einer bestimmten Richtung bewegen.

Während ich 1986 dem XXVII. Parteitag beiwohnte, kamen mir plötzlich Lenins Worte auf dem II. Parteitag im Jahre 1903 in den Sinn, als die Partei eben erst geboren war: »Was für eine herrliche Sache ist doch unser Parteitag!« Inzwischen ist die Partei zu einer gewaltigen Kraft von fast 20 Millionen geworden, und der Parteitag stellte fest, daß es eines entscheidenden

Umbaus (der Perestrojka) sämtlicher Parteiorgane, der Sowjets, der ganzen Wirtschaft des Landes und des Denkens des Volkes bedarf - dies alles auf der Grundlage frei zugänglicher Information (Glasnost) und Demokratisierung.

Im Plenum im Januar 1987 wurde der Partei die Notwendigkeit der Perestrojka noch eindringlicher vorgetragen und zugleich erbarmungslos vor Augen geführt, wie sehr wir es bislang versäumt haben, das Land mit aller Kraft zu entwickeln und zugleich auf die Gesellschaftsstruktur zu achten. Desgleichen lenkte das Plenum unsere Aufmerksamkeit darauf, daß die Führung der Wirtschaft weiterhin revolutionär umstrukturiert werden muß, damit sich das Land sozial und wirtschaftlich beschleunigt entwickeln kann. Zugleich hat das Plenum die Frage der »Restrukturierung der Kaderpolitik der Partei« behandelt und die schweren Unzulänglichkeiten gegeißelt, die in den siebziger und frühen achtziger Jahren unsere Entwicklungspläne hatten scheitern lassen. Das ZK rief die Partei auf, in ihren Reihen leninistische Einigkeit zu wahren und gleichzeitig die sowjetische Demokratie weiter zu verfeinern und die brüderlichen Bande aller Völker der Union zu stärken. Die Beschlüsse des Plenums waren von der Gewißheit getragen, daß sie - wie der Generalsekretär in seinem Bericht betonte - auch durchgeführt werden.

Unsere Strategie beruht auf der Verschmelzung der Errungenschaften der wissenschaftlichen und technischen Revolution mit der sozialistischen Planwirtschaft und bringt damit das ganze Potential des Sozialismus zum Tragen. Unsere außenpolitische Grundlinie heißt kurz gesagt: für den Frieden auf der Erde wirken. Hauptziel unserer Außenpolitik ist weiterhin die Verhütung einer atomaren Katastrophe.

Gorbatschows vom Parteitag ratifizierte Erklärung vom 15. Januar 1986, mit der eine völlige Abschaffung aller nuklearen und sonstigen Massenvernichtungswaffen bis zum Ende des Jahrhunderts gefordert wird, war von weltweiter Bedeutung, während die auf dem Parteitag vorgeschlagenen Schritte in Richtung auf ein Programm, das die Abrüstung und die

Schaffung eines weltweiten, internationalen Sicherheitssystems anpeilt, ein bedeutsames Zwischenstadium darstellen.

Die sowjetischen Vorschläge auf dem sowjetisch-amerikanischen Gipfel von Reykjavik bewirkten im Bereich der Nuklear- und Weltraumfragen schon fast einen Durchbruch. Beide Seiten kamen einer historischen Vereinbarung ganz nahe, aber leider hat die amerikanische Regierung deren endgültigen Abschluß unmöglich gemacht.

Am 28. Februar 1987 schlug die Sowjetunion vor, die Mittelstreckenraketen aus der nuklearen Abrüstungsdebatte herauszunehmen und in bezug auf sie ein getrenntes Abkommen anzustreben. Die ganze Welt erblickte darin einen großen Schritt auf dem Weg zur Verwirklichung des Anfang 1986 auf dem Parteitag verabschiedeten sowjetischen Planes. Die Unterzeichnung eines Vertrages über die Beseitigung von Geschossen mittlerer und kürzerer Reichweite während des Washingtoner Gipfels von 1987 war ein großer Sieg des neuen Denkens und wurde weithin als Anfang der Abrüstung gefeiert.

Große Aufmerksamkeit widmet die UdSSR der Stärkung ihrer Bande mit den Ländern des Warschauer Pakts. Hier hat sich das Prinzip der sozialistischen internationalen Solidarität verwirklicht wie nie zuvor.

Ich bin überzeugt, daß bis zum Jahre 2000 - dem für den Vollzug dieser weitreichenden Pläne gesetzten Datum - das Sowjetvolk im Rückblick auf die vorangegangenen 15 Jahre erkennen wird, daß die Partei tatsächlich die riesigen Reserven erfolgreich mobilisiert und die Führung bei der Durchführung die leninistische Linie korrekt eingehalten hat.

Als Kommunist bis ins Mark bezeuge ich den großartigen Lehren Marx', Engels' und Lenins sowie dem hohen Geist unseres Volkes beim Aufbau der kommunistischen Gesellschaft meinen Respekt. Lasse ich meinen Blick über unser großes Land schweifen, dann drängt es mich, meine Zuversicht anderen mitzuteilen.

Was gibt mir diese Zuversicht? Erstens sind wir ein wundervolles Volk, das auch die schwierigsten Probleme zu meistern versteht. Zweitens haben wir eine weise und weitschauende Partei, die eng mit dem Volk verbunden ist. Drittens haben wir eine Führung, würdig der großen Aufgaben, die sie der Gesellschaft in dieser entscheidenden Phase ihrer Entwicklung und der internationalen Lage gestellt hat.

Nach dem deutschen Philosophen Herder sind Zufall und Zeit die beiden größten Tyrannen im Leben. Nach meinem 79. Geburtstag wurde mir die Last des Alters stärker bewußt, und ich kam zu dem Schluß, es sei Zeit, mich zurückzuziehen. Das schrieb ich dem ZK und Generalsekretär Gorbatschow.

Das Politbüro beriet über meine Bitte und nahm meinen Rücktritt an, und im ZK-Plenum am 30. September 1988 wurde das bestätigt. Generalsekretär Gorbatschow fand diese liebenswürdigen Worte für mich:

»Das Politbüro hat Andrej Andrejewitschs Bitte diskutiert und sie gewährt. Wir alle kennen ihn als große Gestalt in Politik und Staat. Über 30 Jahre lang war er Mitglied des Zentralkomitees. Fast fünfzig Jahre seines Lebens hat er dem diplomatischen Dienst gewidmet: als Botschafter in den USA und England, als sowjetischer Vertreter im Sicherheitsrat der Vereinten Nationen, als Stellvertretender Außenminister und dann als Außenminister. Die Dokumente, die die Vereinten Nationen ins Leben riefen, tragen im Namen des sowjetischen Staates seine Unterschrift.

1973 wurde Andrej Andrejewitsch zum Mitglied des Politbüros und 1985 zum Vorsitzenden des Obersten Sowjets der UdSSR gewählt.

Ihr seht, Genossen, daß ein langes Arbeitsleben hinter ihm liegt in einer wechselvollen und manches Mal schwierigen Zeit. Seine Arbeit hat zu Hause und im Ausland Anerkennung gefunden.

Er nennt eine reiche politische Karriere sein eigen. Man darf sagen, daß es für Andrej Andrejewitsch wie für uns, die ihn seit langem kennen, viel zu erinnern gibt.

Heute verläßt uns Andrej Andrejewitsch, um in den wohlverdienten Ruhestand zu treten, und im Namen seiner Kollegen im Politbüro und, wie ich hoffe, auch aller Teilnehmer am Plenum möchte ich ihm für die gewaltige Arbeit und treuen Dienste danken, die er für Partei und Staat geleistet hat, und ihm gute Gesundheit wünschen.

Doch bin ich sicher, daß Andrej Andrejewitsch auch weiterhin aktiv am sozialen und politischen Leben des Landes teilnehmen und uns in den Genuß seiner Erfahrungen gelangen lassen wird.

Noch einmal: Wir wünschen Andrej Andrejewitsch Gromyko das Allerbeste.«

Am 1. Oktober 1988 hielt ich vor den Abgeordneten des Obersten Sowjets in der Großen Kremlhalle eine Rede, in der ich sie um die Erlaubnis bat, meine Aufgabe als Vorsitzender niederlegen zu dürfen. Vielleicht sollte ich diese Rede in meine Erinnerungen aufnehmen.

»Zuerst möchte ich Generalsekretär Gorbatschow für seine gestrigen Worte im Plenum danken, für alles, was er über meine Tätigkeit als Außenminister und als Vorsitzender des Obersten Sowjets gesagt hat.

Das Parteiplenum hat meiner Rücktrittsbitte entsprochen.

Ich glaube, meine Arbeit ist bekannt. Fast ein ganzes Arbeitsleben lang, angefangen mit meinem diplomatischen Dienst, stand sie im Lichte der Öffentlichkeit, und sie dauerte fast ein halbes Jahrhundert.

Ich bin euch, Genossen Abgeordnete, tief dankbar für die Arbeit, die wir in diesen ersten Jahren der Perestrojka gemeinsam geleistet haben.

Unser ganzes Volk und die Partei sind dabei, grandiose Pläne zu verwirklichen, und die Volksvertreter, die Abgeordneten in den Sowjets, sehen sich ebenfalls vor neue Aufgaben gestellt. Die Vervollkommnung des politischen Systems und die Vollendung eines sozialistischen Rechtsstaates verlangen gewaltige Anstrengungen. Aber die Partei der Kommunisten und ihr Zentralkomitee sind fest entschlossen, ihr kühnes und wohlbegründetes Programm zur Entwicklung des Landes durchzuführen.

Glasnost hat die sowjetische Demokratie bereichert, und aus dieser großen Quelle strömt dem Volk die Kraft zu neuen Leistungen zu, sowohl im inneren Leben des Landes als auch bei der Verwirklichung der leninistischen Politik des Friedens im internationalen Leben.

Ich glaube an die Macht unserer Ideen und Prinzipien. In diesem Glauben hat unser Volk die schweren, aber heldenhaften Zeiten seit der Großen Oktoberrevolution durchgestanden. Wir wissen, welche Opfer in den verschiedenen Phasen der Geschichte des Sowjetstaates gebracht worden sind.

Aber unser Land des Sozialismus - ich wiederhole: Land des Sozialismus - hat nicht bloß überlebt. Es hat die Kraft zu festem Voranschreiten errungen.

Es hat in unserer Geschichte auch Störungen gegeben. Sie sind bekannt. Wir haben sie entschieden und zu Recht verurteilt. Aber der Stern des Sozialismus hat seit Oktober 1917 nie zu leuchten aufgehört. Er war entzündet worden, auf daß er im Lande der Sowjets niemals untergehe.

Heute erwartet das Volk von den Sowjets auf allen Ebenen ihren Beitrag zur Perestrojka, einen Beitrag, der den majestätischen Plänen der Partei gemäß ist.

Die Erfahrung zeigt, daß für die Bewältigung der großen Aufgaben des Landes unsere leninistische Partei einen klaren Kopf und starke Schultern, aber auch Einigkeit in ihren Reihen braucht. Das war in der ganzen Geschichte seit der Revolution so. Einigkeit in den Reihen der Partei und Einigkeit der Partei mit dem Volk sind die entscheidenden Voraussetzungen für die Lösung der ernsten Aufgaben, die in der Luft liegen, die wir atmen.

Wir besitzen diese Einigkeit, und es gibt sie auch im Zentralkomitee und Politbüro.

Die Partei und das Land, gemeinsam mit den Bruderparteien und den sozialistischen Ländern, werden unermüdlich für den Frieden zwischen den Völkern streiten. Das ist unser oberstes Anliegen, darin liegt der Sinn unseres Lebens und des Lebens unserer Kinder und Kindeskinder.

Ich danke euch, Genossen Abgeordnete, für euer Vertrauen. Es war mir sehr wertvoll und wird mir immer wertvoll bleiben.«

Besonders wertvoll auch ist mir der im Plenum ausgesprochene Wunsch, ich möge weiterhin am sozialen und politischen Leben teilnehmen und der Führung meine Erfahrung zugute kommen lassen.

Lenins Funke hat die Flamme der Oktoberrevolution entzündet, und mit einer vom selben Feuer beseelten Fackel geht die Kommunistische Partei der Sowjetunion, deren Mitglied ich seit mehr als einem halben Jahrhundert bin, den Weg des Leninismus weiter.

Mit Lydia auf der Krim, 1986

Anstelle eines Epilogs

In der griechischen Tragödie verabschieden sich im Epilog die Schauspieler von den Zuschauern. Er soll Lösung und Schlußpunkt sein. Ich möchte aber hinter mein Buch ebensowenig einen Punkt setzen wie hinter mein Leben, und deswegen sollen meine Schlußworte nicht einfach »Epilog« heißen. Im buchstäblichen wie im übertragenen Sinne möchte ich am Buch meines Lebens weiterschreiben.

Ich gestehe, daß mir das Schreiben Freude macht und ich jedesmal Aufregung verspüre, wenn ich dafür etwas freie Zeit finden kann. Dann nehme ich den Bleistift zur Hand - aus einem mir unbekannten Grund schreibe ich seit jeher mit einem Blaustift -, blicke auf das leere Blatt und lasse meine Erinnerung schweifen. Oder kritzle schneckenlangsam vor mich hin. Manchmal hat es den Anschein, als bleibe die Schnecke vollständig stehen - dann gibt es keine schwerere Arbeit als Schreiben.

Nachdem er mein Buch gelesen hat, mag sich der Leser immer noch fragen, wie es sein konnte, daß ein in einem winzigen Dorf bei Gomel Geborener werden konnte, was ich wurde.

Ja, es war ein winziges Dorf, und ja, meist kamen wir kaum durch die zweite Winterhälfte. Vielleicht gab es zwei oder drei Familien, die dazu genug besaßen, und in den Nachbardörfern sah es nicht besser aus. Darum mußten die Männer im Winter irgendwohin zur Saisonarbeit gehen, aber auch wieder zu ihrer Familie zurückkehren, um das kleine Stückchen Erde zu pflügen, sobald die Frühjahrssonne zurückkehrte, weshalb sie nicht weit weggehen konnten.

Ich weiß noch, wie ich im Sommer 1917 unseren früheren Grundstücksherrn sah, nachdem sein 800 oder 1200 Hektar großer Besitz auf die Bauern verteilt worden war. Er hieß Iwanowski, und ich sah, wie er mit Frau und Tochter in Lackschuhen und hübsch gekleidet durchs Dorf ging. Es war ein schöner, warmer Tag. Ein paar von uns barfüßigen Lausbuben folgten den dreien, während die Erwachsenen sie verstohlen aus den Augenwinkeln betrachteten. Dann setzte sich die Familie in einen Landauer, fuhr weg und ward nie mehr in Alt-Gromyki gesehen. Entweder blieb sie irgendwo im Lande hängen, oder sie ging ins Ausland wie viele tausend ihresgleichen. Dennoch fragte ich mich: Wohin ist die ganze feine Gesellschaft gegangen?

Als Kind träumte ich immer in den Tag hinein. Man stelle sich vor: Ein neunjähriger Junge sitzt am Fenster. Seine Eltern sind noch auf dem Feld und haben ihn zurückgelassen, damit er auf die Kleinen aufpaßt und das Abendbrot zubereitet. Aber sobald er damit fertig ist, setzt er sich ans Fenster und denkt: Eines Tages werde ich erwachsen sein. Was heißt das, erwachsen sein? Es heißt, daß man lernen und sich und seiner Familie den Lebensunterhalt verdienen muß. Immer ging mir dieser Gedanke im Kopfe herum - lernen, um zu arbeiten. Das schien der Weg aus meiner Tagträumerei heraus.

Nach der Revolution, als wir im Dorf die ersten Propagandabroschüren bekamen, lasen wir Jungens mit heißen Köpfen vom Leben der Revolutionäre und waren voller Bewunderung für die Arbeiter in den Städten. Letztlich hatten ja sie die Revolution gemacht, und ohne sie hätte sich keiner von uns gegen die schnurrbärtigen Wachtmeister und Polizeioffiziere wehren können, die unter dem Geklingel der Saumschellen ihrer Pferde durch die Dörfer patrouillierten.

Die Jahre vergingen. Aus Kindern wurden Heranwachsende,

aus den Halbwüchsigen wurden junge Männer und Frauen. Die Neugierigeren unter ihnen fingen an, ihre Träume in Wirklichkeit zu verwandeln. Die meisten von uns sagten sich, wenn die Arbeiter gegen ihre Ausbeuter kämpfen konnten, warum sollten dann nicht wir Bauern uns ihnen anschließen und auch Arbeiter werden? Sie würden uns doch wohl willkommen heißen? Ein paar von uns Jungen gingen dann tatsächlich in die Stadt.

Ich hatte einen guten Freund, er hieß Wassja. Nach langem Hin und Her kamen Wassja und ich zu dem Schluß, wir wollten unsere Eltern überreden, daß sie uns in einer Fabrik arbeiten ließen. Wir waren sicher, daß wir Arbeit finden würden, wenn wir einfach gen Osten gingen. Da erfuhren wir gerüchteweise, in einer Fabrik in den nahe liegenden Städtchen Klinzy oder Nowosybkowo würden Arbeiter gesucht. Kein Mensch wußte, wie die Fabrik war, aber wir waren nicht wählerisch - jede Fabrik war uns recht. Wir stellten uns vor, daß dort große Menschenmengen arbeiteten und uns die Fabriksirene zur Arbeit riefe. Vor allem die Sirene beflügelte unsere Phantasie. Kurzum: Gesagt, getan, wir packten unser Bündel, nahmen ein paar Äpfel und einen Brocken Käse mit. Wir waren fest überzeugt, daß wir in unserem Alter überleben würden, aber wir wollten ja nicht schwach vor Hunger werden. Ich war kaum 12 und Wassja war 13. Wir machten uns auf in die Stadt.

Nach zehn Kilometern machten wir Rast und gingen dann weitere zehn Kilometer, stets den Horizont nach der Fabrik absuchend, die sich aber nirgends zeigte. Wir kamen nach Nowosybkowo und fanden, was wir suchten, die Verkörperung unserer Träume. War es in Wirklichkeit auch klein, so schien uns das Städtchen geradezu riesig, und mehr noch: Da stand ein hoher Schornstein, also gab es auch eine Sirene. Unsere Herzen schlugen schneller.

Es war Sommer, und so konnten wir im Freien schlafen, unter ein paar Planen auf dem Markt, ohne zu frieren oder eine Erkältung zu bekommen. Am Morgen heulte die Sirene, wir gingen zum Fabriktor, wo wir den Pförtner sahen und er uns.

»Wen sucht ihr beide denn - eure Mütter oder eure Väter?«

»Weder - noch, wir suchen Arbeit.«

»Arbeit? Ihr seid noch zu jung. Und wir haben ohnehin genug Arbeiter. Es sind keine Stellen mehr frei.«

Er sprach geduldig zu uns wie ein Vater, aber natürlich waren wir völlig niedergeschlagen. Was sollten wir unseren Eltern sagen? Wir beschlossen, ihnen einfach reinen Wein einzuschenken, und begaben uns auf den Rückweg. Mit so großen Hoffnungen waren wir zur Fabrik aufgebrochen, und jetzt mußten wir sie alle wieder begraben. Aber jung ist jung. Auf dem Heimweg fanden wir ein schattiges Plätzchen, setzten uns hin und besprachen unsere Chancen. Wir dachten, vielleicht sollten wir's bei einer Ziegelfabrik versuchen, von denen es im Bezirk wimmelte; die Sängerin Walentina Kryschinina sang auf ihren Konzerten im ganzen Land immer das »kleine Ziegellied«. Noch heute kenne ich die Worte auswendig:

Am Anfang war's schwer
Doch kaum ein Jahr her
Da liebt' ich, juchhei!
Meine kleine Ziegelei.

Der Zufall aber wollte, daß an unserem Weg keine Ziegelei lag. Also gingen wir in unser Dorf zurück. Unsere Eltern hatten Verständnis für uns, und wir halfen weiterhin nach Kräften im Haus mit.

Dann hörte ich sagen, kluge Jungs und Mädels könnten der jungen kommunistischen Liga, Komsomol genannt, beitreten, wo allerlei Ausbildungsmöglichkeiten geboten würden. Wie man hineinkam, wußte niemand, doch dann kamen ein paar Komsomol-Vertreter aus der Stadt und erklärten, wie man sich einschreiben lassen konnte. Sie waren bevollmächtigt, möglichst in jedem Dorf eine Zelle aufzumachen. Das neue Leben begann.

Natürlich traten wir bei und organisierten in Alt-Gromyki und Neu-Gromyki sofort Komsomol-Zellen. Wir fühlten uns stark genug, sie an jedem Ort der Erde zu organisieren, wenn man uns das auftrüge.

Wir mußten viel lesen. Die Leute brachten alles Lesbare, was sie auf dem Boden oder im Keller aufstöbern konnten, Bücher und Zeitschriften, und in den Dörfern wurden Lesehütten eingerichtet. Die Komsomol-Mitglieder veranstalteten regelmäßige Treffen, bei denen sie Reden hielten und sich gegenseitig überzeugten, daß der Marxismus und die Weltrevolution siegen mußten.

Desgleichen bildeten wir Zweier- oder Dreiergruppen, die von Dorf zu Dorf gehen und andere Zellen errichten, politische Zirkel und Lesehütten aufbauen und Zusammenkünfte veranstalten sollten.

Zu der Zeit wollte jeder junge Mann unbedingt eine *Budjonowka* haben, den hohen, spitzen Helm der Roten Kavallerie, den Budjonny berühmt gemacht hatte. Sogar die Mädchen gaben den Jungen, die einen Helm besaßen, den Vorzug, und die Jungen waren überhaupt der Ansicht, ohne *Budjonowka* sei die Revolution keine Revolution.

Aber sosehr ich mich auch bemühe, ich habe immer noch keine Antwort auf die Fragen gegeben: Wie konnte ein kleiner Dorfjunge wie du es schaffen und in die politische Arena geschwemmt werden? Warum bist du nicht Feldarbeiter geworden, einer von denen, der wie deine Brüder und viele andere in der Familie höchstwahrscheinlich eines Tages im Großen Vaterländischen Krieg auf dem Schlachtfeld den Tod gefunden hätte?

Die Antwort auf diese Fragen ist schwer. Natürlich spielt immer auch das Glück mit, und ich bin der erste, der zugibt, daß er eine gehörige Portion Glück gehabt hat. Es war Glück, daß ich in ein Forschungsinstitut kam, wo ich Wirtschaft studierte, und wieder war es Glück, daß ich 1939 ins ZK gerufen wurde, um meine Arbeit im Ausland zu besprechen.

Aber war es nur Glück? Hätte man mich gefragt, wenn ich dafür nicht bereit gewesen wäre? Dem Ruf zum ZK waren viele Jahre Arbeit und Studium vorausgegangen. Auch hatte ich mir angewöhnt, alles sorgfältig zu überdenken, bevor ich eine Entscheidung traf, und meist waren die Umstände so, daß ich ganz auf mich allein gestellt war.

Man sagt, alles nehme seinen Anfang in der Kindheit, und so sollten wir vielleicht in der meinen die Erklärung suchen. Immer noch stand ich vor der Frage: Was wird jetzt? Einem Dreizehnjährigen fiel die Antwort darauf nicht gerade leicht. Immer noch rätselten Wassja und ich über unsere Zukunft. Natürlich konnten wir einfach im Dorf bleiben und Landarbeit verrichten. Schließlich waren Landarbeit und Saisonarbeit in der Stadt das, was die meisten Erwachsenen jahraus, jahrein taten.

Eines schönen Tages, vermutlich auf Anraten eines Verwandten, verließ Wassja dann das Dorf und trat in die Landverbesserungsschule in Nowosybkowo ein. Natürlich war ich neidisch und wollte es ihm nachmachen, aber sie nahmen keine Schüler mehr auf. Als Wassja in den Sommerferien nach Hause kam, beschlossen wir, eine Zeitlang Proletarier zu werden, und das ließ sich, so dachten wir, am besten dadurch machen, daß wir in die nächste »große« Stadt gingen. Offenbar hatte die Berufsschule meinen Freund enttäuscht, sonst wäre er nicht so scharf auf etwas anderes gewesen.

Mit Zustimmung unserer Eltern machten wir uns auf den Weg ins etwa 30 Kilometer entfernte Gomel, zu Fuß natürlich. Als wir ankamen, wußten wir nicht, wohin wir uns wenden und was wir fragen sollten. Das beste, was uns einfiel, war das Arbeitsamt. Es herrschte immer noch Arbeitslosigkeit, und wenn man sich als arbeitslos meldete, bekam man manchmal irgendeine Arbeit, meist nur vorübergehend. Genau das bot man uns an.

In der Stadt wurde gerade ein großes Verwaltungsgebäude der Eisenbahn gebaut. Damals baute man noch fast ohne Maschinen, und wir mußten von morgens bis abends Bretter in die oberen Stockwerke schleppen. Mehr interessierte uns die Mahlzeit, die wir erhielten. Um Mittag wurde in einer Kantine Essen ausgeteilt. Immer nur ein Gang, aber es war so recht die Mahl-

Zwei Bilder aus dem Familienalbum, Sommer 1988. *Oben:* Mit meiner Enkelin Anna; sie liest Drabkinas Erinnerungen an Lenin. *Unten:* Hinter der »Rentnerbank« stehen Anatolis Frau Valentina, mein Sohn Anatoli, meine Enkelin Lydia und meine Tochter Emilia.

zeit eines arbeitenden Menschen, so echt und recht für einen Proletarier! Wir arbeiteten dort drei Monate lang.

Unsere Unterkunft war kaum mehr als ein Platz, wo man sein Haupt hinlegen konnte, aber wir fanden Zeit, uns die Stadt anzusehen, die Lebensweise der Bewohner, die so ganz anders war als im Dorf. Wir lasen die Aushänge an den Institutionen und Schulen, Fabriken und Büros und merkten bald, daß uns da niemand anstellen würde. Man mußte irgend etwas Bestimmtes gelernt haben, und das hatten wir nicht. Nach ein paar Monaten gingen wir also wieder nach Hause, in den Taschen kaum etwas Erspartes.

Unsere Familien versuchten, uns guten Mut zu machen, aber wir wußten, daß wir für sie eine Last waren und wir irgendeinen Ausweg finden mußten. Uns kam entgegen, daß unsere beiden Familien unseren Studienwunsch unterstützten, und schließlich ging Wassja nach Nowosybkowo zurück, machte sein Diplom, wurde Fachmann für Landverbesserung und blieb es viele Jahre lang. Nun schieden sich unsere Wege, aber ich denke oft an meinen alten Freund.

Ich ging im Dorf Retschki zur Schule, dem Sprengel gleich bei unserem Dorf. Die Schule sollte zur Berufsschule erhoben werden, wobei das Fachgebiet noch nicht feststand. Bald wurde die Schule samt Schülern und Lehrern jedoch nach Gomel verlegt, in ein altes Nonnenkloster am Rande der Stadt. Hier endlich hatte ich eine Chance für wirkliche Weiterbildung, und ich war selig. Nach der höheren Schule gedachte ich ein besonderes Fachstudium aufzunehmen. Aber welches? Technik vielleicht.

Das war wohl die entscheidende Phase in meinem Leben. Kein Schüler wußte, wohin es ihn verschlagen würde - es konnte irgendwo im Land sein -, aber in unserem Alltag loderte das Feuer der Oktoberrevolution. Sinnbild unserer Träume war der Name Lenin. Seine Streitschriften wurden in riesigen Auflagen gedruckt. Die Büchereien und Lesehütten, die Schulen und Institute - alles war voller kommunistischer Literatur, und das machte mächtigen Eindruck auf uns.

Oft wird mir die Frage gestellt, was ich einem jungen Menschen, der gerade ins Leben tritt, raten würde, und immer sage ich: Lerne und studiere. In einer Zeit der universellen Alphabetisierung überdies, da wir mit Informationen überschwemmt werden, müssen wir das auswählen können, was für uns das richtige ist, wenn wir ein Leben im Dienste der Gemeinschaft leben wollen.

Nun ist es Zeit, zu enden. Ich habe getan, was ich mir vorgenommen habe. Beim Schreiben hatte ich den Eindruck, als stritten sich die Ereignisse und die Menschen, von denen ich berichtete, welches oder welcher von ihnen der wichtigere sei. Ein immerwährender Streit. Die Menschen leben in der Zeit, und große historische Begebenheiten ereignen sich in der Zeit, und niemand kann sie voneinander trennen. Nach diesem Prinzip bin ich vorgegangen.

Natürlich herrschen die internationalen Angelegenheiten in meinen Erinnerungen vor, denn mit ihnen habe ich mich die meiste Zeit beschäftigt. Mag der eine oder andere denken, ich habe diesem oder jenem Ereignis oder dieser oder jener Person zuwenig Aufmerksamkeit gewidmet oder andere nicht ausführlich genug behandelt. Nun ja, man kann es wohl niemals allen recht machen. Der rote Faden, den ich nicht zu verlieren suchte, war mein Wunsch, eine objektive Darstellung der Ereignisse zu geben, an denen ich beteiligt war, und ein faires Bild der Menschen zu malen, die ich kannte und die an diesen Ereignissen mitwirkten.

Mit anderen Worten: Mein Leitfaden in all meinem Tun war, ist und bleibt eh und je - auch beim Schreiben meiner Memoiren - der Marxismus-Leninismus.

Moskau, 1979–1988

Von Stalin bis Gorbatschow
Fragen an Andrej Gromyko

Wie unterschied sich die Arbeit mit Chruschtschow von der mit Breschnew?
Chruschtschow war ungewöhnlich klug, willensstark und bauernschlau. Auf dem Land fühlte er sich mehr zu Hause als in der Stadt; es war also nur natürlich, daß er über das Leben der Kollektiv- oder auch Einzelbauern mit großem Sachverstand redete und kein Ende finden konnte.

Aber seinen hervorragenden Fähigkeiten fehlte die Basis einer soliden Erziehung. Wer wie er nur die Industrie-Akademie besucht hatte, konnte nicht als besonders gebildet gelten. Nun kommt es ja immer darauf an, was man zur eigenen Weiterbildung tut, aber meines Wissens hatte Chruschtschow damit nicht viel im Sinn. Sein Erfahrungsschatz stammte hauptsächlich aus den hohen Posten in Partei und Staat, die er im Laufe seiner Karriere bekleidet hat.

Um Worte war Chruschtschow nie verlegen. Ob er sich nun mit Arbeitern und Bauern oder mit Wissenschaftlern oder Journalisten unterhielt - immer redete er mit beneidenswerter Leichtigkeit.

Es gab peinliche Augenblicke. So besichtigte Chruschtschow beispielsweise bei einem Staatsbesuch in Birma die Goldene Pagode. Das Golddach glänzte in der Sonne. Beim Verlassen des Tempels war er von ausländischen Journalisten umringt, die ihn mit Fragen zudeckten. Bei solchen Anlässen gefiel sich

Chruschtschow in saftigen Bemerkungen. Auf die Frage, wie ihm der Tempel gefalle, erwiderte er: »Sieht natürlich reich aus, aber hinter all dem Gold steckt die schwere Arbeit der gewöhnlichen Birmanen. Ist das etwa richtig? Mehr noch: Überall in der Welt ist die Kirche reaktionär. Schließlich war sie es, die Galilei auf den Scheiterhaufen brachte.« Ich versuchte, ihn möglichst unauffällig auf seinen Fehler aufmerksam zu machen, und flüsterte ihm zu: »Es war nicht Galilei, sondern Giordano Bruno.« Aber er war so in Fahrt, daß er eine Korrektur nicht für nötig hielt. Die Journalisten, denen man nicht über den Weg trauen kann, merkten es natürlich und grinsten.

Chruschtschow hatte schon zu Stalins Zeiten der Führung angehört. Aber als er nach dessen Tod auf dem XX. Parteitag den Stalin-Kult anprangerte, zeigte er große Willensstärke und Entschlossenheit. Das ist eine hochbedeutende Seite im Buch seines Lebens, und damit verdiente er sich die Achtung des Landes. Ich möchte sogar sagen, daß das Chruschtschows größte Tat gewesen ist.

Dennoch gab Chruschtschow den Posten als Erster ZK-Sekretär nicht freiwillig auf, und es wurde beschlossen, ihn durch L.I. Breschnew zu ersetzen. In der Presse heißt es manchmal, die für diesen Wechsel Verantwortlichen seien praktisch Stalinisten gewesen, aber das ist absurd. Das ZK war einmütig der Auffassung, Chruschtschow habe sich überlebt. Manches, was er tat, war für die Partei und die Gesellschaft unannehmbar, vor allem seine Entscheidung, die Partei in eine industrielle und eine landwirtschaftliche Hälfte zu teilen. Das durfte man keinesfalls zulassen. Er schuf den Sownarchos (Volkswirtschaftsrat), aber weder er noch sonst jemand hatte den geringsten Schimmer, welche Rolle diese Einrichtung in der Wirtschaft des Landes spielen sollte, und so gab es ein fürchterliches Durcheinander. Außerdem war er unfähig, beiden Posten - als Erster Parteisekretär und als Vorsitzender des Ministerrates - gerecht zu werden.

Ich muß sagen, daß sich Chruschtschow in der Außenpolitik ziemlich gut zurechtfand und die Politik der Friedenssuche und der Beseitigung der Kriegsdrohung überzeugend vertrat. Gleichzeitig wurde natürlich im Lande eifrig am Wiederaufbau der kriegszerstörten Wirtschaft gearbeitet.

Als Außenminister sprach ich oft über außenpolitische Fragen mit ihm. Er erfaßte schnell das Wesentliche eines Problems, in erster Linie der Abrüstung. Wie schon unter Stalin war er stets ein überzeugter Befürworter des völligen Verbots und der Vernichtung von Atomwaffen. Das war das Zentralthema in seinen Gesprächen mit ausländischen Staatsgästen, u.a. mit Präsident Eisenhower und Premierminister Macmillan.

Von allen meinen Gesprächen mit ihm über Außenpolitik möchte ich eines erwähnen, das sich mit der Krise in der Karibik befaßte. Wir befanden uns auf dem Heimflug von Bulgarien, als er sagte: »Ich bin zu dem Schluß gekommen, daß wir ein paar Atomraketen auf Kuba stationieren müssen. Sonst fallen die Amerikaner auf der Insel ein – trotz ihres Debakels in der Schweinebucht.« Ich sagte darauf: »Dann gibt es in den USA einen Riesenaufruhr. Das müssen wir berücksichtigen.« Aber er ließ sich nicht abbringen und sagte: »Trotzdem werde ich die Sache sehr bald im Präsidium zur Sprache bringen.« Das tat er auch. Was danach geschah, ist bekannt.

Die Arbeit mit Chruschtschow war alles andere als einfach. Unablässig hatte er neue Ideen, auch in internationalen Fragen, obwohl diese erst einmal gesiebt werden mußten. Das scherte ihn wenig. Alles in allem hat er in der Außenpolitik einen positiven Beitrag geleistet; bei seiner Ablösung als Erster Sekretär spielte die Außenpolitik keine Rolle.

Breschnew war völlig anders. In internationalen Fragen nahm er zwar dieselbe friedliebende Haltung ein wie Chruschtschow, doch er brachte keine neuen Ideen ins Spiel. Er gab freimütig zu: »Da weiß ich nicht genug Bescheid.« Für Rat war er aber immer aufgeschlossen.

Seine Schwäche war, daß er trotz der soliden innenpolitischen Erfahrung vor Ernennung zum Generalsekretär nicht tiefer in die Probleme eindrang, nicht nur die internationalen, sondern auch viele innenpolitische.

Breschnew kam zugute, daß er neue Fragen bereitwillig im Politbüro diskutierte. Er hörte sich die verschiedenen Auffassungen aufmerksam an, konnte sich aber schwer zu einer eigenen Schlußfolgerung durchringen, so daß die Dinge oft in der Schwebe blieben.

Oft wurde ihm geraten - auch von mir -, ein ZK-Plenum zu Fragen des wissenschaftlichen und technischen Fortschritts anzuberaumen. Er dachte endlos darüber nach. Als er schließlich ja sagte, konnte er sich nicht zur Festlegung eines Termins entschließen. Er sagte etwa: »Ich werde selbst auf diesem Plenum sprechen.« Aber die Zeit ging ins Land, und immer noch wurde das Plenum nicht einberufen. Breschnew kam nie damit zu Rande.

Sein größter Fehler war meiner Ansicht nach, daß er die Frage seiner Pensionierung aus Gesundheitsgründen nie ansprach. Alle Welt wußte, wie krank er war. Die Leute in der Führung jedenfalls warteten unablässig, daß er sich äußert. Aber sie warteten und warteten - er brachte es einfach nicht über sich.

Starke wirtschaftliche Maßnahmen waren unbedingt nötig, aber die Wirtschaft mußte auf der Stelle treten. Solche Maßnahmen wurden nicht einmal erwähnt. Jede neue Initiative versandete in irgendeiner Kommission.

Erstaunlich ist, daß trotz Breschnews Gesundheitszustand und seiner unzulässigen Verzögerung bei der Behandlung vieler, auch außenpolitischer Fragen so viele Abkommen geschlossen wurden - u.a. der ABM-Vertrag, SALT I und II und die Schlußakte von Helsinki.

Breschnew war gefühlsbetont. Beim bloßen Anhören etwa eines Kriegslieds oder einer Rede konnte er zu Tränen gerührt sein. Ich weiß noch, wie bei unserem offiziellen Besuch in Paris eine französische Delegation, darunter Kriegsteilnehmer und Widerstandskämpfer, in die sowjetische Botschaft kam. Unter ihnen befand sich Marina Vlady, die Frau des sowjetischen Dichters und Balladensängers Wladimir Wyssotzkij. Als einer der Besucher auch ein paar herzliche Worte über Breschnew sagte, brach dieser buchstäblich in Tränen aus.

Eine andere Episode kommt mir in den Sinn. In Moskau wurde der Einfall großer bewaffneter Kräfte aus Pakistan in Afghanistan gemeldet. Es war nicht der erste derartige Angriff der afghanischen Opposition gegen die Regierung von Kabul. Bald darauf berichtete die sowjetische Botschaft in Kabul, Taraki, der Generalsekretär der afghanischen KP, sei in seinem Arbeitszimmer brutal ermordet worden. Das war zuviel für Breschnew. Er war völlig außer sich. Bei der Beurteilung der späteren Schritte der Sowjetunion in Afghanistan muß man auch die Ermordung Tarakis berücksichtigen.

In gewissem Sinn war mit Breschnew in internationalen Fragen leichter zusammenzuarbeiten als mit Chruschtschow. Andererseits war es aber auch schwerer. Leichter war es, weil weniger Unüberlegtes getan wurde. Schwerer war es, weil er die Probleme nicht genügend verstand. Aber auch da muß man seine Gesundheit berücksichtigen. Unablässig versuchten wir ihn zu überreden, er solle ausspannen und sich erholen. Aber er wollte bis zum Ende nichts davon hören.

Können Sie einen Fall nennen, in dem Sie und Breschnew verschiedener Meinung waren?

Das war bei der Debatte über ein energisches Vorgehen gegen den Alkoholismus. Die Ärzteschaft lieferte alarmierende Berichte. Der Generalsekretär war aber offenkundig der letzte, der sich dieses Problems annehmen würde.

Ich entschloß mich zu einem Versuch, das Eis zu brechen, und erläuterte ihm meine Einschätzung der Sache. Ich schloß mit den Worten: »Sozialismus und Wodkatrinkerei passen nicht zusammen. Warum schweigt das Politbüro dazu?« Breschnew hörte mir schweigend zu und sagte dann: »Die Russen trinken seit jeher Wodka. Sie kommen ohne ihn nicht aus.« Er war nicht zu einer weiteren Diskussion der Sache bereit. Besonders betonte er: »Sie kommen ohne ihn nicht aus.«

Nun war ich zwar auf ein schwieriges Gespräch gefaßt gewesen, aber seine kategorische Antwort überraschte mich doch. Als ich ihn ansah, überkamen mich Kummer und Trauer. Aber mir blieb nichts anderes übrig, als das Gespräch für beendet zu betrachten.

Immerhin setzte er bald danach das Thema selbst auf die Tagesordnung des Politbüros. Aber unter seinem Einfluß wurde ein saft- und kraftloser Routinebeschluß gefaßt, der dem Land nicht weiterhalf.

Richtig debattiert wurde darüber erst unter Gorbatschow, der das Thema kräftig und überzeugend vortrug. Das Land kann ihm und der Führung dafür nur dankbar sein. Natürlich läßt sich dieses Problem nicht über Nacht lösen, aber das bisher Erreichte ist ungeheuer wichtig. Perestrojka und Trunkenheit stehen in diametralem Gegensatz, und das Land versteht das auch.

Wie ging es unter Breschnew im Politbüro zu und wie unter Gorbatschow?
Der Vergleich ist einfach. Seit Ernennung Gorbatschows zum Generalsekretär birst die Arbeit des Politbüros geradezu vor kreativer Dynamik, wie ich es nennen möchte. Nichts mehr von der Sprunghaftigkeit zu Chruschtschows oder der gähnenden Langeweile zu Breschnews Zeiten - letzteres natürlich bezogen auf die sowjetische Innenpolitik.

Die Sowjetunion überschreitet eine Art Rubikon. Die Perestrojka erfaßt mit ihrem revolutionären Schwung alle Lebensbereiche. Verständlicherweise konzentriert sich das Politbüro auf Fragen der Wirtschaft, des Sozialbereichs, der weiteren Demokratisierung des politischen Systems und auf den wissenschaftlichen und technischen Fortschritt. In alledem spielt Gorbatschow eine herausragende Rolle.

Das sage ich mit besonderem Vergnügen, weil das Politbüro den Vorschlag, Gorbatschow nach Tschernenkos Tod zum Generalsekretär zu ernennen, mir übertragen hat. Gorbatschows Tatkraft, sein mächtiger und scharfsinniger Geist und der Reichtum und die Vielfalt seines Wissens sind genau das, was Land und Volk heute brauchen. Bei der Nutzung der Möglichkeiten unseres Gesellschaftssystems stehen wir vor einer ungeheuren Aufgabe. Die Probleme sind durchweg schwierig, müssen aber gelöst werden. Die Menschen glauben zuversichtlich, daß der Staat alle wirtschaftlichen Probleme des Landes zu lösen vermag, ebenso die Probleme in anderen Bereichen.

Wie nie zuvor diskutiert heute das Politbüro unter Gorbatschow soziale Fragen, die materielle Versorgung der Bevölkerung. Natürlich weiß die Führung so gut wie das Volk, daß dies seine Zeit braucht.

Auch in der Außenpolitik zeichnet sich die Führung durch eine Dynamik aus, die das neue politische Denken immer mehr verdeutlicht. Besonders gilt das für die beiden großen Weltmächte, die UdSSR und die USA. Die bereits erreichten Abmachungen zwischen ihnen sprechen für sich. Sie überstrahlen sogar andere große internationale Ereignisse.

Welche Führungsgestalt hätte Andropow abgegeben?
Ich habe Juri Andropow immer sehr geschätzt. Er war ein äußerst fähiger Mann. Ich kann sagen, daß wir Freunde waren.

Viele Fragen haben wir zusammen besprochen, und immer gelangten wir zur selben Auffassung, außen- wie innenpolitisch. Manchmal wollten wir gemeinsam Breschnew von etwas überzeugen, natürlich immer unter Berücksichtigung seines Gesundheitszustands.

Bedauerlicherweise wurde Andropow im Laufe vieler Jahre immer kränker. Zunächst hinderte ihn das nicht daran, aktiv an den Staatsangelegenheiten mitzuwirken. Aber dann kam die Zeit, da er als Generalsekretär nicht mehr mit der nötigen Energie arbeiten konnte. Er schwand vor unseren Augen dahin.

Ich erinnere mich an meinen letzten Besuch bei ihm im Krankenhaus. Juri äußerte den Wunsch, das Politbüro solle einige Personalfragen ohne ihn erörtern. Er werde das auch Tschernenko gegenüber erwähnen. Während er sprach, waren seine Augen voll Kummer. Ich antwortete: »Ich glaube, wir sollten warten, bis du aus dem Krankenhaus bist, und dann erst darüber diskutieren.« Er wußte, daß ich zuvor mit seinen Ärzten gesprochen hatte, und offenkundig entnahm er meiner

Anregung eine optimistische Note. Seine Augen leuchteten auf. Er sagte sogar: »Ich bin deiner Meinung!« Er stützte sich auf den Ellbogen und dankte mir für diesen Rat. Es war unsere letzte Begegnung. Ein paar Tage später war er tot.

Ihre Frage ist natürlich nicht leicht zu beantworten. Aber eines kann ich sagen. Er hätte sich mit Sicherheit sehr eingehend mit den konkreten Problemen befaßt, mit denen er bislang noch nichts zu tun gehabt hatte. Er hatte vorher nichts mit Landwirtschaft oder Industrie zu tun gehabt. Ich bin sicher, daß er als Generalsekretär versucht hätte, sich die notwendigen Kenntnisse anzueignen. Aber seine Stärke lag in anderen Bereichen, vor allem im sozialen und kulturellen Leben.

Er war ein gebildeter Mann. Sein Leben lang hat er sich weitergebildet, Lücken zu schließen versucht. Und dank seiner Fähigkeiten gelang ihm das auch.

Für Außenpolitik, über die wir oft sprachen, hatte er ebenfalls ein Händchen. Er kannte sich bestens in den Afghanistan-Fragen aus, und sein [Geheim-]Dienst war eine wichtige Informationsquelle über die dortige Situation. Ich werde wohl keinen Widerspruch ernten, wenn ich sage, sein früher Tod sei ein herber Verlust gewesen.

Hätte er länger gelebt, hätte Andropow mit Sicherheit viel im Bereich der Organisation geleistet. Erst als Generalsekretär begann er, sich für eine geordnete Arbeitsorganisation und strenge Arbeitsdisziplin zu interessieren.

Wie sehen sie den Machtantritt Gorbatschows?
Warum unterstützten Sie ihn, und welche Alternative gab es?
Den ersten Teil der Frage habe ich schon beantwortet. Zur Alternative muß ich ganz einfach sagen, daß es keine gab. Das heißt nicht unbedingt, daß im ZK sonst niemand auf den Posten spekuliert hätte. Vielleicht gab es auch das. Aber wenn man die Situation ernsthaft betrachtet, gab es keine Alternative. Im ZK und insbesondere im Politbüro stand fest, daß Gorbatschow dank seiner besonderen Qualitäten alle weit überragte; außerdem hatte er bereits in der Partei und überhaupt im

Lande große Autorität gewonnen. Das war schon unter Breschnew erkennbar. Noch deutlicher wurde es unter Tschernenko, als Gorbatschow den Vorsitz im ZK-Sekretariat innehatte.

Das Politbüro wußte das, ebenso das ZK. Als das Politbüro am Vorabend des ZK-Plenums darüber sprach, was jetzt geschehen und wer Generalsekretär werden soll, ergriff ich das Wort und schlug Gorbatschow ohne Umschweife vor. Der Vorschlag wurde wie üblich diskutiert. Nach mir sprach Tschebrikow und unterstützte uneingeschränkt meinen Vorschlag. Dann äußerten sich alle anderen Politbüro-Mitglieder sowie die Kandidaten und die ZK-Sekretäre im selben Sinne.

Man war einhellig der Meinung, daß auch im Plenum der Vorschlag zur Ernennung Gorbatschows von mir gemacht werden sollte. Das tat ich denn auch. Meine Rede ist in der Presse veröffentlicht worden. Unter freundschaftlichem Beifall wählte das Plenum einstimmig Gorbatschow.

Wieso dauerte es 36 Jahre, bis die Geschichte der Stalin-Zeit zurechtgerückt werden konnte?
Das ist keineswegs überraschend. Es brauchte geraume Zeit, bis die Wahrheit über die stalinistische Zeit ans Licht kam.

Diese Zeit war für die UdSSR und überhaupt für die Welt außergewöhnlich. Schließlich gehören dazu auch die Jahre der intensiven Arbeit des Volkes und der Partei, um die im Krieg zerstörte Wirtschaft wiederaufzubauen. Acht Jahre nach Kriegsende war dies unter Stalin zum Teil geschehen. Aber die Hauptarbeit blieb noch zu bewältigen, und das Volk hat das geschafft.

Die ganze Welt starrte auf uns, ob uns das gelingen würde. Der Wiederaufbau wurde geschafft.

In der Außenpolitik befolgte das Land den leninistischen Weg des Friedens und nahm es in Angriff, die Beziehungen mit anderen Staaten zu entwickeln und die Vereinten Nationen zu stärken. Besondere Anstrengungen galten der Festigung der Beziehungen mit den Ländern, die nach dem Krieg den sozialistischen Weg gewählt hatten.

Und natürlich mußten wir unter den neuen Umständen auch

die Sicherheitsinteressen des Landes wahren, wobei zu bedenken war, daß einige unserer Kriegsalliierten es abgelehnt hatten, ihre über die Welt verstreuten Stützpunkte aufzulösen.

Wenn man über diese 36 Jahre nachdenkt, die es dauerte, bis die Wahrheit über Stalin herausgefunden wurde, spielt auch noch etwas anderes mit. Die Stalin-Zeit war eine Zeit schwerer Repression, die Millionen Menschenleben gekostet hat. Rückblickend fragten sich die Partei und das Volk mehr und mehr, warum so viele Menschen umgekommen waren. Waisen, Witwen und Familien verlangten eine Antwort. Das ganze Land verlangte eine Antwort. Der XX. Parteitag war die erste entscheidende Antwort. Dort offenbarte sich nicht nur die Größenordnung der Repression unter Stalin, sondern auch die Machtstruktur des Stalin-Kults, der dem Sozialismus und den Belangen des Volkes, aber auch Lenins Erbe völlig fremd war.

Ein ganzes System der Tatsachenverhüllung wurde aufgedeckt; das Ganze war von Stalin in Szene gesetzt worden, der nach Lenins Tod die Macht usurpierte. Bekanntlich wurde in Chruschtschows Parteitagsrede nicht alles hierüber aufgedeckt. Noch einige Zeit gab es Personen in der Führung, die Mitwisser Stalins gewesen waren und deren Köpfe der Usurpator verschont hatte. Aber im Lande war ein Prozeß in Gang gekommen, den diese Überbleibsel der Stalin-Macht nicht aufhalten konnten. Selbst jetzt ist über Stalins Verbrechen noch nicht das letzte Wort gesprochen. Aber das Volk will dies, die Wahrheit muß ungeschminkt ans Licht.

Wir besitzen dazu die stärkste Waffe, denn die sozialistische Demokratie und Glasnost machen tagtäglich Fortschritte.

Wer war für den Bruch mit Tito verantwortlich?

Die Verantwortung für den Bruch mit Tito und Jugoslawien nach dem Krieg liegt natürlich bei Stalin. Er wollte die Unabhängigkeit der Nachkriegsführung des neuen Jugoslawien nicht anerkennen, das aus dem Sieg der Sowjetarmeen und dem heroischen Kampf des jugoslawischen Volkes gegen die faschistischen Eindringlinge entstanden war. Stalin war der völlig falschen Auffassung, die jugoslawische Führung müsse sich ihm unterordnen. Das wurde unter Chruschtschow entscheidend berichtigt. Danach entwickelten sich die sowjetisch-jugoslawischen Beziehungen ganz normal, und heute sind sie gut und fruchtbar.

Wie kam es unter Chruschtschow zu dem Bruch zwischen Moskau und Peking?
Um das wirklich zu erklären, müßte ich eine ganze Abhandlung schreiben. Kurz gesagt: Aus Quantität wurde Qualität. Im Verlaufe einer langen Zeit der chinesisch-sowjetischen Beziehungen hatten sich auf jeder der beiden Seiten Beweise von Ungerechtigkeiten angesammelt, die die andere Seite begangen hatte. So ärgerte sich beispielsweise die sowjetische Seite über die chinesische Forderung, wir sollten unsere Kriegsschiffe aus den chinesischen Häfen Port Arthur und Dairen abziehen, obwohl sie dort aufgrund einer Vereinbarung stationiert waren. Wir erklärten daraufhin, wir würden die Frage prüfen und zu einer Entscheidung kommen, aber eben nicht so schnell, wie Peking wollte. Schließlich beschlossen wir, die Häfen zu räumen, und wollten das auch wirklich tun.

Weitere Fragen tauchten auf, und schließlich stand fest, daß die Beziehungen zwischen den beiden Ländern alles andere als herzlich waren. Besonders deutlich wurde das 1959 bei einem Pekingbesuch einer sowjetischen Delegation unter Chruschtschow. In den aktuellen wie in den künftigen Zielsetzungen gab es klare Meinungsunterschiede. Und zwar trotz der Tatsache, daß während Maos Moskaubesuch im Februar 1950 ein sowjetisch-chinesischer Freundschafts- und Beistandspakt geschlossen worden war.

Mit eigenen Augen sah ich während des Pekingbesuchs die eklatanten Meinungsverschiedenheiten in wichtigen Fragen der Weltpolitik und der bilateralen Beziehungen. Bekanntlich erreichten sie einen Punkt, an dem China den chinesisch-sowjetischen Vertrag aufkündigte.

Wie ein böser Geist überschattete unsere Beziehungen natürlich die Frage der Atombombe, die Mao so schnell wie möglich haben wollte. Erfolglos, wie man weiß. In diesem Buch gibt es ein Photo mit den Teilnehmern an der Pekinger Zusammenkunft. Die Gesprächsatmosphäre war gespannt. Offen gestanden ließ auch Chruschtschow einige bissige Bemerkungen über China fallen. Manchmal wurde er richtig grob. Im Grunde verteidigte er zwar unsere Position, aber er tat es so ungeschickt, daß man meinen konnte, er habe sich vorgenommen, Mao aus dem Gleichgewicht zu bringen. Sein Ton war einfach unzulässig. In solchen Augenblicken versteinerte sich Maos Gesicht. Er unternahm nicht einmal den Versuch, mit gleicher Münze heimzuzahlen. Ich glaube, er reagierte absichtlich nicht. Seine Zurückhaltung überraschte mich, und zwar sehr positiv. Beim Abendessen nach den Verhandlungen redeten Mao und Chruschtschow praktisch kein Wort miteinander. Ich versuchte, das Tischgespräch in Gang zu bringen, aber umsonst. Nicht anders erging es dem chinesischen Außenminister Chen Yi. Wir waren machtlos, obwohl Chruschtschow, Mao, Chen Yi und ich am selben Tisch saßen. An den anderen Tischen herrschte die gleiche Atmosphäre. Es war, als wollten sich die Teilnehmer gegenseitig im Ins-Leere-Starren ausstechen.

Wie reagierte Moskau auf die Annäherung an Peking durch Nixon und Kissinger?
Mit gemischten Gefühlen natürlich. Gegen die Entwicklung von Beziehungen zwischen den beiden großen Staaten hatten wir selbstverständlich nichts einzuwenden. Aber wir machten uns doch Sorgen. Schließlich fand die Annäherung ja nach der Aufkündigung des chinesisch-sowjetischen Vertrages durch Peking statt. Das konnten wir nicht außer acht lassen. Zudem stand der Nixon-Besuch deutlich im Zeichen des damaligen Versuchs der USA und einiger ihrer NATO-Verbündeten, »die chinesische Karte zu spielen«, wie sie es nannten.

Zwischen den Beziehungen damals und heute besteht ein klarer Unterschied. Beide Seiten haben einen Weg gefunden, um ihre Beziehungen in vielem zu verbessern. Die beiden

Giganten - UdSSR und China - beäugen sich jetzt nicht mehr mißtrauisch und feindselig über die Grenze hinweg, sondern betrachten sich als gute Nachbarn.

Welche amerikanische Regierung war die beste/die schlimmste?
Mit dieser Frage wollen Sie mich wohl in eine Ecke drängen, in der ich nur noch sagen könnte: »Diese Regierung war die schlimmste, jene die beste.« Ich möchte aber lieber eine Tür öffnen und der Wirklichkeit näher kommen.

Unter Franklin Roosevelt waren die Vereinigten Staaten unsere Verbündeten. Gemeinsam kämpften wir gegen unseren gemeinsamen Feind - Hitler-Deutschland. Es war eine schwere Zeit. Es war aber auch die Zeit äußerst fruchtbarer Zusammenarbeit mit den USA und England.

Am Gegenpol würde ich die Truman-Regierung ansiedeln, die an der Wiege des Kalten Krieges stand.

Aber nachdem ich die Tür von unserer Seite aufgestoßen habe, können wir auch die frühere Regierung unter Ronald Reagan sehen. Dabei denke ich natürlich an seine letzten Amtsjahre. Da wurden auf den Gipfeltreffen höchst wichtige Abmachungen geschlossen. Besonders gilt das für die Abschaffung der Atomwaffen mittlerer und kürzerer Reichweite. Der gemeinsame Spaziergang Gorbatschows und Reagans über den Roten Platz ist und bleibt ein Symbol und ein gutes Omen für die sowjetisch-amerikanischen Beziehungen.

Wie erklären Sie sich, daß während der »Stagnationszeit« so viel in der Entspannung geschah? Ich nenne nur SALT I, den Vertrag über die Nichtverbreitung von Atomwaffen oder das Wladiwostok-Abkommen.
In der Außenpolitik hat es keine Stagnation gegeben. Schwierigkeiten gab es natürlich und Verzögerungen und Ausrutscher bei der Lösung mancher Probleme. Alles in allem aber betrieb die Sowjetunion eine aktive Außenpolitik. Wie andere Staaten freuen auch wir uns, daß es uns gelungen ist, viele Abkommen und Verträge zu unterzeichnen. Einige haben Sie

zu Recht erwähnt. Die Liste ließe sich fast beliebig verlängern.

Was empfanden Sie, als Sie das Außenministerium verließen, und wie sehen Sie die außenpolitische Revolution unter Schewardnadse?
Vom Amt des Außenministers verabschiedete ich mich mit einer Mischung aus Trauer und Zufriedenheit. Ich hatte viele Jahre als Außenminister gedient - 28 Jahre. Das spricht für sich. Da ist keine Propaganda vonnöten. Was nun die »Revolution« angeht, so gab es bekanntlich in unserem Land eine sozialistische Revolution, und zwar die Oktoberrevolution 1917. Innerhalb einer Revolution eine weitere zu entdecken ist eine ziemlich kitzlige Sache. Etwas ganz anderes ist es, wenn man sagt, die Perestrojka werde von einem revolutionären Elan getragen. Das ist richtig.

Natürlich wünschte ich bei meinem Abschied vom Außenministerium, in dem ich viele Freunde hatte und in dem es viele hochqualifizierte Diplomaten gibt, meinem Nachfolger, dem Genossen Schewardnadse, allen Erfolg. Heute wiederhole ich diese guten Wünsche. Ich glaube, sie beruhen auf Gegenseitigkeit.

Zeittafel

Datum		Internationale Ereignisse	Leben Gromykos
1909			geboren am 5./18. Juli
1914	August	Ausbruch des Ersten Weltkriegs	
1917	März	Abdankung des Zaren	
	Oktober	Die Bolschewiki ergreifen die Macht; Errichtung des Volkskommissariats für Auswärtiges mit Trotzki als Kommissar	
	Dezember	Deutsch-russischer Waffenstillstand	
1918	Feb.	Tschitscherin wird anstelle Trotzkis Außenkommissar	
	März	Friedensvertrag von Brest-Litowsk Aufstellung der Roten Armee	
	April	Beginn des Bürgerkriegs in Rußland	
	Sommer	Kriegskommunismus: Das Getreide wird beschlagnahmt, der Privathandel abgeschafft, die Wirtschaft verstaatlicht	
	16. Juli	Die Zarenfamilie wird erschossen	
	November	Waffenstillstand zwischen Deutschland und den Alliierten	
1919	März	Gründung der Kommunistischen Internationale (Komintern) in Moskau	

Datum		Internationale Ereignisse	Leben Gromykos
1920	April	Die Polen fallen in der sowjetischen Ukraine ein	
	Juli	Britisch-sowjetischer Handelsvertrag	
	Oktober	Waffenstillstand mit Polen	
1921	März	Auf dem X. Parteitag wird Lenins Neue Ökonomische Politik (NEP) verabschiedet Sowjetisch-iranischer Vertrag	
1922	April	Stalin wird Generalsekretär der KPdSU, Vertrag von Rapallo	Eintritt in die Berufsschule in Gomel
	Mai	Lenin erleidet den ersten Schlaganfall	
	Dezember	Lenin erleidet den zweiten Schlaganfall	
1923	März	Lenin erleidet den dritten Schlaganfall; Ende seiner politischen Laufbahn	Sekretär des Dorf-Komsomol
1924	Januar	Lenin stirbt; Kollektivführung mit Sinowjew, Kamenjew und Stalin; im Verlauf des Jahres Aufnahme diplomatischer Beziehungen mit Frankreich, Italien, Großbritannien, Norwegen, Österreich, Griechenland, Schweden, China, Dänemark	
1926		Aufnahme diplomatischer Beziehungen mit Mexiko	
	Juli	Ausschluß Sinowjews aus der Führung	
	Oktober	Ausschluß Trotzkis und Kamenjews aus der Führung	
1927	November	Ausschluß Trotzkis und Sinowjews aus der Partei	
1929	Januar	Ausweisung Trotzkis aus der UdSSR	
	Dezember	Beginn des Stalin-Kults; Ende der NEP, Beginn der Kollektivierung	
1931			Beitritt zur KPdSU; Eheschließung; Fachoberschule in Borissow; Anatoli geboren

Datum		Internationale Ereignisse	Leben Gromykos
1933	November	Aufnahme diplomatischer Beziehungen mit den USA	Eintritt ins Minsker Wirtschaftsinstitut
1934	Dezember	Kirow ermordet	Umzug nach Moskau; Besuch des Wirtschaftsinstituts; Lehrer für politische Ökonomie an Ingenieursschule
1935	Mai	Beistandspakte mit Frankreich und der Tschechoslowakei	
1936	August	Prozeß und Hinrichtung Sinowjews, Kamenjews sowie weiterer vierzehn Personen	Forscher am Institut für Wirtschaft der Akademie der Wissenschaften (1936–1939)
1937	Januar	»Prozeß gegen die Siebzehn« (u.a. Radek und Pjatakow), 13 werden hingerichtet	
	Juni	Hinrichtung der Führung der Roten Armee	Emilia geboren
1937-1939		Massenhinrichtungen von Angehörigen der weißrussischen gesellschaftlichen und intellektuellen Elite	
1938	März	Anschluß Österreichs Prozeß und Hinrichtung von Bucharin, Rykow und anderen	
	Juli	Bewaffnete Auseinandersetzung mit den Japanern am Chassan-See	
	September	Münchener Abkommen	
	Dezember	Berija wird Chef des NKWD	
1939			Stellv. Leiter, danach Leiter des Amerikareferats im Außenkommissariat
	März	Besetzung Böhmens und Mährens durch Deutschland	
	April–August	Sowjetisch-britisch-französische Verhandlungen über ein Bündnis gegen Hitler	
	Mai	Litwinow wird als Außenkommissar durch Molotow ersetzt	
	Mai–August	Bewaffneter Konflikt mit den Japanern am Chalchin-Fluß	

Datum		Internationale Ereignisse	Leben Gromykos
1939	August	Deutsch-sowjetischer Nichtangriffspakt	
	1. Sept.	Deutscher Einmarsch in Polen	
	17. Sept.	Die UdSSR besetzt Ostpolen	
	28. Sept.	Deutsch-sowjetischer Grenzvertrag	
	1. Nov.	Die UdSSR annektiert die westliche Ukraine und West-Weißrußland	
	30. Nov.	Beginn des sowjetisch-finnischen Winterkrieges	
			Gesandter in Washington (1939–1943)
1940	Februar	Deutsch-sowjetisches Handelsabkommen	
	März	Sowjetisch-finnischer Friedensvertrag	
	August	Die UdSSR annektiert Litauen, Lettland und Estland	
	August	Trotzki in Mexiko ermordet	
1941	April	Sowjetisch-japanischer Nichtangriffspakt	
	Juni	Deutscher Überfall auf die UdSSR	
	November	Lend-Lease für die UdSSR	
	7. Dez.	Japan beginnt den Krieg im Pazifik	
	11. Dez.	Deutschland erklärt den USA den Krieg	
1943	Februar	Deutsche Kapitulation in Stalingrad	
	November	Konferenz von Teheran	Teilnahme an der Konferenz Botschafter in den USA (1943–1946)
1944	März	Die UdSSR nimmt die diplomatischen Beziehungen zu Italien wieder auf	
	Juni	Alliierte Landung in Frankreich; Errichtung einer zweiten Front in Europa	
	August–Oktober	Konferenz von Dumbarton Oaks	Teilnahme an der Konferenz

Datum		Internationale Ereignisse	Leben Gromykos
1945	Februar	Konferenz von Jalta	Teilnahme an der Konferenz
	April	Konferenz von San Francisco	Teilnahme an der Konferenz
	Mai	Kriegsende in Europa	
	26. Juni	Gründung der Vereinten Nationen (Unterzeichnung der Charta)	
	Juli	Konferenz von Potsdam	Teilnahme an der Konferenz
	6. Aug.	Atombombenabwurf auf Hiroshima	
	8. Aug.	Die UdSSR erklärt Japan den Krieg	
	9. Aug.	Atombombenabwurf auf Nagasaki	
	9. Aug.–2. Sept.	Sowjetische Offensive in der Mandschurei	
	2. Sept.	Kapitulation Japans	
1946			Vertreter bei den
	März	Rede Churchills in Fulton	Vereinten Nationen (1946–August 1948)
1947			Stellvertretender Außenminister (1947–1949)
1948	Januar	Solomon Michoels, Vorsitzender des jüdischen antifaschistischen Komitees, wird in Minsk ermordet	
1949	April		Erster Stellvertreten-
		Gründung der NATO	der Außenminiser (1949–1952)
	September	Atombombentest in der UdSSR	
	Oktober	Gründung der Volksrepublik China	
1949–1950	Dezember–Februar	Mao Zedong besucht die UdSSR	Treffen mit Mao
1950	14. Feb.	Sowjetisch-chinesischer Freundschaftsvertrag	
	Juni	Beginn des Koreakrieges	
1952		Revolution in Ägypten	Botschafter in Großbritannien (Juni 1952–April 1953)
1953	März	Tod Stalins; Malenkow, Berija und Molotow übernehmen die Führung	Stellvertretender Außenminister (1953–1957)

Datum		Internationale Ereignisse	Leben Gromykos
1953	Juli	Festnahme und Hinrichtung Berijas; Malenkow, Molotow und Chruschtschow übernehmen die Führung	
	August	Waffenstillstand in Korea	
	September	Chruschtschow Erster Parteisekretär	
1954		Nasser wird anstelle Nagibs ägyptischer Staatspräsident	
1955	Februar	Malenkow als Ministerpräsident durch Bulganin ersetzt	
	14. Mai	Unterzeichnung des Warschauer Pakts	
	15. Mai	Unterzeichnung des österreichischen Staatsvertrages	Teilnahme an der Unterzeichnung
	26. Mai	Chruschtschow besucht Tito	Delegationsmitglied
	September	Adenauer besucht Moskau; Aufnahme der diplomatischen Beziehungen	Teilnahme an Gesprächen mit Adenauer
	November	Chruschtschow besucht Indien	Delegationsmitglied
1956	Februar	XX. Parteitag der KPdSU; Chruschtschow brandmarkt Stalins Verbrechen	
	Oktober	Unterzeichnung des sowjetisch-japanischen Friedensvertrages in Moskau (von Japan nicht ratifiziert) Suez Ungarn-Aufstand Polnische Oktoberrevolution	Teilnahme an der Unterzeichnung
1957	17. Febr.		Ernennung zum Außenminister
	Mai		Besuch bei Mao
	Juni	Niederschlagung einer parteifeindlichen Gruppe um Malenkow, Molotow und Kaganowitsch	Verleihung des Grades eines Dr. der Wirtschaftswissenschaften in Moskau für das Buch *The Export of American Capital* (unter dem Pseudonym G. Andrejew)
	Oktober	Erster Sputnik	
	November	Mao Zedong in Moskau	Treffen mit Mao

Datum		Internationale Ereignisse	Leben Gromykos
1958	August		Geheimbesuch bei Mao
	Oktober	Pasternak erhält den Nobelpreis	
1959	Januar	Castro übernimmt in Kuba die Macht	
	Februar	Macmillan besucht die UdSSR	
	Juni	UdSSR kündigt das sowjetisch-chinesische Abkommen über atomare Zusammenarbeit auf	
	September	Chruschtschow besucht Amerika	Delegationsmitglied
	Sept./ Okt.	Chruschtschow besucht China	Delegationsmitglied
1960	April	Sowjetisch-chinesischer Streit wird öffentlich bekannt	
	Mai	U2-Zwischenfall	
		Gipfelkonferenz in Paris	Teilnahme an Pariser Gipfel
	Juli	Sowjetische Experten aus China abberufen	
1961	Februar	Chruschtschow besucht Indonesien	Delegationsmitglied
	April	Zwischenfall in der Schweinebucht auf Kuba	Veröffentlichung der Monographie *The Expansion of the Dollar* (unter dem Pseudonym G. Andrejew)
	Juni	Treffen Kennedy-Chruschtschow in Wien	
	August	Bau der Mauer in Berlin	
1962	Oktober	Kubakrise	Zusammentreffen mit Kennedy wegen Kuba
		Chinesisch-indischer Krieg	
1963	August	Unterzeichnung des Atomteststopp-Abkommens in Moskau (gilt für Versuche im Weltraum, in der Atmosphäre und unter Wasser)	Besuch beim Papst im Vatikan
	November	Kennedy ermordet	
1964			Offizielle Besuche in Schweden und Dänemark
	Mai	Chruschtschow besucht Ägypten	Delegationsmitglied

Datum		Internationale Ereignisse	Leben Gromykos
1964	Oktober	Sturz Chruschtschows; Breschnew und Kossygin übernehmen die Führung; Erste chinesische Atombombe gezündet	
1965	Februar	Kossygin besucht Hanoi; Beginn der US-Bombardierung Nordvietnams	Treffen mit dem Papst in New York
	September	Beginn der Kulturrevolution in China	Offizieller Besuch in der Türkei
1966	Januar	UdSSR vermittelt zwischen Indien und Pakistan in Taschkent	Treffen mit dem Papst im Vatikan; Besuch in Japan
1967	Juni	Sechstagekrieg Amerikanisch-sowjetischer Vertrag über Raumfahrtforschung	
1968	Januar	Dubček Erster Sekretär der KPC	
	Juli	Unterzeichnung des Vertrages über die Nichtverbreitung von Atomwaffen; Ende der Kulturrevolution in China	
	August	Einmarsch der UdSSR in der Tschechoslowakei	
1969	März	Chinesisch-sowjetische Grenzzwischenfälle	
	September	Treffen Kossygins mit Ministerpräsident Zhou Enlai in Peking	
	Oktober	Willy Brandt wird Bundeskanzler	
	November	Sowjetisch-amerikanisches SALT-Treffen in Helsinki	
	Dezember	Deutsch-sowjetische Verhandlungen in Moskau	Führt deutsch-sowjetische Verhandlungen
1970	Januar	Sowjetische Intervention in Ägypten	Treffen mit dem Papst im Vatikan
	März	Ratifizierung des Vertrages über die Nichtverbreitung von Atomwaffen durch Großbritannien, USA und UdSSR	
	August	Unterzeichnung des deutsch-sowjetischen Vertrages in Moskau	Teilnahme an Vertragsunterzeichnung
	September	Allende wird Präsident in Chile; Nasser stirbt, Sadat tritt an seine Stelle	

Datum		Internationale Ereignisse	Leben Gromykos
1971	März	XXIV. Parteitag der KPdSU verabschiedet Friedensprogramm	
	August	Sowjetisch-indischer Freundschaftsvertrag	Teilnahme an Vertragsunterzeichnung
	September	Chruschtschow stirbt	
		Unterzeichnung des Viermächteabkommens über Berlin	Teilnahme an Vertragsunterzeichnung
		Großbritannien weist 145 sowjetische Botschaftsangehörige aus	
	Oktober	Verbot von Unterwasser-Atomwaffenexplosionen	
	Dezember	Indisch-pakistanischer Krieg	
		Die VR China nimmt den Sitz Chinas in der UNO ein	
1972	Februar	Präsident Nixon reist nach China	Besuch in den Niederlanden
	Mai	Nixon-Besuch in Moskau; Unterzeichnung von SALT I; Berliner Viermächteabkommen tritt in Kraft	Besuch in Japan
	Juli	Abzug der sowjetischen Truppen aus Ägypten	
	August	Die letzten amerikanischen Kampftruppen verlassen Vietnam	
	Dezember	Unterzeichnung des Grundlagenvertrags zwischen den beiden Teilen Deutschlands	
1973	Januar	Unterzeichnung des Vietnam-Waffenstillstandsabkommens in Paris	
	April		Ernennung zum Mitglied des Politbüros
	Mai	Breschnew besucht Bonn	
	Juni	Breschnew besucht die USA	Teilnahme an den Besprechungen
		Abkommen über Maßnahmen zur Verringerung der Gefahr des Ausbruchs eines Atomkriegs	
		Kronprinzessin Beatrix und Prinz Claus der Niederlande besuchen die UdSSR	

Datum		Internationale Ereignisse	Leben Gromykos
1973	September	Sturz Allendes Eröffnung der Konferenz über Sicherheit und Zusammenarbeit in Europa in Genf	Teilnahme an der Genfer Konferenz
	Oktober	Yom-Kippur-Krieg Konferenz über ausgewogene gegenseitige Truppenreduzierungen in Wien; Nahost-Friedenskonferenz in Genf	Teilnahme an der Wiener Konferenz
1974	Mai	Indische Atombombe gezündet	
	Juni/Juli	Nixon besucht die UdSSR; sowjetisch-amerikanischer Gipfel	Teilnahme an Gipfelbesprechungen
	Juli/ August	Zypernkrise	Gespräche mit US-Außenminister Kissinger in Zypern; Treffen mit dem Papst im Vatikan
	August	Nixon tritt zurück; Ford wird Präsident der USA	Besuch bei Sadat
	Oktober/ November	Kissinger besucht Moskau Treffen Ford-Breschnew in Wladiwostok	Teilnahme an Gesprächen in Moskau und Wladiwostok
	Dezember	Breschnew besucht Frankreich Jackson-Vanik Amendment	
1975	Februar	Premierminister Harold Wilson besucht Moskau; Unterzeichnung des NV-Vertrages	Treffen mit dem Papst im Vatikan
	März	Mao Zedong stirbt	
	Juni	König Baudouin besucht die UdSSR	Treffen mit König Baudouin
	August	Unterzeichnung der KSZE-Schlußakte in Helsinki Königin Margarete von Dänemark besucht die UdSSR	Treffen mit dänischer Königin
1976	Januar	Zhou Enlai stirbt	Besuch beim König und der Königin der Belgier
	April		Besuch in Japan
	Juni	Aufnahme der diplomatischen Beziehungen zwischen der UdSSR und den Philippinen	
1977	März	US-Außenminister Vance besucht Moskau	Treffen mit Vance

Datum		Internationale Ereignisse	Leben Gromykos
1977	Juni	Breschnew wird Staatsoberhaupt und behält das Amt des Generalsekretärs der KPdSU	
	September		Treffen mit Carter in Washington
	Oktober	Verabschiedung der neuen sowjetischen Verfassung; UdSSR nimmt zu Spanien wieder diplomatische Beziehungen auf Sadat reist nach Jerusalem	
1978		König Karl Gustav von Schweden besucht die UdSSR	Treffen mit dem König von Schweden
1979	Januar	Abkommen von Camp David zwischen Israel und Ägypten	Treffen mit dem Papst im Vatikan
	Juni	Unterzeichnung von SALT II in Wien	Offizieller Besuch in Spanien
	Dezember	Einmarsch sowjetischer Truppen in Afghanistan	
1980	Mai	Breschnew und Staatspräsident Giscard d'Estaing treffen in Warschau zusammen	
	August	Gründung der Gewerkschaft »Solidarität« in Polen	
	September	Irak fällt in Iran ein; Madrider KSZE-Folgekonferenz	Teilnahme an Madrider Konferenz
1981	Mai	Mitterrand wird französischer Staatspräsident	
	Oktober	Präsident Sadat ermordet	
	November	Präsident Reagan schlägt doppelte Null-Lösung vor	
	Dezember	Kriegsrecht in Polen; Verbot der »Solidarität«	
1982	Januar	Spanien tritt der NATO bei	
	10. Nov.	Breschnew stirbt	
	12. Nov.	Wahl Andropows zum Generalsekretär	
	15. Nov.	Präsident Zia ul-Haq besucht Moskau	Teilnahme an Gesprächen mit Zia
1983	März		Ernennung zum Ersten Stellvertretenden Ministerpräsidenten

Datum		Internationale Ereignisse	Leben Gromykos
1983	Juni	Andropow tritt Nachfolge Breschnews als Staatspräsident und Generalsekretär an	
	August	Abschuß eines koreanischen Verkehrsflugzeugs durch sowjetische Jagdflugzeuge	
	September		Teilnahme an Madrider Folgekonferenz; Treffen mit dem König von Spanien; Treffen mit Mitterrand in Paris
1984	9. Febr.	Andropow stirbt	
	13. Febr.	Tschernenko wird Nachfolger Andropows	
	Juni	Mitterrand besucht die UdSSR	
	September		Treffen mit Reagan im Weißen Haus
	Oktober	Ministerpräsidentin Indira Gandhi ermordet	
	November	Wiederwahl Reagans	
	Dezember	Gorbatschow besucht Großbritannien	Treffen mit dem Papst im Vatikan
1985	Januar	Rüstungskontrollverhandlungen zwischen Gromyko und US-Außenminister Shultz in Genf eröffnet	
	März		Besuch in Spanien
	10. März	Tschernenko stirbt	
	11. März	Gorbatschow zum Generalsekretär gewählt	Schlägt Gorbatschow als Generalsekretär vor
	14. März	Treffen Gorbatschows mit Ministerpräsident Nakasone in Moskau	Teilnahme an Gesprächen mit Nakasone
	April	UdSSR stoppt Stationierung von Mittelstreckenraketen	
	Mai	Ministerpräsident Rajiv Gandhi besucht die UdSSR	Teilnahme an Gesprächen mit Rajiv Gandhi
	Juli		Rücktritt als Außenminister; Wahl zum Präsidenten des Obersten Sowjet

Datum		Internationale Ereignisse	Leben Gromykos
1985	November	Gipfel Reagan-Gorbatschow in Genf Gorbatschow besucht Frankreich	
1986	1. März	Ministerpräsident Olof Palme ermordet	
	Mai	Ministerpräsident González besucht die UdSSR	
	Juni	Präsident Marcos besucht die UdSSR	
	Juli	Mitterrand besucht die UdSSR	
	Oktober	Gipfel Gorbatschow-Reagan in Reykjavik	
	November	Gorbatschow besucht Indien; Unterzeichnung der Erklärung von Delhi; Molotow stirbt im Alter von 96 Jahren	
1987	Dezember	Unterzeichnung des amerikanisch-sowjetischen Abkommens über die Begrenzung von Raketen kürzerer und mittlerer Reichweite	
1988	30. Sept.	Veränderungen im Politbüro	Rücktritt von allen Ämtern
	1. Okt.	Gorbatschow wird Staatspräsident	
	3. Okt.	Frühere sowjetische Außenpolitik in der *Prawda* kritisiert	

Namenregister

Sachregister